Anette Scharla-Dey
Franz Peter Tschauner

MIT DEM WOHNMOBIL NACH SACHSEN

Die Anleitung für einen Erlebnisurlaub

DER WOHNMOBIL-VERLAG
D-36452 Kaltennordheim
OT Mittelsdorf

Die Deutsche Bibliothek – CIP-Einheitsaufnahme

Bibliografische Information der Deutschen Bibliothek

Die Deutsche Bibliothek verzeichnet diese Publikation in der Deutschen Nationalbibliografie.
Detaillierte bibliografische Daten sind im Internet über <http://dnb.ddb.de> abrufbar.

Titelbild: Albrechtsburg in Meißen (Tour 3)
Bild in vorderer Klappe: Der Große Wendelstein in Schloss Hartenfels in Torgau (Tour 2)

Karten: A. Scharla-Dey/F.P. Tschauner
Fotos: Bildnachweise Seite 375

3. vollständig neu bearbeitete und erweiterte Auflage - 2021

Druck:
Louis Hofmann Druck- und Verlagshaus, 96242 Sonnefeld

Vertrieb:
GeoCenter GmbH, 70794 Filderstadt

Herausgeber:
WOMO-Verlag, OT Mittelsdorf, 36452 Kaltennordheim
GPS: N 50°36'38.2" E 10°07'55.6"

Fon: 0049 (0) 36946-20691
Fax: 0049 (0) 36946-20692
eMail: verlag@womo.de
Internet: www.womo.de

Autoren-eMail: afp@womo.de

ISBN 978-3-86903-723-3

Einladung

Liebe Leserin, lieber Leser,

Sachsen – bisher fielen uns dabei Dresden mit der Frauenkirche und der Semperoper, August der Starke, die Sächsische Schweiz mit der Bastei sowie Auerbachskeller in der Messestadt Leipzig ein. Natürlich, das sind Höhepunkte!

Sachsen – der Freistaat hat viel mehr zu bieten!

Hoch über dem Zschopautal wartet die Burg Kriebstein, an der Elbe Meißen mit dem ältesten Schloss Deutschlands und einer der bedeutendsten Porzellanmanufakturen der Welt.
In der Oberlausitz locken die Lessingstadt Kamenz und die uns unbekannten Bräuche der Sorben.
Das Unesco-Welterbe wird in Bad Muskau im Fürst-Pückler-Park sowie mit der Montanregion Erzgebirge bewahrt und die Altstadt von Görlitz gehört zu einer der besterhaltenen in Mitteleuropa. Burgen und Schlösser zuhauf und die vielen Städte von Bautzen, über Pirna und Chemnitz bis zur Autostadt Zwickau lohnen immer wieder einen Besuch. Die Silberstadt Freiberg erzählt von der reichen Vergangenheit und das Erzgebirge, das grüne Vogtland sowie das Zittauer Gebirge sind sommers wie winters eine Reise wert.
Im Elbsandsteingebirge faszinieren bizarre Felsformationen beim Klettern als auch beim Wandern und die Vielfalt der Umgebindehäuser ist in der Lausitz nahezu unerschöpflich.

Sachsen – ein Reiseland für alle Sinne!

Im Musikwinkel und in der Leipziger Thomaskirche kann man hören, im Grünen Gewölbe und auf dem Malerweg sehen, die feinen, oft unterschätzten Weine aus dem Elbtal schmecken und zum Fühlen laden die herrlichen sowie abwechslungsreichen Landschaften ein.

Viele schöne Reiseerlebnisse und eine angenehme Urlaubszeit wünschen Ihnen

Ihre

Anette Scharla-Dey und Franz Peter Tschauner

Unsere persönlichen Top Ten

Seenland

Die Wandlung der ehemaligen Braunkohlereviere in große Seenlandschaften mit stillen Naturparadiesen und Badeseen ist atemberaubend.

Tour 1 und 5, Seiten 24/119/126

Schlösser und Burgen

Auf Schloss Hartenfels, dem bedeutendsten Schloss der Frührenaissance, können wir in Torgau noch heute den Atem der jahrhundertealten Geschichte spüren.

Tour 2, Seite 56

Der Friedhof in Ralbitz

Die Bräuche sowie die Mythologie der Sorben ziehen uns immer wieder in ihren Bann. Der Friedhof der weißen Kreuze ist ein Ort der Einzigartigkeit und des Innehaltens.

Tour 5, Seite 112

Fürst Pückler-Park Bad Muskau und Neues Schloss

Geschwungene Wege, weitläufige Wiesen, idyllische Seen. Das Gartenkunstwerk gehört zum Unesco-Weltkulturerbe. Das sagt alles!

Tour 6, Seite 137

Görlitz

Eine tolle Stadt! Es ist immer wieder ein Vergnügen zwischen den wunderschön restaurierten Gebäuden aus Spätgotik, Barock, Renaissance und Jugendstil zu bummeln.

Tour 6, Seite 144

Umgebindehäuser

Die unvergleichliche Architektur der liebevoll erhaltenen Zeitzeugen fasziniert uns und erzählt viel über die ländliche Lebensweise der Vergangenheit.

Tour 7, Seite 158

Elbsandsteingebirge

Es gibt viele Wunder, aber das Elbsandsteingebirge ist eines der größten Naturwunder! Es ist ein erhabenes Gefühl, wenn die Sonne über den Tafelbergen aufgeht.

Tour 8, Seite 200

Bergparaden

Bei den Höhepunkten der erzgebirgischen Weihnachtsmärkte wurde früher dem Landesherrn anlässlich besonderer Anlässen gehuldigt. Ein beeindruckendes Erlebnis!

Tour 10, Seite 236

Stellplatz Berghof, Seiffen

Ein freundliche Empfang, die gute Küche und die Aussicht haben es uns angetan. Den grandiosen Sonnenuntergang am Ende eines ereignisreichen Tages gibt es gratis.

Tour 10, Seite 242

Sächsische Kulinarik

Regional typische Gerichte wie frischer Fisch aus den Wermsdorfer Teichen, Wein aus dem Elbland, böhmische Klöße oder die Dresdner Eierschecke sind ein Lebensgefühl.

Tour 1 - 15

Inhaltsverzeichnis

Wissenswertes in aller Kürze

Gebrauchsanleitung

Reisegebiet

Sachsen, das südöstlichste Bundesland Deutschlands, liegt eingebettet zwischen Brandenburg, Sachsen-Anhalt, Thüringen und Bayern. Die östliche Grenze wird durch die Neiße nach Polen bestimmt und über die südlichen Kammregionen zieht sich der Grenzverlauf zu Tschechien.

Bevor Sie uns auf unsere von ganz persönlichen Vorlieben und Wahrnehmungen geprägte Reise begleiten, möchten wir Ihnen ein wenig über unser gemeinsames Ziel und den Aufbau dieses Buches mitteilen.

Vielfältig sind die Landschaften des über 18.000 Quadratmeter großen Freistaates: Im Norden geht die flache Leipziger Bucht sowie die Dahlener und Dübener Heide in die Norddeutsche Tiefebene über. Weiter östlich erstreckt sich die Oberlausitz mit einem Heide- und Teichgebiet sowie dem durch die Flutung alter Braunkohlereviere entstandenen Lausitzer Seenland bis in das südöstlich gelegene Bergland mit undramatischen Tälern. Dort schlägt sie im Dreiländereck Deutschland/Polen/Tschechien einen Bogen ins Zittauer Gebirge, in welchem uns die ersten grandiosen Felsformationen begegnen werden. Hieran schließt sich der von Ost nach West verlaufende Mittelgebirgsrücken des Erzgebirges mit dem 1214 Meter hohen Fichtelberg an. Das schiefergründige und waldreiche Vogtland entfaltet sich anschließend von Süd nach Nord und schließt den Kreis zur Leipziger Tieflandsbucht. Mittendrin befinden sich das sonnenverwöhnte Elbtal mit seinen Weinhängen und das

Elbsandsteingebirge, das bis nach Tschechien hineinreicht und auf deutscher Seite Sächsische Schweiz genannt wird.
In Sachsen vereinen sich Natur und Kultur, sodass Wanderer, Radfahrer oder andere Aktivurlauber genauso auf ihre Kosten kommen, wie jene, die gerne Museen besuchen und an der historischen Vergangenheit der Region interessiert sind.
Auf der Innenseite der hinteren Umschlagklappe zeigt Ihnen das abgebildete Gebiet die geografische Lage von Sachsen innerhalb Deutschlands und unseren Reiseverlauf.

Unsere persönlichen Top Ten

Auf jeder Reise sehen Sie genauso wie wir viel Schönes, erleben Dinge, die mal mehr, mal weniger ansprechen und emotional berühren oder aber auch zum "Must see-Programm" des jeweiligen Zielgebietes gehören.
Unter den auf Seite 4 und 5 dieses Buches genannten Top Ten finden Sie unsere ganz persönlichen Lieblingsorte oder Lieblingslandschaften, unsere erfreulichsten Begegnungen sowie beeindruckendsten Momente und leckere kulinarische Erfahrungen. Hierbei kann es sich durchaus um eine bekannte Sehenswürdigkeiten handeln, aber vielleicht ist es gerade das versteckte, weniger Bekannte, das uns begeistert hat und Ihnen im besten Fall auch gefallen könnte. Die Aufzählung erfolgt nach Touren und ist nicht als Ranking zu verstehen.

Stellplätze

In diesem Buch werden Sie nicht alle vorhandenen Wohnmobilstellplätze aufgelistet vorfinden. Viel zu viele gibt es davon und zudem darunter Plätze, die nicht an unserer

Burg- und Klosterruine Oybin

Streckenführung liegen oder uns aus den unterschiedlichsten Gründen nicht zugesagt haben, sodass wir für Sie eine Vorauswahl getroffen haben.
Besonders in den größeren Orten, aber auch entlang des direkten Tourenverlaufs haben wir alle uns bekannten **offiziellen Stellplätze** erwähnt. Da die **Preise** auf diesen Plätzen oft einem Wandel unterworfen sind, verzichten wir in der Regel auf die genaue Angabe und weisen lediglich darauf hin, wenn sie anfallen und geben als Anhaltspunkt die Höhe in Form von Euro-Zeichen an:

€ bis 7,50 Euro €€ bis 12 Euro €€€ über 12 Euro

Die Angaben gelten jeweils für zwei Personen und ein Wohnmobil, meist werden Strom und/oder Ver- und Entsorgung extra berechnet. Gegebenenfalls fallen zusätzlich ortsübliche Tourismusabgaben, Kurtaxen oder anderes an.
Fehlen Preisangaben, sind die Plätze (nicht unbedingt Wasser und Strom) kostenfrei und falls wir keine Öffnungszeiten angegeben haben, sind sie im Allgemeinen ganzjährig zugänglich. Es kann aber sein, dass ein Platz aufgrund eines Festes, eines Zirkusbesuches oder eines Jahrmarktes nicht nutzbar ist. Sehen Sie es uns bitte nach, dass uns nicht alle etwaigen Veranstaltungstermine bekannt sind.
Wir nennen Ihnen für jeden Stellplatz die Koordinaten und wenn möglich die Adresse, sodass Sie Ihr Navigationsgerät entsprechend einstellen können. Schauen Sie trotzdem von Zeit zu Zeit in unsere Zufahrtsbeschreibung, da die vom Navi vorgeschlagene kürzeste oder schnellste Strecke nicht immer die beste sein muss.
Manche Strecken zu den Stellplätzen sind für Fahrzeuge mit einem Gesamtgewicht von mehr als 3,5 Tonnen gesperrt.
Achten Sie darauf, ob ein Zusatz wie beispielsweise *ausgenommen Wohnmobile* oder *Durchgangsverkehr frei* vorhanden ist. Ist das nicht der Fall, sind tatsächlich alle Fahrzeuge über 3,5 Tonnen Gesamtgewicht gemeint. Allerdings kommt es nicht selten vor, dass die Gemeinden durch dieses Verbotsschild lediglich Lastwagen aus Wohngebieten fernhalten wollen. Möglicherweise verändern sich Straßenbeschilderungen in diesem als auch in anderen Fällen und wir können diesbezüglich keine exakt und abschließend recherchierten Fakten an Sie weitergeben (vgl. Seite 367 Tipps und Infos).
Wenn wir auf die Angabe für **Strom** eingehen, so bedeutet das nicht, dass jeder Stellplatz über einen Steckdosenzugang verfügt. Manchmal ist nur in einigen Bereichen ein Stromzugang vorhanden, manchmal gar nur eine Steckdose für mehrere Wohnmobile.

Zu Strom und Wasser machen wir bewusst keine Preisangabe, da sie sich häufig ändert und nur schwer zuverlässig nachrecherchiert werden kann.
Mit der Angabe „Max. WOMOs“ geben wir die **Kapazität von Stellplätzen** an, die unserer Meinung nach der Anzahl entspricht, die den ortsansässigen Bewohnern zugemutet werden kann. Diese Angabe ist jedoch nur bedingt zuverlässig und von den Größen sowie dem Parkverhalten der jeweiligen Wohnmobile abhängig. Selbst wenn Parkbuchten oder Parzellen vorgegeben sind, besteht manchmal die Möglichkeit, mehr oder aber auch weniger Fahrzeuge unterzubringen.
Wenn wir auf **WOMO-Größen** eingehen, bedeutet das nicht, dass alle im Buch genannten Stellplätze für Wohnmobile im Lastwagenformat geeignet sind. Unser Wohnmobil gehört zwar nicht zu den kleinsten, es ist dennoch schwierig, sich in die Dimensionen größerer Fahrzeuge hineinzuversetzen.
Die Angabe bei offiziellen Plätzen entspricht der tatsächlichen Anzahl.
Bedenken Sie bitte, dass ein Stellplatz je nach Jahreszeit oder eigener Stimmung sowie situationsabhängig unterschiedlich auf den jeweiligen Betrachter wirken kann, sodass wir im Allgemeinen von derartigen Bewertungen absehen.
Wenn wir von **einfachen Parkplätzen** berichten, dann meinen wir tatsächlich Parkplätze, die ihrer Bestimmung als Abstellfläche entsprechen beziehungsweise die lediglich einige ausgewiesene Wohnmobilplätze bieten oder in ihrer Gesamtheit als offizieller Stellplatz ausgelegt sind.
Denken Sie bitte auch daran, dass sich die WOMO-Reihe nicht nur auf offizielle Plätze beschränkt, sondern auch solche berücksichtigt, die wir aufgespürt haben und die man wohl im allgemeinen Sprachgebrauch als **freie Stellplätze** bezeichnet. Besonders in der Sächsischen Schweiz, im Neuseenland und im Lausitzer Seenland ist das allerdings im Hinblick auf den Natur- und Nationalpark oder anderer Vorgaben nur bedingt gelungen.
Auf die freien Plätze passen oft nur wenige Fahrzeuge oder wir geben nur wenige an, um den Platz vor Sperrungen für Wohnmobile zu schützen. Gerade momentan, da die Zunahme von Wohnmobilen ungeheuer groß ist, sollten diese Plätze nicht überbelegt werden, da ihre Existenz dann erst recht von extrem kurzer Dauer sein wird. Sie können aber auch aus ganz anderen Gründen, beispielsweise einer Bebauung, ganz schnell verschwinden.
Wenn wir von **klappstuhlgeeignet** schreiben, dann sei Ihnen hiermit verraten, dass Sie ihre Campingmöbel vor dem Wohnmobil nutzen zu können, was nicht auf jedem, auch nicht

auf einem offiziellen Platz immer möglich ist.
Keiner der in diesem Buch genannten Stellplätze ist dafür geeignet, um sich dort tagelang wie auf einem Campingplatz aufzuhalten und auszubreiten! Inwiefern Sie die Campingmöbel über Nacht vor dem Mobil belassen können, richtet sich sicher nach den örtlichen Gegebenheiten, ist aber in der Regel nicht angebracht. Nur wenige Stellplätze verfügen über Grillmöglichkeiten – hierbei ist zu erwähnen, dass es fraglich ist, ob man überhaupt irgendwo sonst auf der Welt noch auf Kohle grillen darf.

Campingplätze

Die genannten **Öffnungszeiten** können unter Umständen trotz unserer genauen Recherche variieren und sich als unzuverlässig erweisen. Falls Sie in der Vor- oder Hauptsaison, also in den Grenzbereichen der angegebenen Zeiten, unterwegs sind, sollten Sie sich vorher auf den Internetseiten der Campingplätze über die genauen Öffnungszeiten informieren. Das Preisniveau haben wir analog zu den Preisen bei Stellplätzen als Anhaltspunkt in Form von Euro-Zeichen angegeben:

€ bis 15 Euro €€ bis 25 Euro €€€ über 25 Euro

Die Angaben gelten jeweils für zwei Personen und ein Wohnmobil, Ver- und Entsorgung inklusive, meist wird Strom extra berechnet. Gegebenenfalls fallen zusätzlich ortsübliche Tourismusabgaben, Kurtaxen oder anderes an.
Falls Hunde auf einem Campingplatz nicht gestattet sind, erwähnen wir diese Tatsache soweit Sie uns bekannt ist.

Stell- und Campingplatzsymbole sowie farbige Kästen

Um die Übernachtungs- und Campingplätze auf einen Blick erfassen zu können, haben wir diese im Text in einem Kasten nochmals farbig hervorgehoben und, wie auf den Karten, fortlaufend durchnummeriert. Wir nennen die Ausstattungsmerkmale und geben Ihnen eine kurze Zufahrtsbeschreibung. „Max. WOMOs“ soll dabei andeuten, wie viele Wohnmobile dieser Platz maximal verträgt und nicht, wie viele auf ihn passen würden (schließlich gibt es auch Einwohner und andere Urlauber)!
In den neueren WOMO-Büchern ab 2018 sehen Sie für offizielle Stellplätze auf den Karten ein eigenes Symbol in Form eines Wohnmobils. Übernachtungsplätze mit **B**ademöglichkeit sind mit hellblauer Farbe unterlegt. **W**anderparkplätze sind grün gekennzeichnet. **P**icknickplätze erkennen Sie an der violetten Farbe und Stellplätze bei Winzern, an Bauernhöfen sowie Gaststätten sind gelb-grün. Auf Schlafplätze, denen die gerade genannten Merkmale fehlen, also auf einfache **S**tellplätze, weist

die Farbe Gelb hin. Empfehlenswerte **C**ampingplätze haben olivgrüne Kästchen.

Besonders sehenswerte Orte und Städte sowie Sehenswürdigkeiten oder erwähnenswerte Ereignisse sind zum schnelleren Auffinden im Text hellgelb unterlegt. Wanderungen oder Radtouren, die wir Ihnen besonders ans Herz legen möchten, haben wir hellgrün markiert.

Alle erwähnten Übernachtungs- und Campingplätze sind zusätzlich sowohl in den Touren als auch in den ihnen vorangestellten Tourenkarten fortlaufend durchnummeriert. Alle weiteren Kartensymbole finden sich in der **Zeichenerklärung** auf der hinteren Umschlagklappe.

Ver- und Entsorgungsstationen und Toiletten

Alle genannten Campingplätze verfügen in der Regel über Ver- und Entsorgungsstationen und wir informieren Sie nur, falls uns das Fehlen einer solchen Einrichtung aufgefallen ist. Alle weiteren **Ver- und Entsorgungsstationen** an den Stellplätzen oder anderen Einrichtungen sind auf den Tourenkarten mit Symbolen gekennzeichnet. Nicht an jedem Wasserhahn können Sie mit einem Schlauch Wasser fassen, sondern benötigen teilweise eine Gießkanne, einen Kanister oder ein anderes Hilfsmittel.

Wenn wir bei den Stellplätzen auf **Toiletten** hinweisen, geschieht das nicht, um Ihnen einen Tipp zu Entleerung der Bordkassette zu geben, sondern es dient vielmehr als Hinweis an die Leser, die ihren Bedürfnissen nicht in den eigenen vier Wohnmobil-Wänden nachgehen können oder wollen sowie denen mit Campingbusausbauten ohne Porta-Potti oder ähnlichem.

Sehenswürdigkeiten und Öffnungszeiten

Eintrittsgelder, Entgelte für Stadtführungen und ähnliches sind einem steten Wandel unterworfen, sodass wir auf die genaue Angabe in der Regel verzichten und lediglich darauf hinweisen, wenn sie anfallen. Ähnlich verhält es sich bei den Öffnungszeiten und wir geben, soweit sie uns bekannt sind, in der Regel die Kassenöffnungszeiten an.

Wanderungen und Radtouren

Wir nennen Ihnen verschieden lange Wanderungen und Radtouren, um Ihnen die unterschiedlichen Landschaftsformen der jeweiligen Regionen nahezubringen. Im Allgemeinen sind die Wege gut markiert und entsprechen leichten bis mittleren Anforderungen.

Hierbei ist zu erwähnen, dass wir uns eher wandernd durch die Natur bewegen, da unsere Hunde lieber auf dem Waldboden schnüffelnd als hechelnd neben dem Fahrrad mit uns unterwegs sind. Auch wenn wir Sie auf vorhandene Radwege oder MTB-Trails hinweisen, werden in diesem Buch dennoch die Wanderrouten überwiegen.

Restaurants

Für das leibliche Wohl halten wir eine Mischung vom noblen Restaurant über Konditoreien, Hofläden, einfacher Dorfgaststätte bis zur urigen Bergbaude bereit. Vermutlich können Sie in vielen der von uns nicht genannten Gaststätten preiswerter einkehren, aber wir gehen lieber einmal weniger essen und geben dafür etwas mehr Geld aus, können uns aber dafür ziemlich sicher sein, dass wir eine vernünftige und vor allen Dingen dem Preis angemessene Mahlzeit in einer angenehmen Atmosphäre erhalten.
Die Nennung von Firmen, Restaurants oder Produkten sind als Beispiele ohne Wertung gegenüber anderen anzusehen. Die Qualitäts- und Quantitätsangaben entsprechen unseren rein subjektiven Einschätzungen und erheben keinen Anspruch auf Vollständigkeit.

Anreise, Navigation, Entfernungsangaben und Tourenverlauf

Wir wählen für die Anreise meist die von West nach Ost verlaufende Autobahn A38, um in Leipzig unsere Touren zu beginnen. Falls Dresden direkt angesteuert werden soll, ist alternativ die A4 zu nennen. Selbstverständlich können Sie auch einen Einstieg über die A72 aus dem Südwesten oder über die A14 aus dem Nordwesten beziehungsweise über die A13 aus dem Nordosten Deutschlands wählen. Somit ist für eine unkomplizierte An- und Abreise bestens gesorgt und der Einstieg in unsere Touren an verschiedenen Punkten möglich.
In diesem Reiseführer geben wir, soweit sie uns bekannt sind, die Straßennamen der Park-, Stell- und Campingplätze an. Obwohl wir davon ausgehen, dass nahezu jeder Leser mit einem Navigationsgerät unterwegs ist oder mit dem Smartphone beziehungsweise Tablet navigiert, haben wir die Zufahrten zu allen Stell- und Campingplätzen als auch zu Tourenverläufen zumindest grob beschrieben.
Die **Kilometerangaben** neben der Tourenüberschrift erlauben nur eine erste Orientierung über die Länge der jeweiligen Tour und betreffen die ungefähre Entfernung ab dem letzten Stell- oder Campingplatz der vorhergehenden Tour bis zum letzten Stell- oder Campingplatz der aktuellen Tour.
Da sich unsere Reiserouten an einigen Stellen sehr nahekommen, bietet sich nach Lust und Laune ein „Touren-Hopping“ an. Sie können sich natürlich auch „sklavisch“ an unsere Tourenvorschläge halten. Wir sind den beschriebenen Tourenverlauf

jedoch nicht in „einem Rutsch“ durchgefahren, vielmehr setzt er sich aus vielen Aufenthalten und einzelnen Erlebnissen zu unterschiedlichen Jahreszeiten zusammen. Auch wenn wir dabei nicht alle Sehenswürdigkeiten und Urlaubsangebote aufzählen können, sind wir dennoch davon überzeugt, dass wir Ihnen einen sehr großen und typischen Ausschnitt des Reisegebietes nahebringen können. Aber auch für Ihre eigenen Entdeckungen wird immer noch genug Raum bleiben.

Tourenkarten, Straßenkarten und Übersichtskarte

Die den Touren vorangestellten **Tourenkarten** ersetzen keine regulären Straßen- oder Wanderkarten und sollen lediglich zur Orientierung dienen.
Neben einem funktionstüchtigen Navigationsgerät oder Navigation-Apps auf Smartphone sowie Tablet empfehlen wir nach wie vor die Mitnahme von aussagekräftigen **Straßen- und Wanderkarten**. Näheres entnehmen Sie bitte unter dem Stichwort Kartenmaterial im hinteren Teil des Buches.
In der hinteren Umschlagklappe finden Sie eine **Übersichtskarte** der Touren dieses Buches, die Ihnen einen ersten Überblick darüber verschafft, an welchem Abschnitt unseres Reisegebietes die einzelnen Strecken verlaufen.

Tipps und Infos

Vieles in den einzelnen Tourenbeschreibungen würde sich wiederholen, sodass wir es im hinteren Teil dieses Buches zusammengefasst haben.
Lesen Sie daher bitte vor Ihrem Einstieg in die einzelnen Reiseetappen unsere allgemeinen **Tipps und Infos** für einen gelungenen Aufenthalt in Sachsen.
Alle Touren bereisten wir mit unserem Wohnmobil mit einer Länge von 6,99 Meter, einer Breite von 2,22 Meter und einer Höhe von drei Meter sowie einem zulässigen Gesamtgewicht von vier Tonnen problemlos. Sollte es nach unseren Einschätzungen für größere Reisemobile auf den beschriebenen Strecken Einschränkungen geben können, weisen wir im Text gezielt darauf hin.
Erwarten Sie bitte keine Geheimtipps! Die gibt es seit der enormen Zunahme von Reisemobilen schon lange nicht mehr. Wenn es sie bei den Stellplätzen je gab, dann sind sie oft genug von Höhenbegrenzungen blockiert, Wohnmobile sind schlicht verboten oder im besten Fall ist ein offizieller Stellplatz daraus geworden.
Letztere sind mittlerweile leider nicht nur in der Hauptreisezeit schnell belegt, sondern zeichnen sich teilweise zusätzlich durch eine wenig erfreuliche Enge aus. Das ändert jedoch nichts an der Attraktivität des Zielgebietes als WOMO-Reiseland.

Im Gegenteil, denn die Vielzahl von offiziellen Stell- und Campingplätzen lassen ein Übernachten oder Verweilen an ganz unterschiedlichen Orten in abwechslungsreichen Regionen zu. Dies hat den Vorteil, dass wir einen Großteil der sächsischen Landschaft mit dem Wohnmobil „erfahren“ und, ergänzt durch freie Stellplätze, fast überall einen Lieblingsplatz finden können. Davon gibt es nämlich immer noch eine ungeheure Fülle und je nach Gusto, aber mit viel Fingerspitzengefühl wird man schnell fündig!

Corona, COVID-19

Wir möchten Sie darauf aufmerksam machen, dass dieses Buch während der Corona-Pandemie und nach den ersten Erleichterungen der Kontaktbeschränkungen bis zum Herbst 2020 nachrecherchiert und aktualisiert wurde.

Die Fotos der Stell-, Camping- und Parkplätze zeigen unter Umständen keine allgemeingültige Aussage über die Plätze. In bisher „normalen“ Zeiten waren sie entweder gut frequentiert, eher spärlich besucht oder beinahe unbekannt – auf den Fotos ist während der Zeit der Pandemie eventuell ein völlig anderes Bild zu sehen. Wir können nicht in die Zukunft schauen und es ist daher nicht vorhersehbar, welche der von uns genannten Stell- und Campingplätze, Sehenswürdigkeiten, Gaststätten sowie diverse andere Attraktionen, möglicherweise auch Stellplatz- und Zugangskapazitäten, Angebote, Preise und Öffnungszeiten sich in irgendeiner Form unter dem Eindruck von COVID-19 verändern, erweitert werden oder im schlechtesten Fall gestrichen werden müssen. Insofern können wir für die Richtigkeit unserer Angaben keine Gewähr übernehmen. Wir können Ihnen diesbezüglich nur empfehlen, im Vorfeld Ihres Besuches auf den entsprechenden, meist von uns angegebenen Internetseiten nachzuschauen oder sich unter den beinahe in allen Fällen genannten Telefonnummern zu informieren. Im Zweifelsfall sind die Tourist-Informationen immer eine gute Anlauf- und Auskunftsadresse.

Insbesondere während der Lockdowns haben Gaststätten ihre Außerhaus-Angebote erweitert. Wir haben festgestellt, dass die Abhol- als auch die Lieferservices nach der Aufhebung der Kontaktbeschränkungen teilweise weiterbestanden. Für den Fall, dass Sie diese Angebote nutzen möchten, haben wir für fast alle von uns empfohlenen gastronomischen Einrichtungen die Kontaktdaten genannt.

Wir möchten Sie bitten, gegebenenfalls die aktuellen Hinweise des Bundesgesundheitsministeriums der Bundesregierung sowie der sächsischen Staatsregierung zu beachten (*www.bundesgesundheitsministerium.de* und *www.staatsregierung.sachsen.de*).

Unsere Bitte an Sie

Mit sehr viel Freude und Spaß, aber auch mit Arbeit und Mühe haben wir für Sie die vorliegenden Tourenvorschläge recherchiert. Wir testeten Sehenswürdigkeiten und Aktivitäten vor Ort und haben unsere Erlebnisse für Sie aufgeschrieben.
Trotz aller Sorgfalt ist es möglich, dass sich die Gegebenheiten bereits bei Erscheinen dieses Buches verändert haben. Wenn Ihnen Derartiges auffällt, Sie etwas Neues entdecken oder Ihnen etwas besonders gut gefallen hat, würden wir uns über eine entsprechende Nachricht von Ihnen sehr freuen!
Auch wenn Ihnen etwas missfallen hat, lassen Sie es uns bitte ebenfalls wissen. Nur so können wir Ihren WOMO-Reiseführer bei der nächsten Auflage verbessern.

Alle Autoren des WOMO-Verlags sind auf die Mithilfe der Leser angewiesen und Ihre Tipps sowie Anregungen sind uns immer willkommen!

Hierzu können Sie das vorbereitete Infoblatt am Ende des Buches benutzen, eine entsprechende Notiz im verlagseigenen Forum hinterlassen oder uns direkt per E-Mail kontaktieren:

afp@womo.de

Letztere Möglichkeit ist uns die angenehmste, da wir Ihre Informationen dann am besten weiterverarbeiten können. Wir beantworten grundsätzlich alle an uns direkt gerichteten individuellen Schreiben. Sehen Sie es uns bitte nach, wenn dies vielleicht erst nach einigen Wochen oder Monaten geschieht oder wir die Antwort auf eine gut gemeinte Zuschrift im Ausnahmefall auch einmal vergessen!
Informieren Sie sich vor Ihrer Reise über Stellplatzsperrungen und ähnliche Veränderungen im Forum des WOMO-Verlags unter **www.forum.womoverlag.de** und vermitteln Sie nach Ihrer Reise dort mit eigenen Beiträgen anderen Lesern aktuelle Informationen.

Wir danken Ihnen bereits heute für Ihre Mithilfe!

Sachsen-Anhalt
Naturpark
Dübener
Heide
Bad Düben
Bitterfeld
Mulde
Seelhausener See
Wellaune
Laußig
Delitzsch
Eilenburg
Brodenaundorf
Lemsel
Wolteritz
Gerbisdorf
Rackwitz
Groitzsch
Püchau
Plagwitz
Lübschütz
Lübschützer Teiche
Machern
Tour 2
Auenwald
Luppe
Zoo
Leipzig
Völkerschlachtdenkmal
Panometer
Weiße Elster
Zwenkau
Böhlen
Espenhain
5 km
Leipziger Neuseenland
1 Zwenkauer See
2 Störmthaler See
3 Hainer See
4 Markkleeberger See
5 Cospudener See
6 Kulkwitzer See
7 Schladitzer See
8 Werbeliner See
TOUR 1

Tour 1 265 km

Großpösna – Markkleeberg – Leipzig – Delitzsch Bad Düben – Eilenburg – Machern

Stellplätze:	Zwenkau, Großpösna, Neukieritzsch, Markkleeberg, Leipzig, Rackwitz, Wolteritz, Gerbisdorf, Brodenaundorf, Delitzsch, Bad Düben, Eilenburg, Groitzsch, Lübschütz, Machern.
Campingplätze:	Neukieritzsch, Camping am Hainer See, Markkleeberg Campingplatz Markkleeberg, Campinghof Bartl, Leipzig Campingplatz Kulkwitzer See, Eilenburg Kiessee, Machern Campingplatz Lübschützer Teiche.
Besichtigen:	Leipzig verschiedene Museen, Völkerschlachtdenkmal, Zoo, Panometer; Delitzsch Schloss, Tiergarten; Bad Düben Landschaftsmuseum, Schiffsmühle; Eilenburg Stadtmuseum; Lübschütz Stasi-Bunker, Machern Landschaftspark.
Wandern/ Radfahren:	Überall im Neuseenland, Bad Düben, Lübschütz.
Baden:	Großpösna, Neukieritzsch, Markkleeberg, Leipzig, Rackwitz, Wolteritz, Bad Düben, Eilenburg.
Essen:	Markkleeberg Restaurant Seeperle; Leipzig Kaffeehaus Riquet, Auerbachs Keller, Barthels Hof Baum, Schrebers Kneipe.

Unsere Reise durch Sachsen beginnen wir in der Region um Leipzig, die nach dem Ende der mitteldeutschen Braunkohle-Ära seit den 1990er Jahren einen enormen Wandel erlebt hat und die durch die Entstehung des Leipziger Neuseenlandes an Lebensqualität gewonnen hat. Der Umbruch vom Kohle- zum beliebten Freizeitrevier ist kaum noch wahrnehmbar und mittlerweile ist es die Mischung aus Wasser, Kultur, Entspannung und sportlicher Action, die das Gebiet um Leipzig für alle Altersklassen und Ansprüche ausgesprochen attraktiv macht. Leipzig, das pulsierende Herz Mitteldeutschlands, wird Städtereisende mit seiner langen Tradition als internationale Messe-

stadt, mit seinem Ruf als Kultur- und Musikstadt und mit seinen vielen Grünanlagen in seinen Bann ziehen. Hier laden alte Messepaläste und Passagen zum Bummeln ein und in den Geschäften, Restaurants und Cafés kann man angenehm seine Urlaubszeit vertrödeln.

Der Abschluss dieser, aber auch die folgende Tour führt uns in die Leipziger Tieflandsbucht und ein erstes Mal an die Elbe. Wir lernen die Heidelandschaften um Bad Düben sowie um Dahlen kennen, lauschen Ringelnatz-Versen, stehen staunend vor geschichtsträchtigen Schlössern und radeln rechts oder links auf dem Elberadweg entlang der in weiten Tälern dahinziehenden Mittelelbe. Dazwischen besuchen wir mit Torgau eine der schönsten Renaissancestädte Deutschlands, die mit ihrer 1.000-jährigen Geschichte zudem untrennbar mit der Reformation verbunden ist.

Von Westen nähern wir uns aber zunächst über Halle auf der A38 den ersten Reisezielen, die uns kurz hinter der unsichtbaren Landesgrenze zum Freistaat Sachsen schon mit dem Hinweis **Neuseenland** neugierig machen.

Doch bevor wir uns über die Namensgebung weiter Gedanken machen können, fällt unser Blick auf die Gänsehaut versprechende Achterbahn und den pastellfarbenen, palastähnlichen Eingangsbereich eines Freizeitparks und von der Anschlussstelle Leipzig/Neue Harth führen die Hinweisschilder direkt auf den gebührenpflichtigen, großen Parkplatz an der Autobahn [N 51°15'11.4" E 12°18'31.6"].

Freizeitpark BELANTIS

Nicht nur Kinder haben im ostdeutschen Gegenstück zum amerikanischen Disney-Land, einer von erfindungsreichen Konstrukteuren erschaffenen Traumwelt, ihren Spaß. Abenteuerspielplätze, Fahrgeschäfte und die Wildwasserfahrt durch eine 38 Meter hohe Pyramide sind fantasievolle Attraktionen, die manchen Besucher immer wieder in Sachsens größtem Freizeitpark vorbeischauen lassen *(Mitte/Ende März - Okt. ab 10 Uhr, Eintritt, Hunde nach den sächsischen Richtlinien an der Leine im Außenbereich gestattet, www.belantis.de).*

Wird die Autobahn Richtung Dresden erst an der Ausfahrt Leipzig Süd verlassen, weisen die Beschilderungen Richtung B2 Chemnitz/Borna und später Richtung Zentraldeponie den Weg zu einem riesigen, weithin sichtbaren Ungetüm [N 51°14'40.4" E 12°25'12.6"].

Bergbau-Technik-Park

Gleich neben zwei riesigen Großgeräten wird der komplette Förderzyklus in einem Braunkohletagebau authentisch präsentiert. Einschließlich der Sammlungen von Arbeitswerkzeugen, Bekleidung sowie Tagebautechnik vermittelt der Technik-Park einen Einblick in die große Ära der sächsischen Industriegeschichte. Zusätzlich wird die Sanierung und Wiedergewinnung neuer Landschaftsräume thematisiert und an die Menschen erinnert, die ihre Heimat und ihre Dörfer durch die Ausweitung des Tagebaus verloren *(Mitte März - Mitte Mi - So/Feiertage 10 - 17 Uhr, in den Ferien auch Di, Eintritt, Hunde an der Leine im Außenbereich gestattet, www.bergbau-technik-park.de).*

An uns Wohnmobilisten wird rund um Leipzig mehrfach in Form von offiziellen Stell- und Campingplätzen gedacht. Rings um die Seen gibt es zusätzlich eine Reihe von gebührenpflichtigen Parkplätzen, die jedoch in den meisten Fällen mit Wohnmobilen nur tagsüber zu nutzen sind.
Um die vielfältigen Freizeitmöglichkeiten im Süden des Leipziger Neuseenlandes erleben zu können, bieten sich die nachfolgenden Plätze als Ausgangsbasis an.

(001) Offizieller WOMO-Stellplatz: Zwenkau, Kap Zwenkau

GPS: N 51°14'00.3" E 12°20'10.5"; Hafenstraße **Max. WOMOs:** 10
Öffnungszeit: Ganzjährig.
Ausstattung: In der Saison befindet sich ein tagsüber geöffnetes WC in der Nähe.
Beschreibung: Ausgewiesene Stellplätze auf einem einfachen, meist

noch schattenlosen, gepflasterten Parkplatz direkt am Zwenkauer See am Ortsrand. In der Nähe befindet sich ein ÖPNV-Anschluss sowie die Tauchbasis Zwenkauer See mit diversen Tauchangeboten. Der Platz eignet sich hervorragend als Ausgangspunkt für Rad- und Wandertouren und in der Nähe befinden sich diverse Restaurants.
Preise: Tagsüber €, nachts €€.
Zufahrt: Von der A38/Anschlussstelle Leipzig Süd abfahren und Richtung B2 Chemnitz/Borna halten. Die Bundesstraße Richtung Zwenkau verlassen und im Ort den Hinweisen Kap Zwenkau und dem WOMO-Piktogramm folgen.

(002) Offizieller WOMO-Stellplatz: Großpösna, Wohnmobilhafen Lagovida

GPS: N 51°13'31.9" E 12°26'55.4"; Hafenstraße 1 **Max. WOMOs:** 45
Kontakt: Telefon 034206/7750, www.lagovida.de
Öffnungszeit: Ganzjährig.
Ausstattung: V/E, Strom, Sanitärgebäude, Waschmaschinen- und Trocknerraum, Spielplatz, Minigolf, Grillmöglichkeit, Gastronomie im nahen Hotel, Badestrand.
Beschreibung: Von beinahe jedem der terrassenförmigen, schattenlosen, großzügigen und befestigten Stellplätze ist der Störmthaler See zu sehen. Die außerorts gelegene Anlage gehört zu einem Hotel- und Ferienhauskomplex und ist durch eine Schranke gesichert. Die hinter dem Stellplatz verlaufende Straße stört nachts nicht und vor den Stellplätzen befindet sich der Badestrand am See. Mit dem ÖPNV ist Markkleeberg in ca. 45 Minuten erreicht und die Weiterfahrt nach Leipzig möglich. Der Platz eignet sich hervorragend als Ausgangspunkt für Rad- und Wandertouren und ist klappstuhlgeeignet.
Preise: €€€. Je näher am Wasser, desto teurer. Servicepauschale für Strom- und Wassernutzung am Stellplatz €/Person und Nacht. Aufpreis bei Wohnwagengespannen €/Pkw und Nacht. Die Bezahlung erfolgt meist am Anreisetag für den kompletten Aufenthalt!
Zufahrt: **1.** Von der A38/Anschlussstelle Leipzig Südost abfahren und Richtung Störmthal/Störmthaler See halten. Nach ca. 7 km Richtung Magdeborner Halbinsel abbiegen und zum Ferienresort Lagovida fahren. **2.** Von der A38/Anschlussstelle Leipzig Süd abfahren und erst auf der B2, später der B95 Richtung Chemnitz/Borna folgen. Über die Abfahrt Störmthal kann der Störmthaler See und der Wohnmobilhafen ebenfalls erreicht werden.
Hinweis: In der Hauptsaison ist eine Reservierung angeraten! Die Anmeldung erfolgt an der Hotelrezeption, wo eine Kaution in bar für die Schranken und Sanitärgebäude hinterlegt werden muss.

(003) WOMO-Stellplatz: Großpösna, Magdeborner Halbinsel 1

GPS: N 51°13'40.5" E 12°26'17.3"; Alte F95 **Max. WOMOs:** 20
Ausstattung: Manchmal ist ein Dixi-Klo vorhanden.
Beschreibung: Der einfache Wiesenparkplatz ist teils schattig und liegt nicht weit entfernt vom Störmthaler See und dem **VINETA-Bistro** *(11 - 20 Uhr)* außerhalb des Ortes. Da es keinen Müllbehälter gibt, muss der eigene Müll mitgenommen werden. Der Platz eignet sich hervorragend als Ausgangspunkt für Rad- und Wandertouren.
Preise: €. Ticket ist bis 23.59 Uhr gültig, dann muss nachgelöst werden!
Zufahrt: Wie zum vorgenannten Stellplatz, jedoch am Störmthaler See nicht rechts zum Wohnmobilhafen Lagovida abbiegen, sondern geradeaus auf die Halbinsel fahren. Der Wiesenparkplatz liegt vor dem geschotterten Parkplatz auf der linken Straßenseite.

(004) WOMO-Campingplatz: Neukieritzsch, Camping am Hainer See

GPS: N 51°10'35.0" E 12°27'09.8"
Hainweg 1
Kontakt: 034206/758770, www.leipzig-seen.de/uebernachten/campingplaetze/campingplatz-hainer-see
Öffnungszeit: Mai - Oktober.
Ausstattung: Badestrand mit separatem Hundestrand, Lagerfeuerstelle, kleines, aber gutes gastronomisches Angebot, Brötchenservice, Spielplatz, Fahrradverleih, Wasserski, Wakeborden, Angeln, Bootsfahrten, Tauchen, WLAN.
Beschreibung: Der außerhalb der Ortschaft gelegene terrassierte, einfache Platz liegt direkt am Hainer See und ist teils schattenlos. Von fast allen mit Rasengittersteinen befestigten, manchmal engen Plätzen bietet sich eine Aussicht auf das Wasser. Der Platz eignet sich hervorragend als Ausgangspunkt für Rad- und Wandertouren.
Zufahrt: Von der A38/Anschlussstelle Leipzig Süd abfahren und erst auf der B2, später der B95 Richtung Chemnitz/Borna fahren und den Hinweisen zum Hainer See und dem Campingplatz folgen.

(005) WOMO-Stellplatz: Neukieritzsch, Hainer See

GPS: N 51°10'40.2" E 12°27'15.9"; Hainweg **Max. WOMOs:** 10
Beschreibung: Der einfache Parkplatz ist gepflastert, meist schattenlos und liegt nicht weit entfernt vom Hainer See und dem Campingplatz außerhalb des Ortes. Da es keinen Müllbehälter gibt, muss der eigene Müll mitgenommen werden. Der Platz eignet sich hervorragend als Ausgangspunkt für Rad- und Wandertouren und ist eher nicht klappstuhlgeeignet.
Zufahrt: Von der A38/Anschlussstelle Leipzig Süd abfahren und erst auf der B2, später der B95 Richtung Chemnitz/Borna fahren und den Hinweisen zum Hainer See und dem Campingplatz folgen. Der Parkplatz liegt vor dem Campingplatz auf der rechten Straßenseite.

(006) Offizieller WOMO-Stellplatz: Markkleeberg, Seepark Auenhain

GPS: N 51°15'37.4" E 12°25'44.4"; Am Feriendorf **Max. WOMOs:** 6
Kontakt: Telefon 034297/98680, www.seepark-auenhain.de
Öffnungszeit: Ganzjährig.
Ausstattung: V/E, Strom, Duschen, Waschmaschine, Trockner, Pool- u. Saunabenutzung gegen Gebühr, Spielplatz, Grillmöglichkeit, Fahrradverleih, sehr gute Einkehrmöglichkeit im dazugehörigen **Restaurant Seeperle**, Frühstück möglich.
Beschreibung: Der gepflasterte, schattenlose und durch eine Schranke gesicherte Stellplatz liegt an einem Ferienpark außerhalb des Ortes und oberhalb des Markkleeberger Sees mit Badestrand und separatem Hundestrand. In unmittelbarer Nähe befindet sich ein Kletterpark und etwas entfernter der Kanupark. Mit dem nahen ÖPNV (Haltestelle gegenüber dem Campingplatz) ist man in etwa 45 Minuten am Leipziger Hauptbahnhof (Bus Linie 106/141 Richtung Probstheida/umsteigen Tram Linie 15 bis Hauptbahnhof). Der Platz eignet sich hervorragend als Ausgangspunkt für Rad- und Wandertouren.
Preise: €€€.
Zufahrt: Von der A38/Anschlussstelle Leipzig Südost abfahren und nach Güldengossa auf die Auenhainer Straße fahren. Hinter dem Ortseingang Auenhain der Hauptstraße rechts folgen und ca. 200 m später links zum Seepark Auenhain abbiegen.

(007) WOMO-Campingplatz: Markkleeberg, Campingplatz Markkleeberg

GPS: N 51°15'30.0" E 12°25'49.4"; Am Silberschacht 2/Paddelsteg
Kontakt: 034297/43053, www.neuseenland-camping.com
Öffnungszeit: Ganzjährig (Nov. - März tel. Voranmeldung).
Ausstattung: V/E, Strom, Duschen, Grillplatz, Restaurant mit herzhaften Speisen, WLAN.
Beschreibung: Der einfache, schattenlose Wiesenplatz liegt oberhalb des Markkleeberger Sees mit Badestrand und separatem Hundestrand. In unmittelbarer Nähe befindet sich ein Kletterpark und etwas entfernter der Kanupark. Mit dem nahen ÖPNV (Haltestelle gegenüber dem Campingplatz) ist man in etwa 45 Minuten am Leipziger Hauptbahnhof (Bus Linie 106/141 Richtung Probstheida/umsteigen Tram Linie 15 bis Hauptbahnhof). Der Platz eignet sich hervorragend als Ausgangspunkt für Rad- und Wandertouren.
Preise: €€.
Zufahrt: Wie zum vorgenannten Stellplatz, der Campingplatz liegt etwa 100 m vor der Einfahrt zum Seepark Auenhain.

(008) WOMO-Campingplatz: Markkleeberg-Wachau, Campinghof Bartl

GPS: N 51°16'13.5" E 12°25'49.6"; Bornaer Chaussee 36
Kontakt: 034297/45452, www.campinghof-bartl.de
Öffnungszeiten: Ganzjährig.
Ausstattung: V/E, Strom, Duschen, Waschmaschine, Liegewiese, Aufenthaltsraum, Spielplatz, kleiner Shop mit regionalen Produkten, Grillplatz, Fahrradverleih, Gasflaschentausch, WLAN.
Beschreibung: Der am Ortsrand gelegene einfache Wiesenplatz ist halbschattig und liegt nahe des Markkleeberger Sees mit Badestrand und separatem Hundestrand. Mit dem nahen ÖPNV (Haltestelle gegenüber dem Campingplatz) ist man in etwa 45 Minuten am Leipziger Hauptbahnhof (Bus Linie 106/141 Richtung Probstheida/umsteigen Tram Linie 15 bis Hauptbahnhof). Der Platz eignet sich hervorragend als Ausgangspunkt für Rad- und Wandertouren.
Preise: €€.
Zufahrt: Wie der vorherige Campingplatz, jedoch ca. 1 km hinter der Zufahrt zum Seepark links in die Bornaer Chaussee abbiegen. Nach ca. 200 m ist der Campingplatz erreicht.
Hinweis: Die Anreise ist nur von 9 - 19 Uhr möglich. Die Einfahrt ist etwas eng, doch mit unserem 7 Meter langen WOMO hatten wir kein Problem.

Leipziger Neuseenland

Seit dem Jahr 1382 wird im mitteldeutschen Revier Braunkohle gefördert und Leipzig liegt wie eine Insel mittendrin. 20 Tagebaue, 27 Brikettfabriken und acht Großkraftwerke umringten die Stadt im Jahr 1990, als auch energiepolitisch die Wende eingeläutet wurde. Bis da-

hin wurde das „Schwarze Gold“ zur Stromgewinnung, zur Produktion von Teer, Benzin, Schwer- und Leichtölen genutzt. Heute wird die Kohleförderung nur noch in einem vergleichsweise kleinen Revier auf Hightech-Niveau betrieben und dient fast ausschließlich zur Stromgewinnung im weithin sichtbaren Braunkohlekraftwerk Lippendorf.
Nach dem Ende des Kohleabbaus eroberte die Natur zum großen Teil die durch den Tagebau zerstörte Landschaft zurück und in den entstehenden Feuchtbiotopen, Trockenzonen, Steilabbrüchen sowie Flachwasserflächen siedeln sich Vögel, Amphibien, Reptilien, Heuschrecken und Libellen wieder an. Die ehemaligen Abraumhalden sind zum Teil begrünt und bilden im sonst flachen Land für das Auge wohltuende Erhebungen. Die ursprünglichen Kohlegruben werden nach und nach geflutet. Dies geschieht mittels Rohrleitungen, die das im aktiven Tagebau abgepumpte Wasser in die neuen Seen leitet. Künstliche Kanäle und Schleusen entstehen und die Verbindung über die Pleiße, die Weiße Elster und den Floßgraben an die Stadt Leipzig soll in Zukunft einen Gewässerverbund von über 200 Kilometer Länge erreichen. Die Seenlandschaft der Tieflandsbucht bietet bei schönem Wetter ein fast mediterranes Flair und Cafés sowie Restaurants mit Freiterrassen und Bootsanlegern sind beliebte Ziele für Wassersportler und bieten Radfahrern sowie Wanderern lohnende Ziele und Rastplätze. Die Wandlung der ehemaligen Braunkohlerevier rund um Leipzig und in der Lausitz zu großen Seenlandschaften mit hohem Freizeitwert und mit stillen Naturparadiesen ist für uns ein klarer Fall für unsere **Top Ten.**
Südlich der Autobahn A 38 erinnert mitten im **Störmthaler See** die **VINETA**, ein kleines kirchenähnliches Gebäude, an durch den Tagebau verschwundene Siedlungen und symbolisiert die verloren gegangene Kirche des Ortes Magdeborn. Unter dem Motto „Kunst statt Kohle“ finden hier unterschiedliche Kunst- und Kulturveranstaltungen statt. Bei einer Bootstour oder mit dem restaurierten Amphibienfahrzeug DUKW 353 kann das schwimmende Bauwerk erreicht werden und man erfährt gleichzeitig Informatives zur Geschichte und Zukunft der Region. Wer gerne selbst fahren möchte, kann das bei einer durch einen Scout begleiteten Tour mit dem Amphibienfahrzeug ARGO tun und wer schon immer mal wie einst James Bond in die Luft gehen möchte, kann dazu den Jetlev VINETA-Fly oder ein Flybord besteigen, Kein kostengünstiges, aber dafür sicher ein besonderes Abenteuer *(April - Okt., die genauen Termine sind der Internetpräsenz zu entnehmen. Der Treffpunkt für alle Aktivitäten ist unterhalb des VINETA-Bistros auf der Magdeborner Halbinsel, Gebühr, www.vineta-stoermthal.de).*
Westlich des Störmthaler Sees und angrenzend an die Stadt Zwenkau liegt der knapp zehn Quadratkilometer große **Zwenkauer See**, der damit das größte Gewässer im südlichen Leipziger Neuseenland ist. An seinem nördlichen Ufer entstehen gerade neue Freizeitanlagen, während an der Uferpromenade am Südufer rund um **Kap Zwenkau** bereits Hafenfeeling spürbar ist. Nach der Erkundung des etwa **22 Kilometer langen Seerundwegs** per Rad oder zu Fuß kann man es sich in den Cafés und Restaurants am Segler- und Wassersporthafen so richtig gut gehen lassen. Alles rund um den See ist im **Tourist-Kontor** zu erfahren *(Mai - Okt. Di - So 10 - 18 Uhr, An der Mole 1, Telefon 034203/435718, www.zwenkauer-see.com).*
Im Süden der vorgenannten Seen ist der etwa 600 Hektar große **Hainer See** erwähnenswert. Umrundet man ihn auf seinem **15 Kilometer Rundweg**, so stößt man im Süden auf die Lagune Kahnsdorf mit bunten Ferienhäusern. Ein kleiner Sandstrand und die Möglichkeiten für Bootstouren sorgen für maritimes Leben. Auf dem See dürfen Segel-, Elektro- und als Besonderheit auch Motorboote fahren. Wer

lieber auf dem Wake- und Surfboard steht, gerne Wasserski fährt oder es mit Stand up Paddeling versuchen möchte, ist an der Nordseite des Sees richtig. Das dortige Wassersportzentrum ist hierfür der richtige Ansprechpartner und ist direkt am Campingplatz zu finden (www.wake-beach.de).

Nördlich der Autobahn schließen sich weitere, nicht minder attraktive Teile des Neuseenlandes an.

Von der B2 sind Cospuden und Markkleeberg mit den jeweils gleichnamigen Seen gut zu erreichen. Auch an diesen beiden Seen lohnt sich ein Aufenthalt, denn das Freizeitangebot ist Tage füllend und Beach-Volleyball, Schwimmen, Surfen, SUP, Rafting, Segeln und vieles mehr lassen bestimmt keine Langeweile aufkommen.

Für weitere Informationen und Auskünfte empfiehlt sich unbedingt der Besuch der **Tourist-Information in Markkleeberg** *(April - Sept. Mo - Fr 9 - 18 Uhr, Sa/Feiertage 10 - 13 Uhr, Okt. - März Mo - Fr 9 - 17 Uhr, Sa 10 - 13 Uhr, Rathausstraße 22, Telefon 0341/33796718, www.leipzig.travel/de/).*

Am **Markkleeberger See** finden im **Kanupark** regelmäßig Drachenbootfestivals oder internationale Kanu- und Motorbootwettkämpfe statt. In Neoprenbekleidung gezwängt können sich auch Ungeübte im Schlauchboot und unter Aufsicht durch die Stromschnellen kämpfen. Den besten und vor allem trockenen Blick auf die Wildwasserstrecke

gibt es von der Terrasse des Restaurants *(April - Okt. täglich ab 10 Uhr, Nov. - März Sa/So/Feiertage ab 10 Uhr, Gebühr, www.kanupark-markkleeberg.de).* Der Markkleeberger See ist im Vergleich zu den Dimensionen der anderen Seen im Neuseenland klein und kann auf einem **9,2 Kilometer langen und abwechslungsreichen Rundweg** umrundet werden. Wegen des etwas stärkeren Gefälles am Kanupark sollte er von Inline-Skatern und Läufern im entgegengesetzten Uhrzeigersinn eingeschlagen werden. Für die beschauliche Erkundung der Seen bieten sich Fahrten auf **Fahrgastschiffen** an, die unter anderem den Markkleeberger mit dem Störmthaler See verbinden.

Als Symbol für das Leipziger Neuseenland gilt **Cospudener See,** der im Jahr 2000 als erster See um Leipzig geflutet wurde. Neben den vielen bunten Segeln, die den See von Frühjahr bis Herbst bevölkern und sich den anspruchsvollen Winden stellen, kann der See zu Fuß oder mit dem Fahrrad auf dem knapp **10,5 Kilometer langen Seerundweg** umrundet werden. Sobald die Sonne scheint, locken Sachsens längster Badestrand am Nordufer oder der barrierefreie Badesteg. Auch hier ist festzustellen, dass die gesamte Familie im Neuseenland voll auf ihre Kosten kommen kann.
Weiter nördlich und am westlichen Stadtrand Leipzigs gelegen ist der **Kulkwitzer See** erwähnenswert. Er gehört zu den kleineren Seen und zeichnet sich durch eine hervorragende Wasserqualität inmitten von üppigem Grün aus. Mehrere Taucheinstiege, teilweise mit Unterwasserplattformen und versunkenen Tauschobjekten, **locken Taucher** an. Das maritime Freizeitangebot wird von einem Bootsverleih, einem Wasserskilift, dem Strandbad und einem Hochseilgarten abgerundet. Unmittelbar am Wasser und zwischen Bäumen lädt der **Campingplatz** zum längeren Aufenthalt ein [**009:** N 51°18'46.0" E 12°15'18.0"; Seestraße 1, Telefon 0341/710770, www.leipzigerseen.de, Mitte Dezember - Mitte Januar geschlossen, €€. Bitte Umweltzone beachten!].
Wem nach der ganzen Action der Sinn nach etwas mehr Ruhe steht, der findet diese bestimmt bei einem Spaziergang in dem nach englischem Vorbild angelegten **Landschaftspark Cospuden** zwischen Sandsteinplastiken und kleinen Teichen [N 51°17'32.8" E 12°21'12.3"; Ziegeleiweg].

WOMO-Radfahrtipp: Durch den Leipziger Auenwald

Einfache Radtour von etwa 40 Kilometer auf meist ebenen ausgewiesenen Fahrradwegen.
Wir wählen als Ausgangspunkt den gebührenpflichtigen Parkplatz am Landschaftspark und treten von hier aus rechts etwa 600 Meter in die Pedale, wenden uns links in einen kleinen Zipfel des Ziegeleiwegs, überqueren die Bahngleise und folge dem Equipagenweg sowie den Hinweisschildern direkt in den Wald.
Leipzig, eine auffallend grüne Stadt, kann zusätzlich mit einem der größten Auenwaldgebiete Mitteleuropas aufwarten. Auenwälder sind in Überschwemmungsgebieten von Flüssen zu finden und hier sind das im Wesentlichen die Zonen der Elster, Pleiße und der Luppe. Von unserem Startpunkt können wir fast 20 Kilometer einfache Strecke aus dem südlichen Auenwald, die Leipziger sagen kurz Auwald, unter anderem durch das Leipziger Ratsholz und vorbei am Clara-Zetkin-Park, das Verschlossene Holz und den Leipziger Stadtforst bis zum nördlichen Auenwald bei Schkeuditz radeln. Oftmals begegnen uns nur wenige Hundert Meter vom Verkehrslärm entfernt Rotmilane, Goldammer und Ringelnattern. Stieleichen und Feldulmen wachsen an den alten Wasserläufen und im Frühjahr blühen Märzenbecher und Krokusse in großer Zahl. Ein Idyll fast mitten in der Stadt!
Auch wenn wir auf gleichem Weg den Rückweg antreten, ergeben sich neue Blickachsen sowie Ausblicke und ein Abstecher zum **Café-Restaurant Glashaus im Clarapark** sorgt nicht nur bei dieser Fahrradtour für eine angenehme Unterbrechung (ab 9 Uhr, Karl-Tauchnitz-Straße 26, Telefon 0341/14990004, www.glashaus-leipzig.de).

Nach dem Besuch des Neuseenlandes zieht es uns nach Leipzig. Die Stadt befindet sich in einer **Umweltzone** und darf nur von Fahrzeugen mit einer Feinstaubplakette befahren werden.

Auf allen Parkplätzen, mit Ausnahme des Innenstadtbereiches, können Wohnmobile stehen, sofern das Parken für andere Fahrzeuge nicht beeinträchtigt wird. Dazu gehört auch der Parkplatz in der Querstraße, der ausgesprochen zentral liegt, oft gut gefüllt und recht teuer ist [N 51°20'25.2" E 12°23'07.9" Querstraße 14].

(010) Offizieller WOMO-Stellplatz: Leipzig, Reisemobilstellplatz Melinenburg

GPS: N 51°21'59.3" E12°25'37.5"; Stöhrerstraße 3 **Max. WOMOs:** 30
Kontakt: Telefon 0163/7415648, www.stellplatz-leipzig.de
Öffnungszeit: Ganzjährig.
Ausstattung: V/E, Strom, Brötchenservice, WLAN.
Beschreibung: Der ruhig gelegene, schattenlose Platz verfügt über asphaltierte bzw. geschotterte Stellplätze, die teilweise aufgrund eines kleinen Stückchen Rasens neben dem WOMO klappstuhlgeeignet sind. Er liegt in einem Gewerbegebiet ca. 5 km vom Stadtzentrum entfernt, in der Nähe befindet sich ein Imbiss mit einem guten Frühstücksangebot. Durch den Abtnaundorfer Park und den Mariannenpark kann man am Fluss Parthe gemütlich mit dem Fahrrad ins Zentrum radeln oder der ÖPNV sorgt für den Transport in die Stadt (Bushaltestelle ca. 200 m entfernt, die Linie 70 verkehrt alle 10 Minuten bis Stöckelstraße, dort in Tram Linie 1 Richtung Lausen umsteigen und bis zum Hauptbahnhof fahren). Der freundliche Stellplatzbetreiber steht ansonsten mit Rat und Tat zur Seite und hält einen Flyer mit allen Informationen bereit.
Preise: €€€.
Zufahrt: Wer aus westlicher Richtung auf der A38 anreist, folgt der Autobahn Richtung Dresden und wechselt am Dreieck Parthenaue auf die A14 Richtung Magdeburg/Halle/Leipzig. An der Ausfahrt Leipzig Nordost die Autobahn verlassen. Der B87 Richtung Leipzig ca. 1,5 km folgen, dann rechts in die Rostocker Straße Richtung Plaußig abbiegen und an der 1. Ampel links in die Stöhrerstraße fahren. Ca. 1,2 km später den WOMO-Piktogrammen folgen.
Hinweis: Mindestdauer für Reservierungen 2 Nächte. Der Stellplatz soll um zehn weitere Stellplätze erweitert werden.
Der Stellplatz ist ohne Feinstaubplakette zu erreichen!

(011) Offizieller WOMO-Stellplatz: Leipzig, Busparkplatz am Goldstück

GPS: N 51°20'57.2" E 12°23'26.8"; Sachsenseite 6 **Max. WOMOs:** 10
Kontakt: 0163/3337830 oder 0163/3337841
E-Mail: goldstueck@4-service.de
Öffnungszeit: Ganzjährig.
Ausstattung: V/E, Strom, Duschen, WC, Brötchenservice, Frühstück möglich, Müllbehälter.
Beschreibung: Der gepflasterte, schattenlose, einfache Parkplatz liegt in der Stadt nahe des Hauptbahnhofs und der Gleisanlagen, sodass gegebenenfalls mit Geräuschbelästigungen zu rechnen ist. Der Platz ist bedingt klappstuhlgeeignet. Der Augustusplatz ist nach etwa 1,5 Kilometer Fußweg erreicht. Zentrumsnäher geht es kaum!

Preise: €€€ zzgl. Duschen, WC, Frühstück, Brötchenservice.
Zufahrt: In Leipzig auf der B87 den Hinweisen zum Hauptbahnhof-Ostseite/Fernbusterminal folgen. Bei Erreichen der Sachsenseite rechts Richtung Busparkplatz fahren.
Hinweis: Um Reservierung wird gebeten. Der Stellplatz befindet sich im Aufbau, sodass Änderungen möglich sind.
Der Stellplatz ist nur mit Feinstaub-Plakette zu erreichen!

(012) Offizieller WOMO-Stellplatz: Leipzig, Stadthafen Leipzig

GPS: N 51°20'18.6" E12°21'35.4"; Schreberstraße 20 **max. WOMOs:** 10
Kontakt: Telefon 0341/59402619, www.stadthafen-leipzig.com
Öffnungszeiten: Ganzjährig.
Ausstattung: Boots- u. Fahrradverleih (u. a. geführte Bootstouren auf Leipzigs Kanälen).
Beschreibung: Der einfache, meist schattenlose, geschotterte Parkplatz bietet sich unter anderem für eine Erkundung der Kanäle und Gewässer innerhalb der City an. Das Schreberbad und gastronomische Betriebe befinden sich in der Nähe und das rund 2 km entfernte Stadtzentrum kann mit dem ÖPNV erreicht werden.
Preise: €€.
Zufahrt: Der B2 Richtung Zentrum durch die Stadt folgen. Dann links Richtung Plagwitz abbiegen und sich nach den Hinweisen Richtung Weißenfels/Sportarena richten. Bei Erreichen der Käthe-Kollwitz-Straße rechts und ca. 300 m später links zum Stadthafen abbiegen.
Hinweis: Maximaler Aufenthalt 3 Nächte.
Der Stellplatz ist nur mit Feinstaub-Plakette zu erreichen!

(013) Offizieller WOMO-Stellplatz: Leipzig, Wohnmobilstellplatz Boje

GPS: N 51°21'55.6" E12°25'06.8"; Haferkornstraße 3 **Max. WOMOs:** 24
Kontakt: Telefon 01578/3490280 oder 0341/35129303
Öffnungszeit: Ganzjährig.
Ausstattung: V/E, Strom, Sport-Shop, Gasflaschenservice, WLAN.
Beschreibung: Der einfache, asphaltierte, schattenlose Parkplatz gehört zu einer Firma. Bei Vollbelegung stehen die WOMOs dicht an dicht und der Platz ist nicht klappstuhlgeeignet. Dafür liegt der Platz nur etwa 2 km vom Zentrum als auch vom Zoo entfernt. Der freundliche Betreiber händigte uns einen Stadtplan aus, auf dem alle notwendigen Verbindungen des nahen ÖPNV (Tram-Haltestelle ca. 500 m entfernt, die Linie 9 verkehrt alle 10 Minuten direkt zum Hauptbahnhof) und die Fuß- bzw. Radwege verzeichnet sind. In der Nähe befindet sich eine Kletterhalle mit Duschen sowie WC zu den Öffnungszeiten und gegen Gebühr, Beachvolleyballfelder, Supermärkte und Restaurants.
Preise: €€€.
Zufahrt: In Leipzig auf der B2 Richtung Wittenberg fahren, im weiteren Verlauf nach Eutritzsch abbiegen und unter den Gleisanlagen durchfahren. Dem Straßenverlauf geradeaus folgen und ca. 400 m später links in die Dessauer Straße abbiegen und direkt auf den Stellplatz zusteuern.
Hinweis: Wenn alle Plätze besetzt sind, kann auch auf den nebenliegenden Parkplatz ausgewichen werden.
Der Stellplatz ist nur mit Feinstaubplakette zu erreichen!

Wir haben in Leipzig viel zu Fuß erlebt, zumal sich die Altstadt auf nur knapp einem Quadratkilometer erstreckt. Mit der **Leipzig Card** bewegt man sich in einem größeren Radius für ein bis drei Tage mobil mit Bus und Tram quer durch die Stadt, kommt nahe an die Sehenswürdigkeiten, hat Preisvorteile bei Stadtrundfahrten, Eintritten und vielem anderen mehr. Da wir uns im weiteren Verlauf unserer Reise zusätzlich in der Region um Leipzig aufhalten, wollen wir an dieser Stelle auch die **Leipzig Regio Card** nicht unerwähnt lassen. Weitere Infos hierzu und zum Erwerb gibt es bei der Leipziger **Tourist-Information**. Auch für Leipzig-Neulinge und zur Orientierung empfiehlt sich diese Anlaufstelle in der Nähe des Alten Rathauses *(Mo - Fr 9.30 - 17 Uhr, Sa/So/Feiertage 9.30 - 15 Uhr, Katharinenstraße 8, geschlossen 25./26.12./1.1., Telefon 0341/7104260, www.leipzig.travel).*

Wir starten unseren Stadtrundgang am Hauptportal des Hauptbahnhofs in südliche Richtung und erreichen nach wenigen Minuten den zentralen Augustusplatz.

Leipzig

Auf dem etwa vier Hektar großen **Augustusplatz** angekommen, sollte man einen Moment die Dimensionen des Platzes auf sich wirken lassen. Im flachen Brunnenbecken planschen zur Sommerzeit vielleicht Kinder lachend durch das Wasser, Studenten, Anzugträger und Hausfrauen eilen geschäftig über das Areal und hoch oben am **Krochhochhaus**, dem 1927/28 aus Stahlbeton erbauten ersten Hochhaus Leipzigs, schlagen die Glockenmänner die Stunden.

Hier spiegelt sich die Baugeschichte Leipzigs im 20. Jahrhundert wider. Weitere markante Bauten sind der Neubau des **Unicampus** und das an der Nordseite des Platzes gelegene, 1960 errichtete **Opernhaus**, hinter dem sich die **Schwanenteichanlagen** anschließen. Der Blick streift das **City-Hochhaus**, das vom **Panorama-Restaurant** eine tolle Aussicht über die Stadt bietet und das am südlichen Rand des Augustusplatzes gelegene **Gewandhaus** ist am Abend am schönsten anzusehen. Das Licht strahlt aus den verglasten Foyers und der Blick fällt auf das 700 Quadratmeter große Deckenbild „Gesang vom Leben". Das 1981 eröffnete Konzerthaus ist die dritte Spielstätte des Leipziger Orchesters. An erster Stelle musizierte es ab 1781 im Saal des Messehauses der Tuchmacher und der Name „Gewandhaus-Orchester" manifestierte sich. Einen Gegenpol zu den modernen Fassaden bildet der 1886 errichtete, neobarocke **Mendebrunnen**.

Nikolaikirchhof

Von der Westseite des Platzes gelangen wir in die Grimmaische Straße. Uns zieht es von der belebten Fußgängerzone bald rechts durch die Nikolaistraße zur **Nikolaikirche** *(täglich 10 - 18 Uhr)*. Das im 12. - 16. Jahrhundert als spätgotische Hallenkirche erbaute Gotteshaus empfängt uns mit einem 1797 fertiggestellten hellen klassizistischen Innenraum und mit korinthischen Säulen, aus denen Palmenwedel wachsen zu scheinen. Die älteste Kirche der Stadt wurde in der jüngsten Geschichte mit den Friedensgebeten einer der Ausgangspunkte der friedlichen Revolution, die 1989 den Weg zur deutschen Einheit ebnete. Vom Nikolaikirchhof geht das Schuhmachergässchen ab und an der nächsten Ecke fallen die Elefantenköpfe des **Kaffeehauses Riquet** ins Auge. Sie erinnern an die mit Orientwaren handelnde Familie Riquet und laden zur Kaffeepause in gediegener Umgebung ein *(täglich 9 - 19 Uhr)*. In der Nähe wartet schon eine der feinen **Innenhofpassagen**, nämlich Specks Hof, zum Bummeln. Genau wie im Peters- und Messehof, der Marktgalerie, der Mädlerpassage oder in Barthels Hof weht hier ein Hauch von Paris oder Mailand beim Schaufenstergucken durch die Einkaufspassagen und das besondere Flair entsteht durch die Verbindung von Altem und Neuem. In Specks Hof flanieren wir durch drei fantasievoll gestaltete Lichthöfe, erfreuen uns an den Art-déco-Leuchtern und lassen im sich anschließenden Hansahaus das Wasser in einer kupfernen Klangschale zum Sprudeln bringen.

Auf der Grimmaischen Straße kommen wir am Naschmarkt mit der **Alten Börse** vorbei. Im kleinen, barocken Schatzkästchen von 1687 schlossen die Kaufleute in alten Messezeiten ihre Verträge ab und das davorstehende Denkmal des jungen Johann Wolfgang von Goethe erinnert an dessen Studentenzeit in Leipzig. Schräg gegenüber finden wir

Augustusplatz

Alte Börse

in der **Mädlerpassage** einen der wohl bekanntesten Gasträume Deutschlands: **Auerbachs Keller**. Schon früher wurde behauptet, dass man Leipzig nicht gesehen hätte, wenn man nicht in Auerbachs Hof gewesen wäre. Bereits 1525 war hier ein Weinausschank und spätestens durch die Kellerszene in Goethes „Faust" war der Ruhm endgültig begründet. Im Restaurant „Großer Keller" fühlt man sich bei sächsischer Hausmannskost zwischen Touristen und Leipzigern gut aufgehoben, während nebenan in den „Historischen Weinstuben" in restaurierten Gasträumen aus dem 16. bis 19. Jahrhundert eine gehobene Küche zelebriert wird *(Großer Keller täglich ab 12 Uhr, Historische Weinstuben Mo - Sa ab 18 Uhr, 0341/216100, www.auerbachs-keller-leipzig.de)*.

Von hier ist es nur ein Katzensprung bis zum Markt mit dem 1556/57 im schönsten Renaissancestil erbauten **Alten Rathaus**. Vom Markt ist schon die barocke Turmhaube der **Thomaskirche** zu sehen *(täglich 9 - 18 Uhr)*. Die gleichermaßen als Konzert- und Gotteshaus dienende Kirche ist die Heimat des weltbekannten **Thomanerchors** und seines bekanntesten Kantors Johann Sebastian Bach, dessen Grab sich im Chorraum der Kirche befindet. Wenn die Thomaner nicht gerade auf Tour sind, kann man am Freitag *(18 Uhr)* und am Samstag *(15 Uhr)* ihren Kantaten und Motetten lauschen.

Neben der Mädlerpassage präsentiert das **Zeitgeschichtliche Forum** die deutsche Zeitgeschichte vom Ende des Zweiten Weltkrieges bis in die Gegenwart, dem Alltagsleben in der kommunistischen Diktatur und dem Wiedervereinigungsprozess *(Di - Fr 9 - 18 Uhr, Sa/So/Feiertage 10 - 18 Uhr, Eintritt frei, www.hdg.de/leipzig)*.

Die **Gedenkstätte Museum in der „Runden Ecke"** dokumentiert die Struktur und Arbeitsweise des ehemaligen Ministeriums für Staatssicherheit (MfS). In dem Gebäude war von 1950 bis 1989 die Bezirksverwaltung für Staatssicherheit untergebracht. Am Abend des

4. Dezember1989 besetzten Bürger nach einer Montagsdemonstration das Gebäude und eröffneten 1990 als Bürgerkomitee Leipzig e.V. die ständige Ausstellung „Stasi – Macht und Banalität“. In der authentisch wirkenden Ausstellung zeigen unter anderem eine Maskierungswerkstatt und Geruchskonserven, wie das Prinzip des Überwachungsapperates in der DDR funktionierte *(Mo - So 10 - 18 Uhr, 23. - 26./31.12./1.1. geschlossen, Eintritt frei/Führung täglich. 15 Uhr, Gebühr, www.runde-ecke-leipzig.de).*
Wir schlendern zum Dittrichring zurück und werden bei Erreichen des Barfußgässchens voll ins fröhliche Leben zurückgeschubst. Hier und in den naheliegenden Straßen des ältesten Teils der Stadt stehen historische Gebäude aus der Renaissance-, Barock- und Gründerzeit, gibt es malerische Ecken und verwinkelte Passagen und wir sind mitten im **Drallewatsch**. Nach ursächsischer Redensart können wir jetzt „etwas erleben“ oder „auf den Schwof gehen“. Kneipen und Restaurants für jeden Geschmack wechseln sich ab und im Sommer, wenn die Freisitze gut besetzt sind, ermöglicht oft nur ein schmaler Gang das Durchkommen. Freisitz? So nennt man hierzulande den Biergarten oder die Terrasse eines Lokals, und ehe wir uns versehen, stehen wir vor dem Gebäude **Haus zum Arabischen Coffe Baum**, einem der ältesten Kaffeehäuser Europas. Unter der Sandsteinplastik über dem Portal, die August der Starke im Jahr 1720 der Wirtin für ihre Liebesdienste gestiftet haben soll und die die Begegnung zwischen Abend- und Morgenland darstellt, gaben sich schon Goethe, Lessing, Karl Liebknecht und August Bebel über die Jahrhunderte die Klinke in die Hand und diskutierten Helmut Kohl und Lothar de Maizière über die Chancen der deutschen Einheit. Im Haus konnte bisher das urige **Kaffeemuseum** über schmale Stiegen im 3. Stock erreicht werden und anschließend konnte man im Restaurant bei „Arabischer Geflügelpfanne“ und „Sächsischen Quarkkeulchen“ Orient und Okzident verschmelzen lassen. Im Jahr 2020 wird das Gebäude jedoch umfassend saniert und Restaurant als auch Museum können nicht besucht werden. Die Wiedereröffnung ist für 2021 geplant.
Dafür wenden wir uns dem gleich nebenan befindlichen **Barthels Hof** und seinem im Sommer, wenn die Hitze flirrend über der Stadt liegt, kühlen Innenhof zu. Aber nicht nur dann hinterlässt die Einkehr im **Gasthaus Barthels Hof** ein für Magen und Geldbeutel angenehmes Wohlbehagen *(Mo - Sa ab 11.30 Uhr, So/Feiertage ab 9 Uhr, Telefon 0341/141310 www.barthels-hof.de).*

Markt mit Altem Rathaus

Das war Leipzig? Nein, bei Weitem nicht! Die alte Universitäts- und Messestadt hat viel mehr zu bieten. Der eben beschriebene Rundgang ist nur ein kleiner Abriss der lebendigen Metropole und wir schließen uns Goethes Worten „Mein Leipzig lob' ich mir!" vorbehaltlos an!
Bach, **Mendelsohn**, **Schumann** und **Edvard Grieg** sind **Museen** gewidmet, das **Museum der bildenden Künste** und die **Galerie für zeitgenössische Kunst** lohnen wie die drei Sammlungen (Völkerkunde, Angewandte Kunst, Musikinstrumente) des sehenswerten **GRASSI-Museums** einen Besuch *(Di - So 10 - 18 Uhr, Eintritt, www.grassimuseum.de)*. Unter der Obhut des **Stadtgeschichtlichen Museums Leipzig** sind mehrere interessante und sehr unterschiedliche Ausstellungen und Häuser, zum Beispiel Kinder- und Sportmuseum oder das Alte Rathaus sowie die Alte Börse, zusammengefasst und eine Erwähnung wert *(www.stadtgeschichtliches-museum-leipzig.de)*.
Für Tierliebhaber bietet sich der zentrumsnah gelegene **Leipziger Zoo** an, der weltweit für die erfolgreiche Aufzucht bedrohter Tierarten anerkannt ist *(ganzjährig ab 9 Uhr, Eintritt. www.zoo-leipzig.de)*. Das Parkhaus ist natürlich nichts für uns, aber in den Seitenstraßen kann das WOMO artgerecht abgestellt werden. Im südlichen Auenwald präsentiert zusätzlich der **Wildpark Leipzig** einheimische und in Mitteleuropa in freier Wildbahn vorkommende Tierarten [N 51°17'59.8" E 12°22'21.1"].
Und dann hat die Stadt noch das faszinierende Erlebnis des **Leipziger Panometers** zu bieten [N 51°18'51.0" E 12°23'15.2"; Richard-Lehmann-Straße 114]. Im alten Gasometer erwarten uns wechselnde, gigantische 360°- Panoramen des Berliner Künstlers Yadegar Asisi. Von einer Plattform kann der Betrachter auf großen Leinwänden eine räumliche Illusion erleben, in der er aktuell und quasi auf die Größe eines Blütenpollens geschrumpft bis voraussichtlich Mitte 2021 in die faszinierende Szenerie von **Carolas Garten** eintauchen kann *(täglich 10 - 17 Uhr, Eintritt, www.panometer.de)*.
Dass Leipzig eine von Grün durchzogene Stadt ist, haben wir schon erwähnt. Wen wundert es da, dass wir in der Nähe des Stadthafens sozusagen die Urzelle aller Kleingärten finden. 1865 legte der Schuldirektor Dr. Hauschild eine Spielwiese für Kinder an und benannte sie nach seinem verstorbenen Schwiegervater Dr. Daniel Gottlob Schreber, der Sport als Mittel für eine gute Gesundheit propagierte. Zusätzlich sollte den Kindern in selbst zu pflegenden Gärten die Natur nahegebracht werden. Den Kindern wurde das bald zu langweilig, und nachdem die Eltern die Wiesenteile wieder in Schuss gebracht hatten, dauerte es nicht lange und es gab parzellierte und eingezäunte Flächen. Ein Selbstläufer, der nicht nur in Leipzig als **Schrebergarten** bekannt ist. Nach mehrmaligen Umzügen entstand an dieser Stelle die Anlage des Kleingartenvereins „Dr. Schreber". Das **Deutsche Kleingärtnermuseum** dokumentiert die Geschichte der Gärtnerbewegung und beim Spaziergang durch den nach Vorbildern der Zeit um 1900 angelegten Museumsgarten mit historischen Gartenlauben kann den Gärtnern bei ihrer Arbeit über die Schulter geschaut werden *(Di - Do 10 - 16 Uhr, Juni - Aug. zusätzlich Sa/So 10 - 17 Uhr, Eintritt, Aachener Straße 7, Telefon 0341/2111194 www.kleingarten-museum.de)*. Zum Abschluss lädt **Schreber's Kneipe** in urgemütlichen Räumen oder unter alten Bäumen im Biergarten mitten im Grünen zur Einkehr ein *(Mai - Sept. Mi - Fr ab 16 Uhr, Sa/So/Feiertage ab 11 Uhr, Okt. - April Mi - Sa ab 17 Uhr, So/Feiertage ab 11 Uhr, Telefon 0341/9611324, www.schrebers.com)*.
Für eine andere Sicht auf die Stadt sorgt unter anderem der **Bootsverleih Herold**. Wie wäre es mit einer Bootsfahrt über die Kanäle Leipzigs? Nach Voranmeldung kann man eine 70-minütige, geführte Motorbootfahrt antreten oder selbst aktiv mit Kanadier, Kajak oder

Ruderboot durch „Klein Venedig“ und das Industriegebiet schippern [N 51°19'07.6" E 12°20'20.5"; Antonienstraße 2, Telefon 0341/4801124, www.bootsverleih-herold.de].

Ein Leipziger Highlight fehlt noch in unserer Sammlung und wir folgen mit dem WOMO den überall in der Stadt zu findenden Piktogrammen zum **Völkerschlachtdenkmal** [N 51°18'51.0" E 12°24'34.4"; An der Tabaksmühle].

Kolossal steht es da und immer kleiner kommen wir uns vor, während wir uns dem imposanten, aber auch Furcht einflößenden Denkmalkomplex nähern. 1813 tobte hier eine der größten Schlachten des 19. Jahrhunderts, in der sich die verbündeten Armeen Österreichs, Preußens, Schwedens und Russlands siegreich den Truppen Napoléons I. und der Rheinbundarmee, darunter auch die sächsische Armee, entgegenwarfen. Im blutigen Gemetzel verloren ca. 130.000 Soldaten ihr Leben und Napoléons Rückzug brachte weiteren Menschen den Tod. 84 Jahre später, im Jahr 1898, begann der Denkmalbau zu Ehren der Gefallenen. Anlässlich des 100. Jahrestages der Völkerschlacht wurde das Mahnmal am 18. 10. 1913 eingeweiht. Die Baugeschichte ist im 91 Meter hohen und 300.000 Tonnen schweren Denkmal in einer Ausstellung dokumentiert. Vom Fuß des Sockels bis zur Aussichtsplattform auf der Spitze sind es 500 Stufen, die zum Teil durch einen Lift umgangen werden können. Die letzten Meter muss man sich allerdings durch sehr enge Gänge mit steilen Treppen quetschen. Belohnt werden wir mit einem beeindruckenden Blick von der Aussichtsplattform, der bei schönem Wetter nicht nur über Leipzig, sondern weit ins Land reicht. In der Krypta halten acht Zweiergruppen von steinernen Kriegern Totenwache am symbolischen Grab der Gefallenen. In der Kuppeldecke der darüber- liegenden Ruhmeshalle symbolisieren 324 fast lebensgroße Reiterfiguren die Heimkehr der Krieger, während die vier 9,5 Meter hohen Statuen die Personifizierung der Tugenden der Völkerschlacht darstellen: Tapferkeit, Glaubensstärke, Volkskraft und Opferbereitschaft. An der Außenseite der Kuppel halten weitere zwölf riesige Kriegerfiguren Wache und der Eingang wird vom zwölf Meter hohen Erzengel Michael bewacht. Über den Außenbereich gelangen wir zum **Forum 1813**, wo anhand von Exponaten und Schriften die Ereignisse und die Auswirkungen der Völkerschlacht interessant und sehenswert dargestellt werden. Ein 15 m² großes Diorama rekonstruiert mit 3.500 Zinnsoldaten im Maßstab 1:72 eindrücklich den russisch-preußischen Angriff auf das Dorf Probstheida am 18. Oktober 1813. *(Apr. - Okt. 10 - 18 Uhr, Nov. - März 10 - 16 Uhr, Führungen: möglich, Aussichtsplattform: Aufstieg während der Öffnungszeiten möglich, Eintritt, Hunde nicht gestattet, www.stadtgeschichtliches-museum-leipzig.de)*.

Eigentlich haben wir noch lange nicht genug von Leipzig gesehen, denn diese Stadt hat immer wieder etwas Neues zu bieten. Aber wir stehen gerade erst am Anfang unserer Reise durch Sachsen und es wird Zeit weiterzuziehen. Wir steuern also die B2 an, folgen der Bundesstraße immer Richtung Wittenberg aus Leipzig heraus und wechseln, nachdem wir das Gelände der Neuen Messe passiert haben, der B184 Richtung Delitzsch.

Das **Neuseenland** setzt sich auch im Norden Leipzigs fort und so wundert es nicht, dass auch am **Schladitzer See** ein Erholungsgebiet mit Bade- und Surfstrand, Seerundweg zum Skaten, Spazieren und Radfahren zu finden ist. Den Hinweisen Schladitzer See/Bucht folgend, eignet sich ein gebührenpflichtiger Parkplatz für den Tagesbesuch [N 51°26'06.9" E 12°20'41.0"; Haynaer Straße].

Für den längeren Besuch und für kleinere WOMOs bis 7 Meter Länge bietet das **CAMP DAVID Sport Resort**, mit dazugehörigen Land- und Wassersportangeboten, Gastronomie und Ferienhäusern, Stellplätze direkt am See an. Dort herrscht allerdings in der Saison ziemlicher Betrieb und die Stellplätze auf dem Wiesengelände und teils unter Bäumen sind nicht nur für größere WOMOs geeigneter, sondern gefallen uns auch besser [**014:** 51°26'09.0" E 12°20'50.7"; Haynaer Straße, Telefon 034294/858687, www.campdavid-sportresort.de, Entsorgung/Strom, Preis €€€].

Etwas beschaulicher als an den Seen im Süden ist es in der Schladitzer Bucht dennoch und am Badestrand am gegenüberliegenden Seeufer hat man noch mehr Ruhe.

Wir fahren also zurück zum Kreisverkehr und erreichen über Lemsel den kleinen Ort **Wolteritz**.

(015) WOMO-Badeplatz: Wolteritz, Badestrand

GPS: N 51°26'51.6" E 12°20'07.5"
Dorfstraße **Max. WOMOs**: 2 - 3
Ausstattung: Mülleimer.
Beschreibung: Einfacher geschotterter, schattenloser Parkplatz außerhalb des Ortes. Direkt nebenan ist ein Saison-Café, in dem unseren Hunden das selbstgemachte Hundeeis (!) „gemundet" hat. Demzufolge gibt es, wenn man sich am See rechts hält, nicht nur einen feinen Badestrand für bekleidete und unbekleidete Menschen, sondern daran anschließend auch einen Hundestrand. Außerdem lädt

die Gegend zum Radfahren und Wandern ein.
Zufahrt: Am Ortsausgang in einer Rechtskurve links auf der Dorfstraße in den Ort fahren und den Hinweisen zum Parkplatz Schladitzer See/Badestrand rechts folgen.

Obwohl der Flughafen Leipzig/Halle nah ist, finden wir in der Nähe einen ruhigen Rastplatz. Von Wolteritz zockeln wir nach Radefeld und dort rechts nach **Gerbisdorf**.
Im Schatten des **Technischen Denkmal Schaufelrad** des ehemaligen Braunkohlebaggers können wir ungestört ein Mittagspäuschen einlegen. Das 17 Meter hohe und 190 Tonnen schwere Schaufelrad gilt als eines der größten Schaufelräder der Welt und als Zeitzeuge für den langjährigen Braunkohleabbau.

(016) WOMO-Stellplatz: Gerbisdorf, Schaufelrad

GPS: N 51°27'12.2" E 12°18'02.2"
Werbeliner Weg **Max. WOMOs**: 1 - 2
Ausstattung: Infotafel.
Beschreibung: Der einfache, meist schattenlose, asphaltierte Parkplatz liegt außerorts und hat Anschluss an Radwege. Wenn man allein ist und sich dezent verhält, ist der Platz klappstuhlgeeignet.
Zufahrt: Im Ort Richtung den Hinweisen „Schaufelrad" ca. 1,7 km über Kopfsteinpflaster folgen.

Nach diesem Abstecher erreichen wir wieder die B184 Richtung Delitzsch, um auf unserer Strecke den letzten See des gefluteten Tagebaus zu erreichen.

(017) WOMO-Stellplatz: Brodenaundorf, Werbelinersee

GPS: N 51°28'28.6" E 12°19'23.4"
Kattersnaundorferstraße
Max. WOMOs: 2 - 3
Ausstattung: Mülleimer.
Beschreibung: Da der einfache, geschotterte, meist schattenlose und außerorts befindliche Parkplatz nahe des unter Naturschutz stehenden Werbeliner Sees liegt, ist ein dezentes Auftreten selbstverständlich. Baden ist nicht möglich und Hunde sind unbedingt an der Leine zu führen. Trotzdem sind Spaziergänge und Radtouren ein Vergnügen.
Zufahrt: Von der B184 direkt hinter dem Abzweig nach Wiederitzsch/Schkeuditz/Lemsel/Schladitzer See links knapp 2 km bis zum Parkplatz fahren.

Über die Bundesstraße erreichen wir nun schnell **Delitzsch** und kleinere WOMOs und Kastenwagen können ihre Bleibe auf einem einfachen, mitunter engen Stadtparkplatz finden, von dem die historische Altstadt zu Fuß gut erreichen ist **[018:** N 51°31'31.1" E 12°19'55.5"; Rosental]. Die Zufahrt erfolgt wie zum nachfolgenden Stellplatz. Wir biegen jedoch an der erwähnten Ampelkreuzung rechts nach Delitzsch ab, fahren an der abknickenden Vorfahrtsstraße links bis ans Ende der Straße und folgen rechts, später links dem Hinweis zum Parkplatz. Die Übernachtung wird hier geduldet.

(019) WOMO-Stellplatz: Delitzsch, Tiergarten Rosental

GPS: N 51°31'38.7" E 12°19'12.5"
Rosental **Max. WOMOs**: 2
Ausstattung: WC in der Nähe.
Beschreibung: Der einfache, gepflasterte und schattenlose Parkplatz liegt außerhalb des Ortes. Zum Schloss muss man mit einem etwa 20-minütigen Spaziergang rechnen.
Zufahrt: Der B184 Richtung Bitterfeld/Delitzsch folgen und an der Ampelkreuzung, an der es rechts nach Delitzsch geht (siehe vorherigen Stellplatz) geradeaus fahren und erst an der nächsten Kreuzung rechts abbiegen und bis zum links liegenden Parkplatz fahren.

Delitzsch

Neben den Stadttürmen prägt das **Barockschloss zu Delitzsch** mit seinem Zwiebelturm die Silhouette des verwinkelten Städtchens. Das von Fürst Christian I. von Sachsen-Merseburg für seine Gemahlin Christiane auf den Grundmauern einer mittelalterlichen Wasserburg errichtete prachtvolle Damenschloss kann und sollte besichtigt werden. Sehenswert sind aber auch die exakt beschnittenen Buchsbaumhecken im schmucken und öffentlich zugänglichen **Barockgarten** *(Di - So 10 - 17 Uhr, Eintritt, www.barockschloss-delitzsch.com).* Im Schloss ist zu den gleichen Öffnungszeiten die **Tourist-Information** besetzt und der dort erhältliche Stadtplan mit touristischen Informationen führt uns durch die verwinkelten Straßen *(Stadtführungen möglich, Schloßstraße 31, Telefon 034202/67237, www.delitzsch.de).*
Nachdem wir uns innerhalb der mittelalterlichen Wehranlage, bestehend aus Stadtmauer, Zwingergärten und einem mit Wasser gefüllten

Wallgraben, umgesehen haben, statten wir der **Delitzscher Schokoladenfabrik** einen Besuch ab. Seit 1894 werden hier köstliche Süßigkeiten hergestellt, die heute durch die Halloren Schokoladen AG im Werksverkauf vertrieben werden *(Mo - Fr 8 - 18 Uhr, Sa 8 - 14 Uhr, Dübener Straße 33, www.delitzscher.de).*
Direkt am oben genannten Stellplatz **Tiergarten** Rosental können Besucher auf dem fünf Hektar großen Gelände exotische und heimische Tiere von A wie Affe bis Z wie Ziege beobachten sowie streicheln *(ganzjährig ab 9 Uhr, Eintritt, Hunde nicht gestattet, www.tiergarten-delitzsch.com).*

Schon bald rutschen wir über die B183a, später auf der B2 und der B107, nach **Bad Düben**.
Wer auf keinem der Stellplätze einchecken möchte, kann gleich rechts hinter der Muldebrücke das WOMO im hinteren Teil eines Parkplatzes parken [N 51°35'28.3" E 12°34'55.6"; Leipziger Straße].

(020) Offizieller WOMO-Stellplatz: Bad Düben, Parkplatz Kurgebiet

GPS: N 51°36'06.0" E 12°34'59.2"
Parkstraße 1 **Max. WOMOs**: 4
Ausstattung: V/E, Strom, WC, Müllbehälter.
Beschreibung: Der einfache, gepflasterte, teils schattige Parkplatz liegt am Ortsrand und direkt am Kurpark. Hier beginnen Rad- und Wanderwege und in der Nähe lockt im denkmalgeschützten Kurpark das neue **SupaGolf-Spiel**, bei dem mit einer gestellten Ausrüstung weiche, größere Bälle wie beim Golf auf Bahnen eingelocht werden können. Ein Vergnügen, das ohne Vorkenntnisse für Spieler zwischen 5 und 99 Jahren geeignet ist. Auch lässt sich von hier das **Museumsdorf mit der Dübener Bockwindmühle** besuchen. Durch den Kurpark ist die Wellnesswelt des **HEIDE SPA** mit der heilenden Wirkung des Moorbades auch bei einem Kurzaufenthalt gut zu erreichen *(www.heidespa.de)* und **Der Grieche im Kurhaus** sorgt für griechische Küchenmomente.
Preise: Kostenfrei, V/E gegen Gebühr.
Zufahrt: Im Ort den Hinweisen zur B2/Wittenberg und dann zum Parkplatz Kurgebiet folgen
Hinweis: Maximaler Aufenthalt 3 Tage.

(021) Offizieller WOMO-Badeplatz: Bad Düben, NaturSportBad Hammermühle

GPS: N 51°37'03.4" E 12°34'53.2"
Wittenberger Straße **Max. WOMOs**: 5
Ausstattung: V/E, Strom, Dusche und WC während der Öffnungszeiten des Naturbades, Tische und Bänke, Müllbehälter.
Beschreibung: Der direkt vor dem Freibad angelegte, parzellierte Stellplatz ist gepflastert und meist schattenlos. Das saubere und ordentlich geführte Bad bietet so ziemlich alles, was den Badespaß bei Jung und

Alt ausmacht und zudem einen Imbiss, der auch ohne Badbesuch erreichbar ist. Außerdem werden auf dem Gelände Schlaffässer zur Übernachtung angeboten, sodass man die ruhige Nacht unter Umständen nicht nur unter Wohnmobilisten verbringt. Der Platz eignet sich prima als Ausgangspunkt für Wanderungen und Radtouren. Das Ortszentrum ist etwa 4 km entfernt und kann auch mit dem in der Nähe verkehrenden Stadtbus erreicht werden.
Preise: Kostenfrei, V/E und alles andere gegen Gebühr.
Zufahrt: Wie zum vorgenannten Stellplatz, jedoch weiter die B2 Richtung Wittenberg fahren und in einem Waldstück dem Hinweis zum Naturbad folgen.

Bad Düben

Am Ortsanfang und direkt an der Mulde befindet sich die **Burg** mit dem **Wachturm „Lug ins Land"**, (Foto links) wo im Jahr 1533 der Gerichtsstreit zwischen dem Junker Gunther von Zaschnitz und dem Pferdehändler Hans Kohlhase stattfand, dessen Ereignisse in Kleists Novelle **Michael Kohlhaas** uns schon zu Schulzeiten begegnet sind. Weitere prominente Besucher waren 1631 Gustav Adolf von Schweden und Napoléon I. vor der Völkerschlacht von Leipzig. Im **Landschaftsmuseum der Dübener Heide** wird zur Zeit unserer Recherche eine umfangreiche Sanierung durchgeführt, nach der die barrierefrei zugängliche Ausstellung zur Regional- und Stadtgeschichte sowie der Entstehung der Dübener Heide voraussichtlich 2021 im neuen Glanz erstrahlen soll. Den genauen Eröffnungstermin und alles weitere über Stadt und Umgebung ist in der angrenzenden **Tourist-Information** zu erfahren *(Mo - Fr 10 - 17 Uhr, Sa 10 - 15 Uhr, Mi/So geschlossen, Neuhofstraße 3a, Telefon 034243/52886, www.bad-dueben.de).*

Hier erfährt man auch alles über das 770 Quadratkilometer große Terrain im **Naturpark Dübener Heide,** der, eingebettet zwischen Elbe und Mulde, eines der größten zusammenhängenden Waldgebiete Mitteldeutschlands bildet. In der eiszeitlich geprägten Hügellandschaft sind Kraniche sowie Seeadler zu Hause und zwischen Teichen und Seen kommen **Wanderer und Radfahrer** voll auf ihre Kosten. Hierbei verspricht die insgesamt **30 Kilometer lange Heide-Biber-Tour** zwischen

Sachsen und Sachsen-Anhalt, ein besonderes Naturerlebnis, bei dem mit viel Glück die Bewohner der Biberburgen im Hammerbachtal beobachtet werden können. Zwischendurch gibt es Einkehrmöglichkeiten und wem die Wanderung zu lang ist, der bestellt unterwegs einfach den Rufbus der „Biber-Linie" und lässt sich bequem zum Ausgangspunkt zurückbringen *(Der Bus muss mindestens eine Stunde*

im Voraus unter der Telefonnummer 03421/7746620 bestellt werden. Weiteres Informationsmaterial in der Tourist-Info oder unter www.naturpark-duebener-heide.de).

Wer das Pflastertreten bevorzugt, kann stattdessen den Markt- oder den Paradeplatz inmitten der Altstadt von Bad Düben besuchen, wo unterhalb der Rathausuhr zur vollen Stunde zwei Ziegenböcke ihre Köpfe gegeneinanderschlagen.

Vor langer Zeit gab es in Bad Düben mehr als zwölf Mühlen, von denen noch fünf erhalten sind. Die strömungsreiche Mulde bot seit jeher einen günstigen Standorte für Schiffmühlen und die erhaltene **Bergschiffmühle** (Foto vorherige Seite unten) im Grün des Burggartens besteht aus zwei Schiffen, das Hausschiff mit dem Mahlwerk und das Wellschiff, auf dem die Welle des großen Schaufelrades lag. Die Schiffmühle, die zeitweilig zum nahe gelegenen Alaunbergwerk gehörte, erhielt den Namen Berg(werk)schiffmühle *(April - Okt. jeden 1. Sa im Monat 14 - 17 Uhr, Deutscher Mühlentag 10 - 18 Uhr).*

Eine weitere Besonderheit stellt das **Rote Ufer** dar, das sowohl von den beiden Stellplätzen als auch aus dem Ortsteil Alaunwerk zu erreichen ist [N 51°36'29.1" E 12°33'05.7"; Alaunwerksweg].

WOMO-Wandertipp: Rotes Ufer

Einfacher Spaziergang von etwa 3 Kilometer Länge.

Vom Parkplatz gehen wir in den Haldenweg, überqueren eine Wiese und tauchen geradeaus zwischen Häusern in den Wald hinein. Immer geradeaus gelangen wir auf eine kleine Wegekreuzung, an der wir uns rechts halten. Leicht bergab führt der Weg direkt zur Mulde und zum Roten Ufer. Hier gibt es immer wieder kleine Trampelpfade zur „Felskante".

Die kleinen Hügel um uns herum sind nicht etwa natürlicher Art, sondern dicht bewachsene Halden ausgelaugter und gerösteter Alaunerde. Genauso verhält es sich mit dem Roten Ufer. Rötlich und felsenartig sieht der 15 Meter hohe Steilhang aus – ein unnatürliches, in der Sonne leuchtendes Machwerk an dessen Fuß sich die Mulde entlangschlängelt. Das Alaunwerk war von 1557 bis 1886 in Betrieb und das gewonnene Alaun fand unter anderem in Gerbereien Verwendung.

An diesem heißen Tag fressen uns die Mücken fast auf und wir treten von dem ansonsten schönen Eckchen den geordneten Rückzug auf gleichem Weg zum WOMO an.

Südlich und parallel zur Mulde verlassen wir Bad Düben Richtung Laußig/Eilenburg.

In **Eilenburg** sind die Hinweise zum am Rande der Dübener Heide und eines Kiessees liegenden **Campingplatz Freizeit- und Erholungszentrum** nicht zu übersehen [**022:** N 51°28'14.6" E 12°40'49.3"; Zum See 1, Telefon 03423/659933, www.camp-eb.de, €€]. Im Stadtzentrum gegenüber dem Rathaus finden sich auf einem einfachen Parkplatz zwei ausgewiesene **WOMO-Stellplätze** [**023:** N 51°27'38.5" E 12°37'52.4"; Große Mauerstraße].

Eilenburg

Im April 1945 kurz vor Ende des Zweiten Weltkrieges versank die Stadt in Schutt und Asche. Trotzdem kann man durch ein „Guckkastenprinzip“ die Vergangenheit der im 19. Jahrhundert durch die preußische Textilindustrie zu Wohlstand gekommenen Stadt erleben. Elf sogenannte **Camera Historica** vermitteln nicht nur einen Eindruck, wie es an den jeweiligen Stellen ausgesehen hat, sondern geben auch entsprechende Erläuterungen. Der Rundgang dauert etwa zwei Stunden und ist ein interessanter Zeitvertreib. Der weiteren Geschichte der Muldestadt kann im **Stadtmuseum** nachgespürt werden. Hier befindet sich auch die **Tourist-Information** *(Di 10 - 18 Uhr, Mi/Fr/Sa 10 - 14 Uhr, Do 11 - 18 Uhr, So 10 - 12/13 - 17 Uhr, Torgauer Straße 40, Telefon 03423/652226, www.eilenburg.de).*

Die B107 Richtung Wurzen führt uns nach Machern und zielsicher ins **Naherholungsgebiet Lübschützer Teiche**. Bereits im 16. Jahrhundert sorgte hier Herr von Püchau mit einer künstlich angelegten Teichkette für seinen Fischnachschub.

(024) WOMO-Campingplatz: Machern, Campingplatz Lübschützer Teiche

GPS: N 51°22'42.6" E 12°38'09.3"; Am Silberschacht 2
Kontakt: 03425/814784, www.camping-machern.de
Öffnungszeit: April - Oktober.
Ausstattung: Grillplatz, Badesee, Spielplatz.
Beschreibung: Der sehr einfache Campingplatz mit sauberen, aber recht alten Sanitäranlagen liegt auf Wiese unter Bäumen. Mit Glück kann man einen Platz mit Blick auf den See ergattern und von hier zu Rad- und Wandertouren aufbrechen.
Preise: €€.
Zufahrt: Den Hinweisen zum Campingplatz folgen.

(025) WOMO-Wanderparkplatz: Machern, Lübschützer Teiche

GPS: N 51°22'34.9" E 12°38'02.0"
WOMOs: 3 - 5
Beschreibung: Einfacher, geschotterter, meist schattiger Parkplatz außerhalb des Ortes am Rand eines Kleingartengeländes, der sich als Ausgangspunkt für Rad- und Wandertouren anbietet.
Zufahrt: Wie zum vorgenannten Campingplatz, jedoch an der Zufahrt geradeaus weiter zum Parkplatz am Ende der Halteverbotszone fahren.

WOMO-Wandertipp: Lübschützer Teiche

Einfache, abwechslungsreiche Wanderung von rund 10 Kilometer.
Von der Zufahrt des Parkplatzes folgen wir an einem flachen Gebäude dem asphaltierten Sträßchen etwa 100 Meter, um dann halb rechts auf einen Waldweg zu wechseln. Leicht abfallend führt dieser Weg rechts an der Kleingartenanlage vorbei und nochmals rechts schwenkend zwischen den Teichen entlang. Ganz leicht ansteigend gehen wir zwischen den Feldern und können rechts in der Ferne den Kirchturm von Püchau erkennen. Wir erreichen Plagwitz und marschieren geradeaus am Ortsrand bis zum Ende der Zäune, wo wir rechts bis zur Straße gehen. Auch wenn die Straße nicht sehr befahren ist, gibt es jetzt ein etwas unschönes Pflastertreten bis zur B107. Diese überqueren wir und lassen uns erst von der „Haupt-“, dann von der „Schlossstraße“ bis zum verwunschen wirkenden und im Tudorstil gehaltenen **Schloss Püchau** mit englischem Landschaftsgarten führen. Wenn man Glück hat, kann man an einer Schlossführung teilnehmen, bevor es über die sogenannte Hohle, die von einer 1564 errichteten Backsteinbrücke überspannt wird, zur Kirche und rechts von dieser über die Treppen ins Tal geht. Nun ein paar Meter bis zur Dögnitzer Straße, dort rechts am Dorfteich vorbei und durch den Wald bis zur Lindenmühle. Etwa 200 Meter später, rechts einen Hundeplatz passierend, gehen wir bis nach Lübschütz. Hier halten wir uns links auf der „Straße des Friedens“ durch das Dorf bis rechts eine kleine Brücke über einen Bach führt und wir an den Gemeindeteich gelangen. Von hier ist es bis zur B107 nicht mehr weit und wir überqueren sie ein zweites Mal.
Etwa 1,5 Kilometer hangeln wir uns an der Teichkette des Schwemm-, Stachelnuss-, Quell- und Galgenteichs entlang bis zum Campingplatz und dessen Rezeption. Von hier geht es den Fahrweg leicht bergauf bis zur bekannten Zufahrt zum oben genannten Wanderparkplatz, den wir rechts haltend bald erreicht haben.

Nach einer kurzen Ruhepause wenden wir uns einem jahrzehntelang gehüteten Geheimnis zu, das uns in die Realität der jüngeren deutschen Geschichte bringt. Also noch einmal die Schuhe geschnürt und den altbekannten Weg zurück an den Abzweig zum Campingplatz. Hier führt auch der „Lübschützer Weg“ links und dann immer geradeaus bis zu einem umzäunten Gelände, das zwischen den Anlagen der Kleingärtner zunächst überhaupt nicht auffällt.

Stasi-Bunker Machern

Die Bezirksverwaltung für Staatssicherheit (BVfS) Leipzig unterhielt im Bunker ihre Ausweichführungsstelle. Getarnt als Ferienanlage des VEB Wasserversorgung und Abwasserbehandlung Leipzig passen sich die Außengebäude dezent der ländlichen Idylle an. Im Kriegsfall hätten 120 hauptamtliche Mitarbeiter der Staatssicherheit ihren Arbeitsbereich aus der „Runden Ecke“, der BVfS Leipzig, nach Machern verlagert. Von hier wollte der MfS seinen Machtanspruch im Fall des Ausnahmezustands erhalten. Bei einer Führung kann das Innere des Bunkers besichtigt werden. Wie in Leipzig, setzt sich auch hier das Bürgerkomitee für die Dokumentation der militärischen Tätigkeit des MfS und dessen Aufgaben im sogenannten Spannungs- und Mobilmachungsfall ein. Während eines Einführungsvortrages erfahren wir, wie in der damaligen DDR die Nachrichtenkontakte aufrecht gehalten werden sollten. Weiterhin ist von zeitgenauer Verhaftungsplanung tausender Menschen der ehemaligen DDR die Rede, von Internierungslagern und Unterdrückung.
Das 5,2 Hektar große, denkmalgeschützte Gesamtareal kann mit allen erhaltenen Bauten und Anlagen sowie dem Bunker besichtigt werden.
Bei einer Führung wird unter anderem vermittelt, wie die Versorgungssysteme und die Nachrichtenkontakte funktionierten und welche Überlegungsstrategien die Staatssicherheit für einen Atomschlag entwickelt hatte (*Der Stasi-Bunker Machern, Teil der Gedenkstätte Museum in der „Runden Ecke“, ist an jedem letzten Wochenende im Monat von 13 - 16 Uhr geöffnet. Führung obligatorisch, Eintritt. Das Außengelände kann während der Öffnungszeiten eigenständig besichtigt werden (www.runde-ecke-leipzig.de/stasi-bunker).*
Das Foto wurde uns freundlicherweise vom Bürgerkomitee Leipzig e.V. für die Auflösung der ehemaligen Staatssicherheit (MfS), Träger der Gedenkstätte in der „Runden Ecke“ mit dem Museum im Stasi-Bunker zur Verfügung gestellt.

Kontrastprogramm gefällig? Nichts leichter als das!
In **Machern** rollen wir in den Ort zum Schlossplatz. Dort befindet sich ein kleiner, enger Parkplatz und wer sein WOMO nicht parken kann, muss mit dem Straßenrand vorliebnehmen. [N 51°21'41.7" E 12°37'45.0"; Schlossplatz].
Mit wenigen Schritten sind wir in einer der bedeutendsten sächsischen Parkanlagen. Der **Landschaftspark Machern** wurde 1782 bis 1792 vom preußischen Gartenbauinspektor Ephraim Wolfgang Glasewald im englischen Stil angelegt. Nach dem „Bunker-Erlebnis“ ist die Weite und Schönheit dieser Anlage Labsal für Augen und Seele! Zum Park gehören unter anderem der Agnestempel, der klassizistische Tempel der Hygieia, eine ruinenartige Ritterburg und das Mausoleum in Form einer ägyptischen Pyramide. Der 34 Hektar große und für seinen Pflanzenreichtum bekannte Park bietet rund um den Teich und das sanierte Schloss, das ein Hotel beherbergt, eine wundervolle Kulisse für einen herrlichen Abendspaziergang *(Der Park ist jederzeit zugänglich. Zusätzlich finden von April - Oktober jeden Sonntag um 14 Uhr Führungen statt, www.gemeindemachern.de).*

Schloss Machern

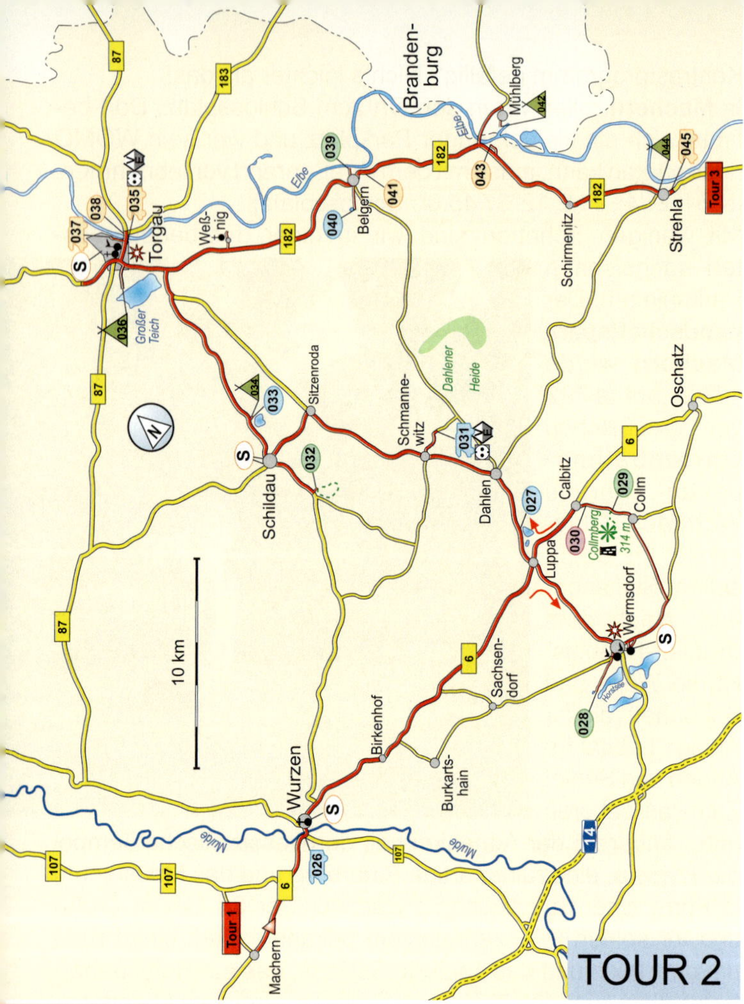

Tour 2 — 155 km

Wurzen – Wermsdorf – Torgau – Mühlberg – Strehla

Stellplätze:	Wurzen, Wermsdorf, Collm, Calbitz, Luppa, Schmannewitz, Schildau, Torgau, Belgern, Mühlberg, Strehla.
Campingplätze:	Schildau Neumühl; Torgau Campingplatz Am Großen Teich; Mühlberg Wasserwanderrastplatz, Strehla Camping Nixenbad.
Besichtigen:	Wurzen Altstadt, Museum; Wermsdorf Schloss Hubertusburg; Schildau Schildbürgermuseum; Torgau Altstadt, diverse Museen, Belgern Rolandpark; Strehla Denkmal der Begegnung.
Wandern	Collm, Luppa, Schildau.
Radfahren:	Torgau, Mühlberg, Belgern, Strehla Elberadweg.

Baden:	Wurzen, Luppa, Schmannewitz, Schildau, Belgern, Strehla.
Essen:	Wermsdorf Jäger- und Fischerhütte, Zieglers Fischladen; Torgau Wermsdorfer Fischimbiss, Torgau, Café Katharina, Restaurant Herr Käthe; Strehla Restaurant Nixstein.

Um unsere Verabredung mit einem gewissen **Hans Bötticher** einzuhalten, nehmen wir die B6 nach **Wurzen**. Die Stadt liegt an der Grenze der Leipziger Tieflandsbucht zum Nordsächsischen Porphyrkuppenhügelland und grüßt schon von Weitem mit den einprägsamen Mühlentürmen der Krietschwerke, die bereits um das Jahr 1900 Kekse und Biskuits herstellten. Ansonsten dominieren die Türme des Doms, des Bischofsschlosses und der spätgotischen Stadtkirche, denen wir näher rücken, um am Straßenrand ein Plätzchen für das WOMO zu finden. In der Stadt lässt es sich schlecht übernachten, aber wer trotz Straßennähe einen Durchgangsplatz sucht, wird hier fündig:

(026) Offizieller WOMO-Stellplatz: Wurzen, Dreibrückenbad

GPS: N 51°21'55.8" E 12°43'33.7", Leipziger Straße 1 **Max. WOMOs**: 5
Ausstattung: Müllbehälter.
Beschreibung: Der einfache, gepflasterte, teils schattige Parkplatz liegt außerorts unterhalb der Bundesstraße. Während der Badesaison bietet das Freibad Abkühlung und das Stadtzentrum ist etwa 1 Kilometer entfernt.
Zufahrt: Nach Überqueren der Muldebrücke links Richtung Freibad.
Hinweis: Sehr enge Zufahrt, deshalb keine WOMOs über 7 Meter Länge. Gegebenenfalls Geräuschbelästigung durch die nahe Straße.

Wurzen und „sein" Ringelnatz

Restaurierte Häuser vom Ende des 19. Jahrhunderts prägen das Gesamtbild der Stadt. Am Marktplatz *(Mi Wochenmarkt)* fällt zum einen die **Tourist-Information** auf *(Mo - Fr 10 - 13/14 - 18 Uhr, Sa 10 - 13 Uhr, Markt 5, Telefon 03425/8560400, www.tourismus-wurzen.de)*. Zum anderen ist es der hohe **Ringelnatzbrunnen**, der hier natürlich nicht von ungefähr steht. Darf sich doch Wurzen als einzige Stadt Deutschlands **Ringelnatz-Stadt** nennen. Nach eben jenem oben erwähnten Hans Bötticher, der am 7. August 1883 in Wurzen das Licht der Welt erblickte und aus dem 1919 **Joachim Ringelnatz** wurde. Dem berühmten Sohn der Stadt kann man sich auf dem **Ringelnatzpfad** nähern und dabei gleich die Sehenswürdigkeiten durch die historische Altstadt abklappern. Stelen mit dem Konterfei des Dichters sowie Gedichtauszüge aus seinen Werken führen uns unter anderem am 1114 geweihten **Dom St. Marien** (Foto Seite 48) vorbei.

Der „Goldene Reiter" von Jana Beerhold auf dem Ringelnatzpfad

Im Jahr 1931 schuf der Dresdener Professor Wrba eine ausdrucksstarke Innenausstattung, dessen Zyklus aus spätexpressionistischen Bildwerken aus Bronze besteht. Dramatisch wirken die Kreuzigungsgruppe und die beeindruckenden, vollplastisch dargestellten Apostelköpfe an der Kanzel. Letztere zeigen die naturalistischen Bildnisse der Domherren, des Künstlers und der Stifter der Schaffenszeit.
In der Domgasse befindet sich auch das **Kulturhistorische Museum** *(Mi - So, Oster-/Pfingstmontag/1.5./3.10. jeweils 10 - 16 Uhr, Eintritt).* Im allein schon für sich wirkenden, prächtigen Patrizierhaus aus dem Jahr 1668 befindet sich eine interessante Ausstellung zur reichen Stadt- und auch Herrn Ringelnatz kommen wir hier näher.
Bereits Vater Bötticher gehörte zu den beliebtesten Unterhaltungsdichtern sächsischer Mundart und so wundert es nicht, dass sein Sohn im Jahr 1913 eine erste Erzählung veröffentlichte. Ende des 19. Jahrhunderts zog die Familie in die Buchstadt Leipzig und nach einer trostlosen Schulzeit durchsegelte Hans als Schiffsjunge die Meere, übte verschiedene Gelegenheitsberufe aus, unterhielt ein Tabakhaus in München und wurde Hausdichter in der Künstlerkneipe „Simpl“. Den Ersten Weltkrieg durchlebte er erst auf einem Minensuchboot und später auf einem Außenposten an Land. Als Sonderling verschrien, legte er dort ein Terrarium mit Blindschleichen, Eidechsen und Ringelnattern an. Ob das poetische Gedenken an seinen „Zoo“ oder das Seepferdchen, seemänisch „Ringelnass“, ausschlaggebend für das Pseudonym „Ringelnatz“ war, ist nie ganz klar geworden. Sicher ist, dass Ringelnatz mit seinen Büchern und Bühnenstücken Erfolg hatte und sich mit der kernig, humoristischen Kunstfigur des Seemanns **Kuttel Daddeldu** einen Platz in der Literatur- und Kabarettszene verschaffte. Fast unbekannt ist dagegen sein Talent als Maler, das jedoch in der Sammlung des Museums anhand von Aquarellen und skurrilen Zeichnungen betrachtet werden kann. Ringelnatz verstarb am 17. November 1934 an einer verschleppten offenen Tuberkulose in Berlin.

Die B6 Richtung Oschatz führt uns aus der Stadt hinaus und nach **Luppa**.

(027) WOMO-Badeplatz: Luppa, Naturfreibad

GPS: N 51°20'37.8" E 12°58'22.8"; Torgauer Straße **Max. WOMOs**: 3 - 5

Ausstattung: Infotafel.

Beschreibung: Der einfache Wiesenparkplatz liegt außerhalb des Ortes an der Straße und ist teils schattig. Im ehemaligen Kiesgrubengewässer mit 1,5 Kilometer langem Sandstrand wird Badespaß großgeschrieben und die Sanitäranlagen auf dem Badegelände können zu den Öffnungszeiten gegen Gebühr genutzt werden. Hunde sind am und im Wasser nicht gestattet.

Zufahrt: An der Ampel im Ort Richtung Dahlen/Torgau abbiegen und etwa 2 Kilometer bis zum Naturbad fahren.

Hinweis: Nachts ruhig, aber ab etwa 6 Uhr setzt der Berufsverkehr ein.

Von der Ampelkreuzung geht es durch den Wermsdorfer Wald nach **Wermsdorf**, in dessen Ortsmitte das im Renaissance-Stil gehaltene **Alte Jagdschloss** mit der dort ansässigen **Tourist-Information** zu finden ist *(Mo - Fr 9 - 16 Uhr, Mai - Sept. zusätzlich Sa/So 10 - 13 Uhr, Altes Jagdschloss1, Telefon 034364/81132, www.wermsdorf.de)*. Für den Besuch des gut ausgeschilderten **Schloss Hubertusburg**, in dem sich heute eine Fachklinik befindet, muss das WOMO am Straßenrand geparkt werden [N 51°16'30.3" E 12°56'37.0". Weitere Parkmöglichkeiten in der Schlossstraße].

(028) WOMO-Wanderparkplatz: Wermsdorf, Am Pfarrteich

GPS: N 51°16'52.7" E 12°54'00.4" **Max. WOMOs**: 2

Ausstattung: Infotafel.

Beschreibung: Der einfache Waldparkplatz liegt außerhalb des Ortes, hat Anschluss an die Rad- und Wanderwege der Gegend und bietet sich zur Erkundung der Teichlandschaft rund um Wermsdorf an. In der Nähe befindet sich ein Schießstand und in der nahen **Gaststätte und Eventlocation Jäger- und Fischerhütte** kann man gut einkehren *(momentan nur So geöffnet, Telefon 034364/875731, www.jägerhütte-wermsdorf.de)*.

Zufahrt: Im Ort Richtung Burkhardtshain/Sachsendorf fahren und kurz vor dem Ortsausgang links den Hinweisen Jäger- und Fischerhütte/Teichwirtschaft folgen. Das schmale Sträßchen mit wenig Ausweichmöglichkeiten führt etwa 2,5 Kilometer durch den Wald. Der Parkplatz liegt links vor dem Pfarrteich.

Wermsdorfer Schloss- und Teichgeschichten

Die Landschaft um Wermsdorf wird seit dem 15./16. Jahrhundert durch 27 künstlich angelegte Teiche geprägt, die vom sächsischen Kurfürst August erworben wurden und seitdem im Besitz der Wettiner bezie-

Pfarrteich

hungsweise des sächsischen Staates sind. Auch nach über 500 Jahren wird in den Teichen noch heute Fischzucht betrieben, die nach wie vor für ihre hervorragende Qualität bekannt ist. Die sogenannte **Teichwirtschaft** bringt verschiedene Karpfenarten, Störe, Hechte, Zander, Welse, Barsche, Schleien und Weißfische hervor. Die heutigen Pächter bewirtschaften insgesamt rund 800 Hektar Teichflächen – neben den Wermsdorfer Teichen auch den größten Teich Deutschlands, den Großen Teich von Torgau. Wer einmal von der köstlichen Fischauswahl kosten möchte, der findet in **Zieglers Fischladen** an der Zufahrt aus dem Ort zum Schloss dazu Gelegenheit *(Mi - Fr 9 - 17 Uhr, Sa 9 - 12 Uhr, Oschatzer Straße 50)*. Am Wermsdorfer **Horstsee** findet alljährlich am zweiten Oktoberwochenende das größte deutsche Binnenfischerfest, das **Horstseefischen** statt. Neben der amtierenden Fischkönigin beehrt natürlich auch „August der Starke" die Fischer, der im realen Leben ab dem Jahr 1731 als Kurfürst den Auftrag zum Bau von **Schloss Hubertusburg** gegeben hat.

Das größte und einst prächtigste Landschloss Europas wurde von Johann Christoph Naumann als dreiflügelige Anlage errichtet. Von 1743 bis 1751 konzipierte der Dresdner Barockbaumeister Johann Christoph Knöffel die bedeutenden baulichen Erweiterungen zu einer riesigen Vierflügelanlage mit Rundbau. Wenn man sich vorstellt, dass sich damals „Königs" mit ihrem gesamten Dresdner Hofstaat zu Jagden und höfischen Festen für längere Zeit hier aufhielten, wird die Dimension der Anlage erklärlich. Hier wurde nicht gekleckert, sondern richtig geklotzt. Sowohl der Garten als auch die einst kostbare Innenausstattung wur-

den im Siebenjährigen Krieg durch Soldaten Friedrich des Großen verwüstet und geplündert. Später begannen im Schloss die Verhandlungen, die diesen Krieg beenden sollten und schließlich als **Hubertusburger Frieden** in die Geschichte eingingen. Einzig die **Schlosskapelle** überstand den Raubbau weitgehend unversehrt und die Pracht von damals lässt sich hier noch erahnen. Schon die Bezeichnung „Kapelle“ ist maßlos untertrieben, denn im Inneren erwartet uns eine etwa 30 Meter lange, 14 Meter breite und 17 Meter hohe mit Stuckmarmor und -reliefs ausgestattete prunkvolle, dreigeschossige Saalkirche, die von einem 400 Quadratmeter großen Deckengemälde gekrönt wird. Das Schloss ist im Rahmen einer **einstündigen Führungen** zu besichtigen, bei denen der Schlossgeschichte im Augusteischen Zeitalter gelauscht werden kann *(So 14 Uhr, Treffpunkt Eingang Hauptschloss, vorherige Anmeldung erforderlich, Gebühr)*.

Im Schatten dieser kolossalen Anlage werden wir das erste Mal bewusst auf den wettinischen **Kurfürsten Friedrich August I.** aufmerksam, und da er uns auf unserer Reise immer wieder begegnen wird, sollten wir an dieser Stelle einige Worte über ihn und das „Augusteische Zeitalter“ verlieren.

August der Starke

Bereits sein Vater Johann Georg III. hatte sich in den Schlachten gegen die Türken militärischen Ruhm erworben. Der wegen seiner großen Körperkraft und seines herrischen Wesens „der Starke“ genannte Sohn Friedrich August wollte das jedoch noch toppen.
Erst gar nicht für die Thronfolge vorgesehen, übernahm er nach dem unerwarteten Tod seines Bruders 1694 unvorbereitet die Kurfürstenwürde. Bis dahin war sein Leben durch eine militärische Laufbahn, aber vor allem durch Reisen in die Staaten des westlichen absolutistischen Europas geprägt. Besonders beeindruckten ihn der kulturelle Reichtum in Italien und der höfische Prunk am Hofe Ludwigs XIV. in Versailles. Als der 24-jährige die Regierungsgeschäfte als Kurfürst übernahm, ersetzte er sein fehlendes Wissen in der Landesverwaltung durch Tatkraft. Sein Ziel war es, Sachsen in die große europäische Politik einzuführen und es neben Brandenburg-Preußen und dem Habsburgischen Österreich als dritte deutsche Großmacht zu etablieren.
Nachdem Friedrich August in den Jahren 1695/96 als Oberbefehlshaber der kaiserlichen Truppen ziemlich erfolglos in Ungarn gegen die Türken kämpfte, strebte er anschließend die polnische Königskrone an. Polen gehörte nicht zu den Erbmonarchien und durch Unter-

stützung des habsburgischen Kaisers, des russischen Zaren und des Oberhaupts der polnischen Kirche setzte sich Friedrich August gegen weitere aussichtsreiche Kandidaten durch. Ausschlaggebend müssen auch die nicht unerheblichen finanziellen „Überredungskünste" Augusts an den polnischen Adel gewesen sein, der dadurch gern zum Königsmacher avancierte. Einzig die protestantische Konfession des Fürsten stand noch im Weg und so trat er kurzerhand zum katholischen Glauben über. Im eigenen Land keimte hierüber Unmut auf, denn nach dem Augsburger Religionsfrieden von 1555 hieß es, dass die Konfession des Herrschers die Konfession der Untertanen bestimmte. Friedrich August kümmerte dies wenig und er proklamierte, dass sein Übertritt zum Katholizismus keine Folgen für die kursächsische, protestantische Bevölkerung habe. Im September 1697 wurde der sächsische Kurfürst zum polnischen König August II. gekrönt, aber seine Regentschaft war von Kriegen, dem kurzzeitigen Verlust der Königswürde und Aufständen des polnischen Adels gegen den absolutistisch herrschenden August geprägt. Die Großmachtpläne von Friedrich August scheiterten endgültig, als die polnische Königskrone nach seinem eigenen und dem Tod seines Sohnes 1763 wieder verloren ging.

Bekannter als die politischen Ambitionen Friedrich August I. sind dessen Bemühungen, Sachsen in die Riege der prächtigsten und edelsten Königshöfe Europas zu integrieren. Am Dresdner Hof entstand ein europäisches Zentrum von Kultur und Kunst, barocke Bauwerke wie beispielsweise der Zwinger wurden gebaut, im Grünen Gewölbe wurden kostbare Schätze präsentiert und die erste abendländische Porzellanmanufaktur in Meißen errichtet. Bis in die Gegenwart hat sich der bewundernde Beiname „Elbflorenz" für Dresden erhalten.

All das sollte aber nicht darüber hinwegtäuschen, dass man es mit einem rücksichtslosen Herrscher zu tun hatte, der seinen Untertanen immer wieder hohe Steuern aufbrummte, unliebsame Berater inhaftierte und seine Ehefrau mit einer großen Anzahl von Mätressen betrog. Die angeblich 354 nachgesagten Kinder des umtriebigen Kurfürsten können heute getrost der Rubrik Fake News zugeordnet werden, dennoch sind dem potenzstarken Sachsen acht namentlich bekannte uneheliche Kinder zuzuschreiben und die Dunkelziffer seiner Nachkommen dürfte zumindest recht beachtlich sein.

August der Starke, der angeblich Hufeisen verbiegen konnte, starb 1733 in Warschau und ist im Krakauer Dom beigesetzt. Seinem Wunsch entsprechend ruht sein Herz jedoch in der Gruft der Dresdner Hofkirche.

Wir halten uns zunächst Richtung Oschatz und wenig später durch den wildreichen Wald nach **Collm**, um dort Richtung Calbitz abzubiegen. Wir tauchen gerade wieder in den Wald ein und stellen das WOMO auf einem Wanderparkplatz ab **[029:** N 51°18'30.3" E 13°01'02.3"; An der K8939].

WOMO-Wandertipp: Einmal auf den Collmberg

Auf der gegenüberliegenden Straßenseite führt die Straße etwa einen Kilometer bergauf zum **Collmberg**, der mit 314 Meter Höhe das

Landschaftsbild Nordwestsachsens dominiert.
Vom 18 Meter hohen **Albertturm** blicken wir in die weite Ebene und können bei guter Fernsicht das 60 Kilometer entfernte Völkerschlachtdenkmal in Leipzig, den Kamm des Erzgebirges und die Gipfel des Lausitzer Berglands erkennen. Die auf der Aussichtsplattform stehende Granitsäule erinnert an die „Nagelsche Triangulierung" von 1865, der sorgfältigsten und traditionellen Gradmessung des Landes. Auf ihrer Grundlage basieren die bis in die Gegenwart verwendeten Messtischblätter.

Vom Parkplatz rollen wir bergab nach **Calbitz**, verzeichnen links vor dem Ort einen schrägen Picknickplatz mit schöner Aussicht in die Ebene [**030:** N 51°19'27.4" E 13°00'36.3"; Altenhainer Weg] und biegen bei Erreichen der B6 links nach Wurzen ab. Bald sind wir wieder in Luppa und setzen unsere Reise Richtung Torgau fort.

(031) Offizieller WOMO-Badeplatz: Schmannewitz, Waldbad

GPS: N 51°23'39.2" E 13°00'14.7"; Buchaer Straße **Max. WOMOs**: 5
Ausstattung: Müllbehälter.

Beschreibung: Der einfache, Wiesenparkplatz am idyllisch gelegenen Waldbad außerhalb des Ortes ist halbschattig. Zur Ausstattung des Badesees gehören Riesenrutsche, FKK-Gelände, ein toller Nichtschwimmerbereich, der besonders für kleiner Kinder geeignet ist, sowie ein Bootsverleih. Der Parkplatz bietet sich aber auch als Ausgangspunkt für **Wanderungen und Radtouren** ins 150 Quadratkilometer ausgedehnte Landschaftsschutzgebiet der **Dahlener Heide** an. Das Gebiet erstreckt sich zwischen Dahlen, Belgern, Schildau sowie Cavertitz und Erholungssuchende werden hier ein Stück fast unberührte Natur finden.
Preise: €€ zu zahlen am Imbiss im Waldbad.
Zufahrt: Im Ort rechts den Hinweisen Reha-Kliniken/Waldbad etwa 1,5 Kilometer folgen.

Wir wenden uns über Sitzenroda der Gneisenaustadt **Schildau** zu [Parkplätze am Markt N 51°27'21.4" E 12°55'47.9"; Marktstraße oder an der Kultur- und Sporthalle N 51°27'28.8" E 12°55'56.0"; Bahnhofstraße].

Schildau und seine Bürger

Das Städtchen ist Geburtsstadt des Heeresreformers **Neidhardt von Gneisenau**, der als Stabschef Blüchers 1815 großen Anteil am Sieg gegen Napoléon bei Waterloo hatte.
In die Geschichte gingen auch die übrigen Einwohner des Örtchens ein. Als literarisch bekannte **Schildbürger** trugen sie das Licht in Säcken in ihr fensterloses Rathaus und ließen sich allerlei andere Merkwürdigkeiten einfallen. Auf dem einstündigen **Schildbürger-Wanderweg** kann man

den Geschichten an den „Originalschauplätzen“ auf den Grund gehen und im **Museum** in der Nähe des Marktes findet sich weiteres Interessantes, das die spaßigen Gesellen sowie Herrn von Gneisenau beleuchtet *(Di - Fr 10 - 12/13 - 16 Uhr, Sa/So 13 - 16 Uhr, Eintritt, www.schildbuergermuseum-schildau.de)*.

(032) WOMO-Wanderparkplatz: Schildau

GPS: N 51°25'55.5" E 12°55'37.0"
Max. WOMOs: 1 - 2
Ausstattung: Infotafeln Richtung Straße, Müllbehälter.
Beschreibung: Der schräge, halbschattige, einfache Miniwaldparkplatz liegt vor einer kleinen Schutzhütte am Waldrand, bietet eine hübsche Aussicht auf die Waldwiesen und ist guter Ausgangspunkt für die folgende Wanderung.
Zufahrt: Von Schildau südlich Richtung Falkenhain etwa 3 Kilometer fahren und vor Beginn des Waldes links etwa 150 Meter bis zum Parkplatz abbiegen.

WOMO-Wandertipp: Auf der Butterstraße zu den Hügelgräbern

Einfache Wanderung von etwa 4 Kilometer Länge.
Vom Parkplatz gehen wir ein Stück zurück Richtung Landstraße, halten uns vor dieser links, bis wir auf die „Butterstraße“ stoßen und dieser nochmals links bis zu einem Abzweig folgen. Rechts am Wegesrand sehen wir einen Stein, der die Grenze von 1818 zwischen den Königreichen Sachsen und Preußen markierte. Hier wenden wir uns nach links und erreichen etwa 700 Meter später eine der größten Hügelgräbergruppen aus der Bronzezeit in dieser Gegend. Kurz dahinter macht der Fahrweg einen Rechtsknick. Der A-Weg führt geradeaus weiter – wir folgen ihm jedoch nicht, sondern nehmen leicht absteigend den kleinen Weg nach links, der an einigen Stellen nur schwer auszumachen ist. Nun sind zwei Gatter zu passieren, die bitte wieder verschlossen werden müssen. Am Ende des sich durch den Wald schlängelnden Weges wenden wir uns rechts und gelangen an den Heynitz-Teich. Wir treffen auf einen weiteren Weg mit Schranke, der uns links unter Kiefern und Birken und vorbei an Heidelbeersträuchern zurück zur Landstraße und zum WOMO führt.

Von Schildau schlagen wir die Räder Richtung Torgau ein. Auf dieser Tour befinden wir uns auf einer richtigen „Badetour“, denn am Neumühlenteich sorgt im Sommer das **Seebad Schildau** *(Mai - September)* mit Bootsverleih und Erlebnisbecken für Erfrischung [**033:** N 51°28'20.7" E 12°56'53.1"; Kirschallee]. In unmittelbarer Nähe liegt der einfache, aber nette **Campingplatz Neumühle** [**034:** N 51°28'19.2" E 12°56'58.6"; Dahlienweg, Telefon 034221/50406, April - Okt., Preis €€, www.belgernschildau.de].

Flott ist die B182 erreicht, auf der es links entlang des **Großen Teiches** nach **Torgau** an der Elbe geht.

Da war doch was … richtig, der größte Teich Deutschlands gehört zur **Wermsdorfer Teichwirtschaft** und hier halten wir regelmäßig an, um uns am **Fischimbiss** mit Räucherfisch einzudecken, eine leckere Fischsuppe, ein Fischbrötchen oder mittags das fischige Tagesgericht zu genießen *(April - Sept. Mo - Fr 9 - 17 Uhr, Sa 9 - 13 Uhr, Okt. - März Mo - Fr 9 - 16 Uhr, Sa 9 - 13 Uhr, Verkauf frischer Forellen und Karpfen Okt. - April).*

In der Stadt orientieren wir uns am Parkleitsystem „Innenstadt“. Außer den genannten Übernachtungsplätzen nehmen die gebührenpflichtigen Parkplätze **P2 an der Bastion** [**035:** N 51°33'19.7" E 13°00'18.1"; Straße der Jugend, V/E, Strom gegen Gebühr] und am **Sport- und Freizeitbad Aquavita** [N 51°33'43.9" E 12°59'53.9"; Nordring] WOMOs auf.

(036) WOMO-Campingplatz: Torgau, Campingplatz Am Großen Teich

GPS: N 51°32'45.1" E 12°59'23.9"; Turnierplatzweg
Kontakt: 03421/902875, www.torgau.eu
Öffnungszeit: Mitte April - Oktober.
Ausstattung: Kleiner Pool, Waschmaschine, Trockner, Spielplatz, WLAN.
Beschreibung: Der einfache städtische Campingplatz liegt teils unter Bäumen auf Wiese am Ufer der Teiches. Er ist Ausgangspunkt für Rad- und Wandertouren, das Strandbad ist in der Nähe und in die Innenstadt sind es etwa 15 Minuten Fußweg.
Preise: €€.
Zufahrt: Von der B182 kommend kurz hinter dem Ortseingang den Hinweisen zum Campingplatz folgen.

(037) Offizieller WOMO-Stellplatz: Torgau, Schiffsanleger P4

GPS: N 51°33'43.6" E 13°00'31.6" Pestalozziweg **Max. WOMOs:** 5
Ausstattung: Infotafel, V/E am Parkplatz P2
Beschreibung: Der einfache, teils gepflasterte, schräge, schattenlose Parkplatz liegt direkt an der Elbe am Ortsrand und Schloss sowie Altstadt sind genau wie diverse Gaststätten fußläufig zu erreichen. Der Platz eignet sich hervorragend zum Einstieg in den Elberadweg.
Preise: Das Parken am Tag ist kostenfrei, eine Übernachtung kostet jedoch 5,10 € (Stand 2020).
Zufahrt: Im Ort den Hinweisen zum Parkplatz P4 folgen.

(038) WOMO-Stellplatz: Torgau, Brückenkopf

GPS: N 51°33'35.7" E 13°00'55.0" **Max. WOMOs:** 2
Ausstattung: Infotafel.
Beschreibung: Der einfache, geschotterte und halbschattige Parkplatz

liegt nahe der Straße am gegenüberliegenden Ufer der Elbe mit Blick auf Schloss Hartenfels.
Zufahrt: Im Ort Richtung Herzberg und hinter der Elbebrücke links.

Torgau

Am Schiffsanleger wird das WOMO angedockt und wir schlendern elbaufwärts bis zum **Denkmal der Begegnung**. In Torgau begegneten sich erstmals am Ende des Zweiten Weltkrieges amerikanische und sowjetische Truppen. So lautet die offizielle Lesart und der historische Handschlag der Soldaten wurde weltweit zum Symbol des Friedens. Zum damaligen Zeitpunkt befand sich jedoch kein Fotograf vor Ort und so wurde das Foto einen Tag später nachgestellt. Genau genommen gebührt die Ehre des ersten Treffens nämlich dem 20 Kilometer entfernten Strehla, denn dort trafen sich am 25. April 1945 die Truppen bereits einige Stunden früher als in Torgau.
Die Geschichte der Stadt setzt natürlich sehr viel früher ein und bildet mit **Schloss Hartenfels**, dem ältesten deutschen Renaissanceschloss und den gepflegten Häusern der Altstadt aus dem 16. und 17. Jahrhundert einen kulturhistorischen Höhepunkt unserer Reise. In den nahen Schlossgewölben und der unteren Hofstube sind im **Lapidarium** die Baugeschichte des Schlosses dargestellt und Steinmetz- sowie Bildhauerarbeiten vergangener Zeiten werden präsentiert als auch erläutert. Die Möbel- und Jagdsammlung aus der Renaissance bis zur Gegenwart ist im Flaschenturm zu bestaunen. Im Schlossinnenhof sticht sofort der **Große Wendelstein** ins Auge. Das spiralförmige **Treppenhaus**, dessen Stufen ohne inneren Stützpfeiler nach oben führen und mit aus Elbsandstein sorgfältig herausgearbeiteten Brüstungen, vorragenden Gesimsen und Wasserspeiern, ist ein kostbares Relikt aus der deutschen Frührenaissance und gilt als Meisterstück der Architektur. Schloss und Wendelstein sind für uns immer wieder beeindruckend und somit einen Eintrag in unsere **Top Ten** wert. Vom **Hausmannturm** reicht der Blick über die weite Elblandschaft und die Dächer Torgaus

mit den Türmen der **Stadtkirche St. Marien**, in der das Grab Katharina von Boras zu finden ist. Im Schloss zeigt eine Dauerausstellung die Gemächer des letzten Ernestiner Kurfürsten Johann Friedrich, der in den Jahren 1532 bis 1547 in Torgau residierte und als Wegbereiter der Lehre Martin Luthers gilt. Im Nordwesten der Anlage besticht der Renaissance-Rosengarten zwischen Buchhecken und mit Pavillons und Wasserbecken.

Weiterhin befindet sich das **DIZ** in einem Gebäudetrakt des Schlosses, das die Geschichte der Torgauer Haftstätten während des Nationalsozialismus, der sowjetischen Besatzungszeit und der DDR dokumentiert. Eine ähnliche Thematik wird nahe der Elbebrücke in der **Gedenkstätte Geschlossener Jugendwerkhof Torgau** behandelt, in der die Geschichte der einzigen geschlossenen Heimeinrichtung für Jugendliche in der DDR erzählt wird *(April - Okt. Di - So, Fischerdörfchen 15, Eintritt).*

Wir verlassen das Schlossgelände zur Stadt hin und wollen den **Museumspfad** weiter erkunden. Beim Überqueren der Schlossbrücke können wir zunächst einen Blick in den **Bärengraben** werfen, in dem tatsächlich Braunbären gehalten werden und denen sich eine Stiftung angenommen hat, um die artgerechte Haltung zu gewährleisten.

In den Gassen um den Markt gruppieren sich historische Bürgerhäuser, mit schönen restaurierten Giebeln und Sitznischen. In einem von Ihnen starb die Frau des Reformators Martin Luther, Katharina von Bora, als sie vor der Pest 1552 von Wittenberg hierher flüchtete. Ihrem Leben

ist die **Katharina-Luther-Stube** gewidmet (*Mai - Okt. Di - So 10 - 18 Uhr, April bis 17 Uhr, Nov. bis 16 Uhr, Katharinenstraße 11, Eintritt*). Ganz in der Nähe wird im **Priesterhaus** weiter auf die Geschichte der Reformation und auf Georg Spalatin, dem engsten Freund Martin Luthers, eingegangen (*Mai - Okt. 10 - 18 Uhr, April bis 17 Uhr, Katharinenstraße 8, Eintritt*). Einst lobte Luther das „Torgisch Bier" und heute dokumentiert das **Braumuseum** die Braukunst im 15. und 16. Jahrhundert. In den großen Felsen- und Sandsteinkellern wir deutlich, in welchen Mengen Bier gebraut und gelagert wurde (*Mai - Okt. Di - So 10 - 18 Uhr, Fischerstraße 11, Eintritt*). Sehenswert sind weiterhin das **Stadt- und Kulturhistorische Museum** (*Mai - Okt. 10 - 18 Uhr, Nov. - April bis 17 Uhr, Wintergrüne 5, Eintritt*) und das **Bürgermeister-Ringhain-Haus** (*Mai - Okt Di - So 10 - 18 Uhr, April bis 17 Uhr, Breite Straße 9, Eintritt*). In diesem unter einem steilen Satteldach verborgenen Patrizierhaus werden wir in das anspruchsvolle Leben eines „betuchten" Mannes, der nicht nur Bürgermeister, sondern auch Tuchmacher war, entführt. Besonders fallen die wunderschön gestalteten Decken- und Wandmalereien auf. Damit wir uns den Nacken nicht verrenken, werden wir mit einem Spiegel ausgerüstet und können so in der Engelstube einen Himmel mit Wolken, Sternen und musizierenden Engeln besser betrachten (Foto oben).

Da die Fülle der Besichtigungsmöglichkeiten eine längere Verweildauer in der Stadt voraussetzt, wird sich vermutlich zwischendurch der kleine Hunger melden, dem man zum Beispiel am Markt mit leckeren Snacks und Backwaren im **Café Katharina** entgegentreten kann (*Mo - Sa 6.30 - 18 Uhr, So 7 - 18 Uhr, Markt 8*). Auch im **Restaurant Herr Käthe** kehren wir gerne ein (*Mo - So ab 11.30 Uhr, Katharinenstraße, Telefon 03421/778665, www.herrkaethe-torgau.de*). Der Name geht übrigens auf Katharina Luther zurück, die von ihrem Ehemann gern so genannt wurde, da sie während seiner Abwesenheit „ihren Mann" stand.

Bevor es endgültig zum WOMO zurückgeht, überqueren wir die Elbe und stehen linker Hand am **Brückenkopf**, den Überresten einer von Napoléon geschaffenen Wehranlage. Hier beschwören Gedenktafeln den „Spirit of the Elbe", den „Geist der Elbe" – Menschen aller Nationen sollen Differenzen ausschließlich mit friedlichen Mitteln lösen und für das gemeinsame Wohl zusammenarbeiten.

Die besten Informationen für weitere Aktivitäten in der Region gibt es am Markt in der **Tourist-Information** (*Mo - Fr 10 - 18 Uhr, Sa/So/Feiertage 10 - 16 Uhr, Markt 1, Telefon 03421/70140, www.tic-torgau.de*).

WOMO-Radfahrtipp

Uns wird hier unter anderem eine Fahrradtour auf dem abwechslungsreichen und reizvollen, insgesamt 860 Kilometer lange **Elberadweg** empfohlen (*www.elberadweg.de*). Eine Etappeneinstieg ist an mehreren Stellen unserer Touren im Elbland möglich. Von Torgau aus bietet sich beispielsweise eine Strecke über Belgern und das brandenburgische Mühlberg nach Strehla und zurück an. Dabei kommen wir auch in Weßnig vorbei, dessen Dorfname in sorbischer Sprache „Wo die Ulme steht“ bedeutet. Hier streifen wir die **1. Deutsche Radfahrerkirche** und können unweit an einem kleinen Teich auf Picknickbänken eine erholsame Pause einlegen.

Wir verlassen Torgau auf der B182 Richtung Riesa und gelangen nach **Belgern**, einem weiteren Ausgangspunkt der eben erwähnten Fahrradtour.

(039) WOMO-Wanderparkplatz: Belgern, Elbfähre

GPS: N 51°29'01.9"E 13°07'54.0"
An der Elbe **Max. WOMOs**: 1 - 2
Ausstattung: Infotafeln, Tisch und Bänke.
Beschreibung: Der einfache, schattenlose Parkplatz liegt an der Elbfähre außerhalb des Ortes und am Fluss. Der Elberadweg führt hier direkt vorbei und in der Nähe befindet sich eine Gaststätte.
Zufahrt: Im Ort Richtung Blumberg fahren und den Hinweisen zur Elbfährc folgen.

Hinweis: Bei schönem Wetter und am Wochenende ist hier viel los, deswegen sollte eine Anfahrt auf der teils engen Straße wohlüberlegt sein!

(040) WOMO-Badeplatz: Belgern, Freibad

GPS: N 51°28'24.6"E 13°06'26.9"
Dahlener Straße **Max. WOMOs**: 1 - 2
Ausstattung: Infotafel, Müllbehälter.
Beschreibung: Der einfache, meist schattenlose, gepflasterte Parkplatz liegt außerhalb des Ortes. Im Corona-Sommer 2020 sieht das Freibad verlassen und das ganze Drumherum etwas ungepflegt aus. Trotzdem erscheint uns der Parkplatz weiterhin erwähnenswert.
Zufahrt: Im Richtung Dahlen, dann gleich halb rechts 1 Kilometer über die Dahlener Straße bis zum Freibad fahren.

Im historisch erhaltenen Stadtkern beeindrucken der große Marktplatz, die alten Bürgerhäuser neben dem imposanten Renaissance-Rathaus von 1578 und der fast sechs Meter hohe **Roland**, das Wahrzeichen der Stadt. Die Rolandsfiguren, die in vielen nord- und ostdeutschen Städten zu finden sind, galten im Mittelalter als Sinnbild für die Eigenständigkeit einer Stadt mit Marktrecht sowie eigener Gerichtsbarkeit und somit

Neustädter Roland

für die Freiheit. Fast alle deutschen Roland-Figuren finden sich en miniature im **Rolandpark**, einem sechs Hektar großen Gelände mit befestigtem Wegesystem, Spielplatz, Grillplätzen und einem Irrgarten an der Stadthalle nahe der Bundesstraße [**041:** N 51°28'39.7" E 13°07'54.0"; An der B182].

Hinter Belgern zweigt von der B182 eine Straße ins brandenburgische **Mühlberg** ab. In kühnem Bogen schwingt sich die Brücke über die Elbe und an beiden Ufern gibt es schöne Plätze zu vermelden.

(042) WOMO-Campingplatz: Mühlberg, Wasserwanderraststation

GPS: N 51°26'01.9" E 13°12'35.5"
Am Hafen 1c **Max. WOMOs**: 25
Kontakt: Telefon 0175/7093606, www.wwrs-marina-muehlberg.de
Öffnungszeit: April - Oktober.
Ausstattung: V/E, Strom, Sanitärhaus, Küche mit Kochgelegenheit, Kühlschrank und Spüle, Imbiss, Spielplatz, Beachsoccer, Beachvolleyball, Schlauchbootverleih.
Beschreibung: Der terrassenförmig, teils auf Wiese, teils auf Schotter angelegte sehr nette kleine Platz ist zum Teil sonnig, aber auch unter Bäumen gelegen. Er liegt direkt an einem Badesee am Ortsrand und am Elberadweg.
Preise: €€.
Zufahrt: Von der B182 nach Mühlberg abbiegen und am Ortsanfang rechts Richtung Hafen abbiegen.
Hinweis: Wer auf den unteren Wiesenparkplatz (Strom nur mit sehr, sehr langem Kabel!) direkt am See stehen möchte, fährt aus nördlicher Richtung kommend an der offiziellen Einfahrt vorbei und die nächste Straße rechts. Hinter dem Gebäude dann nochmals rechts auf die Wiese fahren.

(043) WOMO-Stellplatz: Mühlberg, Alter Fähranleger

GPS: N 51°26'08.9" E 13°11'29.3"
Am Anger **Max. WOMOs**: 1 - 2
Beschreibung: Die einfache Parkmöglichkeit befindet sich auf befestigtem Untergrund direkt am alten Anleger der ehemaligen Gierseilfähre Mühlberg, deren Verkehr nach 561 Jahren im Jahr 2008 eingestellt wurde. Der Platz ist uneben und liegt außerhalb der Ortschaft.
Zufahrt: Auf der B182 an der Zufahrt nach Mühlberg vorbeifahren und hinter der Brücke die erste Möglichkeit links

fahren. Das Sträßchen führt über den Deich hinab zum Wasser.
Hinweis: Gegebenenfalls Geräuschbelästigung durch die Straße.

In Strehla am **Nixenbad** gibt es einen einfachen, kleinen **Campingplatz** zu vermelden [**044:** N 51°21'42.2" E 13°13'26.8"; Torgauer Straße, Telefon 035264/90754, www.strehla.de, Mitte Mai - Mitte Sept., Preis €€].

(045) Offizieller WOMO-Stellplatz: Strehla, Elberadweg

GPS: N 51°21'06.6" E 13°14'16.1"
An der B182 **Max. WOMOs:** 5
Beschreibung: Einfacher, schattenloser, schräger Parkplatz auf Kopfsteinpflaster am Ortsrand. In der Nähe gibt es einen Supermarkt und natürlich eignet sich der Parkplatz hervorragend zum Einstieg in den Elberadeweg. Etwa 800 Meter elbaufwärts befindet sich das Denkmal der Begegnung.
Zufahrt: Der B182 durch den Ort folgen und den Hinweisen zum Parkplatz folgen.

Strehla – Begegnungen an der Elbe

Am Schwimmbad befindet sich auch ein Parkplatz von dem wir etwa 500 Meter zu Fuß einem sehr schmalen Sträßchen und dem Hinweis zum **Restaurant Nixstein** hinab zur Elbe folgen *(Mi - Fr ab 17 Uhr, Sa/So 11 - 14.30/ab 17 Uhr, Am Nixstein 2a, Telefon 035264/986925)*. Hier führt der Elberadweg vorbei und vom schönen Biergarten schweift der Blick über die Elbe.
Von hier ist ein Stückchen elbaufwärts der **Nixstein** zu finden. Täuschung oder Wahrheit? Wir halten die Ohren an den Stein und meinen, seltsame Töne aus dem Inneren zu hören ... Mythen und Geschichten ranken sich seit Langem um Strehla und die Nixen, die an dieser Stelle ihre Opfer in den Fluss gezogen haben sollen. Der etwa 4 Kilometer lange **Nixenpfad** bringt uns erst entlang der Elbe und vorbei am WOMO-Stellplatz zu einem weiteren **Denkmal der Begegnung**, denn hier trafen zum Ende des Zweiten Weltkrieges tatsächlich die ersten amerikanischen und sowjetischen Truppen aufeinander, und dann zurück in den Ort. Der Marktplatz mit Rathaus und einer Postdistanzsäule sowie das Schloss mit dem Trinkstüberl und Malereien aus dem Jahr 1532 als auch die Stadtkirche machen diesen kleinen Rundgang erfreulich abwechslungsreich.

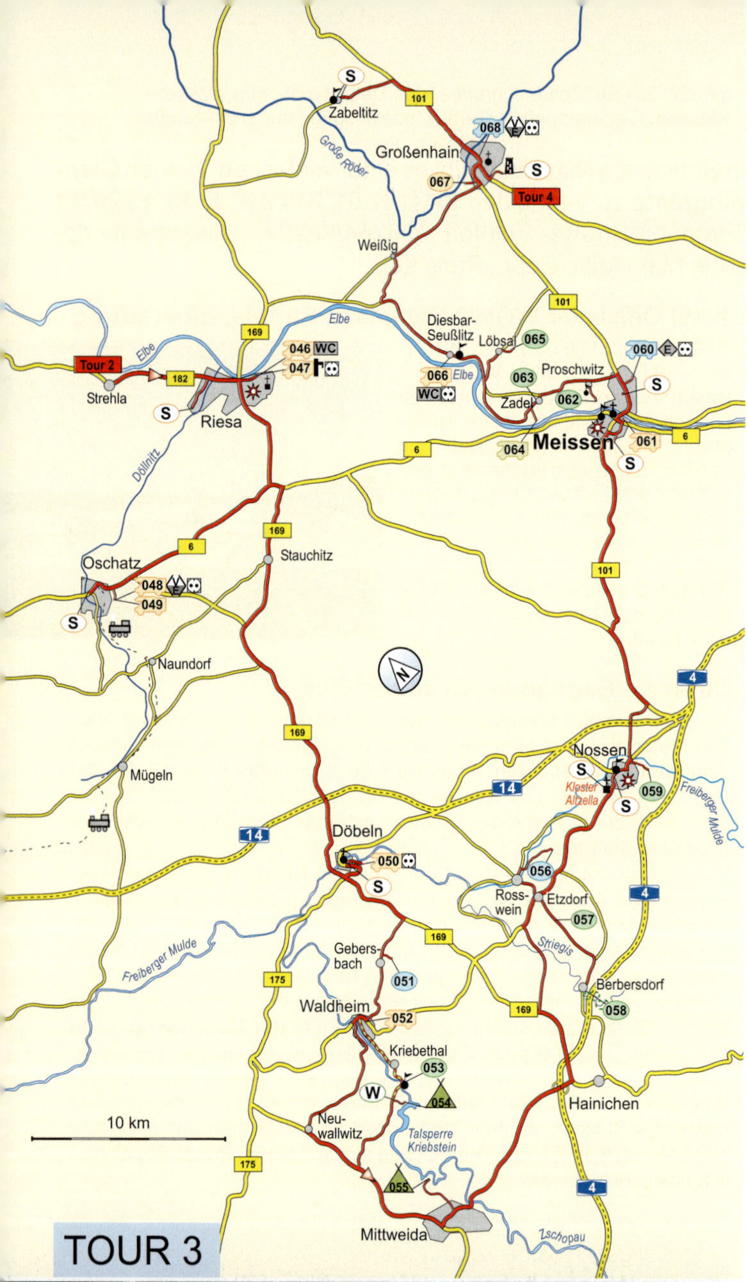
Zabeltitz
101
068
Großenhain
Große Röder
067
Tour 4
Weißig
101
Elbe
Diesbar-
Seußlitz
Löbsal
065
060
Tour 2
Elbe
169
046 WC
047
182
Strehla
Riesa
066
Elbe
WC
063
Proschwitz
Zadel
062
Meissen
061
064
6
6
Döllnitz
169
Stauchitz
6
Oschatz
048
049
101
Naundorf
4
169
Mügeln
Nossen
Kloster
Altzella
059
Freiberger Mulde
14
14
Döbeln
050
056
Ross-
wein
Etzdorf
057
4
169
Striegis
Gebers-
bach
051
Freiberger Mulde
175
Berbersdorf
058
Waldheim
052
169
Kriebethal
053
054
W
Hainichen
10 km
Neu-
wallwitz
Talsperre
Kriebstein
175
055
4
Mittweida
Zschopau

TOUR 3

Tour 3 265 km

Riesa – Oschatz – Döbeln – Kriebstein – Nossen Meißen – Diesbar-Seußlitz – Großenhain

Stellplätze:	Riesa, Oschatz, Döbeln Gebersbach, Waldheim, Kriebstein, Kriebthal, Roßwein, Etzdorf, Berbersdorf Nossen, Meißen, Proschwitz, Zadel, Kleinzadel, Löbsal, Diesbar-Seußlitz, Großenhain.
Campingplätze:	Kriebstein Camping Kriebstein, Lauenhain, Camping Talgut Lauenhain.
Besichtigen:	Riesa Altstadt, Nudelfabrik, historische Klosteranlage, Stadtmuseum; Oschatz St. Aegidien, Stadt- und Waagenmuseum; Döbeln Altstadt, Dt. Pferdebahn-Museum, Stadtmuseum; Waldheim Sächs. Strafvollzugsmuseum; Kriebthal Burg Kriebstein, Tal sperre; Nossen Kloster Altzella, Schloss; Meißen Altstadt, Porzellanmanufaktur, Albrechtsburg, Dom; Großenhain Museum, Schloss Zabeltitz.
Wandern:	Kriebstein Talsperrenwanderweg, Berbersdorf Striegistäler, Nossen Bergbauwanderweg, Meißen/Elbweindörfer Sächsischer Weinwanderweg, Löbsal Rundweg.
Radfahren:	Riesa/Meißen Elberadweg, Döbeln Mulde-, Zschopau-, Jahnatal-Radweg.
Baden:	Gebersbach, Roßwein, Meißen, Großenhain.
Essen:	Riesa Gasthausbrauerei HammerBräu, Restaurant Makkaroni; Oschatz Café Wentzlaff, Lauenhain Gaststätte Talgut; Berbersdorf Ausflugsgaststätte Waldhaus Kalkbrüche; Meißen, Café-Restaurant in der Manufaktur, Café Zieger, Restaurant Vincenz Richter, Weinladen; Kleinzadel Gastwirtschaft Zum Zuessenhaus; Löbsal Landgasthaus Jägerheim; Diesbar-Seußlitz Trattoria, Landgasthof Zum Ross, Großenhain Gaststätte Kupferberg.

In dieser Tour gelangen wir von der Elbe zunächst in den nördlichen Teil Mittelsachsens mit der schönsten mittelalterlichen Burg Sachsens, wir wandern durch die tiefen Täler der Striegis und folgen den Spuren des weißen Goldes in der Porzellan- und einstigen Residenzstadt Meißen. Inmitten des Elblandes kommen Weinliebhaber und Wanderer auf dem Sächsischen Weinwanderweg auf den Geschmack jahrhundertealter Weinbautradition und der Elberadweg ermöglicht genussvolles Radeln entlang der Weinberge.

Geht der Nudelvorrat im WOMO zur Neige? Kein Problem, denn in **Riesa** gibt es jede Menge Nachschub! Von der B182 ist das ausgeschilderte Nudelcenter Riesa gar nicht zu verfehlen und für den weiteren Aufenthalt empfiehlt sich das Parken am Elbufer.

(046) Offizieller WOMO-Stellplatz Riesa, Elbufer

GPS: N 51°18'22.4" E 13°18'21.3"
Elbstraße 14a **Max. WOMOs**: 5
Ausstattung: WC.
Beschreibung: Der einfache, gepflasterte, schattenlose Parkplatz liegt am Ende eines Großparkplatzes direkt an den Elbwiesen und mit Aussicht auf den Fluss. Er ist stadtnah, sodass Restaurants, Geschäfte und Bäcker fußläufig nach wenigen Minuten erreicht sind. Der Elberadweg beginnt an der WOMO-Tür und nach einem kurzen Spaziergang (nur einige Meter elbaufwärts und dann rechts durch den Stadtpark gelangt man zur Klosterkirche). Hier endet jedoch auch der Jahnatal-Radweg (siehe Döbeln).
Zufahrt: Von Mühlberg kommend auf der B182 Richtung Zentrum fahren und nach der Unterquerung einer Elbbrücke links der Bahnhofstraße parallel zum Flussufer bis zum Parkplatz folgen.

(047) Offizieller WOMO-Stellplatz: Riesa, Wassersportverein

GPS: N 51°18'19.4" E 13°18'33.5"; Elbstraße 14a **Max. WOMOs**: 6
Kontakt: Telefon 03525/7738588 oder 0176/58862262, www.riesaerwassersportverein.de
Ausstattung: Wasser, Strom, Sanitäreinrichtung.
Beschreibung: Der teils schattige Wiesenplatz liegt auf dem Gelände des Riesaer Wassersportvereins und wird auch von diesem betrieben.
Zufahrt: Etwa 200 Meter hinter dem vorgenannten Parkplatz.

Riesa

Der Legende nach durchschritt ein Riese, der noch heute das Stadtwappen Riesas ziert, die Elbe und ließ sich zum Rasten am Ufer nieder. Da sich auf seinem langen Weg Sand in den Stiefeln angesammelt hatte, kippte er diesen aus und es entstand ein kleiner Sandhügel, auf dem Riesa erbaut wurde. Gesichert ist hingegen, dass im Jahr 1119 der slawische Ort Rizowe an der Flussmündung Namensgeber für das im Jahr 1451 erstmals erwähnte Riesa ist.
Wem aber die Riesengeschichte besser gefällt, kann zumindest heute im Riesenhügel, wie die **Gasthausbrauerei HammerBräu** auch

Klosteranlage Riesa

genannt wird, an der Elbbrücke das Bier aus der hauseigenen Brauerei verkosten *(www.hammerbraeu.de)*. Dabei fällt der Blick auf die **Elbquelle**, im Volksmund „Rieseneiche" genannt, eine 25 Meter hohe Skulptur des Künstlers Jörg Immendorff. Aus 234 Tonnen Kugelgraphiteisen fertigte er das Kunstwerk, zu dessen Füßen der Findling und der Spaten als Zeichen für die Region und den Aufbruch stehen.
Vom grauen Industriestadt-Image hat sich Riesa längst verabschiedet. Dafür sorgt unter anderem die älteste **Klosteranlage** der Mark Meißen, die mit dem angrenzenden **Tierpark** und der größten **Elbe-Aquarienanlage** eine Einheit bildet *(April - Sept. 9 - 18 Uhr, März/Okt. 9 - 17 Uhr, Nov. - Feb. 9 - 16 Uhr, Eintritt)*. In einem Teil des ehemaligen Klosters ist heute die Stadtverwaltung untergebracht, während die übrigen restaurierten Gebäude bei einer Führung besichtigt werden können *(Nachfragen bei der Tourist-Info)*. Weitere sehenswerte Punkte sind der Stadtpark, das Rathaus mit dem Kapitelsaal und das **Stadtmuseum** *(Di - Fr 10 - 18 Uhr, So/Feiertage 14 - 18 Uhr, Eintritt, www.haus-am-poppitzer-platz-riesa.de)*. Einschließlich der Fußgängerzone und der **Tourist-Information** ist alles von den beiden Stellplätzen gut zu Fuß zu erreichen *(Mo - Fr 9.30 - 17.30 Uhr, Sa 9.30 - 16 Uhr/Nov. - März 9.30 - 17.30 Uhr, Sa 9.30 - 14 Uhr, Hauptstraße 61, Telefon 03525/529420, www.tourismus-riesa.de)*.
Etwas weiter entfernt liegt das Nudelcenter [N 51°19'00.1" E 13°15'33.0"; Merzdorferstraße] Bei einer Führung entlang der Produktions- und Verpackungshallen durch die **Gläsernen Produktion** erfahren wir unter anderem wie das Loch in die Makkaroni kommt oder Nudelnester entstehen. Das **Nudelmuseum** wartet mit den wichtigsten Ereignissen der über 100-jährigen Tradition der Riesaer Nudeln und historischen Ausstellungsstücken auf, während uns im **Nudelkontor** anschließend die Auswahl beim Kauf der mehr als 100 Sorten Nudeln schwerfällt: Nehmen wir nun die Radlernudeln passend zum Elberadweg oder doch lieber die süßen Lebkuchennudeln? Wer lieber auf Speisen rund um die Nudel steht, dem sei die Einkehr in das **Restaurant Makkaroni** angeraten *(Gläserne Manufaktur Mo - Fr 9.30/11/12.30 Uhr, nur nach Voranmeldung, Gebühr, Nudelmuseum Mo - Sa 9 - 18 Uhr, Nudelkontor Mo - Fr 9 - 18 Uhr, Sa 9 - 14 Uhr, Restaurant Mo - Mi 11 - 18 Uhr, Do - Sa 11 - 21 Uhr, Telefon 03525/720355, www.teigwaren-riesa.com)*.

Über die B169 Richtung Döbeln/Meißen und später über die B6 werden wir zielsicher nach **Oschatz** geführt.
Gegenüber dem im Ort ausgeschilderten **Europäischen Jugendcamp** [**048:** N 51°17'30.4" E 13°06'18.5"; Berufschulstraße, V/E, Strom, Preis €€€. Der Platz soll in Zukunft Camping- und Caravaningplatz im O-Schatz-Park heißen und gegen vorherige Buchung unter Telefon 03435/970118 Mo - Do 7.30 - 15.30 Uhr/ Fr bis 12 Uhr zu nutzen sein. Weitere Änderungen vorbehalten] befinden sich auf einem einfachen, gepflasterten Parkplatz fünf ausgewiesene WOMO-Stellplätze [**049:** N 51°17'32.7" E 13°06'18.4"; Berufschulstraße, Foto rechts].

Das nahe **Saunadorf Oschatz Platsch** sowie eine Schwimmhalle sollen nach gründlicher Renovierung 2020/21 wiedereröffnet werden. Für den reinen Stadtbesuch eignet sich der folgende Parkplatz [N 51°17'45.1" E13°06'20.2"; Freiherr-v.-Stein-Promenade].

Oschatz

Im historischen Stadtkern umsäumen schöne Bürgerhäuser im Renaissancestil den Neumarkt mit einem prächtigen Rathaus und der weit sichtbaren **Stadtkirche St. Aegidien**. Sehenswert ist hier nicht nur das in Buntglasmalerei kunstvoll gefertigte Altarbild, sondern nach dem Erklimmen von 199 Stufen die im Originalzustand erhaltene **Türmerwohnung** *(Di - Fr 14 - 17 Uhr, Sa/ So 11-17 Uhr, Eintritt)*. Vorbei am Kirchengeläut besuchen wir die von 1899 bis 1970 bewohnte Wohnung der Familie Quietzsch. Für unsere heutigen, an Überfluss gewohnten Bedürfnisse wohnte der Türmer mit seiner Frau mehr als beengt und nicht gerade komfortabel. In der winzigen Küche werkelte die Mutter für die 12 Kinder, während der Türmer jede volle Stunde schlagen und nachts zusätzlich jede Viertelstunde nach Feuern in der Umgebung Ausschau halten musste. Ab dem Jahr 1922 übernahm eine Sirene die Feuermeldung und geläutet wurde nur noch dreimal täglich sowie zu den Gottesdiensten. Um sein kärgliches Gehalt aufzubessern, unterhielt Quietzsch auf dem Turm eine kleine Schusterwerkstatt. Das Leben war beschwerlich: Kohle und Wasser, die in großen Mengen unter anderem für das Waschen der vielen Windeln benötigt wurden, mussten in die Wohnung hinaufgeschafft werden und so wundert es nicht, dass am Fuß des Turmes ein Eimer mit der Aufschrift „Bitte nimm mich mit!“ stand. Vielleicht entschädigte der traumhafte Ausblick über die Stadt und das Oschatzer Land für dieses Ungemach.

Aus luftiger Höhe herabgestiegen und wieder Richtung Parkplatz schlendernd, erreichen wir in den historischen Gebäuden der Rats- und Amtsfronfeste, die direkt an die zum Teil noch gut erhaltene Stadtmauer angrenzen, das **Waagenmuseum**. In verschiedenen Bereichen werden interessante Eindrücke über die historische Entwicklung der Stadt vorgestellt. Besonders sehenswert ist die Waagensammlung mit über 100 ausgestellten Exponaten von der filigranen Goldwaage bis zur großen Viehwaage *(Di - Do 9.30 - 12.30/13 - 17 Uhr, Fr/Sa/So/Feiertage 14 - 17 Uhr, an, Eintritt, www.oschatz-erleben.com)*. In der Nähe der **Tourist-Information** am Neumarkt *(Mo - Do 9 - 13/14 - 18 Uhr, Fr bis 17 Uhr, Sa/So/Feiertage 10 - 15 Uhr, Telefon 03435/970242, www.oschatz-erleben.com)* empfiehlt sich die Einkehr im **Café Wentzlaff** bei feinem Gebäck und leckeren Snacks.

Marktplatz mit Rathaus und Stadtkirche St. Aegidien

Fans von Schmalspureisenbahnen kommen bei der **Döllnitzbahn** voll auf ihre Kosten und vermutlich ins Schwärmen. Täglich verkehrt das Bähnle zwischen Oschatz, Mügeln und Glossen durch das reizvolle Döllnitztal und an bestimmten Tagen fährt es sogar unter Dampf. Die Fahrt mit der historischen, „Wilder Robert“ genannten 750-mm-Bahn kann wunderbar mit einer **Rad- oder Wandertour** verbunden werden *(Fahrpläne und weitere Infos www.doellnitzbahn.de).*
Zurück an der B169 setzen wir unsere Fahrt nach **Döbeln** fort, verlassen die Bundesstraße nach Überqueren der **Freiberger Mulde** Richtung B175 und richten uns nach den Hinweisen Zentrum und Parkplatz Steigerplatz [N 51°07'20.3" E 13°06'49.7"; Am Steigerhaus].

(050) Offizieller WOMO-Stellplatz: Döbeln, Sportpark WelWel

GPS: N 51°06'57.1" E 13°07'44.4"; Fichtestraße 10 **Max. WOMOs**: 5
Kontakt: Telefon 03431/625625, www.welwel.de
Ausstattung: Strom, Duschen, Sauna auf Anfrage zu den Öffnungszeiten im WelWel Sport- und Freizeitzentrum, Mini-Golf, Gaststätte.
Beschreibung: Der einfache, gepflasterte Parkplatz liegt am Ortsrand an einem Sportzentrum. Demzufolge ist es tagsüber, in den frühen Abendstunden und bei Veranstaltungen unruhig, in den Nachtstunden ist es jedoch ruhig. Zentrum und Geschäfte sind etwa 1 bis 1,5 Kilometer entfernt.
Preise: €€
Zufahrt: Schräg gegenüber der Zufahrt zum Steigerplatz den Hinweisen zum Landratsamt bzw. später den WOMO-Piktogrammen folgen.

Döbeln

Die im Jahr 981 erstmals erwähnte Stadt gehört zu den ältesten Städten Sachsens. Zwei Arme der Freiberger Mulde umschlingen die 17 Hektar große **Altstadt**, die von restaurierten Bürgerhäusern geprägt ist. In der 1497 zur Hallenkirche umgebauten **Stadtkirche St. Nikolai** finden

Blick vom Rathaus auf die Altstadt und die Stadtkirche St. Nikolai

wir einen spätgotischen Flügelaltar mit 16 großen Figuren und 12 Bildern. Besonders auffallend ist in der ansonsten schmucklosen Kirche die Renaissance-Kanzel, die eine Datierung aus dem Jahr 1599 trägt und durch die Restaurierung nach der Mulde-Flut 2002 in lebendigen Farben erstrahlt. Stilübergreifend wirkt die Eule-Orgel im Bauhausstil aus dem Jahr 1929. Das bronzene Luther-Denkmal im Kirchhof sollte 1942 für Kriegszwecke eingeschmolzen werden und verschwand aus Döbeln. Aber Gottes Wege sind oft unergründlich und so fand es sich durch Zufall nicht nur im Hamburger Hafen Jahre später wieder, sondern auch seinen Weg zurück an den alten Standplatz.

Ganz in der Nähe schauen wir in den kleinen Winkel der **Färberhäuser**, die malerisch unterhalb des Schlossberges und direkt an der Mulde zum ältesten Siedlungsgebiet der Stadt gehören. Weitere Punkte der Stadtgeschichte sind auf den bunten Stiefelspuren des sogenannten stummen **Stadtrundgangs** zu erkunden. Ein Flyer mit passenden Erklärungen ist in der im Rathaus beheimateten **Tourist-Information** erhältlich *(Mo - Fr 9.30 - 12/13 - 17.30 Uhr, Sa 9 - 12 Uhr, Obermarkt 1, Telefon 03431/579160, www.doebeln.de)*. Im großen Sitzungssaal des Rathauses ragt der **Döbelner Riesenstiefel**, das Wahrzeichen Döbelns, mit einer Schafthöhe von fünf Meter in die Höhe (mit heruntergekrempelten Schaft 3,70 Meter). Der Gigant wurde im Jahr 1925 anlässlich des 600-jährigen Jubiläums der Schuhmacherinnung in 750 Arbeitsstunden hergestellt, wiegt 200 Kilogramm und hat eine Sohlenlänge von 1,90 Meter. Hoch oben im Turm des Rathauses befindet sich weiterhin das kleine, aber feine **Stadtmuseum** *(Di 10 - 18 Uhr, Mi/Do bis 16 Uhr, Fr 10 - 12 Uhr, Eintritt)*.

Etwas Besonderes ist die **Döbelner Pferdebahn**, die von 1892 bis 1926 durch die Stadt fuhr und damit die am längsten ihren Dienst versehende Bahn Deutschlands ist. Ihr ist das **Deutsche Pferdebahn-Museum** gewidmet und zu bestimmten Terminen kutschiert die Museumsstraßenbahn auf einem wiederhergestellten Teilstück noch heute durch die Gassen *(Di - Fr 10 - 12/13 - 17 Uhr, Sa 10 - 12.30 Uhr, Eintritt, www.doebelner-pferdebahn.de)*.

Die zentrale Lage Döbelns beschert dem Besucher umfangreiche **Wanderwege** und ein perfekt erschlossenes **Radwandernetz**: Muldental-, Zschopau- und Jahnatal-Radwege kreuzen die Stadt und die Verbindung zum Elberadweg führt durch idyllische Auen.

Auf der B169 geht es kurzzeitig weiter Richtung Hainichen, um in Heyda zur Talsperre Kriebstein abzubiegen.

In **Gebersbach** passieren wir das **Freibad** *(Mai - Sept.)* mit einer Breitwellenwasserrutsche [**051:** N 51°05'07.0" E 13°04'09.0"; Kleine Otzdorfer Straße] und schon kurvt das WOMO mit uns weiter durch eine leicht hügelige, abwechslungsreiche Landschaft und über schmale Straßen. Der Gebersbach begleitet

uns in einen tiefen Taleinschnitt der Zschopau und nach **Waldheim**.Richtung Talsperre und kurz hinter der Alten Feuerwache liegt links der etwas schräge Augustinerplatz mit offiziellen **WOMO-Stellplätzen** [**052:** N 51°04'21.0" E 13°01'40.8"; Gartenstraße].

Waldheim

Dominiert wird das Stadtbild vom **Jugendstil-Rathaus** an der alten Zschopau-Brücke, dessen Turmuhr mit einem fast vier Meter im Durchmesser zählenden und damit zweitgrößten Zifferblatt Deutschlands geziert wird. Weitere Jugendstilhäuser befinden sich auf der anderen Flussseite in der Bahnhof- sowie Härtelstraße und die Waldheimer Friedhofskapelle gehört gar zu den schönsten sakralen Jugendstilgebäuden Deutschlands. In der Nähe des belebten Marktplatzes kann man dem **Sächsischen Strafvollzugsmuseum** freiwillig einen Besuch abstatten und dort nach Voranmeldung seine Zeit verbringen *(www.strafvollzugsmuseum-waldheim.de)*.

Bei der Weiterfahrt müssen wir leider die „Spreu vom Weizen" trennen, denn der direkte und kürzere Weg zur Burg Kriebstein ist Fahrzeugen bis 3,5 Tonnen vorbehalten! Wir sind die Strecke trotzdem abgefahren und haben unterhalb der Burg einen schönen, wenn auch winzigen Parkplatz gefunden [**053:** N 51°02'32.9" E 13°01'07.2"; Am Schlossberg. Während der Ferien und am Wochenende schnell überfüllt. **Hinweis:** Erst in den Abendstunden anfahren oder gleich der nächstgenannte Parkplatz ansteuern!]. Alle anderen Fahrzeuge oder Fahrer, die sich 25 Prozent Steigung und bei Nässe eventuell rutschiges Kopfsteinpflaster nicht zutrauen, sollten unbedingt den 15 Kilometer langen Umweg in Kauf nehmen und kehren zum Waldheimer Kreisel zurück, um sich dort kurzzeitig Richtung Hartha zu halten. Hinter der Brücke geht es links entlang der Zschopau weiter. Wir sehen das Rathaus auf der gegenüberliegenden Flussseite, halten uns kurz rechts, um dann an der abknickenden Vorfahrtsstraße geradeaus nach Reinsdorf zu rollen. Die Mittweidaer Straße verläuft ein Stück parallel zum Wasser und dann nach einem Rechtsknick erst unter einer 31 Meter hohen Stahlkonstruktion und dann unter dem 42 Meter hohen **Heiligenborner Viadukt** hindurch. Zu den gewaltigen

Kunstbauwerken gehört ein weiteres, noch mächtigeres Viadukt. Alle entstanden Mitte des 19. Jahrhunderts und mussten die Seitentäler der Zschopau überspannen, um den Eisenbahnverkehr zwischen Riesa und Chemnitz zu gewährleisten. Die Kurverei scheint kein Ende zu nehmen, wir orientieren uns Richtung Mittweida und schwenken einige Kilometer hinter Schweikershain zur Burg Kriebstein [N 51°02'26.2" E13°00'21.3"; Kriebsteiner Straße].

Direkt an den Parkplatz schließt sich die Zufahrt zum einfachen, terrassenförmig angelegten **Campingplatz Kriebstein** an [**054:** N 51°02'16.0" E 13°00'32.0"; Kriebsteiner Straße, Telefon 0173/5280669, www.kriebsteintalsperre.de, April - Okt., €]. Wie sich das bereits im Mittelalter gehörte, wird die Burg von uns zu Fuß erobert und nach einem etwa 20-minütigen Waldspaziergang erreicht. An dieser Stelle verraten wir, dass man einen der schönsten Blicke auf das über 600 Jahre alte Gemäuer von der anderen Seite der Zschopau hat. Hierzu muss die Fußgängerbrücke unterhalb der Burg überquert werden.

Burg Kriebstein

Fast bedrohlich erhebt sich die mächtige Ritterburg, ein Wahrzeichen des Freistaates Sachsen und oft auch als „**schönste Ritterburg Sachsens**" bezeichnet, auf einem hohem Felsen 45 Meter über der wilden Zschopau.

Die Kombination aus Turm- und Ringburg wird durch einen monumentalen Wohnturm dominiert und die spätmittelalterlichen Erkertürmchen sowie der Dachreiter bestimmen das reizvolle Bild der Kriebstein, die bis auf einige private Wohnbereiche zu besichtigen ist. Alles was zur Vorstellung mittelalterlicher Burgromantik gehört, finden wir hier: Wir schreiten durch die gotische Halle, bestaunen das Schatzgewölbe und erkunden den Rittersaal. Wunderschöne Wandmalereien aus der Gotik und der Renaissance fehlen genauso wenig wie kunstvoll bemalte Holzdecken. Höhepunkte sind das Kriebsteinzimmer und insbesondere die Burgkapelle.

Die komplette Ausmalung gehört zu den vornehmsten und besterhaltenen, spätmittelalterlichen Bildprogrammen im gesamtdeutschen Raum. Sie entstanden Anfang des 15. Jahrhunderts und zeigen die zu jener Zeit ausgeprägte Marienverehrung. Mit der Reformation in Sachsen wurden die katholischen Bildwerke vollständig überstrichen und in den nachfolgenden Jahrhunderten noch mehrmals überformt. Glücklicherweise sind die Wandmalereien im 20. Jahrhundert wiederentdeckt worden und so können wir sie nach umfassenden Restaurierungsarbeiten erneut bewundern.
Dort, wo vor Urzeiten die Menschen im Hungerturm darben mussten, ist nun die empfehlenswerte Burgschänke untergebracht und sorgt für einen kleinen Gaumenkitzel *(Burg: Mai - Okt. Di - So 10 - 17 Uhr, Sa/So/ bis 18 Uhr, Nov. Sa/So 10 - 16 Uhr, Mo außer an Feiertagen Ruhetag, Eintritt, Hunde in den Museumsräumen nicht gestattet, www.burg-kriebstein.eu).*

Wir befinden uns im Mittweidaer Zschopautal und die teils schroffen Felsen, engen Täler und die wilde Flusslandschaft sind perfekt für Erholungssuchende geeignet. Die **Talsperre Kriebstein** wurde im Jahr 1929 mit einer Länge von neun Kilometer fertiggestellt. Vom knapp 20 Kilometer langen, mittelschweren **Talsperrenwanderweg** ist das rege Treiben von

Paddel- und Segelbooten sowie der Fahrgastschiffe zu beobachten. Die Tour kann je nach Kondition auch schon eher durch eine Rückfahrt mit dem Schiff von verschiedenen Anlegestellen an der Wanderroute abgekürzt werden. Zeitweise ist ein Fahrplan-Flyer am vorgenannten großen Parkplatz vor dem Campingplatz Kriebstein ausgelegt. Ansonsten sollte man sich über die Fahrzeiten der Schiffe im Internet schlau machen, da nicht alle Anlegestellen regelmäßig angefahren werden *(www.kriebsteintalsperre.de)*! Ein **Kletterwald** und die Seebühne mit Veranstaltungen von Frühjahr bis Herbst und eine Reihe gastronomischer Betriebe sorgen für zusätzliche Abwechslung. Das unbestrittene Highlight ist jedoch das zur Tradition gewordene **Talsperrenfest** im Juli. Um die Freizeitangebote zu nutzen, empfiehlt sich ein längerer Aufenthalt und den sollte unsere WOMO-Spezies auf den umliegenden Campingplätzen verbringen. Unser Favorit liegt am anderen Ende der Talsperre und so treten wir den Rückweg an, um Mittweida anzusteuern.

(055) WOMO-Campingplatz: Lauenhain, Camping Talgut Lauenhain

GPS: N 51°00'01.0" E 12°59'20.0"; Auenblickstraße **Kontakt:** Telefon 0152/37919460 und 03727/2501, www.kriebsteintalsperre.de
Öffnungszeit: April - Oktober.
Beschreibung: Der einfache Platz mit vielen Dauercampern liegt direkt an der Zschopau. Durchreisende können jedoch sehr schön auf einer großen, schattenlose Wiese am Wasser stehen. Im Fährhaus gibt es einen Bootsverleih, sodass man die Talsperre allein erkunden kann oder man schippert von der Anlagestelle mit dem Fahrgastschiff los. Zahlreiche Wanderrouten verlaufen direkt am Campingplatz und in der **Gaststätte Talgut** kann man gut einkehren *(www.zum-talgut.de)*.
Preise: €.
Zufahrt: Am Ortseingang Richtung Lauenhain abbiegen und den Hinweisen zum Campingplatz etwa 3 Kilometer folgen.

Auf der Wiese am Wasser steht das WOMO ganz vorzüglich und von den Dauercampern bekommen wir nicht viel mit. Stattdessen haben wir die Bötchen-Fahrer direkt vor der Nase und genießen einfach nur die Ruhe im landschaftlich reizvollen Erzgebirgsvorland.
Wir verlassen Mittweida mit seinem 1867 gegründeten Technikum, in dessen Werkstätten und Laboratorien Namen wie Horch, Bahlsen und Opel zu hören waren, und ziehen weiter Richtung Hainichen und später Roßwein entgegen.
Wir durchfahren eine immer hügeliger werdende Landschaft und erreichen Etzdorf.
Links geht es nach **Rosswein** und ein Abstecher zum ausgeschilderten, im etwa fünf Kilometer entfernten Wolfstal gelegenen **Freibad** *(Saison 11 - 20 Uhr, Sa/So ab 9 Uhr)* sollte drin sein **[056:** N 51°04'27.0" E 13°12'41.0"]. Vom Parkplatz sind es nur 200 Meter bis zum **Kamelienhaus**. Im Gewächshaus gedeiht die über 200 Jahre alte Kamelie „Alba plena“, die zweitälteste nördlich der Alpen in Europa *(Jan. - März jeweils Sa/So 11 - 16 Uhr)*.
Begeisterte Wanderer folgen uns in Etzdorf hingegen nach Berbersdorf und in die **Striegistäler**. Im Herzen Sachsens stehen verschieden lange, abwechslungsreiche **Wandertouren** durch die landschaftlich reizvollen Flusstäler der Kleinen und Großen Striegis sowie des Berbersdorfer Baches zur Auswahl *(www.striegistal.de)*. Erwähnenswert ist, dass die naturbelassenen Wanderwege im Landschaftsschutzgebiet **nicht für Fahrradfahrer geeignet** sind.

(057) WOMO-Wanderparkplatz: Etzdorf, Windräder

GPS: N 51°02'18.0" E 13°18'33.5" **Max. WOMOs**: 2
Beschreibung: Der einfache, gepflasterte Parkplatz befindet sich außer-

orts nahe der Straße. Er ist teils schattig und von einer Bank unter Kirschbäumen bietet sich eine Aussicht auf die umliegenden Felder. Zu Fuß oder per Rad ist der Aussichtturm Böhringen nach etwa 1 Kilometer erreicht.
Zufahrt: Etwa 1,5 Kilometer hinter dem Abzweig nach Berbersdorf liegt der ausgeschilderte Wanderparkplatz auf der rechten Straßenseite.
Hinweis: Der Parkplatz ist nur etwas für WOMOs bis etwa 7 Meter Länge. Gegebenenfalls Geräuschbelästigung von den nahen Windrädern.

(058) WOMO-Wanderparkplatz: Berbersdorf, P4

GPS: N 51°00'21.3" E 13°09'37.1"; Talstraße **Max. WOMOs**: 2

Ausstattung: Infotafel, Tisch und Bänke.
Beschreibung: Der einfache, gepflasterte, meist schattige Parkplatz befindet sich am Ortsrand nahe der Striegis. Die **Ausflugsgaststätte Waldhaus Kalkbrüche** ist ausgeschildert und nach etwa 15 Minuten Fußweg zu erreichen *(Mo/Do/Fr 12 - 20 Uhr, Sa/So 11 - 20 Uhr).*
Zufahrt: Vom vorgenannten Parkplatz der Straße folgen, später Richtung Kaltofen abbiegen und nach Berbersdorf fahren. Der Parkplatz ist im Ort ausgeschildert.
Hinweis: Der Parkplatz ist nur etwas für WOMOs bis etwa 7 Meter Länge und bei Vollbelegung durch Pkw wird es eng. Gegebenenfalls Geräusche durch die Straße.

WOMO-Wandertipp: Rundwanderweg Entenschnabel

Mittelschwere Wanderung von rund 5 Kilometer Länge. Sollte die Striegis Hochwasser führen, ist von der Wanderung dringend abzuraten! Auch wenn die Länge nicht anstrengend klingt, sollte man sich nicht auf einen Sonntagsspaziergang einstellen und auf jeden Fall trittsicher sein. Der mit gelben Kreis auf weißem Grund gut markierte Wanderweg lässt uns ein wildromantische Stück Natur erleben, bei dem wir mit viel Glück vielleicht auch Familie Biber zu Gesicht bekommen werden.
Doch zunächst schauen wir auf der Wanderkarte auf die Flussschleife, die die Striegis um einen Felsen zieht und die mit sehr viel Fantasie als langer Schnabel einer Ente zu erkennen ist.

Vom Wanderparkplatz gehen wir flussaufwärts und auf teilweise sehr schmalem Weg am Ufer der Striegis entlang. Die nahe Autobahn lässt sich durch die monotonen Motorengeräusche erahnen, bald sehen wir die das Tal überspannende Brücke und dann geht es bergauf zum Aussichtspunkt Entenschnabel. Unter uns rauscht die Striegis und auf der A4 sind die Fahrzeug zum Greifen nah. Positiv und mit viel Wohlwollen betrachtet, könnte man hier von einer Symbiose aus Natur und Ingenieurskunst sprechen. Bald sind wir wieder im Tal und erreichen durch den Mischwald an einem Rastplatz auch den Wendepunkt unserer Wanderung. Wir überqueren das Flüsschen und streben Berbersdorf entgegen. Nachdem wir die Autobahnbrücke endgültig hinter uns gelassen haben, erspähen wir den Biberdamm.

Nachdem die Nagetiere fast ausgestorben waren, haben sie sich durch strengen Artenschutz seit einigen Jahren wieder im Striegistal angesiedelt und an vielen Stellen sind Spuren ihres Tatendrangs in Form von „gefällten" Bäumen zu sehen. Das Tal hat sich zum Abschluss unserer Tour geweitet und schon bald sind wir am Ausgangspunkt zurück.

Von Etzdorf führt die Straße nach diesem erfreulichen Abstecher bergauf sowie bergab nach **Nossen** und auf den Hof des ehemaligen Klosters [N 51°03'36.5" E13°16'29.3"; Zellaer Straße].

Kloster Altzella

Im Jahr 1162 stiftete Markgraf Otto von Meißen aus dem Haus Wettin den Zisterziensern das Land und beauftragte den Orden mit dem Aufbau eines Klosters. Noch heute ist das bauliche Können der Zisterzienser zu erkennen und 1175, als das klösterliche Leben begann, zog das einfache und karge Leben im Zeichen des reinen Glaubens in die Mauern ein. Altzella, damals „Cella Sanctae Mariae", entwickelte sich zu einem der bedeutendsten Klöster in Mitteldeutschland und die wissenschaftliche Bibliothek umfasste etwa 960 Bände, die in mühevoller Handarbeit hergestellt wurden. Die wirtschaftliche Prägung der Region durch das Kloster wurde durch eigene Wirtschaftshöfe, die sich bis in das Gebiet Böhmens erstreckten, vorangetrieben und stärkte die Autarkie der Zisterzienser. Im Laufe der Reformation in Sachsen wurde das Kloster 1540 aufgelöst.

Romanisches Eingangstor zum Kloster

Über die Zisterzienser, deren Ordensgeschichte und Architektur sowie den Sachsenspiegel, das bedeutendste Dokument der Rechtsgeschichte der Region, wird heute in einer Ausstellung umfassend informiert. Ein anschließender Spaziergang durch den weitläufigen Park mit altem Buchenbestand und den Ruinen des Schüttgebäudes, des Sommerrefektoriums und des tief im Boden eingelassenen alten Weinkellers rundet einen gelungenen Besuch der Anlage ab.

Romantik prägt den kleinen Landschaftspark, der um 1800 entstanden ist und in dem unter anderen Caspar David Friedrich Motive für seine Werke fand. Das weiße **Mausoleum** aus dem Jahr 1787 scheint im ersten Moment gar nicht so recht her zu passen. Bereits Markgraf Otto bestimmte Altzella als Grablege des Hauses Wettin. Knapp 500 Jahre später ließ Kurfürst Johann Georg II Grabungen nach seinen Vorfahren durchführen und begann mit dem Bau einer Gedächtniskapelle, die weitere 100 Jahre später im klassizistischen Stil fertiggestellt wurde *(Mai - Anfang Nov. Di - Fr 10 - 17 Uhr, Sa/So/Feiertage 10 - 18 Uhr, Eintritt, www.kloster-altzella.de)*.

Im Stadtzentrum thront das nächste Besichtigungsobjekt majestätisch auf einem Felsvorsprung über der Freiberger Mulde. Das WOMO bleibt am besten am folgenden Parkplatz und man legt die 500 Meter bis zum Renaissanceschloss zu Fuß zurück [N 51°03'22.5" E13°17'44.3"; Grüner Weg].

Das fast 850 Jahre alte **Schloss Nossen** diente in seiner wechselvollen Geschichte als Ritterburg, Jagdschloss, Bischofs- und Amtssitz. Zum Entdecken laden Keller, Gewölbe und ein schauriges Verlies ein, zum Staunen eine historische Bibliothek und zum Hinschauen stimmungsvolle impressionistische Landschaftsmalereien. Wir kraxeln treppauf, treppab und sind erstaunt, wie abwechslungsreich sich dieses weitere Schloss auf unserer Reise präsentiert *(Anfang Mai - Anfang Nov.* ***Di - Fr 10 - 17 Uhr, Sa/So/Feiertage 10 - 18 Uhr, Eintritt,*** *www.schloss-nossen.de).*

Bei der Weiterfahrt ins Tal ist die Größe des Schlosses erst in vollem Umfang zu ermessen und bei der Rückfahrt vom nächsten Parkplatz zeigt es sich dann in seiner ganzen Pracht.

(059) WOMO-Wanderparkplatz: Nossen, Bergbauwanderweg

GPS: N 51°03'06.1" E 13°18'38.5"; Eichholzgasse **Max. WOMOs**: 2
Beschreibung: Der einfache, geschotterte, schattenlose Parkplatz liegt außerorts nahe der Mulde. In der Nähe befindet sich ein Sport- und Skaterpark, der jedoch kaum störend wirkt. Morgens treffen sich hier Spaziergänger mit ihren Hunden und Wanderer können zum Beispiel auf dem Bergbauwanderweg die Gegend erkunden.
Zufahrt: Vor der Muldebrücke rechts in die Eichholzgasse abbiegen, und etwa 900 Metern bis zum Parkplatz vor der Fußgängerbrücke über die Mulde fahren
Hinweis: Im Herbst 2020 glich der Parkplatz eher einem Bauhof, doch wir nehmen an, dass die Baustelle nur vorübergehend sein wird.

Die B101 lässt uns die Fahrt ins etwa 20 Kilometer entfernte **Meißen** schnell überwinden und mit Rückenwind rollen wir hinab ins Elbtal.
Auf der rechtselbischen Seite der Stadt möchten wir den offiziellen WOMO-Stellplatz am **Erlebnisbad Wellenspiel** nicht unerwähnt lassen, bevor wir linkselbisch zur Stadterkundung aufbrechen

[**060:** N 51°10'31.1" E 13°29'55.1"; Berghausstraße, Anmeldung im Schwimmbad11 - 14/17 - 19 Uhr, April - Okt., Preis €€ inklusiv Strom/Entsorgung, ÖPNV-Anschluss].

(061) Offizieller WOMO-Stellplatz: Meißen, Parkplatz Zentrum

GPS: N 51°09'49.4" E 13°28'30.4" Hochuferstraße **Max. WOMOs**: 10
Beschreibung: Der einfache, schräge, gepflasterte Parkplatz liegt unterhalb der Albrechtsburg direkt an der Elbe. Die Altstadt mit Geschäften, Bäcker und Restaurants ist fußläufig erreichbar. Hier befindet sich der Schiffsanleger und auf dem Elberadweg lässt sich prima die Gegend erkunden. Wir meinen, dass sich der Parkplatz am besten für eine Stadtbesichtigung und einen Aufenthalt am Abend in der Stadt eignet.
Preis: €/Tag, €€/Nacht.
Zufahrt: Im Ort den Hinweisen zum Parkplatz Zentrum an der B6 folgen. Die ausgewiesenen WOMO-Stellplätze befinden sich am Ende des Parkplatzes.
Hinweis: Durch die nahe Straße kann es zu Geräuschbelästigungen kommen.

Meißen

Die Stadt ist untrennbar mit dem gleichnamigen Porzellan verbunden und so beginnen wir unseren Aufenthalt an der Elbe mit dem Besuch der **Porzellan-Manufaktur Meissen** [N 51°09'18.4" E13°27'45.9"; Talstraße]. Schräg gegenüber dem gebührenpflichtigen Parkplatz sehen wir die Büste von Johann Friedrich Böttger. Der Alchemist „patzte" bei der Goldherstellung für August den Starken und sorgte stattdessen dafür, dass die Entwicklung des „Weißen Goldes" aus Sachsen vorankam und einen Siegeszug um die Welt antrat. Wir sind zwei von 280.000 Besuchern im Jahr, die sich von einer Reise durch 300 Jahre Porzellangeschichte im **Museum** verzaubern lassen.
Bei einem Rundgang durch die **Schauwerkstätten** lernen wir die Ge-

schichte der Manufaktur kennen und erleben, wie Meissener Porzellan in Handarbeit entsteht. Da werden Tassen gedreht, Figurteile ausgeformt sowie zusammengefügt und wir dürfen bei der nuancenreichen Unter- und Aufglasurmalerei zusehen. Mit Voranmeldung und gegen Gebühr kann man sogar an einem Kreativ-**Workshop** teilnehmen. Das Mitbringsel für die Daheimgebliebenen kann in der angrenzenden **Boutique** schnell mal ein paar Hundert Euro kosten, sodass wir lediglich ein weißes Engelköpfchen für „kleines Geld" erstehen. Zum Abschluss lassen wir uns im **Café-Restaurant** die sächsischen Spezialitäten auf feinem Meissener Porzellan kredenzen *(täglich 9 - 17 Uhr, 31.12/1.1 10 - 16 Uhr, Weihnachten geschlossen, Führungen möglich Eintritt, Kombi-Tickets mit Dom und Albrechtsburg möglich. www.erlebniswelt-meissen.com)*.

Für die weitere Stadterkundung bietet sich der **City-Bus** der Meißner Verkehrsgesellschaft an. Der Kleinbus befördert uns zu allen anderen Sehenswürdigkeiten und während der Fahrt wird das Stadtbild zudem kurz erklärt. Unterwegs kann man beliebig oft unterbrechen und den Highlights der Stadt intensiver auf den Grund gehen *(Mai - Anfang Nov. ab ca. 10 Uhr alle halbe Stunde bis etwa 17.30 Uhr, Gebühr, www.vg-meissen.de)*. Zur Überwindung der 65 Höhenmeter zum Burgberg lässt sich alternativ für Fußgänger der **Panorama-Aufzug** nennen, der von der Meisastraße bequem zur Albrechtsburg sowie zum Dom emporfährt.

Nachdem wir das WOMO auf dem Parkplatz Zentrum geparkt haben, sehen wir uns dort um, wo das Porzellan anfangs hergestellt wurde – in der **Albrechtsburg**. Bereits im Jahr 929 herrschte König Heinrich I. in einer hölzernen Wehranlage auf dem Burgberg, später regierten von hier die Meissener Markgrafen ihr Land, die die Burg allerdings mit Burggraf und Bischof teilen mussten. Zwischen 1471 und 1524 wurde Werkmeister Arnold von Westfalen mit dem Bau eines neuen Schlosses beauftragt. Er schuf ein Schloss, das europäische Maßstäbe setzte: in Raumstruktur, Statik, Gewölbebau, Fenstergestaltung und Treppenanlage. Die Dauerausstellungen im Schloss beschäftigen sich eingehend mit

Marktplatz

dessen faszinierender Geschichte sowie den Bewohnern und das **HistoPad**, ein interaktiver Tablet-Guide, verführt die Besucher zu einer Zeitreise zurück ins 15. Jahrhundert. Räumlichkeiten scheinen lebendig zu werden und Exponate, Wandbilder als auch Architektur werden auf anregende Weise begreifbar *(Mai - Okt. 10 - 18 Uhr, Nov. - Feb. 10 - 17 Uhr, Weihnachten und einige Tage im Jan. geschlossen, Eintritt, Kombi-Tickets mit Dom und Manufaktur möglich. www.albrechtsburg-meissen.de)*.

Direkt neben dem Residenzschloss liegt der **Dom**, dessen Hallenraum ein Beispiel hochgotischer Baukunst ist und der sein mittelalterliches Flair bis in die Turmspitzen fast vollständig bewahrt hat. Bei einer **Domführung** wird die seit acht Jahrhunderten andauernde Baugeschichte deutlich und die nicht minder interessante **Turmführung** geht mächtig in die Beine *(9 - 17 Uhr, Weihnachten geschlossen, Eintritt, Führungen möglich, www.dom-zu-meissen.de)*.

Über Treppen und Gässchen lässt sich die **Altstadt** wunderbar erkunden und man sollte sich für diesen Spaziergang viel Zeit nehmen. Erst dann findet man die wirklich hübschen Stellen! Zwischendurch eine Tasse Kaffee zu feine Macarons im **Café Zieger** und der Hinweis, dass die Konditorei als Alleinhersteller der **Meißner Fummel** gilt. Hierbei handelt es sich um zerbrechliche, dünnteigige Hohlkörper, die bereits im 18. Jahrhundert die Achtsamkeit der Postreiter beim Transport empfindlicher Waren unter Beweis stellen sollten. Der Fummel sieht weder besonders gut aus, noch schmeckt er besonders, aber unser Ehrgeiz, ihn unversehrt nach Hause zu bringen wurde belohnt *(Di - Fr 10 - 18 Uhr, Sa ab9 Uhr, So/Feiertage 11 - 18 Uhr, Rote Stufen 5)*!

Der Blick wandert weiter über verwinkelte Dächer sowie in romantische Hinterhöfe und irgendwann landen wir auf dem Marktplatz, an dem die **Tourist-Information** zu finden ist. *(April - Okt. Mo - Fr 10 - 18 Uhr, Sa/So/Feiertage 10 - 15 Uhr, Nov. - März Di/Do/Fr 10 - 17 Uhr, Mo/Mi/Sa 10 - 15 Uhr, Telefon 03521/41940, www.touristinfo-meissen.de)*.

Am Abend nehmen wir uns Zeit für die Einkehr in einem 1523 erbauten Zunfthaus in der Nähe des Marktes und kehren im **Historischen Restaurant Vincenz Richter** mit frischer sächsischer Küche und Weinen vom eigenen Weingut ein *(Di - Sa 11 - 22 Uhr, So 11 - 16 Uhr, An der Frauenkirche 12, Telefon 03521/453285, www.vincenz-richter.de)*. Um dem sächsischen Wein auf den Geschmack zu kommen, bietet sich aber auch der Besuch im **Weinladen** am Heinrichsplatz an. Hier werden Weine verschiedener Winzer zum Probieren angeboten und für die richtige Grundlage sorgen kleine Speisen *(Mo - Do 10.30 - 20 Uhr, Fr/Sa 14 - 22 Uhr, So/Feiertage 13 - 20 Uhr, Telefon 0172/3750933 Elbstraße 11, www.vinothek-meissen.de)*.

Mehr über die sächsischen Weine ist in der **Weinerlebniswelt der Winzergenossenschaft Meissen** auf der anderen Seite der Elbe zu erfahren und natürlich kann man hier nach einer Verkostung einige Flaschen der erworbenen Lieblingströpfchen im WOMO nach Hause transportieren *(Mo - Fr 11 - 18 Uhr, Sa 11 - 16 Uhr, Bennoweg, www.winzer-meissen.de. Der Parkplatz und die Zufahrt sind recht beengt!)*.

Wir wenden uns nun dem westlichsten Teil der Sächsischen Weinstraße zu und sollten einige Worte über den hier angebauten Wein verlieren.

Sächsischer Wein

Bei diesen Worten werden wir immer noch von Freunden etwas ratlos angeschaut – doch nachdem wir dann gemeinsam einen dieser edlen Tropfen probiert haben und die Überraschung ob der guten Qualität nachgelassen hat, gibt es meist neue Liebhaber des nur 447 Hektar großen deutschen Weinanbaugebietes!

Die **Sächsische Weinstraße**, der wir immer mal wieder folgen, erstreckt sich auf 55 Kilometer Länge zwischen Pirna und Diesbar-Seußlitz entlang der Elbe an steilen Hängen mit unterschiedlichen Böden. Die Reben nördlich des 51. Breitengrades werden wie kostbare Schätze von den Winzern gehegt und die wärmenden Sonnenstrahlen und die Löß-, Sand- und Verwitterungsböden im Elbtal lassen Weine mit besonders fruchtiger Note reifen. In den Bereichen Meißen und Elstertal sorgen 3.400 Winzer, meist Kleinwinzer, für die Pflege der Reben und es gedeihen vor allem Müller-Thurgau, Riesling und Weißburgunder. Insgesamt bringen die Böden 48 verschiedene Rebsorten hervor, so auch Grauburgunder, Traminer, Spätburgunder und Dornfelder. Die Symbiose zwischen hervorragendem Weingeschmack, Flusslandschaft, Kunst und Kultur ergibt eine Mischung, die für uns die sächsischen Weine so besonders macht.

Der **Elberadweg**, der fast parallel zur Sächsischen Weinstraße verläuft, der 92 Kilometer lange **Weinwanderweg** oder die **Sächsische Dampfschifffahrt** führen radelnd, wandernd oder schippernd an die schönsten Weinorte und zu der Verkostung der Weine. In den unterschiedlichsten Winzerbetrieben und kleinen Straußwirtschaften kann man anklopfen und wird hereingebeten, um nicht nur zum **Tag des offenen Weingutes** oder anlässlich **verschiedener Weinfeste** Weinberge und Keller kennenzulernen *(www.dresden-elbland.de)*.

Weinsicht 2016 - Proschwitzer Blick

Die B101 bringt uns Richtung Großenhain über die Elbe, doch schon bald biegen wir Richtung Riesa ab und folgen dem Hinweis **Schloss Proschwitz**. Vorbei am Schloss erreichen wir am Ende der Straße einen kleinen Parkplatz an den Weinbergterrassen [**062:** N 51°10'35.8" E 13°28'32.5"; Proschwitzer Straße]. Im Jahr 2016 stellte das Deutsche Weininstitut fest, dass es von hier die schönste Weinsicht, also einen besonders spektakulären Blick über die Weinlandschaft gibt. Stimmt, möchten wir ausrufen und sind schon wieder in Aussicht vertieft.

Schon im Vorbeifahren fiel uns mitten in Sachsen die Lippische Rose am Eingangstor des barocken Ensembles auf. Das Schloss und das dazugehörende Weingut gehören der Familie des Prinzen zur Lippe, der es zu einem der größten und führenden Weingüter in Sachsen machte. Kulturelle Veranstaltungen hauchen dem Schloss Leben ein und direkt am Weinberg wartet während der Zeit der Weinlese ein Weinberghäuschen mit Verkostung und Verkauf. Wem der Spaziergang durch den Schlosspark nicht reicht, kann von hier aus alternativ durch den Weinberg über die Katzenstufen steil hinab ins Elbtal steigen und von dort nach Meißen gehen.

Bei der Weiterfahrt über Diera gelangen wir nach **Zadel** und notieren an der Sporthalle und nahe der Grundschule am westlichen Ortsrand einen einfachen, gepflasterten Parkplatz [**063:** N 51°11'57.2" E 13°25'35.4"].

Von hier kurven wir wieder hinab an die Elbe und erreichen in **Kleinzadel** und an der **Sächsischen Weinstraße** einen ausgewiesenen **WOMO-Stellplatz** auf einer Wiese an der

Gastwirtschaft Zum Zuessenhaus [**064:** N 51°11'44.2" E 13°25'10.1"; Elbstraße 10, Telefon 03521/406159, www.zuessenhaus.de, Do - Mo ab 11 Uhr, Gebühr €]. Einen Blick aufs Wasser erhaschen wir von hier nicht, aber bei der Weiterfahrt schlägt der Fluss einen engen Bogen und wir fahren durch das Elbtal mit grünen Wiesen, sanften, bewaldeten Hügeln und schimmerndem Granit. Weinberge sowie Obstgärten schmiegen sich an die Hänge und kleine Dörfchen mit bunten Häusern runden das malerische Bild ab.

Im Elbweindorf Nieschütz zieht es uns mit 12% Steigung und in Kurven nach **Löbsal** einmal mehr den Berg hinauf.

(065) WOMO-Wanderparkplatz: Löbsal, Sandweg

GPS: N 51°13'30.9" E 13°26'15.6" **Max. WOMOs**: 2
Ausstattung: Bänke, Spielplatz, Müllbehälter.

Beschreibung: Der einfache, geschotterte und teils schattige Parkplatz liegt außerhalb des Ortes nahe dem **Landgasthaus Jägerheim** mit schönem Biergarten *(März - Ende Okt. Mo - Mi ab 17 Uhr, Do - So ab 11.30 Uhr, Telefon 035267/50758, www.jaegerheim-loebsal.de)*. Der Parkplatz bietet sich als Ausgangspunkt für Rad- sowie Wandertouren an und auf dem 4,5 Kilometer langen **Löbsaler Rundweg** kann man sich kurz den Wind um die Nase wehen lassen. Direkt vom Parkplatz verkehrt der ÖPNV regelmäßig zum Meißener Busbahnhof
Zufahrt: Am Landgasthaus vorbei und an der abknickenden Vorfahrtsstraße rechts bis zum Parkplatz fahren.

Zurück am Wasser steht nun **Diesbar-Seußlitz** auf dem Plan. Bald ist der Hauptort der Elbweindörfer und gleichzeitig im nördlichsten Anbauort des sächsischen Weinanbaugebietes auch der angeblich wärmste Ort Ostdeutschlands erreicht.

(066) Offizieller WOMO-Stellplatz: Diesbar-Seußlitz, „An der Weinstraße“

GPS: N 51°14'27.8" E 13°24'53.0"
Max. WOMOs: 6
Ausstattung: Strom, WC, Müllbehälter.
Beschreibung: Die auf dem einfachen, gepflasterten, ausgewiesenen Stellplätze auf einem Großparkplatz liegen am Ortsrand an den Elbwiesen und bieten kaum Schatten. Von hier verkehrt der ÖPNV regelmäßig nach Meißen und nach wenigen Gehminuten ist man an der Elbe und am Fähranleger. Hier lohnt sich besonders mit Kindern die Überfahrt zum **Elbepark Hebelei**, einem Park mit vom Aussterben bedrohten Haustierrassen *(9 - 18 Uhr, Nov. - März bis Einbruch der Dunkelheit, Eintritt, www.tierpark-hebelei.de)*. Wer sich auf dem Elberadeweg ausgiebig abgestrampelt hat, findet in der **Trattoria am Schloss** *(Mo Ruhetag)* und im **Landgasthof Zum Ross** im Nachbarort Nünchritz

(Mo Ruhetag) empfehlenswerte Möglichkeiten, um die verbrauchten Kalorien wieder aufzufüllen.
Preise: €
Zufahrt: Am Ortsausgang links zum Großparkplatz.

Diesbar-Seußlitz

Der Weg zum **Barockschloss,** in dessen Seitengebäude die **Tourist-Information** *(Mo geschlossen)* untergebracht ist, ist nicht weit

und der schönen **Barockkirche** links hinter dem Schloss sollte unbedingt ein Besuch abgestattet werden *(April - Okt. 10 - 17 Uhr)*. Vom Schlosspark haben wir einen Blick auf das hübsche **barocke Gartenhaus**, während hinter dem Park das **Naturschutzgebiet Seußlitzer Grund** mit einem **Geschichts- und Weinlernpfad** beginnt.
Das Örtchen bietet ansonsten alles, was man in einem Weindorf erwartet: Besenwirtschaften, Weingüter, Weinbergs- und Kellerführungen und Anfang Oktober das **Federweißerfest** mit der Wahl einer Weinkönigin, Weinverkostung und anderen Veranstaltungen. Der Ort eignet sich auch für ausgedehnte Touren auf dem **Elberadweg**. An dieser Stelle geben wir gerne einen **Lesertipp** weiter, denn wir sind die folgenden Strecken nicht selbst abgeradelt. Die rechtselbische Seite soll wegen der schönen Aussicht bis über Meißen hinaus und die linkselbische Seite aufgrund der besseren Wegstrecke nach Riesa zu empfehlen sein. Elbfähren stellen den jeweiligen Seitenwechsel sicher und nach dieser vergnüglichen Hin- und Rückfahrt hat man anschließend etwa 30 Kilometer auf der Uhr.

Über Merschwitz nähern wir uns **Großenhain**, steuern auf der B101 das ausgeschilderte **Naherholungsgebiet** mit einem unspektakulären Parkplatz am Stadtpark an [**067:** N 51°17'15.2" E 13°31'05.0"; Parkstraße]. Nahe des Stadtzentrums und in der Röderaue liegt unmittelbar neben dem ausgeschilderten **Natur-Erlebnis-Bad** der offizielle **WOMO-Stellplatz** [**068:** N 51°17'25.0" E 13°32'09.2"; Carl-Maria-v.-Weber-Allee, V/E, Strom, Mai - Okt., Preis €].

Großenhain

Am Kreuzungspunkt der **Via Regia** und der Sächsischen Salzstraße entwickelte sich die Stadt als Fernhandels- und Tuchmacherzentrum. Die Via Regia, auch Hohe Straße genannt, war eine der bedeutendsten mittelalterlichen Handelsstraßen, auf der sowohl Händler, Krieger als auch Pilger unter dem Schutz der Könige reisten. Der mittelalterliche Stadtkern ist bis heute erhalten und die spätbarocke **Marienkirche** (Foto rechts) einen Besuch wert. Im nahen **Museum Alte Lateinschule** wird die Neugier an der wechselvollen Geschichte der Stadt gestillt *(Di - Fr 9.30 - 16 Uhr, So 14 - 18 Uhr)*. Der oben genannte Stellplatz am Natur-Erlebnis-Bad liegt zentral im Gartenschaupark, sodass der Einstieg in das **Rad- und Wanderwegenetz** gegeben ist und Ausflüge in die mit Feldern bedeckte Ebene mit Seen und Teichen versprechen Abwechslung.

Nicht versäumen sollte man den Besuch des etwa neun Kilometer nördlich Richtung Elsterwerda gelegenen **Barockgartens Zabeltitz mit Palais und Schloss** (Foto unten), der zu den größten und bedeutendsten Parkanlagen nach französischem Vorbild in Sachsen gehört [P1: N 51°21'13.1" E 13°29'58.5" oder P2: N 51°21'21.5" E 13°29'38.2"]. Der Garten ist ganzjährig geöffnet, während Palais und Schloss nur nach Voranmeldung bei der **Tourist-Information** besichtigt werden können *(Mo - Fr 9 - 12 Uhr, Di 13.30 - 18 Uhr, Do 13.30 - 16 Uhr, 1. Sa im Monat 9 - 12 Uhr, Hauptmarkt 1, Telefon 03522/3040, www.grossenhain.de)*.

Schön ist es aber auch auf dem 159 Meter hohen Hausberg Großenhains, dem **Kupferberg**. Auf der südöstlich der Stadt gelegenen Erhebung befindet sich die **Gaststätte Kupferberg** und verschiedene Wanderwege und ein Fitness-Pfad durchziehen das Gelände [N 51°16'51.5" E 13°32'36.1"; Kupferbergstraße]. Zu erreichen von der B101 Richtung Dresden].

Schloss Zabeltitz

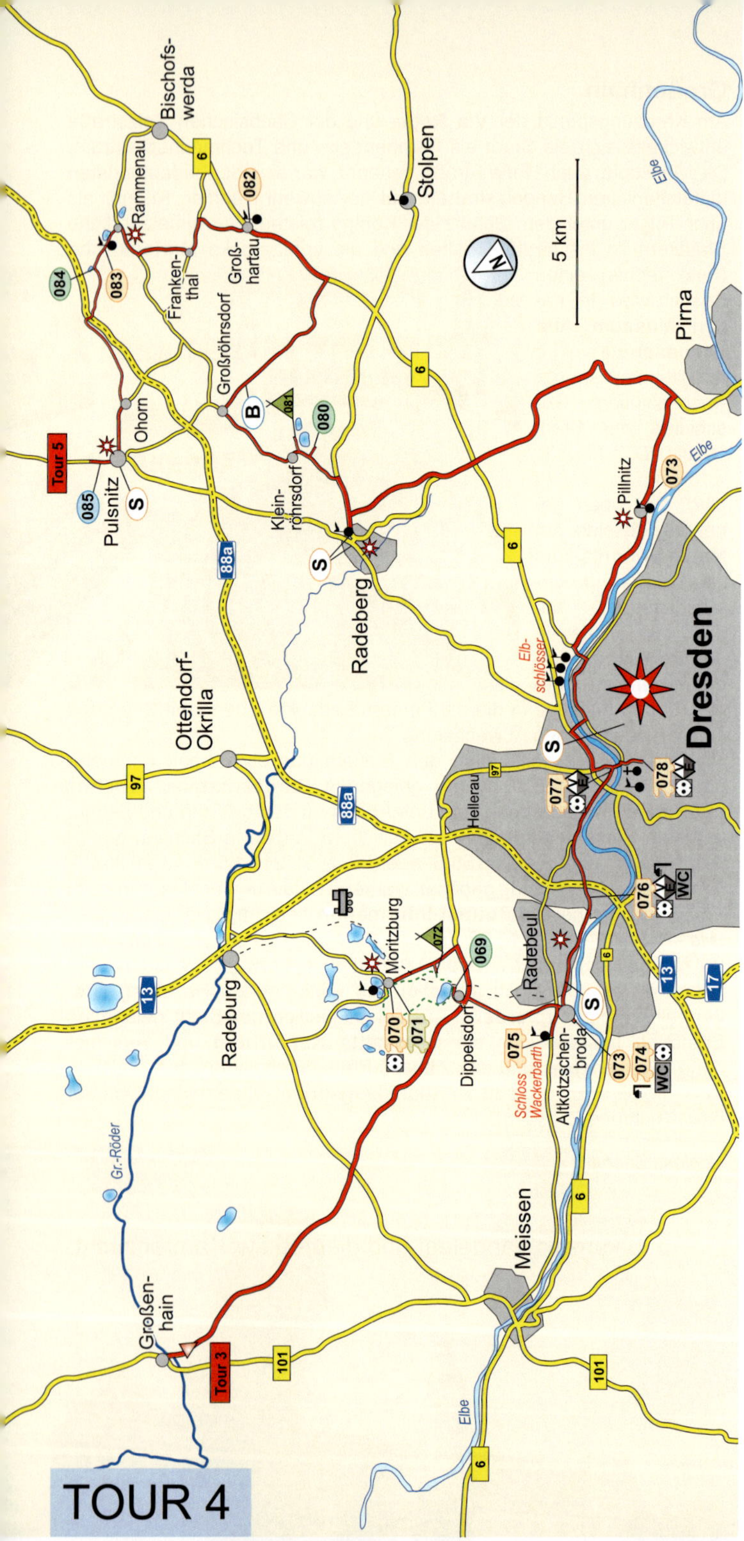
Bischofs-werda
Rammenau
Frankenthal
Groß-hartau
Stolpen
Großröhrsdorf
Ohorn
Pulsnitz
Tour 5
Klein-röhrsdorf
Radeberg
Ottendorf-Okrilla
Pirna
Pillnitz
Elbe
Elb-schlösser
Dresden
Hellerau
Moritzburg
Radebeul
Radeburg
Dippelsdorf
Altkötzschen-broda
Schloss Wackerbarth
Meissen
Gr.-Röder
Großen-hain
Tour 3
5 km
N
6
88a
97
13
17
101
082
083
084
085
081
080
073
078
077
076
075
074
072
071
070
069
B
S
E
WC

TOUR 4

Tour 4 150 km

Moritzburg – Radebeul – Dresden – Pillnitz – Rammenau Pulsnitz

Stellplätze:	Dippelsdorf, Moritzburg, Altkötzschenbroda, Radebeul, Dresden, Radeberg, Kleinröhrsdorf, Großhartau, Rammenau, Pulsnitz.
Campingplätze:	Moritzburg Bad Sonnenland, Kleinröhrsdorf Lux Oase.
Besichtigen:	Moritzburg Schloss und Park, Landgestüt, Käthe-Kollwitz-Haus; Radebeul Karl-May-Museum, Dresden Barockviertel, diverse Museen, Festung Xperience, Frauenkirche, Panometer, Molkerei Pfund, Stadtteil Hellerau; Pillnitz Schloss und Park; Radeberg Schloss Klippenstein, Brauerei; Rammenau Schloss und Park, Pulsnitz Blaudruckerei.
Wandern	Dippelsdorf, Rammenau.
Baden:	Dippelsdorf, Kleinröhrsdorf, Großröhrsdorf, Pulsnitz.
Essen:	Moritzburg Adams Gasthof; Radebeul Schloss Wackerbarth Gasthaus; Dresden Palais Bistro, Paulaner im Taschenbergpalais, Café-Restaurant Molkerei Pfund; Pillnitz Backwirtschaft Wippler; Rammenau Schlossrestaurant; Pulsnitz Pfefferküchlerei Karl Handrick.

Gerade haben wir in Radebeul noch den Geschichten von Karl May gelauscht, um uns wenig später bereits von der Lebensfreude auf Straßen und Plätzen vor barocker Kulisse in Dresden bezaubern zu lassen. Bevor uns zum Abschluss dieser Tour Sachsens schönste Landbarockanlage in Rammenau die Pforte zur Westlausitz öffnet, schauen wir den Blaudruckern und Pfefferküchlern in Pulsnitz über die Schulter.

Wir befinden uns auf der Straße von Großenhain Richtung Dresden und erreichen das **Landschaftsschutzgebiet Friedewald und Moritzburger Teichgebiet**. Im „umfriedeten", fast völlig ummauerten Wald wurde das Wild zur Jagd zusammengehalten. Die Teiche, ursprünglich waren es 40, wurden um das Jahr 1500 künstlich angelegt und dienten zur Karpfenzucht. Der Dippelsdorfer Teich bietet sich für uns in dreifacher Hinsicht als Anlaufpunkt an. Erstens starten wir von hier zu einer Wanderung, zweitens liegt er strategisch gut, um mit der **Lößnitzgrundbahn** nach Moritzburg oder Radebeul zu fahren und drittens ist die Übernachtung inbegriffen.

(069) WOMO-Wanderparkplatz: Dippelsdorf, Bahnhof Lößnitzgrundbahn

GPS: N 51°08'23.5" E 13°39'51.2" Großenhainer Straße **Max. WOMOs**: 2 - 3

Ausstattung: Tisch und Bank, Müllbehälter.
Beschreibung: Der einfache, geschotterte, fast schattenlose Parkplatz liegt am Ortsrand und direkt am Bahnhof der Lößnitzgrundbahn, sodass tagsüber und insbesondere zu den Fahrzeiten der mit Unruhe zu rechnen ist. Er ist ein guter Ausgangspunkt für Wander- und Radtouren.
Zufahrt: Von der Landstraße aus rechts Richtung Friedewald, dann sofort links Richtung Gewerbegebiet sowie über die Brücke geradeaus und im Ort Richtung Reichenberg fahren. Der Parkplatz liegt links vor den Bahngleisen.

WOMO-Wandertipp: Einmal Moritzburg und zurück

Leichte, abwechslungsreiche Wanderung von etwa 12 Kilometer Länge. Vom Parkplatz links über die Schienen und dann schwenken wir schon vor einem kleinen Teich nach links, um über den Weg „Am Jämmchen" den Campingplatz Bad Sonnenland zu erreichen. Hinter der Anlage wenden wir uns links erst durch den Wald und später durch die Felder bis zu einem Rastplatz am Dippelsdorfer See. An der nächsten Wegkreuzung

wandern wir rechts und erreichen in Moritzburg die Kötzschenbrodaer Straße, der wir über den Markt, vorbei an **Adams Gasthof** bis zum Schlossteich folgen. Das Schloss leuchtet uns entgegen, während wir uns auf der Meißner Straße links halten und an der nächsten Kreuzung mit der Grün-Blau-Markierung fast geradeaus in den Wald bis zum Tunnel unter der Hohburg gehen. Wir lassen die angeblich mittelalterliche Befestigungsanlage links liegen und marschieren bis zum Steinernen Weg, den wir links einschlagen. Nach knapp 700 Meter zweigt links der HC-Weg ab, der uns bis zur Landstraße S80, die wir leicht rechts versetzt überqueren, und wieder bis zum Dippelsdorfer Teich bringt. Hier geht es auf ausgeschildertem Weg rechts um den Teich zu einer **Badestelle** in der Nähe des Roten Hauses und zum WOMO zurück.

Seit 1884 schnauft der „Lößnitzdackel", wie die **Lößnitzgrundbahn** auch gern genannt wird, auf 16,55 Kilometern von Radebeul durch den malerischen Lößnitzgrund, über den Bahndamm durch den Dippelsdorfer Teich und Moritzburg bis nach Radeburg. Dabei überwindet die sächsische Schmalspurbahn 185 Höhenmeter vom Elbtal hinauf zum Teich und bringt uns an einem von drei Wochenenden im September entspannt nach Moritzburg *(Fahrplan am Bahnhof oder unter www.loessnitzgrundbahn.de)*.

Das ist auch bitter nötig, denn an Wochenenden, bei Veranstaltungen und zur alljährlichen Hengstparade herrscht in **Moritzburg** fast so etwas wie Ausnahmezustand. Wenn man nicht rechtzeitig einen Parkplatz ergattert, sollte man das WOMO außerhalb des Ortes stehen lassen.

Im Ort gibt es mehrere gebührenpflichtige Parkplätze und auf dem im Zentrum gelegenen, einfachen Parkplatz markierte offizielle **WOMO-Stellpätze** [**070:** N 51°09'50.0" E 13°40'42.3"; Preise €€/Nacht, €/Tag, Strom gegen Gebühr. Bei Trockenheit staubig und bei Regen mit Pfützen übersät].

Wir bevorzugen das Quartier im nahen **Adams Gasthof** [**071:** N 51°09'49.2" E 13°40'37.7"; Markt 9, Telefon 035207/99775, www.adamsgasthof.com, Preis €, Mi - So ab 11 Uhr]. Hier gibt es zwar keinerlei Infrastruktur für WOMOs, aber dafür eine reelle Mahlzeit auf die Teller, zudem eine Verrechnung der Stellplatzgebühr und wenn man Glück hat, werden am Morgen die Gestütspferde am WOMO-Fenster vorbeigeführt. Für einen längeren Aufenthalt in Moritzburg favorisieren wir den schön gelegenen **Campingplatz Bad Sonnenland**, den wir, von Dippelsdorf aus kommend, direkt streifen [**072:** N 51°08'33.4" E 13°40'45.6"; Dresdner Straße 115, Telefon 0351/8305495, www.bad-sonnenland.de, März/April - Okt., Preis €€].

Moritzburg – das Schloss und die Geschichte von Aschenbrödel

Bei der **Hengstparade des Sächsischen Landgestüts** kommt nicht nur das fachorientierte Publikum auf seine Kosten, sondern auch alle pfer-

debegeisterten Laien erfreuen sich an den Darbietungen mit den temperamentvollen Hengsten. Wenn zum Abschluss die 16-spännige Postkutsche über den Paradeplatz prescht, halten die Zuschauer den Atem an und blicken wie wir auf vier vergnügliche Stunden zurück. Das gesamte Jahr über kann man die edlen Pferde nach vorheriger Anmeldung in den Ställen besuchen *(www.saechsische-gestuetsverwaltung.de)*.

Im **Käthe-Kollwitz-Haus** in der Nähe des Parkplatzes im Ort wenden wir uns der bewegenden Biografie der Künstlerin zu. In diesem letzten Aufenthaltsort vor ihrem Tod gestatten eine grafische Sammlung, Briefe und Tagebuchaufzeichnungen Einblicke in das Leben einer rührigen und engagierten Frau *(April - Okt. Mo - Fr 11 - 17 Uhr, Sa/So 10 - 17 Uhr; Nov. - März Di - Fr 12 - 16 Uhr, Sa/So 11 - 16 Uhr, www.kollwitz-moritzburg.de)*.

Wenden wir uns nun dem Objekt der Begierde der meisten nach Moritzburg pilgernden Besucher zu. Von der leicht hügeligen und fast schnurgeraden Schlossallee haben wir das imposante **Schloss Moritzburg** bereits im Blick gehabt und jetzt überschreiten wir die Brücke des Schlossteiches.

Der Namensgeber Herzog Moritz von Sachsen ließ das Gebäude im Jahr 1546 errichten und ab 1723 wurde es im Auftrag August des Starken zum barocken Jagd- und Lustschloss umgebaut. Im Zuge der Umgestaltung wurden neue Teiche und Tiergehege angelegt. Auf dem Programm der sächsischen Hofgesellschaft standen nun Fisch- und Tierjagden, die sich eindrucksvoll an der Jagdtrophäensammlung nachvollziehen lassen. Unter den über 230 Geweihen befindet sich auch der legendäre 66-Ender, der, so viel sei verraten, „nur" 27 Enden hat. In den weiteren Räumen werden barocke Kunstgegenstände wie Gemälde, Möbel, Porzellan und kostbare Ledertapeten gezeigt. Für das von Legenden umrankte Federzimmer sollen unendlich viele Indianersklaven Millionen von südamerikanischen Vogelfedern verarbeitet haben. Diverse Veranstaltungen und Ausstellungen bereichern den sowieso schon interessanten Schlossbesuch, aber im Winter ist es die Sonderausstellung zum deutsch-tschechischen Märchenfilmklassiker **Drei Haselnüsse für Aschenbrödel**, die Jung und Alt begeistert. Der Film wurde unter anderem auf Schloss Moritzburg gedreht und die Ausstellung informiert mit Hintergrundgeschichten sowohl zum Kultfilm als auch zum Ausgangsmärchen. Nachgebildete Filmszenen und Originalkostüme lassen die Gäste tief in die Aschenbrödel-Welt eintauchen *(Mai - 1.11. Mo - So 10 - 18 Uhr, 2.11. - 20.11./1.03. - 19.03. geschlossen, 21.11. - 10.01./ Mo - So 10 - 17 Uhr, 11.01. - 28.02. Do - So 10 - 17 Uhr,*

Führungen, Sonderausstellungen, Eintritt, Kombi-Tickets mit der Albrechtsburg Meißen oder dem Fasanenschlösschen möglich, Hunde nicht gestattet, www.schloss-moritzburg.de).

Der wettinische Hofstaat wusste, wie man sich amüsierte. So wurde auf den Grundmauern der Fasanerie, die dem starken August noch das Federvieh auf die Teller lieferte und im 7-jährigen Krieg zerstört wurde, durch Augusts Urenkel ein Rokoko-Sommerschlösschen, das **Fasanenschlösschen**, errichtet. Davor befindet sich am Teich eine maritim anmutende Hafenanlage mit **Leuchtturm** (Foto oben) und vorgelagerten Inselchen und „Meerengen“, den sogenannten Dardanellen. Hier wurden in der Blütezeit aus kleinen Kanonen Feuerwerksgeschosse abgefeuert und mit einer eigens dafür gebauten Fregatte die siegreiche Seeschlacht der russischen Zarin gegen die Türkische Flotte an eben jener türkischen Meerenge nachgespielt *(Aug. - Okt. Do - So 10 - 17 Uhr, Führungen 11/13/15 Uhr, der Leuchtturm ist nur mit Führung zu besichtigen, Eintritt, Hunde nicht gestattet, Kombiticket mit Schloss möglich, www.schloss-moritzburg.de).*

Durch den weitläufigen **Schlosspark** spazieren wir durch Alleen und auf nach alten Gartenplänen angelegten Wegen. Ein Genuss, für den wir uns gern viel Zeit nehmen *(Der Park ist jederzeit zugänglich, Hunde an der Leine gestattet, Fahrräder müssen geschoben werden. Gegen Gebühr kann man sich vom Parkplatz mit einem Pferdewagen inklusiv einiger Kurzinformationen durch den Park kutschieren lassen).*

Wir verlassen den ehemaligen „Spielplatz“ der historischen illustren Gesellschaft und wenden uns dem nicht weit entfernten **Wildgehege** zu, das heute nur noch Lehr- und Schauzwecken dient. Hier können 30 Tierarten in ihrer natürlichen Umgebung beobachtet werden *(März - Okt. 9 - 18 Uhr, Nov. - Feb. Sa/So/Sächsische Ferien 9 - 16 Uhr, Eintritt).*

Wem nach noch mehr oder anderer Action der Sinn steht, der wird im **Abenteuerpark Moritzburg** auf verschieden schweren Kletterparcours oder einem 3D-Bogenparcours vielleicht Abwechslung finden *(Mitte März - Okt. 10 - 18 Uhr, Eintritt, www.abenteuerpark-moritzburg.de).*

Von nun an geht es zunächst wieder bergab und nach Radebeul, um den ausgewiesenen, einfachen, geschotterten Parkplatz in **Altkötzschenbroda** anzufahren [**073:** N 51°06'13.5" E 13°37'36.9"; An der Festwiese]. Das 200 Meter entfernte

Wassersportzentrum bietet hingegen einen offiziellen **WOMO-Stellplatz** auf Wiese mit schönem Blick auf die Elbe [**074:** N 51°06'14.5" E 13°37'28.7"; An der Festwiese 9, Telefon 0176/67032256, www.bootshaus-radebeul.de, Strom/Dusche/WC, Preis €€].

Ein weiterer offizieller **WOMO-Stellplatz** findet sich auf dem gegenüber vom Erlebnisweingut Schloss Wackerbarth gelegenen, hauseigenen und einfachen, schattenlosen Parkplatz [**075:** N 51°06'46.0" E13°37'07.6"; Meißner Straße, Preis €€, Tram nach Dresden an der Parkplatzzufahrt].

Radebeul mit Altkötzschenbroda, Schloss Wackerbarth und Karl-May-Museum

Von hier sind es wenige Minuten Fußweg zum historischen Mittelpunkt des ehemaligen Fischerdorfs **Altkötzschenbroda** der unbedingt einen Abstecher wert ist. Galerien, Cafés, kleine Boutiquen und originelle Kneipen mit Gewölbekellern gruppieren sich in bunten Häusern um den Anger und verführen zum Bummeln und Einkehren.
Unterhalb der Weinbergterrassen lassen wir uns im **Erlebnisweingut Schloss Wackerbarth** in die Welt von 850 Jahren Weinbautradition sowie in die älteste Sektkellerei Sachsens entführen. In der barocken Schloss- und Gartenanlage werden verschiedene Veranstaltungen sowie Führungen und Weinbergswanderungen angeboten, ein **Gasthaus**, eine **Gartenbewirtschaftung** mit kleinen Snacks sowie eine **Vinothek** laden zur Einkehr und zur Verkostung ein *(www.schloss-wackerbarth.de).*
Etwa vier Kilometer flussaufwärts entfernt verbrachte Karl May (1894 - 1912) seine letzten Lebensjahre. Um dorthin zu gelangen, lassen wir unsere motorisierten Pferdchen zur Hauptdurchgangsstraße, der Meißner Straße, galoppieren und folgen den Hinweisen zum **Karl-May-Museum** [N 51°06'09.6" E 13°40'23.2"; Karl-May-Straße] Die Parkplatzsituation für WOMOs gestaltet sich vielleicht etwas schwierig, sodass alternativ von Altkötzschenbroda oder vom Schloss Wackerbarth die an der Meißner Straße abfahrende Tram Linie 4 für den Besuch infrage kommen kann.

Schloss Wackerbarth

Manch einer kann sich vielleicht noch an die Zeit erinnern, als er als Jugendlicher mit einer Taschenlampe bewaffnet unter der Bettdecke heimlich die Abenteuer von Winnetou und Old Shatterhand verschlungen hat. Im Museum statten wir dem geistigen Vater von Hadschi Halef Omar und Kara Ben Nemsi einen Besuch in der **Villa Shatterhand** ab. Die deutschsprachige Gesamtauflage der Wild-West- und Orient-Romane überschreitet die 100-Million-Grenze und die Übersetzungen liegen in über 30 Sprachen vor. Im ehemaligen Wohnhaus sind Empfangssalon, Arbeitszimmer, Bibliothek des Schriftstellers historisch restauriert sowie mit Originalinventar ausgestattet und anhand von literarischen Zeugnissen erhalten wir Einblick in sein Leben und Wirken. Den legendären Waffen Silberbüchse, Bärentöter und Henrystutzen stehen wir im Original gegenüber und können uns im Garten in der **Villa Bärenfett** mit dem Leben der Indianer Nordamerikas sehr anschaulich beschäftigen *(März - Okt. 9 - 18 Uhr, Nov. - Feb. 10 - 17 Uhr, Mo geschlossen, Eintritt, Hunde an der Leine im Außenbereich gestattet, www.karl-may-museum.de).*

Dorfanger in Altkötzschenbroda

Die Kötzschenbroder Straße führt uns rechtselbisch parallel zum Fluss in die sächsische Landeshauptstadt **Dresden**. Vor der Brücke über die Autobahn erreichen wir den ersten empfehlenswerten Stellplatz, von dem die Stadt mit dem ÖPNV oder über den Radweg gut zu erreichen ist. Wer es zentrumsnäher, aber auch weniger komfortabel möchte, hält sich von Osten kommend auf der B6 Richtung Zentrum

(076) Offizieller WOMO- Stellplatz: Dresden, CaravaningPark Schaffer mobil

GPS: N 51°05'08.7" E 13° 40'59.0" Kötzschenbroder Str. 125
Max. WOMOs: 100
Kontakt: 0351/837480, www.schaffer-mobil.de
Ausstattung: V/E, Strom, Dusche, WC, Brötchenservice, WLAN, Werkstadtservice, Campingshop, E-Bike- und Pkw-Verleih.
Beschreibung: Der ordentliche, befestigte Platz auf Rasen liegt an Wiesen und Feldern am Ortsrand und bietet keinen Schatten. Über den Radweg ist das etwa 4 Kilometer entfernte Stadtzentrum gut zu erreichen oder man nimmt den ÖPNV vor Ort dafür in Anspruch.
Preise: €€€.

Zufahrt: Etwa 2 Kilometer hinter dem Abzweig auf die Kötzschenbroder Straße und kurz vor der Autobahnbrücke liegt der Stellplatz auf der rechten Seite.
Hinweis: Gegebenenfalls Geräuschbelästigung durch die nahe Autobahn.

(077) Offizieller WOMO-Stellplatz: Dresden, Parkplatz Wiesentorstraße

GPS: N 51°03'26.4" E 13°44'34.8"; Wiesentorstraße **Max. WOMOs**: 40
Ausstattung: V/E, Strom, Dixi-Toilette.
Beschreibung: Der einfache, asphaltierte, teilweise unebene Parkplatz liegt gegenüber der Altstadt auf der Seite der Neustadt unter hohen Bäumen. Der Parkplatz muss mit Pkw geteilt werden, von denen wir in den letzten Jahren jedoch nur wenig gesehen haben, da der Platz insbesondere in der Saison und an Wochenenden von WOMOs überquillt. Dann steht man dicht an dicht, aber definitiv mit der angenehmsten fußläufigen Entfernung zur Neustadt sowie zum Barockviertel und in der ersten Reihe mit Blick über die Elbe. Bei Vollbelegung wird es mit den Stromanschlüssen (14) knapp und unter Umständen ist gar keiner zu bekommen. In der Nähe gibt es Gaststätten, eine Bäckerei und der Elberadweg führt direkt am Parkplatz vorbei.
Preise: €€€/Nacht, stundenweise Parken gegen Gebührmöglich.
Zufahrt: Von Osten auf der B6 kommend konsequent Richtung Zentrum fahren und später dem Hinweis zum Parkplatz Wiesentor und dem WOMO-Piktogramm folgen.
Hinweis: Gegebenenfalls Geräuschbelästigung durch Straßenverkehr und Veranstaltungen am Elbufer.

(078) Offizieller WOMO-Stellplatz: Dresden, Blüherpark

GPS: N 51°02'40.5" E 13°44'38.3" Zinzendorfstraße **Max. WOMOs**: 50
Ausstattung: V/E, Strom, Sanitär-Nutzung gegen Kaution, Brötchenservice und Frühstück in der nahen City Herberge möglich.
Beschreibung: Die einfachen, asphaltierten Parkplätze liegen auf beiden Seiten der Straße nahe des Deutschen Hygienemuseums, eines Parks sowie einer Schule und sind teils schattig. In der Saison steht man hier dicht an dicht und wir haben WOMOs auch auf dem angrenzenden Parkplatz stehen sehen. Der Fußweg zur Frauenkirche beträgt etwa 1,3 Kilometer.
Preise: €€€. Wertmarken für Ver- und Entsorgung am Platz oder in der City Herberge erhältlich.
Zufahrt: Wie vor, jedoch am vorherigen Stellplatz vorbeifahren, dann rechts über die Elbe der B 170 etwa 1 Kilometer folgen. Dort links auf die B 172 wechseln und die erste Straße links abbiegen. Etwa 300 m später ist der Parkplatz erreicht.

Dresden

Was ist nicht schon alles über Dresden geschrieben worden und etwas Neues zu berichten, würde für uns bedeuten, die sprichwörtlichen Eulen nach Athen beziehungsweise nach Dresden zu tragen. Deswegen machen wir es wie fast alle Touristen und suchen zunächst die **Tourist-Information an der Frauenkirche** auf *(Mo - Fr 10 - 19 Uhr, Sa 10 - 18 Uhr, So 10 - 15 Uhr, QF-Passage, Neumarkt 2, 0351/501501, www.dresden.de)*. Neben wertvollen Informationen zu verschiedenen,

geführten Stadterkundungen per Bus, Pferdedroschke, Oldtimer oder zu Fuß erhalten wir hier auch eine der **Dresden Welcome Cards**. Je nach Version ist das Tram- und Busfahren in der Stadt oder den Randbezirken nach Erwerb der Karte für ein bis drei Tage im Preis inbegriffen und/oder der Eintritt in die Museen frei. Für 65 € sind wir mit der teuersten Kartenkombination für drei Tage mit zwei Erwachsenen mit bis zu vier Kindern in Dresden mobil und nach zwei Besuchen von mehreren Museen der **Staatlichen Kunstsammlungen Dresden** hat sich der stolze Preis amortisiert.

Gut präpariert begeben wir uns an unsere ganz persönliche Entdeckung Dresdens, die keinen Anspruch auf Vollständigkeit hat und nur einen Mosaikstein von Möglichkeiten darstellt. **Wenn nicht anders erwähnt, haben die unten genannten Sehenswürdigkeiten von 10 - 17/18 Uhr (Grünes Gewölbe zusätzlich und zum ermäßigten Sonderpreis Fr 17 - 20 Uhr) geöffnet, die unterschiedlichen Ruhetage sollten beachtet werden und ein Eintrittsgeld ist fällig. Einen guten Überblick hierüber verschafft auch die Homepage www.skd.museum.**

Das kleine slawische Dorf „Drezdzany" wurde 1206 erstmals urkundlich erwähnt und gewann im Laufe der Jahre durch die Osterweiterung und die Silberfunde im Erzgebirge zunehmend an Bedeutung. Ende des 15. Jahrhunderts verlegt Herzog Georg der Bärtige seine Residenz von Meißen nach Dresden und so begann der Aufstieg der Stadt, die August der Starke und sein Sohn zu einer der schönsten barocken Residenzstätte Deutschlands machten. Den beiden Herren verdanken wir unter anderem den Zwinger, die Augustusbrücke, die Hof- und die Frauenkirche sowie das Taschenbergpalais. Im Jahr 1685 fiel Altdresden einem Brand zum Opfer und wurde als „Neue Stadt bey Dresden", die heutige Neustadt, wiederaufgebaut. Anfang des 19. Jahrhunderts erhielt die Stadt, wohl bedingt durch eine ähnliche Lage am Fluss und die unter italienischem, insbesondere florentinischem Einfluss entstandene Architektur, den Beinamen **Elbflorenz**.

Dresden entwickelte sich zu einem Mittelpunkt der deutschen Romantik, der Vorläufer der Technischen Universität wurde gegründet und die Elbedampfschifffahrt sowie das Ferneisenbahn-Netz ausgebaut. Die Dresdner waren zu Recht stolz auf ihre an malerischen Hängen und in den breiten Elbauen liegende Stadt. Dann kam die Nacht vom 13. auf den 14. Februar 1945 – durch das Bombardement britischer und amerikanischer Flugzeuge zum Ende des Zweiten Weltkrieges fanden 25.000 bis 40.000 Menschen den Tod. Unzählige Menschen wurden verletzt, traumatisiert sowie ihrer Heimat beraubt und die historische Altstadt wurde mit ihren Kunstschätzen nahezu völlig zerstört.

Zwinger

1951 begann der Wiederaufbau und heute beeindruckt Dresden fast wie ein Gesamtkunstwerk mit barocken Fassaden, herrlichen Plätzen, lebendiger Restaurant- und Kneipenkultur, kleinen sowie großen als auch edlen Boutiquen und Geschäften, moderner City und beeindruckender Museumslandschaft. Nach der Wiedervereinigung wurde Dresden im Jahr 1990 Hauptstadt des Freistaates Sachsen.
Wir haben das WOMO an der Wiesentorstraße geparkt und beginnen unseren Stadtspaziergang in eine geschichtsträchtige sowie pulsierende Stadt. Über die älteste Brücke der Stadt, die **Augustusbrücke** gelangen wir in die linkselbisch gelegene Altstadt, wo die bekanntesten Bauwerke und Sehenswürdigkeiten zu finden sind. Am **Zwinger**, eine zwischen den Jahren 1710 und 1732 errichtete Barockanlage, können wir die repräsentativen Ansprüche August des Starken erkennen. Der Name ergibt sich aus der ursprünglichen Lage des Baus vor der Ringmauer der Stadt. Die Gebäude waren nie als Residenz oder Befestigungsanlage gedacht und die gewollt beeindruckende Formenpracht des Kronentors, des Nymphenbades, des Wall- und des Glockenspielpavillons spiegeln dies eindrucksvoll wider. Im Inneren sind die **Porzellansammlung** und die **Gemäldegalerie Alte Meister** beheimatet.
Der **Theaterplatz** wird von der **Semperoper** dominiert. Das extravagante, der italienischen Hochrenaissance nachempfundene Gebäude wurde, nachdem ein Vorgängerbau an gleicher Stelle 1869 abbrannte, 1878 von **Gottfried Semper** erbaut und in den Jahren 1977 bis 1985 originalgetreu restauriert. Semper war nicht nur für die Einheit von Form und Zweck verantwortlich, sondern entwarf auch die gesamte opulente Innengestaltung und Ausmalung. Vor einigen Jahren war der Opernbesuch für uns ein großes Ereignis, doch diesmal lassen wir uns die prachtvolle Architektur bei einer der Führung durch eines der schönsten Opernhäuser der Welt näher erklären *(Verschiedene Führungen für Kinder und Erwachsene möglich. Info und Buchung unter www.semperoper.de)*.
Des Weiteren sind am Theaterplatz das von August dem Starken für seine Mätresse, die Gräfin Cosel, erbaute **Taschenbergpalais**

(heute ein Luxushotel) und die **Hofkirche** prägnant. Nachdem August zum Katholizismus übergetreten war, wurde mit dem Bau der 4.800 Quadratmeter großen und repräsentativen Hofkirche begonnen. Die dreischiffige Sandsteinbasilika ist seit dem Jahr 1980 zur Kathedrale des Bistums Dresden/Meißen erhoben.

Durch einen Bogengang ist die Kirche mit dem ehemaligen, sich anschließendem **Residenzschloss** verbunden. Bevor wir den einzelnen Abteilungen der Kunstsammlungen einen Besuch abstatten, durchlaufen wir den mit einer kühnen Konstruktion bedachten Innenhof, um an der Kasse das vorab reservierte und obligatorische Zeitticket für das **Historische Grüne Gewölbe** abzuholen. Worte reichen nicht aus, um die Präsentation der barocken Schatzkammer August des Starken zu beschreiben. Der Rundgang unter anderem durch das Bernsteinkabinett, das Elfenbein- und Weißsilberzimmer über das silbervergoldete Zimmer zum Juwelenzimmer ist eine von August gewollte Steigerung. Mit den unzähligen Preziosen aus Gold, Silber, Bernstein und Elfenbein, die in vergoldeten Spiegeln mannigfach funkeln und glänzen, brachte er seinen Reichtum und seine absolutistische Macht ausgewählten Zeitgenossen gekonnt zum Ausdruck und auch wir können uns diesem faszinierenden Gesamteindruck nicht entziehen. Die Sicherheitsvorkehrungen machen es unumgänglich, dass nur 100 Besucher (in Corona-Zeiten 70) stündlich in die Räume Einlass erhalten und die individuell festgelegten Besuchszeiten eingehalten werden müssen! Leichter gestaltet sich der Besuch im **Neuen Grünen Gewölbe**, das sich wegen der nüchternen Räumlichkeiten zwar weniger funkelnd, aber nicht minder wertvoll präsentiert. In Erinnerung ist uns ein Kirschkern, der angeblich mit „185 Angesichtern" ein Kunstwerk der Mikroschnitzerei ist. Die **Rüstkammer im Semperbau** und die **Türckische Cammer im Schloss** warten mit weiteren Höhepunkten. In Zweitgenannter sehen wir kostbar geschmückte, aus Holz hergestellte Pferde in Originalgröße, prunkvolle Schwerter, Harnische und Säbel sowie die Türkenmode des 16. bis 18. Jahrhunderts am kursächsischen Hof.

Nach dieser Fülle von Eindrücken brauchen wir zunächst frische Luft

Neumarkt und Frauenkiche

Kronentor

und besteigen den **Hausmannturm**, von dessen Balustrade wir einen herrlichen Blick über Dresden genießen, bevor wir beim Herabsteigen das **Münzkabinett** „mitnehmen" und kurz noch im **Kupferstich-Kabinett** vorbeischauen.

In der Augustusstraße wenden wir uns anschließend dem 101 Meter langen **Fürstenzug** zu. Hier sind bis auf einen, alle Herrscher des Hauses Wettin auf 24.000 Meißner Porzellankacheln verewigt und lassen bis heute das gemeine Fußvolk an sich vorbeiziehen. Besonders schön ist es hier an lauen Sommerabenden, wenn die Gebäude der Altstadt geheimnisvoll illuminiert sind und in den Gassen als auch auf den kleinen Plätzen Straßenmusiker ihr abwechslungsreiches Repertoire zum Besten geben. Der Fürstenzug schmückt übrigens die Außenseite des **Dresdner Stallhofs**, der den Glanz der Renaissance widerspiegelt und als Schauplatz für Turniere und Hetzjagden diente.

Zurück an der Elbe und am Theaterplatz machen wir erstmal eine Pause im Café des **Italienischen Dörfchens**, das seinen Namen den am Bau der Hofkirche beschäftigten Italienern verdankt, die hier ihr Domizil hatten. Danach bummeln wir über die breite Freitreppe auf die **Brühlsche Terrasse**, die sich über den Resten der alten Festung an der Elbe entlangzieht. Am östlichen Ende der Terrasse befindet sich das innovative und mit modernster Technik gespickte **Festung Xperience.** Und wir

Semperoper

lassen uns mit einem Audio-Guide in die virtuelle Realität der Kasematten und Kanonenhöfe der Dresdner Festung entführen. Kurfürst Moritz begrüßt uns, aus der Tiefe der Gewölbe scheinen Menschen aufzutauchen, Hochwasser flutet die Räume, Kanonendonner hallt durch die Gänge und wir fühlen uns durch Täuschungen sowie Bilder an den Wänden mitten im historischen Dresden. Toll, abwechslungsreich und spannend gemacht *(Mo - So 10 - 18 Uhr, letzter Einlass 16.30 Uhr, bitte Schließtage beachten, Eintritt, www.festung-xperience.de).* Ab Frühjahr 2021 soll es ein ähnliches Erlebnis unter der Bezeichnung Zwinger Xperience im Innenhof des Zwingers geben. Wir sind gespannt!
Im Osten der Terrasse, die wegen ihres Ausblicks „Balkon Europas" genannt wird, ließ der sächsische Minister Graf von Brühl einen Garten anlegen. Unterhalb dieses **Brühlschen Gartens** schließt sich das **Albertinum** mit der **Skulpturensammlung** und der **Galerie Neue Meister** an, in der Kunst von der Romantik bis zur Gegenwart präsentiert wird.
Nun ist es nicht mehr weit bis zum belebten **Neumarkt**, der in Anlehnung an seine barocke Vergangenheit rekonstruiert wurde, und zur **Frauenkirche**. Der Sakralbau wurde zwischen den Jahren 1726 bis 1743 durch George Bähr und beeinflusst durch die Kuppelbauten in Rom sowie Florenz als eine der monumentalsten protestantischen Kirchen Europas errichtet. Die als „Steinerne Glocke" bekannt gewordene Kuppel stellte eine architektonische Herausforderung dar und war die Krönung der Stadtsilhouette. Nach dem verheerenden Bombenangriff im Februar 1945 trotzte die Kirche einen Tag der enormen Hitze, bis der ausgeglühte Sandstein in sich zusammenstürzte. Jahrzehnte blieben die Trümmer im Herzen der Stadt liegen und galten als Mahnmal gegen Zerstörung und Krieg. Erst nach der politischen Wende 1989 ergab sich die Möglichkeit, die Wiederaufbauidee nicht nur in die ganze Welt zu tragen, sondern hierfür auch enorme Spenden zu sammeln. Über 11 Jahre wurde die Kirche Stein für Stein nach den Vorgaben George Bährs und nach Möglichkeit unter Verwendung historischer Materialien wiederaufgebaut und am Reformationstag 2005 geweiht. Der achteckige Grundriss wird nach oben hin durch vier Ecktürme begrenzt und durch eine kreisrunde Kuppel bekrönt. Bei einer Höhe von 24 Metern und einem Durchmesser von 26 Metern wiegt die steinerne Kuppel 12.000 Tonnen

Fürstenzug

und ist damit die Größte nördlich der Alpen. Der barocke, lichte Innenraum ist von fünf halbkreisförmigen Emporen umgeben und die Kanzel reicht in den Kirchenraum hinein. Bei der Enttrümmerung wurden fast 2.000 Teile des Altars geborgen und er besteht heute aus 80 Prozent historischem Originalmaterial. Auch das ehemalige Turmkreuz, das heute im Innenraum aufgestellt ist, wurde fast unversehrt aus den Trümmern geborgen und mahnt zum Erinnern und Gedenken. Das neue, auf der Kuppel strahlende Turmkreuz ist ein besonderes Zeichen der Versöhnung und Verständigung: Wurde es doch vom britischen Volk und vom Königshaus Großbritanniens gestiftet und vom Sohn eines der Piloten, der Dresden einst bombardierte, gefertigt. Es wird kein Eintritt erhoben, jedoch sollte aus unserer Sicht nach dem Besuch der Kirche, deren Botschaft – Brücken bauen, Versöhnung leben, Glauben stärken – so eindringlich den Frieden mahnt, eine Spende möglich sein *(Mo - Fr 9 - 18 Uhr, Sa 9 - 15 Uhr, Führungen und Kuppelaufstieg möglich, www.frauenkirche-dresden.de)*.

Restaurants und Cafés gibt es reichlich, meist gut und rechnerisch nie ganz günstig, aber mit nach oben offener Preisskala. Unsere diesjähriger Favorit präsentiert sich im mittleren Preissegment und ist französisch angehaucht: Das **Palais Bistro** im barocken Taschenbergpalais ist für uns eine Empfehlung wert *(Mo - So 12 - 22 Uhr, Telefon 0351/4912710, Taschenberg 3)*. Zünftiger, günstiger und mit bayerischer sowie sächsischer Küche punktet aber auch das **Paulaner im Taschenbergpalais** *(Di - So 12 - 22 Uhr, Telefon 0351/4960174, Taschenberg 3)*.

Am zweiten Tag unseres Besuchs bleiben wir auf der Elbseite des Stellplatzes in der Wiesentorstraße und schlendern ein wenig durch die lebendigen Gassen der **Neustadt**. Vorbei an kleinen Galerien, Kneipen, schicken Restaurants und herausgeputzten Häusern gelangen wir an das Reiterstandbild August des Starken, dem **Goldenen Reiter** (vgl. Tour 2 Seite 51).

An den Elbauen ist das **Japanische Palais** an seinen geschwungenen Dächern schnell zu erkennen. Auch mit diesem Gebäude hatte Kurfürst Friedrich August I. Großes vor. Wollte er doch hier seinen Traum vom Porzellanschloss verwirklichen. Dächer, Innenausstattung – alles sollte aus Porzellan sein. Doch die Gesamtvision blieb unvollendet und heute beherbergt das Palais das **Museum für Völkerkunde**.

Von den sich zur Elbe hinziehenden Parkanlagen hat man den berühmten **Canaletto-Blick**, der Dresden vom rechten Elbufer unterhalb der Augustusbrücke zeigt. Die gemalte Version aus dem Jahr 1748 von Bernardo Bellotto, genannt Canaletto, befindet sich in der Gemäldegalerie Alte Meister.

Am Neustädter Markt besteigen wir die Straßenbahn der Linie 8 und fahren nach **Hellerau** (Foto unten), um ein neueres Stück der Stadtgeschichte kennenzulernen. Nachdem sich Ende des 19 Jahrhunderts in England die internationale Gartenstadt-Bewegung als Gegenstück zu den Industriestädten mit ihren sozialen Brennpunkten entwickelte, gründete der Möbelfabrikant Karl Schmidt das erste Pendant dazu am nördlichen

Stadtrand von Dresden. Im Jahr 1907 hatte er seine Deutschen Werkstätten, in denen Einzel- und Serienmöbel angefertigt wurden, her verlegt und ließ anschließend für seine Mitarbeiter Einfamilienhäuser in Einzel- und Reihenhausbauweise errichten. Wir bummeln durch die der Hanglage angepassten Straßen an bunten Gärten vorbei *(besonders schön: Am Grünen Zipfel)* und gelangen zum Festspielhaus, das als geistiger und kultureller Mittelpunkt für die Bewohner diente und in dem seit 2006 wieder Aufführungen der modernen Kunst stattfinden.
Zurück am WOMO düsen wir zum nächsten Stellplatz in der Zinsendorfer Straße, um uns von dort das **Deutsche Hygiene-Museum** vorzunehmen. Gut, dass wir uns nicht von Gedanken an Sauber- und Reinlichkeit abschrecken lassen, denn im vom Erfinder des Odol-Mundwassers initiierten Museum geht es viel umfassender um die Abläufe im menschlichen Körper. Wir machen eine Erlebnisreise zum eigenen Körper, betrachten Insekten aus ungewohnter Perspektive und stehen staunend vor dem „Gläsernen Menschen". Eine unglaublich spannende und mitreißende Ausstellung, die uns über unsere eigenen, menschlichen Eigenschaften staunen lässt. Für Kinder und Erwachsene gleichermaßen empfehlenswert *(Di - So/Feiertage 10 - 18 Uhr, Eintritt, www.dhmd.de)*!
E-Mobilität ist in aller Munde und auch wenn wir keine Werbung für Volkswagen machen wollen, so ist ein Blick hinter die Kulissen der e-Erlebniswelt in der **Gläsernen Manufaktur** ein interessantes und zukunftsorientiertes Unterfangen, das unter anderem mit speziellen Kinderführungen die Kunden von morgen anspricht *(Mo - Sa 9.30 - 18.30 Uhr, So 9.30 - 17 Uhr, Führung obligatorisch, Eintritt. Einschränkungen bei Veranstaltungen möglich. www.glaesernemanufaktur.de)*.
Wie schon aus Leipzig bekannt, hat auch in Dresden Yadegar Asisi im **Panometer** dafür gesorgt, dass man dort auf Tuchfühlung mit der Dresdner Stadtgeschichte gehen kann [N 51°01'33.8" E 13°47'18.6"; Gasanstaltstraße 8 b].Zum einen entführen Momentaufnahmen in die höfische Pracht und das Alltagsleben der Bürger sowie Händler der Residenzstadt in der Augusteischen Aera von 1695 bis 1760 und lassen das einstige **Dresden im Barock** lebendig werden. Zum anderen versetzt Asisi die Besucher in die Zeit unmittelbar nach den Bombardements. **Dresden 1945** zeigt die Tragödie der Stadt und verweist auf die Wechselwirkungen in der kriegerischen europäischen Geschichte. Eine auf Zeit und Ort abgestimmte Geräuschkulisse und jeweilige

Molkerei Pfund

Begleitausstellungen runden den Besuch ab *(Mo - Fr 10 - 17 Uhr, Sa/So/Feiertage 10 - 18 Uhr, Eintritt, www.asisi.de)*.
Zum Repertoire eines Dresden-Besuchs gehört unbedingt „Der schönste Milchladen der Welt“, den wir an der B6 Richtung Bischofswerda/Radeberg finden. Das mit bunten Fließen belegte Ladengeschäft der **Molkerei Pfund** kann man wohl ruhigen Gewissens als Kult bezeichnen. Ein ganzes Bilderbuch erschließt sich uns: Schmetterlinge, bunte Bänder und Blüten, Ranken, allerlei Getier und Engel. Einer stützt sich gar auf eine Flasche Milch für Kinder und Kranke. Über die farbenprächtige, originale Ladenausstattung aus dem Jahr 1891 der Firma Villeroy & Boch vergessen wir beinahe, einige der köstlichen Käsespezialitäten aus der historischen Keramiktheke einpacken zu lassen. Keine bunten Fließen, aber dafür viele Milch- sowie Käseprodukte und auch Weine werden im angeschlossenen **Café-Restaurant** in den ehemaligen Büroräumen der Molkerei *angeboten (Ladengeschäft: Mo - Sa 10 - 18 Uhr, So/Feiertage 10 - 15 Uhr, Restaurant: Jan. - März 10 - 18 Uhr, April - Dez. Mo - Sa 10 - 19 Uhr, So 10 - 18 Uhr, www.pfunds.de)*.

Von der Molkerei kommend folgen wir der B6 und überqueren die Elbe auf der Waldschlösschenbrücke Richtung Pirna. Hinter der Brücke haben wir rechts Richtung Blasewitz einen schönen Blick auf die drei, linkselbisch gelegenen **Elbschlösser**, die im römischen Renaissance-, Spätklassizistischen- und Tudorstil malerisch von den Höhen zu uns herüberschauen. Die wegen ihrer Farbe **Blaues Wunder** (Foto unten) genannte und seit 1893 bestehende Eisenkonstruktion der nächsten Brücke bringt uns Richtung Pillnitz über die Elbe und nach **Loschwitz**. Der attraktive Ort wird seit 1895 über eine **Standseilbahn** mit dem Villenviertel „Weißer Hirsch“ verbunden. Zusätzlich lassen sich mit der weltweit ältesten **Schwebebahn** die 84 Höhenmeter zur „Schönen Aussicht“ überwinden. Leider ist das Parkangebot für WOMOs am Straßenrand begrenzt und so würde sich ein Ausflug von Dresden mit der **Sächsischen Dampfschifffahrt**

anbieten. Die historischen Raddampfer schaufeln sich von Seußlitz bis Bad Schandau durch das Wasser und lassen einen Teil unserer Routen aus einem anderen Blickwinkel betrachten *(www.saechsische-dampfschiffahrt.de).*
Über die Sächsische Weinstraße sind wir schnell in **Pillnitz**. Der größte Parkplatz des Ortes ist Fahrzeugen bis 2,8 Tonnen, doch östlich des Schlosses erreichen wir den einfachen, asphaltierten womo-tauglichen Parkplatz P2 [**079:** N 51°00'26.5" E 13°52'39.3"; Otto-Schindler-Straße, Preis €€]. Nur wenige Schritte entfernt empfiehlt sich übrigens die **Backwirtschaft Wippler** mit feinsten Backwaren und süßen wie herzhaften Leckereien *(Mo - Sa 6 - 18 Uhr, So 7 - 18 Uhr, Söbrigener Straße 1).*

Schloss und Park Pillnitz

Wir betreten die Anlage eigentlich von der verkehrten Seite – der imposantere Anblick ergibt sich von der Wasserseite, falls man, wie seinerzeit die königlichen Hoheiten, mit dem Schiff anreist. In seiner Sommerresidenz bot August der Starke der höfischen Spaßgesellschaft einmal mehr barocken Zeitvertreib und zudem einer seiner Mätressen, von der später in Stolpen die Rede sein wird, einen stilvollen Wohnsitz. Nachdem sie in Ungnade fiel, ließ August das Schloss im chinoisen Stil, der sich besonders an den markanten Pagodendächern ausmachen lässt, um- und ausbauen.
Die Verschmelzung zwischen barockem Okzident und Orient machen den Besuch von Schloss und Park so reizvoll. Im Schloss wird die historische Vergangenheit beleuchtet, der Kuppelsaal zeugt von der ehemaligen Pracht und die königliche Hofküche lässt anschaulich erkennen, wie wenigstens 70 hungrige Mäuler pro Tag bekocht wurden. Im weitläufigen Park bewundern wir zahlreiche botanische Besonderheiten, huschen zwischen labyrinthischen Hecken entlang, wechseln vom Holländischen in den Chinesischen Garten und betrachten im gläsernen Palmenhaus botanische Kostbarkeiten aus Südafrika und Australien.
Von Februar bis April ist die in einem Schutzhaus untergebrachte, angeblich **über 250 Jahre alte Kamelie** der Hauptanziehungspunkt für

zahlreiche Besucher. Das besondere Erlebnis, die karminroten tausendfachen Blüten zu bewundern, können wir jedem Blumenfreund nur wärmstens empfehlen *(Schlosspark: Nov. - März 6 - 18 Uhr, April - Okt. 9 - 18 Uhr, Eintritt, Hunde an der Leine gestattet, Fahrräder im Schlosspark nicht gestattet. Schloss- und Kunstgewerbemuseum: April - Okt. Di - So 10 - 18 Uhr, Kombi-Ticket mit Barockgarten Großsedlitz möglich, www.schlosspillnitz.de).*

Nach einiger Zeit verlassen wir vorübergehend das Elbtal und schlängeln uns hinter Graupa links die Höhen nach **Radeberg** empor. Das eindrucksvollste Baudenkmal der Stadt ist **Schloss Klippenstein** [N 51°07'08.2" E 13°55'27.0"; Langbeinstraße]. Im dazugehörigen **Museum** wird dessen Architektur- und Nutzungsgeschichte sowie die wechselvolle Geschichte Radebergs dargestellt *(Di - So/Feiertage 10 - 17 Uhr, Eintritt, www.schloss-klippenstein.de).*

Was liegt näher, als in einer Bierstadt eine **Brauereibesichtigung** zu machen [N 51°06'53.3" E13°54'48.6"; Dresdner Straße; Telefon 03528/454880, www.radeberger.de]. Aber auch auf dem 1,5 Kilometer langen **Bierstadtpfad** kann mittels eines QR-Codes auf dem Smartphone der Geschichte des Radeberger Bieres nachgegangen werden.

Richtung Arnsdorf erreichen wir Wallroda und folgen dort dem Hinweis zum sehr empfehlenswerten Campingplatz nach **Kleinröhrsdorf**. Vorher reizt ein kleiner Wanderparkplatz an der naturbelassenen **Talsperre Wallroda** mit kleinen Badebuchten.

(080) WOMO-Wanderparkplatz: Kleinröhrsdorf, Talsperre

GPS: N 51°07'02.3" E 13°58'32.3" **Max. WOMOs**: 2

Beschreibung: Der einfache, geschotterte, schattenlose Parkplatz liegt außerorts und bei schönem Wetter, insbesondere am Wochenende schnell belegt. Das Wenden ist dann unter Umständen schwierig und für große WOMOs fast unmöglich. Von hier bietet sich eine Wanderung um die Talsperre an.

Zufahrt: Etwa 500 Meter hinter dem Ortsausgang Wallroda in einer Rechtskurve rechts ca. 250 Meter über einen schmalen Betonweg zum Parkplatz fahren.

Hinweis: Für große WOMOs kann sowohl die Zufahrt als auch der Parkplatz eng werden, sodass wir die Nutzung des Parkplatzes eher kleineren WOMOs oder Kastenwagen empfehlen.

(081) WOMO-Campingplatz: Kleinröhrsdorf, Campingplatz „LuxOase“

GPS: N 51°07'14.3" E 13°58'48.3"; Arnsdorfer Straße
Kontakt: Tel. 035952/56666, www.luxoase.de
Öffnungszeit: März - Mitte November.
Ausstattung: Restaurant, Brötchenservice, SB-Shop, Animationsprogramm, In- und Outdoor-Spielplätze, Minigolf, Wellnesslandschaft, Massagen, Fitnessraum, WLAN, Badestellen an der Talsperre, Agility-Platz für Hunde, Mietauto, Fahrradverleih und vieles mehr.
Beschreibung: Der Campingplatz liegt direkt an der Talsperre, verfügt über großzügige Parzellen auf befestigter Wiese und ist teils schattig. Unser erklärter Lieblingsplatz bietet von einer gepflegten, sauberen Sanitäranlage über eine tolle Wellnesslandschaft und Aktivitäten für Kinder, Jugendliche und Erwachsene alles, was das Camperherz begehrt. An bestimmten Tagen werden Busausflüge angeboten, mit den Hop-on/off-Doppelstockbussen kann man nach Dresden sowie zurückfahren und in der Nähe gibt es zusätzlich eine Bushaltestelle des ÖPNV. Rund um die Talsperre gibt es Wander- und Radwege und ein Aufenthalt in der Lux-Oase auf einem wahlweise XXL-Platz ist für uns immer wieder ein Luxus-Camping-Erlebnis.
Preise: €€€.
Zufahrt: Ab Wallroda und in Kleinröhrsdorf den Wegweisern folgen.

In **Großröhrsdorf** folgen nicht nur Badenixen und Wasserratten dem Wegweiser zum **Massenei-Bad**, das sich in einem herrlichen Waldgebiet mit Rutschen, Strömungskanal und Springtürmen von Mai bis September für einen Zwischenstopp anbietet, sondern auch wir auf unserem Weg nach Seeligstadt [N 51°07'26.9" E 14°01'36.1"]. In der Ferne sehen wir bereits die weit ins Land schauende **Burg Stolpen**, mit der wir uns in Tour 8 näher beschäftigen werden.
Wir erreichen die **Via Regia**, oder wie wir heute sagen, die B6, die uns ein Stück Richtung Bautzen bringt und erreichen **Großhartau** sowie sein Schloss mit einem kleinen, barocken Garten [**082:** N 51°06'26.0" E 14°06'30.3"; Am Volkspark]. Im Ort verlassen wir die B6 nach Frankenthal, um dort rechts zu schwenken und durch Felder und Wiesen bis nach **Rammenau** zu kurven.
Im **Alten Erbgericht** hatte im 17. Jahrhundert der erste Erbrichter seinen Sitz und in der Kerkerzelle des **Alten Gefängnis** kann der Ortsgeschichte nachgegangen werden. Dank der Beschilderung ist **Schloss Rammenau**, Sachsens schönste Landbarockanlage, und ein gebührenpflichtiger Parkplatz gar nicht zu verfehlen [**083:** N 51°09'34.4" E 14°07'47.3"; Johann-Gottlieb-Fichte-Straße].

Schloss Rammenau

Bereits 1717 erkannte der Kammerherr August des Starken den Reiz der schönen Landschaft und kaufte das ehemalige Rittergut. Knapp 30 Jahre später hatte er sich bei den Ausbauten finanziell übernommen und die folgenden Schlossherren, allen voran der Rittmeister Friedrich von Kleist, sorgten für weitere Umgestaltungen im Innenbereich sowie im Parkgelände. Der Mix aus barocker Architektur und klassizistischem

Interieur machen den kulturellen Wert aus. Im dreigeschossigen Bau begeistern uns abwechslungsreiche Raumgestaltungen wie beispielsweise im Chinesischen oder Pompejianischen Zimmer und die illusionistischen Wandmalereien im Treppenhaus sind einfach schön anzusehen. Noch heute finden im Spiegelsaal Konzerte statt und vielleicht hat **Johann Gottlieb Fichte**, berühmter Philosoph des ausgehenden 18. Jahrhunderts, in seinem Geburtsort Rammenau und der harmonischen Umgebung die ersten Überlegungen zum deutschen Idealismus angestellt. Der sehr erfreuliche Rundgang kann anschließend im herrschaftlich-historischen Speisesalon oder der dem Park zugewandten Terrasse der **Schlossgastronomie** aufs Beste abgerundet werden (Restaurantbesuch nur mit Schlosseintritt möglich!). Das jährliche Highlight in der Region sind die **Oberlausitzer Leinentage** im August. 200 Manufakturen und Händler aus sechs Ländern zeigen dann Textil- und Schmuckdesign sowie alte Handwerkskunst *(Schlossanlage: April - Okt. 10 - 18 Uhr, Nov./Dez. 10 - 16 Uhr, außer Di, Heiligabend/27.12. - Mitte Januar ist die gesamte Anlage geschlossen, Eintritt, Hunde an der Leine im Außengelände als auch im Schloss gestattet, Restaurant: April - Okt. 10- 18 Uhr/warme Küche bis 17 Uhr, Nov./Dez. 02 - 16 Uhr, Di Ruhetag, www.barockschloss-rammenau.com).*

Die Ausläufer des Lausitzer Berglandes sind wie geschaffen für **Wanderungen** und ganz in der Nähe kann man zu einem kleinen Marsch starten.

(084) WOMO-Wanderparkplatz: Rammenau, Waldscheibenteich

GPS: N 51°10'04.3" E 14°07'08.3" **Max. WOMOs**: 1 - 2

Ausstattung: Tisch und Bänke, Müllbehälter.

Beschreibung: Der einfache, außerhalb des Ortes und unmittelbar an der nachts ruhigen Straße gelegene, geschotterte Parkplatz bietet sich als Ausgangspunkt für eine gemächliche 6-Kilometer-Wanderrunde (erst Grünstrich-, dann X-Markierung) an.

Zufahrt: Gegenüber vom Schloss die Straße „Am Schloss" fahren, dann links Richtung und gleich wieder rechts der

Straße Richtung Röderbrunn folgen und ca. 1 Kilometer bis zum kleinen Parkplatz fahren.
Hinweis: Gegebenenfalls Geräusche durch die nahe Autobahn.

Entweder folgt man direkt von hier dem Nebensträßchen nach Ohorn oder fährt von Rammenau nach Hauswalde, um in beiden Fällen anschließend **Pulsnitz** anzusteuern.

Pulsnitz – Pfefferkuchen und Blaudruck

Die kleine gemütliche Stadt trägt den Beinamen **Pfefferkuchenstadt**, denn nachweislich seit 1558 werden die Leckereien in den Pfefferküchlereien hergestellt und können auch heute in einem der acht ansässigen Betriebe käuflich erworben werden. Einen Eindruck über die Herstellung erhalten wir im **Pfefferkuchenmuseum** im Haus des Gastes mit der **Tourist-Information** *(Di - So 10 - 16 Uhr, Am Markt 3, Telefon 035955/44246, kultur-tourismus-pulsnitz.de).* Anfang November kann die Qualität des Gebäcks auf dem **Pfefferkuchenmarkt** getestet werden oder man schaut direkt in einer der **Pfefferküchlereien** vorbei, zum Beispiel **Karl Handrick**. *(Mo - Fr 9 - 18 Uhr, Sa 9 - 12 Uhr, Kamenzer Straße 33, www.pfefferkuchen.de).*

Ein weiteres traditionelles Handwerk ist in der **Blaudruckwerkstatt** zu finden [N 51°11'00.2" E 14°00'36.7"; Bachstraße]. Nachdem wir das Haus betreten haben kommen wir uns 250 Jahre zurückversetzt vor. Baumwoll- und Leinenstoffe werden mit Holzformen, den Modeln bedruckt. Beim Druck wird der nach altem Betriebsgeheimnis hergestellte sogenannte Papp eingesetzt. Dieser verhindert, dass bei der anschließenden Indigo-Färbung die bedruckten Musterstellen eingefärbt werden. Nach dem langwierigen Färbeprozess wird der Papp entfernt und die eigentliche weiße Farbe der Stoffe erstrahlt in wunderschönen Mustern auf dunkelblauem Grund. Die Werkstatt ist vermutlich die älteste, noch arbeitende ihrer Art in Deutschland und zeigt den Blaudruck in seiner ursprünglichen *Tradition (Di - Fr 9 - 13Uhr, Do/Fr 9 - 17 Uhr, 1. und 2. Sa im Monat 9 - 12 Uhr, Besichtigung der Werkstatt nach Vereinbarung möglich, www.blaudruckpulsnitz.de).*

Auf unserem Weg nach Kamenz stoßen wir am Ortsrand von Pulsnitz und zum Ende dieser Tour links auf die Zufahrt zum Naturbad Walkmühle.

(085) WOMO-Badeplatz: Pulsnitz, Naturbad Walkmühle

GPS: N 51°11'37.7" E 14°00'54.4"
An der Walke **Max. WOMOs**:2 - 3
Beschreibung: Der einfache, geschotterte Parkplatz befindet sich unter Bäumen außerhalb des Ortes und direkt am Freibad.
Zufahrt: Im Ort den Hinweisen nach Kamenz und zum Naturbad folgen.

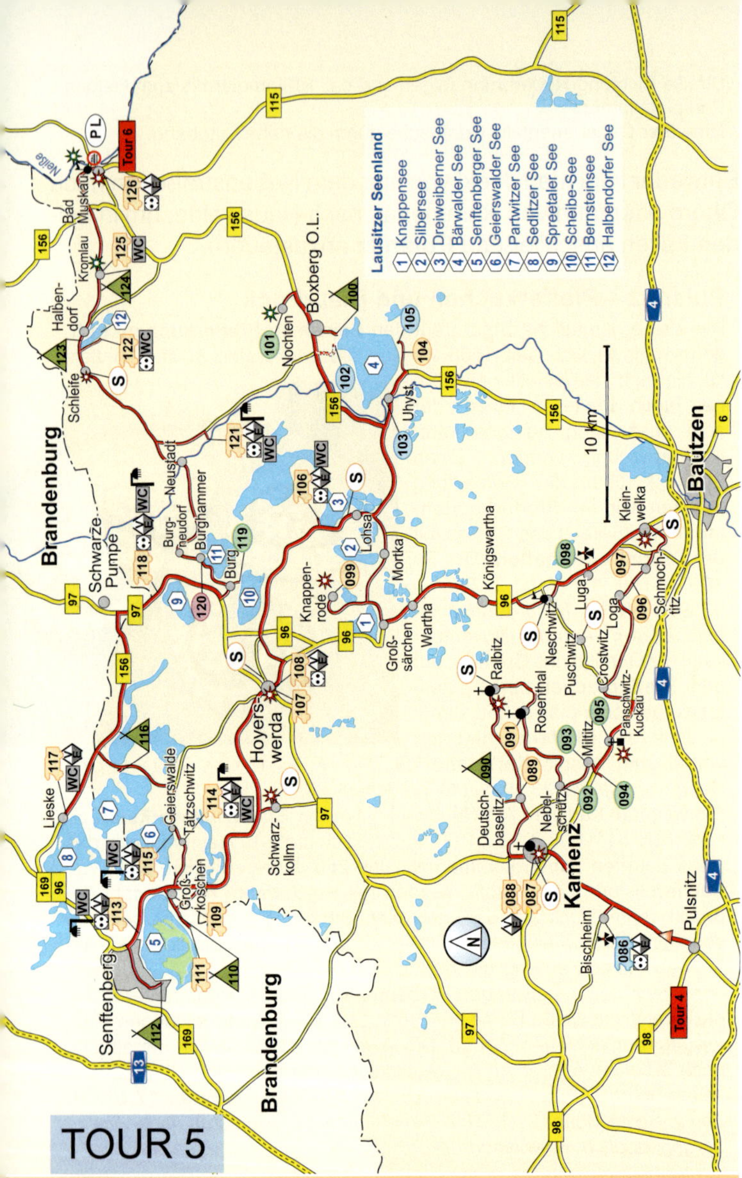

Tour 5 340 km

Kamenz – Deutschbaselitz – Ralbitz-Rosenthal Panschwitz-Kuckau – Boxberg O.L. – Hoyerswerda Senftenberg – Bad Muskau

Stellplätze: Bischheim, Kamenz, Deutschbaselitz, Rosenthal, Nebelschütz, Miltitz, Panschwitz-Kuckau, Schmochtitz, Luga, Knappenrode, Boxberg, Nochten, Uhyst, Weißkollm, Hoyerswerda, Senftenberg, Tätzschwitz, Geierswalde, Lieske, Spreeewald, Burg, Burghammer, Halbendorf, Kromlau, Bad Muskau.

Campingplätze:	Deutschbaselitz Camping Am Großteich; Boxberg Campingplatz Sternencamp; Großkoschen Familienpark und Hafencamp, Niemtsch Komfortcamping; Elsterheide, Naturcamping Partwitz; Halbendorf Camping.
Besichtigen:	Kamenz Altstadt, div. Museum; Ralbitz Friedhof; Rosenthal Wallfahrtskirche; Panschwitz-Kuckau Kloster; Kleinwelka Saurierpark und Irrgarten; Neschwitz Park; Knappenrode Energiefabrik; Nochten Findlingspark; Hoyerswerda Computermuseum, Stadtmuseum, Zoo; Schwarzkollm Krabat-Mühle; Schleife Sorbisches Kulturzentrum; Kromlau Azaleen- und Rhododendron-Park.
Wandern:	Deutschbaselitz, Neschwitz.
Radfahren:	Deutschbaselitz Krabatradweg, Lausitzer Seenland, Burghammer Froschradweg.
Baden:	Bischheim, Boxberg, Uhyst, Weißkollm, Senftenberg, Geierswalde, Burg, Halbendorf.
Essen:	Puschwitz Gutshof Puschwitz, Neschwitz Herrschaftlicher Gasthof, Schwarzkollm Bauernstube mit Imbiss, Restaurant Haus des Müllers; Geierswalde Gasthof Zur Grubenlampe; Kromlau Café Azalee.

In dieser und den zwei folgenden Reise-Etappen möchten wir Sie mit der Tradition und den lebendigen Bräuchen der Sorben bekanntmachen und Sie im Osten Sachsens in ein Wander-, Rad- und vermehrt auch Wassersport sowie Badeparadies im Lausitzer Seenland mitnehmen. Die Oberlausitz bietet in Kamenz, Bautzen, Görlitz und Zittau eine Fülle von Kulturschätzen und mit dem Fürst-Pückler-Park in Bad Muskau sogar ein Unesco-Welterbe. Dazwischen sorgen Umgebindehäuser mit blühenden Bauerngärten für bunte Tupfen und im Zittauer Gebirge schnauft die Dampfeisenbahn zwischen Oybin, Jonsdorf und Zittau.

Richtung Kamenz erwartet uns in Bischheim-Häslich ein schön gelegener Stellplatz am Freibad im Haselbachtal.

(086) Offizieller WOMO-Badeplatz: Bischheim, Freibad

GPS: N 51°14'08.4" E 14°01'34.0"; Jahnstraße **Max. WOMOs**: 10
Ausstattung: V/E, Strom, Sanitärnutzung gegen Gebühr im Freibad, WLAN in der Nähe des Gebäudes.
Beschreibung: Der schön angelegte Parzellenplatz auf befestigtem

Untergrund liegt am Ortsrand mit Blick auf die Wiesen sowie Felder und ist teils schattig. Der Platz eignet sich als Ausgangspunkt für Rad- und Wandertouren. Die Einkehr in der nahen **Kulturmühle** ist absolut empfehlenswert: Das Essen ist bodenständig und lecker *(Fr ab 17 Uhr, Sa/So ab 11 Uhr)*, der Service freundlich und die Vorstellungen in der kleinsten sächsischen Kleinbühne ein Genuss (die Vorstellungen sind schnell ausverkauft, deshalb unbedingt vorher Karten reservieren *(Telefon 03578/30913, www.kulturmuehle.de)*. Eine Bäckerei findet sich etwa 1,5 Kilometer entfernt im Ort zurück zur Landstraße.
Preise: €€.
Zufahrt: In Gersdorf links Richtung Reichenbach/Bischheim-Häslich fahren und nach ca. 1,5 km im Ort links den WOMO-Piktogrammen ca. 700 m folgen.
Hinweis: Gegebenenfalls Geräuschbelästigung vom nahen Sportplatz.

Bei der Weiterfahrt heißen uns hinter Gelenau zweisprachige Ortsschilder willkommen, die darauf hinweisen, dass in dieser Region die Sorben ansässig sind.

Serbja – Die Sorben

Während der Zeit der Völkerwanderung vor mehr als 1.400 Jahren siedelten slawische Stämme zwischen Oder, Elbe und Saale, zwischen Ostsee und deutschen Mittelgebirgen. Zum ersten Mal werden die „Surbi“ in der Chronik eines fränkischen Mönchs erwähnt. Römische Geschichtsschreiber benannten alle slawischen Stämme als „Veneti“ oder „Vendi“, wovon sich die deutschen Namen „Wenden“ oder „Winden“ ableiten. Die Bezeichnung „Sorben“ ergibt sich aus dem sorbischsprachigen Eigennamen „Serbja“ oder „Serby“.
Im Laufe der Jahrhunderte schrumpfte das sorbische Siedlungsgebiet, das unter anderem an der gewaltsamen Christianisierung sowie an der wachsenden Dominanz der deutschen Sprache und Kultur in allen Lebensbereichen lag. In den abseits gelegenen Landstrichen der Nieder- und Oberlausitz konnten die sorbische Kultur und Muttersprache jedoch überleben. Ende des 18. Jahrhundert wurden die blau-weiß-rote Fahne und die sorbische Hymne „Rjana Luzíca“ zum Symbol der sorbischen Volksgruppe erklärt und am 13.10.1912 gründete sich der Dachverband „Domowina“, der heute in Bautzen ansässig ist und die kulturellen als auch politischen Interessen der noch verbliebenen rund 60.000 Sorben vertritt. Während der NS-Zeit wurden alle sorbischen Organisationen,

Sorbische Trachten im Kulturzentrum Schleife

sowie Sprache und Kultur verboten und viele Sorben in Konzentrationslager deportiert. In der DDR-Zeit passte die ethnische Minderheit plötzlich wieder ins politische Profil des Staates und die bunte Folklore war wieder erwünscht. Die Sorben im Freistaat Sachsen sind heute deutsche Staatsangehörige mit allen Rechten sowie Pflichten und seit 1999 mit genau definierten Grundrechten laut Sächsischer Verfassung geschützt. Dazu gehören beispielsweise die Rechte, ein eigenes Wappen und eigene Farben zu führen sowie die Pflege der Sprache, Kultur und Überlieferung. Es existieren über 150 sorbisch-deutsche Gemeinden, alle Schulzweige unterrichten zweisprachig und sorbisches Brauchtum als auch die Volkskunst gehörten zum Leben vieler Menschen. In der katholisch-sorbischen Lausitz zwischen Bautzen, Kamenz und Wittichenau wird die jeweilige regionale Tracht von älteren Frauen noch täglich getragen und zu kirchlichen Feiertagen, Familienfesten und kulturellen Veranstaltungen tragen alle Altersgruppen ihre Festtracht.

Nun sind wir also auf dem Weg in das Land der Sorben, das von der **Via Regia**, der wir bereits in Großenhain begegnet sind, durchzogen wird. Aber auch die **Via Sacra**, eine neue touristische Route, die auf alten Pilger- und Handelswegen zu sakralen Bauwerken und Kunstschätzen im Länderdreieck Polen, Tschechien und Deutschland führt, kreuzen wir immer wieder. Im **Oberlausitzer Sechsstädtebund** schlossen sich Bautzen, Görlitz, Kamenz, Lauban, Löbau und Zittau zum Schutz der Handelswege zusammen. Bis auf das heute polnische Lauban werden wir in den folgenden Touren jede dieser Städte anfahren – beginnen wir also mit dem westlichsten Ort und dem Zentrum der Westlausitz, der Stadt **Kamenz** oder sorbisch Kamjenc.

(087) Offizieller WOMO-Stellplatz: Kamenz, Am Damm

GPS: N 51°16'12.0" E 14°05'26.1"; Am Damm **Max. WOMOs**: 3

Beschreibung: Einfacher, gepflasterter, teils schattiger Stadtparkplatz am Ortsrand. Die kleine Altstadt und die Museen sowie Gaststätten sind rund 400 m entfernt.

Zufahrt: Im Ort bis zum Kreisel fahren, dort an der 3. Ausfahrt (Museum Westlausitz) dem WOMO-Piktogramm folgen.

Hinweis: Maximaler Aufenthalt 24 Stunden.

Kamenz (Kamjenc)

Vom Stellplatz erreichen wir die Geburtsstadt von **Gotthold Ephraim Lessing** (1729 - 1781) prima zu Fuß. Der berühmte Sohn der Stadt lebte hier bis zu seinem zwölften Lebensjahr. Seine Ideale von Aufklärung und Toleranz sind uns aus der Ringparabel in „Nathan der Weise“ noch in Erinnerung und im **Lessingmuseum** kommen wir sowohl seinem literarischen Werk als auch seinem Leben näher *(Di - Fr 9 - 17 Uhr, Sa/So/Feiertage 13 - 17 Uhr, Eintritt, www.lessingmuseum.de)*.

Als außergewöhnlich sind die **sakralen Bauten** der Stadt hervorzuheben. Befinden sich doch in der am Jakobsweg liegenden **Sankt Just**

Kirche ein, in der Hauptkirche **Sankt Marien** zwei und in der Klosterkirche **Sankt Annen** fünf spätgotische Schnitzaltäre vom Beginn des 16. Jahrhunderts. Gleich neben der Sankt Marienkirche steht die in die ehemalige Stadtmauer gebaute **Katechismuskirche**, deren Schießscharten verraten, dass sie nicht nur als Gotteshaus genutzt wurde. Am Markt dominiert das rostrot leuchtende, burgartige **Rathaus** (Foto oben) und den letzten noch erhaltenen, gelb gestrichenen **Roten Turm** von ehemals drei Stadttoren können wir gleich in der Nähe finden.
Naheliegend ist auch das **Museum der Westlausitz**, in dem in verschiedenen Abteilungen die Geschichte und die Landschaft der Region unter die Lupe genommen werden. Im sogenannten Elementarium gehören erfreulich viele Kinder zum Publikum, das aus Steinen liest, den Stimmen des Waldes lauscht, Spuren sucht und mit allen Sinnen erlebt *(Di - So/Feiertage 10 - 18 Uhr, 24./31.12./1.1. geschlossen, Eintritt, www.museum-westlausitz.de)*.
Am Stadtrand liegt der knapp 300 Meter hohe **Hutberg** mit einem Aussichtsturm, der selbstredend den Namen Lessings trägt, und einer weitläufigen Parkanlage, die im 19. Jahrhundert vom Koniferenzüchter und königlichen Hoflieferanten Wilhelm Weiße angelegt wurde [N 51°16'15.5" E 14°04'40.3"; Am Hutberg]. Der wunderschöne Park verwandelt sich im Mai/Juni, wenn die Knospen unzähliger Rhododendron- und Azaleenarten explodieren, in ein farbenprächtiges Blütenparadies. Weitere touristische und kulturelle Angebote vermittelt die **Tourist-Info** *(März- Okt. Mo - Fr 10 - 18 Uhr, April - Sept. Sa/So/ Feiertage 10 - 13/14 - 18 Uhr, Okt. - März Sa/So/Feiertage 11 - 16 Uhr, Schulplatz 5, Telefon 03578/379205, www.kamenz.de)*.

Am besten verlassen wir Kamenz, indem wir uns am Kreisel in „alle Richtungen", später Richtung Bischofswerda orientieren, um dann dem Hinweis Campingplatz zu folgen. Zwischendurch besuchen wir **Caravan-Eyke mit einem Zubehör-Shop** im Gewerbegebiet, bei dem einige Stellplätze zu finden sind [**088:** N 51°17'52.3" E 14°05'36.7"; Am Ring, V/E, Telefon 03578/302448, www.caravan-reisemobile-eyke.de].

Im etwas entfernten Stadtteil **Deutschbaselitz** (Němske Pazlicy) wurde 1938 Hans-Georg Kern geboren, der sich in Anlehnung an seinen Geburtsort **Georg Baselitz** nennt und weltweit mit seinen auf dem Kopf stehenden Bildern Mitte der 1970er Jahre bekannt wurde. Im beschaulichen Ort in der **Oberlausitzer Heide- und Teichlandschaft** finden wir einen einfachen Parkplatz am Sportplatz [**089:** N 51°17'26.1" E 14°09'01.6" Sportplatzstraße] und einen über den Teichdamm mit alten Steineichen zu erreichenden Campingplatz.

(090) WOMO-Campingplatz: Deutschbaselitz, Camping Am Großteich

GPS: N 51°18'16.9" E 14°09'07.3"; Deutschbaselitzer Weg
Kontakt: Telefon 03578/301489; www.campingplatz-deutschbaselitz.com
Öffnungszeit: März - Oktober.

Ausstattung: Bademöglichkeit, Minigolf, Fahrrad- und Bootsverleih, Volleyball, Spielplatz, Grillplätze, Strandbar, Brötchenservice, Shop, spezielle Angebote für Kinder *(www.aktiv-erlebnis-lausitz.de)*.
Beschreibung: Der Platz liegt außerhalb des Ortes am Rand des Großteichs. Vorwiegend Dauercamper stehen unter Kiefern im hinteren Teil des Platzes, während WOMOs auf einem extra dafür vorgesehenen Areal oder auf einer Wiese direkt am See parken können. Rad- und Wanderwege (z. B. 6-km-Seerundweg für Wanderer oder Krabat-Radweg) vorhanden.
Preise: €€ - €€€.
Zufahrt: Im Ort den Hinweisen etwa 1,5 Kilometer zum Campingplatz folgen oder von Kamenz Richtung Wittichenau nach Schiedel und dort nach Deutschbaselitz bzw. zum Campingplatz fahren.

Wunderbar ruhig haben wir die Nacht verbracht und nach einem kühlen Bad im See geht es anschließend zu Fuß auf um den naturbelassenen See. Es piept, gurrt, gluckst und zwitschert ohne Unterlass, sodass Ornithologen ihre wahre Freude haben werden.

Krabat-Radweg

Die Wanderungen durch das überwiegend ebene, leicht hügelige Gelände sind beliebig erweiterbar und auch Radfahrer können sich richtig austoben. Der Radweg, nach dem Zauberer Krabat benannt und durchgängig mit einem schwarzen Raben markiert, erschließt auf 72 Kilometer Länge einen wichtigen Teil des sorbischen Siedlungsgebiets. Er berührt nicht nur die wichtigsten Orte, in denen die Sagengestalt aktiv war, sondern vermittelt zusätzlich Einblicke in die Kultur und den ländlichen Alltag der Sorben. Von einigen unserer genannten Stellplätze bietet sich der Einstieg in diese märchenhafte Strecke an *(www.radwandern-oberlausitz.de, www.krabatregion.de)*.

Wir verlassen die Natur-Pur-Idylle, um die Fahrt auf der Hauptstraße Richtung Schmerlitz (Smjerdźaca) fortzusetzen. Kurz vor dem Ort sehen wir rechts schon die Wallfahrtskirche von Rosenthal, schlagen diese Richtung aber nur kurz ein, um über Laske (Lask) zunächst **Ralbitz** (Ralbicy) zu erreichen. In der katholisch geprägten Gegend, durch die, es wundert uns gar nicht, das kleine Flüsschen Klosterwasser fließt, führt uns der Weg anschließend Richtung Crostwitz nach Nausslitz und von dort zur nach **Rosenthal** (Róžant).

(091) WOMO-Stellplatz: Rosenthal, Wallfahrtskirche

GPS: N 51°17'08.3" E 14°13'32.9"; Am Marienbrunnen **Max. WOMOs**: 3 - 5
Beschreibung: Der große, einfache Wiesenplatz liegt am Ortsrand und ist teils schattig. Großveranstaltungen/Freilicht-Gottesdienste sind möglich, sodass die Nutzung des Platzes dann eingeschränkt bzw. gar nicht möglich ist.
Zufahrt: Zweite Möglichkeit nach Rosenthal Richtung Bernsdorf abbiegen und dann im spitzen Winkel links zum ausgeschilderten Wiesen-Parkplatz fahren.
Hinweis: Mit Rücksicht auf die Örtlichkeit bitte keine WOMO-Ansammlungen und nur im hinteren Teil des Geländes stehen bleiben!!!

Friedhof und Wallfahrtskirche in Ralbitz-Rosenthal

Gegenüber der Kirche in **Ralbitz** stellen wir das WOMO ab und stehen einen Moment später auf einem sehr ungewöhnlichen sowie einmaligen Gräberfeld [N 51°18'09.7" E 14°14'50.8"; Schulstraße].
Der unter Denkmalschutz stehende **Ralbitzer Friedhof** beeindruckt durch Hunderte gleich große, weiße und mit Gold verzierte Holzkreuze, die sich lediglich durch die Inschrift in sorbischer oder deutscher Sprache unterscheiden und Auskunft über die Verstorbenen geben. Auch kann die Grabstelle nicht vorherbestimmt werden, denn es erfolgt eine chronologische Zuweisung der letzten Ruhestätte. Unabhängig vom irdischen Leben soll all dies das Schicksal und die Gleichheit vor Gott symbolisieren. Die Einzigartigkeit dieses Friedhofs verbunden mit den tief verwurzelten und uns unbekannten Bräuchen der Sorben sind für uns Momente des Staunens sowie des Innehaltens und gehören zu unseren sächsischen **Top Ten**.
Der kleine Ort **Rosenthal** wird erstmals 1350 urkundlich erwähnt und besaß 130 Jahre später eine kleine Marienkapelle. Ungesichert ist, ob die ersten Wallfahrten in dieser Zeit beginnen oder bereits zur Zeit Karls des

Großen im 8. Jahrhundert ihren Lauf nahmen. Belegt sind hingegen der Bau der barocken **Wallfahrtskirche** 1778, ein Brand 1945 und der anschließende Wiederaufbau in nur zwei Jahren. Ziel der Pilger ist ein 22 Zentimeter großes Gnadenbild der Jungfrau Maria und die kleine Brunnenkapelle neben der Kirche. Unter deren achteckigem Bau sprudelt die Marienquelle, deren Wasser heilende Wirkung zugesprochen wird. Dort, wo sonst auf der Wiese im Jahr mehrere Wallfahrten stattfinden, blinzeln wir auf einer Bank sitzend der Sonne entgegen und erfreuen uns an dem momentan ruhigen, menschenleeren Plätzchen.

Über Piskowitz (Pěskecy), hier biegen wir am Feuerwehrhaus (Parkstraße) nach Wendischbaselitz links ab, gelangen wir in den von Feldern, grünen Wiesen und kleinen Waldgebieten umgebenen Ort **Nebelschütz** (Njebjelčicy), der übersetzt den vielversprechenden Namen „Himmelsort" trägt. Das **Wendentor** zeigt nicht nur typische Lausitzer Fachwerkarchitektur, sondern symbolisiert „den Durchgang" zur sorbischsprachigen Oberlausitz, die Zweisprachigkeit sowie das Zusammenleben der sorbischen und deutschen „Nationalitäten".

(092) WOMO-Wanderparkplatz: Nebelschütz, Am Wendentor

GPS: N 51°15'50.7" E 14°09'30.8"; Hauptstraße **Max. WOMOs**: 1 - 2
Ausstattung: Infotafel, Tisch und Bank, Müllbehälter.
Beschreibung: Der einfache, asphaltierte Parkplatz liegt im Ort neben dem Pfarramt. Hier bietet sich der Einstieg in den Krabat-Radweg an, aber auch Wanderer kommen auf ihre Kosten.
Zufahrt: Etwa 350 Meter hinter dem Ortseingang die zweite Einfahrt hinter der Kirche rechts nehmen.

An der abknickenden Vorfahrtsstraße (Haupt-/Lindenstraße) halten wir uns genau wie an der Kreuzung hinter dem Ortseingang von **Miltitz** (Miłoćicy) links und folgen im Dorf dem Hinweis zum **Miltitzer Frosch** links in eine Sackgasse hinein [**093:** N 51°14'59.7" E 14°10'41.2"].

Vom unter Bäumen liegenden kleinen Parkplatz sind es nur einige Meter bis zum naheliegenden **Frosch**, einem Granitblock aus der Eiszeit. Glaubt man einer sorbischen Sage, soll er vom Wassermann nach dem Handel mit einem reichen Bauern her geschleudert worden sein.
Nicht weit entfernt vermerken wir eine weitere Parkmöglichkeit am ehemaligen Miltitzer Steinbruch.

(094) WOMO-Wanderparkplatz: Miltitz, Steinbruch

GPS: N 51°14'27.0" E 14°10'04.6"
Cisinskistraße **Max. WOMOs**: 2-3
Beschreibung: Der einfache, schattenlose Parkplatz am Straßenrand liegt außerhalb des Ortes in der Nähe des Steinbruchs. Die Bildhauerszene ist hier recht aktiv und im Herbst kann es beim Bildhauersymposium eng werden. Außerhalb des Ortes bietet sich der Einstieg in den Krabat-Radweg an, aber auch Wanderer kommen auf ihre Kosten.
Zufahrt: Durch den Ort zurück und links zur Landstraße, diese überqueren und in die Sackgasse fahren.
Hinweis: Eventuell Geräuschbelästigung durch die nahe Straße.

Ruckzuck sind wir Richtung Bautzen in **Panschwitz-Kuckau** (Pančicy-Kukow), überqueren das Flüsschen Klosterwasser und nehmen unseren Logenplatz ein, um einen der sorbischen Bräuche zu erleben, der tief im christlichen Glauben der Menschen verwurzelt ist.

(095) WOMO-Stellplatz: Panschwitz-Kuckau, Kloster

GPS: N 51°14'00.0" E 14°12'16.0"
Max. WOMOs: 2
Ausstattung: Müllbehälter.
Beschreibung: Der einfache, asphaltierte Parkplatz liegt am Ortsrand direkt an der Straße in der Nähe von Gaststätten und Bäcker. Das Kloster ist etwa 300 Meter entfernt. Im Ort bietet sich der Einstieg in den Krabat-Radweg an, aber auch Wanderer kommen auf ihre Kosten.
Zufahrt: Am Ortsausgang links zum Parkplatz.

Kloster St. Marienstern und das Osterreiten

Kalt ist es am Ostersonntag, als wir um 6 Uhr den Gottesdienst für die Osterreiter in der zwischen dem 13. und 15. Jahrhundert entstandenen Klosterkirche besuchen. Vor dem prächtigen Hochaltar aus dem Jahr 1751 sammeln sich die tiefgläubigen Menschen. Wir verstehen

kein Wort vom in sorbischer Sprache abgehaltenen Gottesdienst und trotzdem können wir uns der festlichen, leicht angespannten Stimmung, die auf den bevorstehenden Tag hinzudeuten scheint, nicht entziehen. Danach leert sich das Klostergelände vorübergehend und nach einem zweiten Frühstück haben wir Zeit, uns mit dem im Jahr 1248 gegründeten Zisterzienserinnenkloster, das wie das Kloster Marienthal bei Ostritz auch heute noch von Nonnen bewohnt wird, etwas näher zu beschäftigen. Durch das Klostergelände, das mit charakteristisch rot-weißer Farbgebung der Gebäude auffällt, führt der Ökumenische Pilgerweg, der sich, an der Trasse der Via Regia orientiert.

Neben der Kirche, die außerhalb der Gottesdienste besichtigt werden kann, besuchen wir die **Schatzkammer**, die sich der Geschichte des Klosters und dem Leben der Zisterzienserinnen widmet sowie Meisterwerke der Goldschmiedekunst und Zeugnisse alter religiöser Tradition zeigt. Im Ernährungs- und Kräuterzentrum gedeihen über 500 Pflanzenarten und ein **Klosterladen** sowie eine **Klosterbäckerei** dürfen auch nicht fehlen. Zur physischen Stärkung kann im **Klosterstübel** eingekehrt werden *(Schatzkammer April - Sept. Di - Fr 10 - 12.30/13 - 16.30 Uhr, Sa/So/Feiertage 12.30 - 16.15 Uhr, Klosterladen: Mo - Fr 10 - 16.30 Uhr, Sa 12.30 - 16 Uhr, Klosterstübel zunächst Do Nachmittag - So Abend, www.marienstern.de).*

Um die Mittagszeit sammeln sich im Klosterhof Menschenmassen, um den Einzug der **Osterreiter** von Panschwitz-Kuckau und der Umgebung zu verfolgen. Bereits in den Tagen vor Ostersonntag werden Pferde in Ermangelung des eignen Bestands von weither geholt, gewaschen, gestriegelt und ihre Mähnen nach traditioneller Art mit Bier und Strohwickel geflochten und gelockt. Kunstvolle Zaumzeuge, bestickte Schwanzschleifen sowie Decken schmücken die Rösser und die Reiter sitzen stolz in Frack, Zylinder und weißen Handschuhen auf den tänzelnden Vierbeinern. Bevor es losgeht, wird ein Vaterunser gebetet, sich bekreuzigt und die Hausfrauen besprengen Rosse und Reiter mit Weihwasser und wünschen ihnen Gottes Segen.

Seit dem 16. Jahrhundert satteln die auch Kreuzreiter genannten Osterreiter ihre Pferde und die männlichen Sorben sehen es als ihre Glaubenspflicht an, der Prozession hoch zu Ross beizuwohnen. Der Osterritt ist keine Folkloreveranstaltung, sondern vielmehr eine Glaubensangelegenheit.

Von Weitem sind Hufgetrappel sowie ein vielstimmiger Männerchoral zu hören und dann sind sie da! An der Spitze der Prozession werden bunte Kirchenfahnen, Kruzifix und manchmal eine Statue des aufer-

standenen Heilands getragen. Der Vorsänger singt „Stanyl je horje Jezus Khryst, alleluja!" - „Christ ist auferstanden!" und aus unzähligen Kehlen schallt es wiederholt zwischen den Klostermauern.
Nach einer Andacht bewegt sich der Tross ins nächste Dorf und unterwegs schließen sich immer mehr Reiter aus anderen Orten an. Das Ganze läuft nach einem ausgeklügelten Plan ab: Etwa 1.600 Osterreiter aus neun sorbischen Pfarrbezirken beteiligen sich von Bautzen über Wittichenau bis Ostritz am österlichen Ritt. Sie tragen die frohe Botschaft von der Auferstehung Jesu Christi ins Nachbardorf und dieses sendet seinerseits seine Reiter zum Gegenbesuch ins andere Dorf. Dabei dürfen sich die Gegenprozessionen nicht begegnen, da dies Unglück bedeuten würde. Ein beeindruckendes Beispiel für die Leidenschaft, mit der die Sorben ihre traditionellen Feste und Bräuche leben *(www.osterreiten.com)*.

30 bis 40.000 Zuschauer verfolgen die alljährlichen Osterritte und manchmal sind Straßen gesperrt, man muss warten, bis die motorisierten Fahrzeuge wieder ein Durchkommen haben oder sucht eine Ausweichstrecke. Bei einer dieser Umfahrungen gelangen wir von Crostwitz (Chróśćicy) nach **Puschwitz** (Bóžicy). Hier möchten wir den **Gutshof Puschwitz** nicht unerwähnt lassen, der in angenehm freundlicher Atmosphäre eine gute Küche anbietet. Nach Voranmeldung ist der sonntägliche Brunch eine Wucht und auf Nachfrage findet sich eventuell sogar ein Stellplatz vor Ort [N 51°14'58.8" E 14°17'29.0"; Am Puschwitzer Park 4, Telefon 035933/30336, www.gutshof-puschwitz.de].
Monate später sind wir erneut hier unterwegs, kommen durch die nun von Obstbäumen flankierten Alleen nach **Crostwitz**, sehen die in der Sonne liegende barocke Pfarrkirche, betrachten die sanft geschwungene Landschaft und bewundern immer wieder die wunderschönen Wegkreuze und Hausaltäre auf dem Weg nach Dreikretscham und Loga. Richtung Milkwitz und Schmochtitz erreichen wir mitten auf der Strecke das

Milleniumsdenkmal, das im Milleniumsjahr 2000 zum Gedenken an die Menschwerdung Gottes durch die Geburt Jesu Christi erinnern soll [**096:** N 51°13'22.9" E 14°20'25.3"].
Keine zwei Kilometer später notieren wir in **Schmochtitz** eine weitere Parkmöglichkeit gegenüber dem Bischof-Benno-Haus [**097:** N 51°12'49.2" E 14°21'35.9"].
An der nächsten großen Kreuzung halten wir uns Richtung Temritz und kommen uns in **Kleinwelka** (Maly Wjelkow) angesichts eines längst ausgestorbenen Lebewesens recht winzig vor [N 51°12'19.5" E 14°23'03.9"]. Auf Nachfrage steht der Parkplatz nach Möglichkeit für eine Übernachtung zur Verfügung. Voraussetzung hierfür ist, dass der Parkplatz anschließend sauber und ordentlich verlassen wird!

Saurierpark Kleinwelka und Irrgarten

Im **Saurierpark** können kleine und große Dino-Liebhaber einem Tyrannosaurus Rex und 200 anderen seiner täuschend echt aussehenden Betonkameraden Auge in Auge gegenüberstehen und sich 65 Millionen Jahre zurückversetzt fühlen. Was im Jahr 1978 mit einer ungewöhnlichen Gartengestaltung hinter dem Haus von Franz Gruss begann, ist mittlerweile zu einem im wahrsten Sinne des Wortes „Riesenrenner" geworden. Bereits das Eingangsportal **Mitoseum** ist gigantisch und dem Prozess der Mitose, der Zellteilung, nachempfunden. Direkt an das Gebäude, das den Ursprung allen Lebens darstellen soll, schließt sich **Lavaris** an. Hier tauchen die Besucher in eine Art Uratmosphäre ein, die von Vulkanen, Meteoreinschlägen sowie brodelnden Tümpeln geprägt ist. Doch nicht nur Dinofreunde kommen auf ihre Kosten, denn es darf auch gerutscht und geklettert werden. Ein Erlebnis für die ganze Familie, die natürlich auch eine entsprechende Gastronomie vorfindet *(Ende März/Anfang April - Nov. 9 - 18 Uhr, Juli/Aug. bis 19 Uhr, Eintritt, Hunde an der Leine gestattet. Große Hunde benötigen unter Umständen einen Maulkorb, www.saurierpark.de).*

Wer bisher noch nicht die Orientierung verloren hat, kann das im benachbarten **Irrgarten** bei Rätselspaß und Abenteuer nachholen *(Mai - Okt./Nov. 11 - 18 Uhr, in den Ferien/Wochenende 9 - 18 Uhr, Juli/Aug. bis 19 Uhr, Eintritt, www.irrgarten-kleinwelka.de).*

In Kleinwelka setzen wir uns auf die B96 Richtung Hoyerswerda, registrieren in Cölln links das pittoreske Kugelhaus mit rundem Schieferdach und dem Jugendstil entliehenen Fenster- und

Gaubenformen und stehen in **Luga** (Ługa) vor der ältesten **Bockwindmühle** Sachsens aus dem Jahr 1732.

(098) WOMO-Wanderparkplatz: Luga, Bockwindmühle

GPS: N 51°14'56.0" E 14°21'38.3"
Max. WOMOs: 2 - 3
Ausstattung: Tisch und Bank.
Beschreibung: Der einfache, geschotterte, teils schattige Parkplatz liegt außerhalb des Ortes an der Straße. Er bietet sich als Ausgangspunkt für Rad- und Wandertouren an. Die Historische Bockwindmühle kann nach Anmeldung bei der Toursit-Information in Neschwitz besichtigt werden.
Zufahrt: Etwa 2 Kilometer hinter Schwarzadler dem Hinweis zur Bockwindmühle folgen.

Die B96 streift **Neschwitz** (Njeswačidło) und der Hinweis zum **Barockschloss und Park** ist nicht zu verfehlen [N 51°16'18.0" E 14°19'37.7"; Kamenzer Straße].

Neschwitz

Das Schloss wurde1721/1723 auf den Grundmauern einer alten Wasserburg als Sommerresidenz erbaut. Hier begegnen wir auch dem Lüstling August wieder, denn die Hausherrin gehörte zu den kurfürstlichen Mätressen. Zum Lustwandeln lädt nicht nur damals, sondern auch heute der angrenzende **Barock- und Landschaftsgarten** ein. Um den **Litzenteich** und die **Caßlauer Wiesenteiche** führen gut beschriebene 10 - 12 Kilometer lange **Naturlehrpfade** und die **Tourist-Information** am Schloss informiert über weitere Sehenswürdigkeiten und Freizeitmöglichkeiten in Neschwitz und seinen Dörfern *(Tourist - Information und Schloss Mai - Okt. Mi/Do 13 - 17 Uhr, Fr - So/Feiertage 10 - 12 /13 - 17 Uhr. Führungen möglich, bei Veranstaltungen geschlossen, Eintritt. Der Park ist ganzjährig frei zugänglich. Telefon 035933/32669, www.neschwitz.de).* Nicht nur nach einem Besuch des **Heimatmuseums** *(So/Feiertage 13 - 17 Uhr)* bietet sich die Einkehr im benachbarten und empfehlenswerten **Herrschaftlichen Gasthof** an *(Do - Mo 11 - 18 Uhr, Marktplatz 9, 035933/391260).*

Das WOMO schnurrt die B96 Richtung Hoyerswerda bis Groß-Särchen (Wulke Ździary) in einem Rutsch durch und schon befinden wir uns am südlichen Rand des **Lausitzer Seenlandes**.

Lausitzer Seenland I

Ähnlich wie das Leipziger Neuseenland, hat es seinen Ursprung in den gefluteten Braunkohlerevieren in Brandenburg und Sachsen. Nach der Sanierung der Bergbaualtlasten entsteht gerade die größte von Menschenhand geschaffene Wasserlandschaft Europas. Die 25 künstlichen Seen mit einer Wasserfläche von 14.000 Hektar verändern den Charakter der Region völlig und befinden sich weiterhin in der Entwicklungs- und Veränderungsphase.

Baden, Rudern, Tretbootfahren, Tauchen, Angeln, Surfen und Segeln – dem Herz des **Wassersportlers** werden kaum Grenzen gesetzt und auch **Radfahrer** sowie **Wanderer** kommen voll auf ihre Kosten. Ergänzend ist zu erwähnen, dass das Baden oft auf die Zeit zwischen Mai bis Oktober beschränkt ist und man nicht immer bewachte Strände findet. **Naturliebhaber** werden die rekultivierten Böden zu schätzen wissen, wenn sie auf ihren Ausflügen durch die Bergbaufolgelandschaft seltenen Tieren und Pflanzen begegnen.

Mehr als 150 Jahre haben Bergbau und Kohleproduktion die Lausitz geprägt und die stillgelegten Kraftwerke, Brikettfabriken und Bergwerke stellen nicht nur ein beeindruckendes Zeugnis der Industriekultur dar, sondern dienen auch als imposante Kulisse für kulturelle Veranstaltungen.

In unserem Reisegebiet dominiert der **Bärwalder See**, der mit knapp 1.300 Hektar Fläche der größte Binnensee Sachsens ist, die Seenlandschaft. Er bietet Wassersportlern ausgezeichnete Möglichkeiten und der über **21 Kilometer lange Seerundweg** ist ein Erlebnis für Radfahrer, Skater, Jogger und Wanderer. Sandstrände mit Textil-, FKK sowie Hundebereichen sorgen für ungetrübte Badefreuden bei Zwei- und Vierbeinern. Der See gilt wegen der sehr guten Windverhältnisse jedoch auch bei Segelfreunden und Surfern als Insidertipp. Das Umfeld bietet zahlreiche weitere Möglichkeiten für Unternehmungen, sodass bei einem längeren Aufenthalt bestimmt keine Langeweile aufkommt.

Neben einigen kleineren sächsischen Seen werden wir später auch die weiter nördlich und bereits in Brandenburg gelegenen größeren Seen besuchen und beschreiben *(www.lausitzerseenland.de)*.

In Groß Särchen verlassen wir die B96, gelangen entlang des **Knappensees** – der See ist momentan aufgrund geotechnischer Sanierungsarbeiten gesperrt – nach Koblenz und von dort nach Knappenrode (Hórnikecy). Durch die ehemalige Arbeitersiedlung erreichen wir das **Industriedenkmal Energiefabrik**.

(099) WOMO-Stellplatz: Knappenrode, Energiefabrik

GPS: N 51°23'57.6" E 14°19'35.2"; Ernst-Thälmann-Straße
Max. WOMOs: 3 - 5
Beschreibung: Der einfache Parkplatz liegt außerhalb der Ortschaft und bietet sich zur Besichtigung der Energiefabrik an. Infotafeln zeigen Rad- und Wanderwege auf.
Zufahrt: Der Beschilderung zur Energiefabrik folgen. Im hinteren Bereich des Parkplatzes steht man wohl am ruhigsten.
Hinweis: Die Angaben erfolgen unter Vorbehalt der Änderung, da während unserem letzten Besuch die Parkplätze gerade umgebaut wurden.

Energiefabrik Knappenrode

Bereits von außen wirkt die rote Backsteinhalle imposant und ist ein Zeugnis vorbildlicher Industriearchitektur der Gründerzeit. Erst im Jahr 1993 endete die letzte Schicht in der Brikettfabrik und noch immer scheint der Geruch von frisch gepressten Briketts in der Luft zu hängen. Dreimal am Tag ist „Schichtbeginn“ für den Fabrik-Erlebnis-Rundgang, den wir nicht versäumen wollen und der uns unter anderem vom Treppenturm einen grandiosen Blick ins Lausitzer Bergbau-Land ermöglicht. Über sieben Etagen werden wir mit der Fabrikgeschichte vertraut gemacht und können uns lebhaft vorstellen, wie bei Hitze und Staub 67 Millionen Briketts in 75 Produktionsjahren gepresst wurden. Nachdem sich die Siebe, Förderbänder, Trockner und Pressen in Marsch gesetzt haben, haben wir jetzt allerdings auch eine Vorstellung, unter welchem unbeschreiblichen Lärm hier gearbeitet wurde. Ohrenbetäubend! Weiter geht es über das weitläufige Museumsgelände, die Wege führen über und unter Tage. Eine Feuerstättenausstellung, gigantische Bagger, besondere Schienenfahrzeuge und die Sammlung historischer Grubenlampen bieten nicht nur für Technikinteressierte ein beeindruckendes Erlebnis *(Di - So 10 - 18 Uhr, 24./31.12./1.1. geschlossen, Eintritt, www.saechsisches-industriemuseum.de. Bei unserem letzten Besuch im September 2020 wurde die Energiefabrik gerade umgebaut und sollte bald darauf wiedereröffnet werden. Insofern können unsere Angaben überholt oder das Museum erweitert worden sein).*

Nach diesem Ausflug in die Industriegeschichte der Lausitz sind wir schnell zurück in Koblenz und peilen **Lohsa** (Łaz) an. Unterwegs fällt uns mitten in **Mortka** (Mortkow) das abenteuerlich und extravagant wirkende Gebäude der **Jakubzburg** auf. Was auf den ersten Blick schwer nach Mittelalter aussieht, ist erst im 21. Jahrhundert entstanden und wohl als „Event-Location“ zu bezeichnen. Eine Burgführung gestattet den Blick hinter die auffallende Kulisse *(Ostern - Okt. So/Feiertage 14/15.30 Uhr, Eintritt, Koblenzer Straße 19a, www.freizeitoase-mortka.de).*
Wenig später registrieren wir einen **Campingplatz am Silbersee**, bevor wir in Lohsa Richtung Niesky abbiegen und uns bei Erreichen der B156 Richtung Weisswasser halten. Durch eine typische Heidelandschaft mit Sandböden und scheinbar endlosem Kiefernbestand ist der beschilderte Weg zum

Bärwalder See gar nicht zu verfehlen. Am Uferbereich in **Boxberg/O. L.** (Hamor) befindet sich die **Tourist-Information** *(April - Okt. Mi - So/sächsische Feiertage 10 - 16 Uhr, Zur Strandpromenade 1, Telefon 035774/489579, baerwalder-see.eu)* und ein großes gebührenpflichtiges Parkplatzareal, das sich für den Tagesbesuch eignet.

(100) WOMO-Campingplatz:
Boxberg/O. L., Campingplatz Sternencamp,

GPS: N 51°23'45.0" E 14°34'26.4"; Zur Strandpromenade 2
Kontakt: Telefon 035774/552173; www.sternencamp-boxberg.de
Öffnungszeit: April - Mitte/Ende Oktober.
Ausstattung: Behindertengerechtes Badezimmer und picobello Sanitäranlagen, Fahrradverleih, Kiosk, Brötchenservice, Waschmaschine, Wäschetrockner, Imbiss/Kiosk, Brötchenservice So, Spielplatz, WLAN.
Beschreibung: Der gepflegte Platz mit großen Parzellen liegt außerhalb des Ortes und oberhalb des Badestrandes am Bärwalder Sees mit FKK-Bereich und Hundestrand. Der Bäcker ist etwa 700 Meter entfernt und hier ist ein guter Ausgangspunkt für Rad- und Wandertouren. Am Kiosk sollte unbedingt das leckere Eis gekostet werden!
Preise: €€ - €€€.
Zufahrt: Von der B156 den Hinweisen zum Bärwalder See und zum Campingplatz folgen.
Hinweis: Die Anreisezeit bis 18 Uhr, ab Oktober bis 17 Uhr ist unbedingt einzuhalten. Die Rezeption von 12 - 13 Uhr geschlossen. Eine Abreise nach 11 Uhr ist vorher zu vereinbaren und nur gegen Aufpreis möglich.

Ganz in der Nähe befindet sich das **Landschaftsbauwerk Ohr**, das einem überdimensionalen menschlichen Hörorgan nachempfunden wurde und aus 100.000 Kubikmeter Sand modelliert wurde. In der Ohrmuschel befindet sich ein Amphitheater, in dem von Mai bis September Freiluftveranstaltungen stattfinden. Das gesamte Jahr über ist der **Findlingspark Nochten** einen Besuch wert, der über die B156 schnell erreicht wird oder Ziel einer **Fahrrad- oder Wandertour** sein kann [**101:** N 51°26'07.5" E 14°36'12.1"; Parkstraße 7, einfacher, geschotterter Parkplatz].

Findlingspark Nochten
Das 20 Hektar große Gelände ähnelt mit seinen kunstvoll gestalteten und großflächigen Anlagen an einen Landschaftspark, der zu jeder Jahreszeit seinen Reiz ausübt. Wir spazieren durch einen Heidegarten, lassen uns von einem Heidemoor mit seltenen Pflanzen verzaubern, lauschen bei einer Rast dem Wasserfall und blicken auf die blühenden Hänge des Steingartens. Dazwischen blüht und zwitschert es und die

6.000 namengebenden Findlinge machen den besonderen Charakter des Findlingsparks aus. Über allem ragt der Pfarrhügel empor, auf dem neben einem Kunstobjekt 90 Findlinge anhand einer nachempfundenen Landkarte dokumentieren, von welchem Ort sie ihre Reise angetreten haben. Der Rundweg führt uns an Informationstafeln vorbei und auf dem fantasievollen Kinderspielplatz können die Kleinen auf ihre eigene Entdeckungsreise gehen. Naturfreunde und Hobby-Gärtner sollten für den Besuch viel Zeit mitbringen, der mit der Einkehr in der **Gaststätte** seinen Abschluss finden kann *(Mitte März - Mitte November 10 - 18 Uhr, Nov. bis 17 Uhr, Eintritt, Hunde an der Leine gestattet. Als Service stehen gegen eine geringe Leihgebühr am Besucherzentrum Bollerwagen, Rollatoren und Rollstühle bereit, www.findlingspark-nochten.de).*

Die B156 bringt uns nach diesem erfreulichen Abstecher zurück zum Bärwalder See, an dem wir bei einer Umrundung mit dem WOMO weitere Park- und Übernachtungsmöglichkeiten entdecken. **Alle Plätze sind von WOMOs tagsüber gebührenpflichtig zu nutzen und erlauben für eine entsprechend höhere Gebühr (€€) den Aufenthalt von 24 Stunden ohne Campingverhalten und Zelten.** Das Ordnungsamt kontrolliert! Gegenüber dem Abzweig nach Bärwalde führt uns eine etwa 2,5 Kilometer lange „Waschbrettpiste" zum Parkplatz am **Surf-Strand**. Der See liegt ruhig und fast verträumt vor uns und nichts scheint die Ruhe zu stören. Das sollte jedoch nicht darüber hinwegtäuschen, dass wir an einem der besten **Kite-Spots** sind, der am Wochenende und in der Hauptsaison unzählige Surfer anlockt. In dieser Zeit muss man das Remmidemmi schon sehr mögen, um die arg rumpelige Fahrtstrecke zum einfachen, geschotterten Parkplatz auf sich zu nehmen [**102:** N 51°23'17.8" E 14°32'42.6". Keine Hunde am Wasser! Manchmal ist eine Dixi-Toilette vorhanden].

Die B156 Richtung Bautzen führt uns in ihrem Verlauf nach **Uhyst** (Delni Wujězd). Direkt hinter der Spreebrücke folgen wir den Schildern zum See und zu einem gebührenpflichtigen, gepflasterten Parkplatz am **Safariwildrevier** [**103:** N 51°22'15.1" E 14°30'37.6"]. Bei einer Jeepsafari können Wapitis, Rentiere,

Sonnenuntergang an der Marina Klitten

Rot- und Sikahirsche beobachtet werden. Außerdem wird beim Lama-Trekking die Umgebung des Bärwalder Sees erkundet *(April - Okt., Eintritt, www.safariwildrevier.de)*.

Bereits die nächste Abfahrt von der Bundesstraße führt uns zur **Marina Klitten** mit Leuchtturm und Hafenfeeling – einzig der Blick auf das Boxberger Kraftwerk stört den maritimen Charakter ein wenig [**104:** N 51°21'28.2" E 14°33'15.2"].

Wir folgen der Straße, vorbei an einem einfachen **Campingplatz**, und biegen wenig später an der abknickenden Vorfahrtsstraße links zu einem **Aussichtspunkt** ab. Am Ende der Sackgasse befindet sich ein weiterer einfacher Parkplatz oberhalb des Hafens [**105:** N 51°21'36.2" E 14°33'45.6", Saison-Imbiss, Müllbehälter, Dixi-Toilette, Beach-Volleyball].

Die B156 führt an die nun schon bekannte Kreuzung zurück, an der wir geradeaus Richtung Hoyerswerda und nach **Lohsa** fahren [N 51°23'42.8" E 14°24'03.0"; Bade- und Hundestrand, Spielplatz Piratenschiff].

Mit dem Lausitzer Seenland sind wir noch lange nicht fertig, denn von hier steuern wir Richtung Weisskollm (Běly Chołmc) den Nordstrand am **Dreiweiberner See** an.

(106) Offizieller WOMO-Stellplatz: Weißkollm Caravanparadies Dreiweiberner See

GPS: N 51°24'28.4" E 14°23'59.1"; Am Strand Weißkollm 1
Max. WOMOs: 14
Kontakt: Telefon 0177/6963436, www.caravan-dreiweibern.de
Öffnungszeit: Ostern - Oktober.
Ausstattung: V/E, Strom, WC und Waschraum, Imbiss mit Brötchenservice, Sandstrand mit Bademöglichkeit, Beach-Volleyball, Beach-Bar, ca. 2 km in den Ort. Gegebenenfalls Geräusche von der Straße.
Beschreibung: Der parzellierte Platz liegt außerhalb des Ortes direkt am See und mit Sicht auf selbigen, um den ein **8 Kilometer langer Rundweg** führt. Über das gut ausgebaute **Radwegenetz** ist z. B. der Findlingspark Nochten zu erreichen. Am Abend huschen Inline-Skater und Jogger am WOMO vorbei, bevor die Abendsonne den See in ein weiches Licht taucht und wir uns einen Absacker in der Beachbar genehmigen können.
Preise: €€€.
Zufahrt: Von der Straße zwischen Lohsa und Weißkollm den Hinweisen zum See und zum WOMO-Stellplatz folgen.
Hinweis: Am Wasser sind keine Hunde mehr gestattet, da einige Besitzer sich nicht um die Hinterlassenschaften ihrer Lieblinge gekümmert haben.

Im Nu sind wir am Morgen in **Hoyerswerda** (Wojerecy) und können zwei einfache Parkplätze nennen. Nahe des Computermuseums [N 51°26'19.3" E 14°15'25.7"; Albert-Einstein-Straße] sowie auf dem etwa 700 Meter vom Marktplatz entfernten Pforzheimer Platz darf man sogar offiziell übernachten [**107:** N 51°26'04.6" E 14°14'41.1"].

(108) Offizieller WOMO-Stellplatz: Hoyerswerda, Am Gondelteich

GPS: N 51°25'57.2" E 14°15'06.8"; Am Gondelteich **Max. WOMOs:** 5
Ausstattung: V/E, Strom, Müllbehälter.
Beschreibung: Der geschotterte, teils schattige Platz liegt recht hübsch an einem kleinen Teich nahe des Lausitzbades und des Festplatzes am Ortsrand. Der Marktplatz ist zwischen 1,5 und 2 Kilometer entfernt, Das Computermuseum etwa 1 Kilometer.
Zufahrt: Im Ort den Hinweisen zum Lausitzbad und den WOMO-Piktogramm folgen.

Hoyerswerda

Das **Computermuseum** ist **Prof. Dr. Konrad Zuse**, dem Erfinder der ersten programmgesteuerten Rechenanlage gewidmet. Er hat von 1923 - 1928 in Hoyerswerda gelebt sowie die Schulbank gedrückt und die Ausstellung reflektiert im Wesentlichen die revolutionäre Entwicklung der Informationstechnologie im 20. Jahrhundert *(Di - So/Feiertage 10 - 17 Uhr, geschlossen 24.,31.12./11.1, Dietrich-Bonhoeffer-Straße 1 - 3, www.zuse-computer-museum.com)*.
Im umgestalteten Schlosspark des 700 Jahre alten Schlosses befindet sich der **Zoo** mit einem *Tropenhaus (Winterzeit 10 - 17 Uhr, Sommerzeit 9 - 18 Uhr, Eintritt, Hunde nicht gestattet, www.kulturzoo-hy.de)*.
Im Schloss selbst ist ein umfangreiches **Stadtmuseum** untergebracht *(Winterzeit 11 - 17 Uhr, Sommerzeit 10 - 18 Uhr, Eintritt, www.museum-hy.de)*. Der Name der Stadt ist auf Graf Hoyer von Friedeberg zurückzuführen und hat eine ziemlich wechselvolle Geschichte hinter sich. Besonders prägten in der neueren Zeit die Funde der Braunkohlevorkommen das Bild der Stadt, als 1955 das Veredelungskombinat „Schwarze Pumpe" im brandenburgischen und die dazugehörige Wohnsiedlung in der Neustadt aufgebaut wurde. Die industriellen Platten- und Großblockbauten waren Vorreiter vieler Neubausiedlungen in der damaligen DDR und im gesamten Ostblock. Historischer gestaltet sich die **Altstadt** um den Marktplatz mit einem hübschen Renaissance-Rathaus und barocken Bürgerhäusern, den kleinen Geschäften in den Nebenstraßen und der denkmalgeschützten „Langen Straße", in der sich eingeschossige Handwerkerhäuser aus dem 18. und 19. Jahrhundert eng aneinanderschmiegen (Foto unten). Am Markt befindet sich die **Tourist-Information**, die alle Fragen rund um Ausflüge in der

Stadt als auch im Lausitzer Seenland beantwortet *(Juni - Sept. Mo - Fr 9 - 18 Uhr, Sa 9 - 13 Uhr, Mai - Okt. Mo - Fr 9 - 17 Uhr, Nov. - April 9 - 16 Uhr, Braugasse 1, Telefon 03571/2096170, www.hoyerswerda.de).*

Wir befinden uns auf der B96 Richtung Senftenberg, als wir in **Schwarzkollm** (Čorny Chołmc) wieder auf den **Krabat-Radweg** und mit der **KRABAT-Mühle** auf so etwas wie das Zentrum der Krabat-Sage treffen [N 51°25'45.0" E 14°08'57.0"; Koselbruch 22].

Krabat – Wahrheit und Sage

Die wohl bekannteste und beliebteste Sagengestalt der Sorben ist Krabat, der gute alte Zaubermeister.

Der historische Hintergrund ist im 17. Jahrhundert zu finden, als Kurfürst Johann Georg III. bei einem Feldzug gegen die Türken vom Oberst Johann Schadowitz vor der Gefangennahme durch den Gegner gerettet wurde. Schadowitz erhielt für seine Verdienste das Gut Groß Särchen und wurde vermutlich aufgrund seiner Eigenarten sowie seines hohen Alters, aber besonders wegen seiner fremden Sprache und Herkunft aus dem fernen Kroatien als „Krabat“ bezeichnet.

Die sorbische Sagengestalt Krabat zog hingegen von Armut geplagt durchs Land und wurde im Traum von einem schwarzen Raben in die Schwarze Mühle von Schwarzkolllm gerufen. Dort trat er in die Dienste des Schwarzen Müllers ein und bemerkte recht bald, dass dieser der schwarzen Magie zugeneigt war. Um nicht wie einige Gesellen zuvor vom Müller vom Leben zum Tode befördert und auf immer und ewig zu Raben verwandelt zu werden, bat Krabat seine Liebste, ihn unter zwölf zu Raben verwandelten Gesellen zu erkennen. Gesagt, getan und schon war der Bann der Mühle gebrochen, der böse Müller starb und seine erlernten Zauberkräfte setzte Krabat von nun an zum Guten für seine Familie sowie die armen Bauern der umliegenden Dörfer ein.

Nachdem wir durch das schmucke Schwarzkollm mit seinen großen Höfen in Ziegelbauweise gefahren sind, begleiten auf dicken Findlingen sitzende Raben unseren Weg zur gepflegten und beliebten **KRABAT-Mühle**. Auf dem heutigen Erlebnishof im Koselbruch tauchen wir in die Sagenwelt rund um Krabat ein und lassen uns bei Führungen oder Veranstaltungen für die ganze Familie verzaubern. In der **Bauernstube mit Imbiss** und im **Restaurant Haus des Müllers** sind sorbisch-regionale Speisen erhältlich und im Töpferladen als auch von den

Dächern oder Torbögen beobachten uns Keramikraben, die scheinbar nur darauf warten, um mit uns nach Hause zu fliegen *(Mühlengelände Nov. - März Mo - So 11.30 - 17 Uhr, Juli - Okt. Mo - So 10 - 18 Uhr, Führungen mit Audio-Guide möglich, alle anderen Öffnungszeiten und Veranstaltungstermine finden sich hier: www.krabat-muehle.de)*.

Rezept für die WOMO-Küche: Krabats Buttermilchplinsen

Teig für etwa zehn Plinsen: 1 Liter Buttermilch, 500 g Weizenmehl, 5 Eier, 1 Esslöffel Zucker, 1 Prise Salz, 1 Teelöffel Natron. Rapsöl oder Leinöl zum Backen. Alle Zutaten zu einem nicht zu flüssigen Teig verarbeiten und mit Öl in einer Pfanne nach und nach zu goldgelben Plinsen ausbacken. Nach Geschmack mit zerlassener Butter oder Apfelmus bestreichen oder mit einer Zimt-Zucker-Mischung bestreuen – Leckermäulchen bedienen sich aller Zutaten. Anschließend zusammenrollen und servieren.

In Lauta fahren wir auf der B96 durch ehemalige Bergbausiedlungen und auch am Straßenrand weisen Relikte aus der Zeit des Bergbaus auf das ehemaligen Braunkohlerevier zwischen Brandenburg und Sachsen hin.

Lausitzer Seenland II

An den gefluteten Seen im Brandenburg-Sächsischen Grenzgebiet, einem Eldorado für Wassersportler und einem Freizeitparadies für Familien, toppt der **Senftenberger See** alle anderen mit seiner hervorragenden Wasserqualität an den insgesamt sieben Kilometer langen Sandstränden, grünen Liegewiesen und extra Strandabschnitten für FKK-Anhänger sowie Hundebesitzer. Maritimes Urlaubsgefühl kommt im Stadthafen von Senftenberg auf, wenn man entlang des Kais bis zur Spitze der 80 Meter langen Seebrücke schlendert oder in der Sonne auf der Freitreppe ein Eis schleckt. An Land bietet der **18 Kilometer lange, asphaltierte Rundweg** reizvolle Ausblicke aufs Wasser und lädt zu entspannten **Radtouren** ein.

Durch den schiffbaren Koschener Kanal öffnet sich zusammen mit dem Geierswalder See und im Weiteren durch den Barbarakanal zum Partwitzer See eine über 3.000 Hektar große Wasserfläche für Motor- und Segelboote sowie **Fahrgastschiffe**. Letztere erweisen sich als sehr schönes Fortbewegungsmittel, wenn man sich beispielsweise nach einer Rad- oder Wandertour an Bord der **Santa Barbara** oder der **Aqua Phönix** zum Ausgangspunkt bringen lassen möchte *(www.reederei-loewa.de)*.

Der **Geierswalder See** ist bei (Kite-)Surfern, Wasserski- sowie Wakeboard-Fahrern sehr beliebt und vom **16 Kilometer langen Rundweg** kann man beim Stand-up-Paddeling zusehen. Am Badestrand ist das Planschen nach Herzenslust im Wasser möglich und in der Saison am Wochenende als auch an Feiertagen sogar bewacht.

Am **Partwitzer See** ist die dem Naturschutz vorbehaltene Halbinsel Scado besonders markant und eine öffentliche Einlassstelle für Boote ist noch in der Planung. Trotzdem kann man in ausgewiesenen Bereichen baden, mit diversen Booten den See erkunden oder den **23 Kilometer langen Seerundweg** nutzen.

Der **Sedlitzer See** ist noch „Entwicklungsgebiet", doch wenn er nach 2023 fertig geflutet sein wird, wird er der größte künstliche See des Lausitzer Seenlandes sein. Auch die Ufergestaltung ist noch nicht abgeschlossen, aber an der Ostseite des Sees gibt es schon heute einen Wohnmobilstellplatz *(www.lausitzerseenland.de)*.

Stell- und Campingplätze am Senftenberger See

Außer den genannten Camping- und Stellplätzen möchten wir zusätzlich einen einfachen, geschotterten sowie schattenlosen Parkplatz nahe des Amphitheaters und des Wassersportparks am See mit offiziellen **WOMO-Stellplätzen** erwähnen [**109:** N 51°29'53.8" E 14°03'40.9"; Am Mühlengraben, Preis €€].

Alle aufgeführten Camping- und Stellplätze sind nach der Reihenfolge der jeweiligen Anfahrt aufgeführt.

(110) WOMO-Campingplatz: Großkoschen, Familienpark

GPS: N 51°29'30.6" E 14°02'45.8"; Straße zur Südsee 1
Kontakt: Telefon 03573/800100, www.senftenberger-see.de
Öffnungszeit: Ganzjährig.
Ausstattung: Badestrand, Boots- Fahrradverleih, Brötchenservice, Restaurants, Frühstücksangebote, Einkaufsmöglichkeit, Spiel- und Bastelhaus, In- und Outdoor-Spielplätze, Animationsprogramm, Gästebetreuung, Sportaktionen, Wasserrutsche, Kletterwald, Minigolf, Tischtennisplätze, Trampoline, WLAN.
Direkt an der Zufahrtsstraße und vor dem Campingplatz befindet sich ein separater **WOMO-Stellplatz** für fünf Mobile mit Strom (Foto unten). Die Sanitäreinrichtungen des Campingplatzes können gegen Gebühr genutzt werden.
Beschreibung: Die Anlage liegt am südöstlichen Ufer des Sees und die Stellplätze auf Rasenflächen oder sandigem Grund sind in zwei Größenkategorien unterteilt und teilweise schattig. Die Plätze haben Strom- sowie Wasseranschluss, zum Teil TV- und Abwasseranschluss und liegen teilweise direkt am See. Der Dauercampingbereich ist überschaubar, aber für Familien mit Kindern ist dieser Platz der Superplatz (so darf sich der Platz sogar offiziell nennen) schlechthin. Klar, dass das seinen, wenn auch durchaus angemessenen Preis hat!

Zufahrt: Von der B 96 beziehungsweise im Ort den Hinweisen zum Familienpark folgen.
Preise: €€€.
Hinweis: Hunde sind nicht gestattet. Geräuschbelästigung durch die Arbeiten im nahen Steinbruch möglich.

(111) WOMO-Campingplatz: Großkoschen, Hafencamp

GPS: N 51°29'23.1" E 14°02'19.2"; Straße zur Südsee 2
Kontakt: Telefon 03573/800100, www.senftenberger-see.de
Öffnungszeit: Ende März bis Anfang November.
Ausstattung: Bademöglichkeit, Spielplatz, Waschmaschine, Trockner, Frühstücksmöglichkeit.
Beschreibung: Der Campingplatz liegt an der südöstlichen Seite des See sowie westlich angrenzend an den Familienpark. Die großzügig angelegten Plätze auf Rasengittersteinen und Schotter sind meist schattenlos und haben einen Blick auf den Hafen.
Preise: €€€.
Zufahrt: Von der B 96 beziehungsweise im Ort den Hinweisen zum Hafencamp folgen.
Hinweis: Die WOMO-Plätze sind nur telefonisch oder per E-Mail buchbar.

(112) WOMO-Campingplatz: Niemtsch, Komfortcamping

GPS: N 51°29'57.3" E 13°58'55.4"; Am Senftenberger See 10
Kontakt: Telefon 03573/800100, www.senftenberger-see.de
Öffnungszeit: April - Oktober.
Ausstattung: Bademöglichkeit, Restaurant, Mini-Shop, Fahrradverleih.
Beschreibung: Der Platz liegt am westlichen Ufer des Sees und die parzellierten, teils schattigen Plätze auf Rasengittersteinen sind in einem großen Bogen um den Hauptweg angelegt. Wer hier ankommt, sucht Ruhe und Entspannung. Aufgrund der Nähe zu den Hundestränden ist man hier mit Hund sicher am besten aufgehoben.
Preise: €€€.
Zufahrt: Von der B 96 nach Senftenberg und an der abknickenden Vorfahrtsstraße geradeaus in den Ort fahren und weiter über Brieske nach Niemtsch den Hinweisen zum Komfortcamping folgen. **Wenn Sie ein Navigationsgerät nutzen, geben Sie bitte die „Dorfstraße 1" in Niemtsch ein. Im Ort weiter Richtung Seestrand Niemtsch fahren.**

(113) Offizieller WOMO-Stellplatz: Senftenberg, Buchwalde

GPS: N 51°30'43.8" E 14°01'29.1"
Am Gondelteich **Max. WOMOs:** 23
Kontakt: Telefon 03573/800260, www.senftenberger-see.de
Öffnungszeit: Mitte Mai - Oktober, bei guter Witterung länger.
Ausstattung: V/E, Strom, Müllbehälter, Duschen, WC, WLAN.
Beschreibung: Die ausgewiesenen Stellplätze auf einem einfachen Parkplatz sind großzügig bemessen und schattenlos. Die Sanitäranlagen sind nachts geschlossen, ansonsten ordentlich. Der Platz liegt direkt am See mit Badestelle und Textil- und FKK-Strand, Spielplatz, Wasserrutsche, Surf-Strand und Restaurants. Er liegt der Stadt Senftenberg am nächsten. Dort kann die Altstadt, eine Festung aus dem 16. Jahrhundert mit idyllischem Schlosspark, der Tierpark oder der Stadthafen erkundet werden. Hierüber sowie über Stadtführungen und vieles mehr informiert die **Tourist-Information** *(Jan. - April Mo/Di/Do 10 - 18 Uhr, Mi/Fr 10 - 14 Uhr, Mai - Okt. Mo 10 - 18 Uhr, Di - Fr 9 - 18 Uhr, Nov./Dez. Mo - Fr 10 - 18 Uhr, zusätzlich Juni - Aug. Sa 10 - 13 Uhr, Infopunkt am Stadthafen Mai - Sept. Fr 13 - 17 Uhr, Sa/So 10 - 18 Uhr, Markt 1, Telefon 03573/1499010 und 19433, www.senftenberg.de).*
Preise: €€€.
Zufahrt: Auf der B96 nach Senftenberg fahren und vor dem Ort den Hinweisen zum Seepark Buchwalde und dem WOMO-Piktogramm folgen.

Geierswalder See

(114) Offizieller WOMO-Stellplatz: Tätzschwitz, Familie Zahn

GPS: N 51°28'58.0" E 14°06'27.4"; Am Hochwald 27 **Max. WOMOs:** 15
Kontakt: Telefon 0172/9097930, www.expeditours.com
Öffnungszeit: Anfang April - Oktober, Winternutzung auf Anfrage.
Ausstattung: V/E, Strom, Dusche, WC, Spielplatz, Tisch und Bänke, Infotafel, Müllbehälter.

Beschreibung: Der private, sehr idyllische Stellplatz auf Wiese zwischen Bäumen und abgeschieden am Ortsrand ist etwas für Ruhesuchende. Das Bäckerauto kommt Di 9.15 - 9.45 Uhr/Sa 6.45 - 7.15 Uhr ins kleine sorbische Dorf, das ein guter Ausgangspunkt für Rad- und Wandertouren ist. Außer freundlichen Menschen gibt es hier sonst nichts. Reicht aber völlig und hat einen großen Wohlfühlfaktor!
Preise: €€€.
Zufahrt: Von der B96 nach Tätzschwitz und im Ort vor der Kirche rechts abbiegen und den WOMO-Piktogrammen folgen.

(115) Offizieller WOMO-Stellplatz: Geierswalde, Wake and More

GPS: N 51°29'34.5" E 14°06'36.0"; Am Wassersportzentrum 7
Max. WOMOs: 30
Kontakt: Telefon 0152/06139366, www.wakeandmore.wordpress.com
Öffnungszeit: Anfang April - Oktober.
Ausstattung: V/E, Strom, Müllbehälter, Dusche, WC.

Beschreibung: Der Stellplatz befindet sich im Herbst 2020 im Aufbau und liegt auf einer großen Wiesenfläche außerhalb des Ortes gegenüber der Wasserski- und Wakeboardschule. Hier können zum Zeitpunkt unseres Besuchs WOMOs direkt oberhalb des Geierswalder Sees stehen. Ganz in der Nähe befindet sich an der Marina ein kleiner, einfacher Campingplatz und rund um den Leuchtturm haben sich einige Restaurants und Bars angesiedelt. Umrundet man den See zu Fuß oder mit dem Rad in nordöstliche Richtung gelangt man nach rund 1,5 Kilometern an den hübschen Badestrand. Der noch im Herbst 2020 hier ansässige Seecamping gehört zum Betreiber Wake an More und wird vermutlich aufgelöst werden, da die Promenade am Geierswalder See ausgebaut werden soll. Auf der davor liegenden Wiese wird zu diesem Zeitpunkt das Parken von WOMOs ohne Campingverhalten gegen Gebühr geduldet. Alternativ bietet sich der Aufenthalt auf einem nahen Campingplatz auf Wiese an. Im Ort mit ansehnlichen Höfen und schönen Torbogen erinnert der **Gasthof Zur Grubenlampe** *(ab 11 Uhr)* an die bergmännische Vergangenheit der Region und die Verwandlung der Bergmänner zu Seemännern.
Preise: €€€.
Zufahrt: Von Tätzschwitz führt die Straße über die Schwarze Elster nach Geierswalde. Am Leuchtturm vor dem Hafen links zum Stellplatz fahren.

Partwitzer See und Sedlitzer See

(116) WOMO-Campingplatz: Elsterheide, Naturcamping Partwitz

GPS: N 51°31'25.0" E 14°10'44.4"; Jetskierja **Max. WOMOs:** 15
Kontakt: Telefon 035751/15311 oder 0157/33816791, www.partwitzer-hof.de

Öffnungszeit: Anfang April - Oktober.
Ausstattung: Strom, Wasser.
Beschreibung: Der sehr einfache, teils schattige Platz auf sandigem Boden liegt auf zwei Ebenen außerhalb des Ortes und direkt am Partwitzer See. Alles scheint im Aufbau zu sein, wirkt etwas improvisiert, aber durchaus charmant. Wir lassen uns sagen, dass WOMOs nach Absprache auch auf den Wiesen an der Zufahrt und oberhalb des Badestrandes stehen dürfen. Im **Reiterhof** an der Zufahrtsstraße können Ausritte oder Kremserfahrten gebucht werden und die **Gaststätte** offeriert Leckeres aus der Hof- und Bauernküche (*Saison Do - So*). Hier befindet sich auch die **Tourist-Information** *(Mai/Sept. Sa/So 12 - 16 Uhr, Juni Do/Fr 13 - 16 Uhr, Sa/So 12 - 16 Uhr, Juli/Aug. Di/Mi 12 - 16 Uhr, Do - So 12 - 17 Uhr).*
Preise: €€.
Zufahrt: Vom Geierswalder See halten wir uns östlich Richtung Hoyerswerda und dann nördlich Richtung Senftenberg bis nach Klein Partwitz, um wenig später am Reiterhof Partwitzer Hof dem Hinweis zum Partwitzer See und zum Campingplatz zu folgen. Die Straße mündet auf den Seerundweg, der schräg links überquert wird. Rechts geht es zur Jetski-Base mit Bootsverleih und links zum Parkplatz.
Hinweis: Nur für WOMOs und WOWAs mit eigener sanitärer Einrichtung!

(117) Offizieller WOMO-Stellplatz: Lieske, Naturcamping Partwitz

GPS: N 51°33'32.0" E 14°07'41.0"; Lieske Dorfstraße 28 a **Max. WOMOs:** 20

Öffnungszeit: Anfang April - Oktober.
Ausstattung: V/E, WC, Müllbehälter.
Beschreibung: Der für WOMOs ausgewiesene Teil eines einfachen, geschotterten Parkplatzes bietet keinen Schatten und liegt direkt oberhalb des Sedlitzer Sees. Auch dieser Parkplatz befindet sich genau wie die Seepromenade des noch nicht vollständig gefluteten Sees im Aufbau. Es gibt einen Imbiss, der nach einer Rad- oder Wandertour für Stärkung sorgen kann.
Preise: €€.
Zufahrt: Vom Partwitzer See folgen wir der Straße bis zur B156 und dieser Richtung Senftenberg. Der Parkplatz liegt am nördlichen Ortsausgang von Lieske.
Hinweis: Gegebenenfalls Geräuschbelästigung durch die nahe Bundesstraße.

Richtung Spremberg/Hoyerswerda bewegen wir uns wieder ins östliche Lausitzer Seenland sowie nach unserem kleinen Bundesländer-Hopping an die B97, auf der wir Richtung Hoyerswerda wieder in den sächsischen Freistaat rollen und den **Spreetaler See** erreichen. Auch dieser See wird voraussichtlich im Jahr 2023 restlos geflutet sein, sodass erst dann das volle Wassersportprogramm zur Verfügung stehen wird.

(118) Offizieller WOMO-Stellplatz: Spreetal, WSZ Camp

GPS: N 51° 29' 55.5" E14° 20' 40.0"; Werkstraße 10 **Max. WOMOs:** 12
Kontakt: Telefon 0171/2063843
Öffnungszeit: April - Oktober.
Ausstattung: V/E, Strom, Dusche, WC.
Beschreibung: Der Platz liegt außerorts, nicht am See und bietet Stellplätze auf Rasen mit wenig Schatten. Die Sanitäranlagen sind nicht modern, aber sauber.
Preise: €€.
Zufahrt: Von der B97 nach Spreetal fahren und dem WOMO-Piktogramm folgen.
Hinweis: Gegebenenfalls Geräuschbelästigung durch die nahe Bundesstraße.

Wenige Kilometer später erreichen wir in **Burg** (Bórk) mit dem **Scheibesee** den Haussee von Hoyerswerda.

(119) WOMO-Wanderparkplatz: Burg, Scheibesee

GPS: N 51°27'10.7" E°14°21'06.6"; Hauptstraße **Max. WOMOs**: 2
Ausstattung: Infotafel, Bänke, Müllbehälter.
Beschreibung: Der einfache, geschotterte Parkplatz liegt außerhalb des Ortes am **12 Kilometer langen Seerundweg**, der zu Rad- und Wandertouren einlädt. Eine kleine Badestelle befindet sich etwa 200 Meter rechts vom Parkplatz. Die östliche Uferseite bleibt der Natur überlassen und am Kühnichter Westufer gibt es einen größeren Badestrand.
Zufahrt: Hinter dem Ortseingang 1,5 Kilometer der Hauptstraße folgen und 250 m hinter dem Ortsausgang rechts zum Parkplatz fahren.

Von Burg geht es nun nach **Burghammer** (Bórkhammer) und zum **Bernsteinsee**. Hier findet man zum Beispiel den Einstieg in den 260 Kilometer-Rundkurs des **Froschradweges**, der durch das Lausitzer Seenland und die Oberlausitzer Heide- und Teichlandschaften bis zur polnischen Grenze viel Abwechslung verspricht und natürlich auch in kürzeren Etappen befahren werden kann *(www.radwandern-oberlausitz.de)*.

(120) WOMO-Picknickplatz: Burghammer, Bernsteinsee

GPS: N 51°28'32.1"E 14°21'57.8" **Max. WOMOs**: 2
Ausstattung: Tisch und Bänke, Infotafel, Rad- und Wanderwege.
Beschreibung: Der See ist für den sanften Tourismus vorgesehen, scheint aber aktuell (2020) sowieso für Baden und Wassersport nicht freigege-

ben zu sein. Der **11 Kilometer lange Uferweg** lädt jedoch zum Wandern und Radfahren ein.
Zufahrt: Kurz vor dem Ort rechts zum Parkplatz fahren.

Eine kleine Pause mit einem hübschen Seeblick und schon geht es weiter in den Ort, der von der Kleinen Spree, einem 38 Kilometer langen Nebenarm der großen Spree durchflossen wird. In Burgneudorf begegnen wir dem Flüsschen noch einmal und in **Neustadt** (Nowe Město) überqueren wir endlich die „richtige" Spree, deren Ursprung wir später noch kennenlernen werden.
Lust auf eine **Bootstour**? Kein Problem, denn an der **Ruhlmühle** werden geführte Fahrten auf Schöps und Spree angeboten. Zudem kann an der Ruhlmühle mit dem WOMO auf der Wiese übernachtet werden *(Telefon 035727/57705, www.bootstouren-ruhlmuehle.de)*.

(121) Offizieller WOMO-Stellplatz: Neustadt, Ruhlmühle

GPS: N 51°28'47.7" E 14°28'43.3"; Döschko 1 **Max. WOMOs:** 5
Kontakt: Telefon 035727/57705, www.bootstouren-ruhlmuehle.de
Öffnungszeiten: Mai - Oktober.
Ausstattung: V/E, Strom, Dusche, WC.
Beschreibung: Der schattenlose, Wiesenplatz außerhalb des Ortes ist etwas für Ruhesuchende (wenn nicht gerade eine Veranstaltung stattfindet). Wir fühlen uns hier gut aufgehoben und von Schlauchboottouren oder Quadtouren bis zu Wolfsvorträgen ist hier vieles möglich.
Preise: €€€.
Zufahrt: Etwa 1,5 Kilometer hinter Neustadt Richtung Boxberg abbiegen und 3 Kilometer bis zum Abzweig zur Ruhlmühle fahren. Hier sind die Koordinaten genommen, da man sonst gegebenenfalls vom Navi fehlgeleitet wird. Jetzt noch etwa 600 Meter den weiteren Hinweisen folgen.

Bald ist **Schleife** (Slepo) erreicht und damit das kleine, aber feine **Sorbische Kulturzentrum Schleife** [N 51°32'39.2" E 14°32'22.0"; Friedensstraße].

Hier erfahren wir Wissenswertes über Vergangenheit und Gegenwart der evangelischen Sorben im Kirchspiel Schleife. In der Ausstellung sind fast alle Trachten der Region vertreten und jährlich

am zweiten Wochenende vor Ostern findet der **Sorbische Ostereiermarkt** statt. Eine umfangreiche Ostereiersammlung zeigt die Vielfalt der auf unterschiedlichste Art verzierten Eier und weist auf die Symbolkraft der Eier im sorbischen Brauchtum hin *(Di - Fr 10 - 17 Uhr, So 13 - 17 Uhr, Eintritt, www.sorbisches-kulturzentrum.de)*.

Am folgenden Kreisel schwenken wir nach **Halbendorf** (Brézowka). Am **Halbendorfer See**, dem letzten der von uns besuchten Seen des Lausitzer Seenlandes, ist es der Aquapark mit Wakeboard- und Wasserskianlage sowie mit Wassertrampolinen, Kletterwänden und vielem mehr, der den Aufenthalt so attraktiv macht. Vier einfache **WOMO-Stellplätze** für kleinere WOMOs oder Kastenwagen gibt es bei **Wake and Beach** [**122:** N 51° 32' 43.0" E14° 33' 36.0" ; WC (Schlüssel gegen Pfand am Campingplatz), Strom, Preis €, www.wakeboard-halbendorf.de].

Ideal für Familien ist der **Campingplatz Halbendorfer See** mit Riesenwasserrutsche am Nordbadestrand und Nackedeis dürften den FKK-Badestrand am Südufer bevorzugen [**123:** N 51°32'45.1" E 14°34'10.0"; Dorfstraße 45a, Telefon 035773/76413 www.halbendorfersee.de, April - Oktober, Preis €€].

In Halbendorf weisen die Schilder links zum **Azaleen- und Rhododendron-Park** in **Kromlau** (Kromola). Einem **Leser-Tipp** folgend schauen wir uns den unter neuer Bewirtschaftung

befindlichen **Campingplatz Kromlau** an und nehmen den an einem kleinen See unter Bäumen gelegenen, einfachen, aber mit sauberen Sanitäranlagen ausgestatteten Platz in unser Repertoire auf [**124:** N 51° 32' 38.0" E14° 37' 39.0"; Jämlitzer Weg 51e, Telefon 03576/2194449 oder 0152/03790355, www.campingplatz-kromlau.de, Preis €€ - €€€.].

(125) Offizieller WOMO-Stellplatz: Kromlau, Buchenallee

GPS: N 51°32'15.1" E 14°38'07.4"; Halbendorferstraße **Max. WOMOs**: 5
Ausstattung: WC, Bank, Müllbehälter.

Beschreibung: Der einfache, geschotterte, teils schattige Parkplatz liegt am östlichen Ortsende an einer Wiese und der nachts ruhigen Straße. Von hier sind es nur wenige Gehminuten bis zur Rakotzbrücke und in den kleinen Ort mit dem **Café Azalee**, in dem das leckere, hausgemachte Eis probiert werden sollte *(März - Oktober Mo - Fr 13 - 18 Uhr, Sa ab 11 Uhr, So 11 - 19 Uhr, März/April/Oktober Mo Ruhetag, Nov. - Feb. Sa/So 13 - 18 Uhr, www.cafeazalee-kromlau.de)*
Preise: €€.
Zufahrt: Siehe Text.

Azaleen- und Rhododendronpark Kromlau

Besonders im Mai/Juni ist der 200 Hektar große Landschaftspark ein
Schloss Kromlau

lohnendes Ausflugsziel. Dann entfalten Azaleen und Rhododendren ihre ganze Blütenpracht. Mitte des 19. Jahrhundert entstand der Park unter dem Gutsbesitzer Rötschke, der die Ideen Fürst Pücklers für ein natürliches Aussehen im Stil eines englischen Landschaftsparks übernahm. Doch nicht nur die Natur ist ganzjährig ein Erlebnis, auch die historischen Gebäude mit ihren architektonischen Finessen sind sehenswert. Unweit des Stellplatzes befindet sich das **Kavalierhaus** im Schweizer Landhausstil mit schönen Wandmalereien und die halbrunde **Rakotzbrücke** aus Feld- und Basaltsteinen spiegelt sich so im See, dass sie einen vollen Kreis ergibt. Seit einiger Zeit wird die Rakotzbrücke saniert, die Bauarbeiten sollen im Jahr 2021 beendet sein. Genauere Angaben sind bei **Tourist-Information** zu erfragen *(Mo - Fr 7.30 - 16 Uhr, Mai - Okt. Sa 10 - 12 Uhr, Altes Schloss 11, Telefon 03576/222828, www.kromlau-online.de).*

In Gablenz (Jabłońc) orientieren wir uns Richtung Weisswasser bis zur B156, die zur B115 wird und uns direkt nach **Bad Muskau** (Mužakow) zum ausgeschilderten, offiziellen **WOMO-Stellplatz** bringt [**126:** N 51°32'01.7" E 14°43'07.6"; Bautzener Straße, V/E, Strom, Preis €€].

Auf den innerstädtischen Parkplätzen sind WOMOs zum Teil nicht erlaubt und der Parkplatz am Schloss ist eher etwas für kleinere WOMOs oder Kastenwagen.

Rakotzbrücke

Muskauer Faltenbogen
Kromlau
Bad Muskau
Fürst-Pückler-Park
Tour 5
S
127
126
Weißwasser
PL
Lausitzer Neiße
156
115
Boxberg O.L.
156
Truppen-
übungsplatz
Bärwalder See
Rietschen
Erlichthof
128
WC
115
PL
Lausitzer Neiße
Rothenburg
130
S
129
Niesky
Horka
10 km
S
131
Kulturinsel Einsiedel
4
Kodersdorf
115
Tour 7
Weißenberg
4
Döbschütz
Arnsdorf
Hilbersdorf
Königshainer
Berge
138
137
S
Krobnitz
Schöps
Königshain
132
Neiße
Ludwigsdorf
115
E
Reichenbach
6
Görlitz
134
133
419 m
Landeskrone
Zgorzelec
99
135
PL
Berzdorfer See
136
C
Tauchritz
TOUR 6

Tour 6 — 145 km

Bad Muskau – Rietschen – Niesky – Rotenburg Görlitz – Königshain – Weißenberg

Stellplätze:	Weißwasser, Rietschen, Niesky, Zentendorf, Ludwigsdorf, Görlitz, Königshain.
Campingplätze:	Rothenburg Neiße Camp.
Besichtigen:	Bad Muskau Fürst-Pückler-Park mit Ausstellung; Rietschen Schrotholzsiedlung mit Museum; Niesky Blockhäuser, Museum; Zentendorf Kulturinsel; Horka Wehrkirche; Görlitz Altstadt, Heiliges Grab, div. Museen; Königshain Granitabbaumuseum; Krobnitz Schloss und Park, Weißenberg Alte Pfefferküchlerei.
Wandern	Bad Muskau, Görlitz, Königshain.
Radfahren:	Rietschen Wolfsradweg, Rotenburg Neiße-Radweg, Görlitz.
Essen:	Görlitz Restaurant St. Jonathan, Rosenhof; Königshain Hochsteinbaude.

Früh am Morgen und bei herrlichstem Sonnenschein wagen wir den motorisierten Vorstoß zum gebührenpflichtigen Parkplatz am Schloss [N 51°32'41.0" E 14°43'21.5"]. Da wir zeitig aufgebrochen sind, können wir unser ausgewachsenes WOMO noch gut unterbringen – später am Tag dürften wir nicht mehr so viel Glück haben und der Fuß- und Radweg vom vorgenannten Stellplatz wäre angeraten. Hinzu kommt, dass der Parkplatz recht eng und die Parkgebühr schon fast unverschämt hoch ist.

Fürst-Pückler-Park in Bad Muskau

Der Gärtner nutzt die Natur, um sein Ideal zu erschaffen;
ein harmonisches Ganzes, dessen Melodie den Sinnen schmeichelt.
Fürst Ludwig Heinrich Hermann von Pückler-Muskau

Bereits schräg gegenüber dem WOMO-Stellplatz in der Bautzener Straße hätten wir zu Fuß durch den **Bergpark** mit der Ruine der alten Bergkirche hinab nach Bad Muskau gelangen können. Doch jetzt vom Ufer der Neiße erschließt sich uns der Hauptteil des Parks sofort.

Die Stadt, deren Namen sich vom sorbischen Wort „Muzak“ (Wilder Mann) ableitet, liegt in einer Aue der Lausitzer Neiße im polnisch/deutschen Grenzgebiet. Ihr bekanntester Sohn ist **Fürst Ludwig Heinrich Hermann von Pückler-Muskau**, der im Schloss am 30. Oktober 1785 das Licht der Welt erblickte und als Namensgeber für ein Eis in beinahe „aller Munde“ ist. Ihn allein darauf zu reduzieren wird dem rastlosen, tollkühnen Mann wenig gerecht. Von seiner militärischen Laufbahn weiß die Geschichte unter anderem zu berichten, dass er noch als 85-Jähriger am Feldzug gegen Frankreich teilnehmen wollte. Als Schriftsteller machte er sich einen Namen und als Charmeur wurde so manche Frau bei ihm schwach – nebenbei sei erwähnt, dass er Liebesbriefe zum besseren Überblick alphabetisch ordnete. Ein wahrer Lebemann! Anfang des 19. Jahrhunderts führten ihn seine Weltreisen auch nach England, wo er in den dortigen Parks seine Berufung zum Gartenkünstler entdeckte und Inspirationen sammelte.

Durch den Abbau von Badetorf in den heimischen Mooren und der Nutzung einer vorhandenen Eisenvitriolquelle lief unter Pückler 1823 der erste Kurbetrieb an, der bis heute den Kurenden bei entsprechenden Indikationen Linderung verschaffen soll. Zielstrebig plante und errichtete der Fürst von 1815 bis 1845 den Landschaftspark. Wir durchlaufen buchstäblich ein Kunstwerk, welches sein Schöpfer als Natur-Malerei beschreibt, die „nur den Charakter der freien Natur und der Landschaft haben soll, die Hand des Menschen also wenig darin sichtbar sein darf.“ Herrliche Diagonal- und Fernsichten beeindrucken genauso wie große Parkwiesen, belebende Wasserläufe sowie alte und seltene Baumbestände. Nahe des westlichen Parkeingangs ist außerhalb des Parks die **Tourist-Information** zum finden *(April - Okt. 9 - 18 Uhr, Sa/So/Feiertage 10 - 17 Uhr, Nov. - März Mo - Fr 9 - 16 Uhr, Kirchplatz 5, Telefon 035771/50492, www.badmuskau.info).*

Neben dem **Alten Schloss** befindet sich das ansehnliche **Neue Schloss** mit der **Pückler-Ausstellung**, die uns mit der facettenreichen Persönlichkeit Pücklers aufs Unterhaltsamste bekannt macht *(April - Okt. 10 - 18 Uhr, Eintritt)*. Zahlreiche Brückenbauten, das Kavalierhaus und die Orangerie sorgen für weitere Abwechslung und im Schlossvorwerk gibt es ein Restaurant und kleine Galerien.

Der **830 Hektar große Park** erstreckt sich auf beiden Seiten der Neiße und rund 50 Kilometer spinnen sich die Wege hindurch. Wer will das alles laufen? Schon Pückler schlug deshalb Spazierfahrten mit Kutschen vor, die auch heute an den wichtigsten Sehenswürdigkeiten vorüberrollen. Alternativ können mit dem eigenen oder gemieteten Fahrrad die schönsten Parkansichten abgeradelt werden oder eine kombinierte Schlauchboot-/Bustour lässt den Park vom Wasser aus erleben. Wir durchstreifen das wunderschön angelegte Areal per pedes und überschreiten irgendwann die Doppelbrücke zum polnischen und größten Teil des Parks. Je weiter wir gen Osten vordringen desto ruhiger und menschenleerer wird es. Vom **Pückler-Stein** eröffnet sich uns eine der bekanntesten Blickachsen von Ost nach West zum Neuen Schloss und in der Nähe des Viadukts am Herrenberg treten wir den Rückweg an, obwohl wir noch lange nicht den gesamten Park erkundet haben.
Der grenzüberschreitende Parkbesuch ist ein besonderes Erlebnis, beweist er doch die hervorragende Zusammenarbeit deutscher und polnischer Denkmalpfleger bei der Pflege, Wiederherstellung und Erforschung des Landschaftsparks. Dieser Einsatz und der außergewöhnliche Park an sich haben dazu beigetragen, dass der Muskauer Park im Jahr 2004 zum **Unesco Welterbe** erklärt wurde und für uns ein klarer Fall für die **Top Ten** ist.
Der Park ist frei zugänglich *(Öffentliche Führungen und Spaziergänge: April - Okt. Sa/So/Feiertage 14 Uhr, Dauer ca. 2 Std., Gebühr, Hunde an der Leine im Park gestattet, www.muskauer-park.de).*

Mit der Waldeisenbahn durch den Muskauer Faltenbogen

Die Waldeisenbahn macht einen Besuch von Park zu Park möglich, denn die **Dampfbahn-Route** verbindet Bad Muskau mit dem bereits erwähnten Kromlau und führt dabei durch eine außergewöhnliche Landschaft. Ein gewaltiger Gletscher, der sich in der Eiszeit von Südbrandenburg über Weißwasser bis nach Polen erstreckte, hinterließ einen hufeisenförmigen „Fußabdruck", den **Muskauer Faltenbogen** mit geologischen und landschaftlichen Besonderheiten. Da der Faltenbogen weltweit eines der besten großflächigen Beispiele für die Verformung des Untergrunds durch Gletscher ist, ist er seit 2015 in die Riege der derzeit sechs deutschen **Unesco-Geoparks** aufgenommen worden.
Von Bad Muskau nach Weißwasser führt die Bahnstrecke durch Wälder, Wiesen und Parklandschaften. Die zweite Hälfte bis Kromlau führte durch das typisch wellig-hügelige Landschaftsbild des Faltenbogens mit kleinen Tälern, die durch die Verwitterung der Braunkohle an der Erdoberfläche entstanden sind. Zusammen mit über 150 kleinen Grubenseen, deren Wasser in unterschiedlichen Farben schimmern, entsteht hier eine wild-romantische Kulisse. In **Weißwasser** können im **Museumsbahnhof** gleich noch 20 historische Lokomotiven angeschaut werden und im **Besucherzentrum** gibt es nähere Erläuterungen über den Geopark „Muskauer Faltenbogen" *(Öffnungs- und Fahrzeiten unter www.waldeisenbahn.de).*

Wer mit dem WOMO nach **Weißwasser** (Běła Woda) fahren möchte, kann den Weg gar nicht verfehlen und findet am ausgeschilderten **Jahnbad** eine Übernachtungsmöglichkeit [**127:** N 51°30'41.6" E 14°38'12.8"; Teichstraße].

Nach dem unvergesslichen Erlebnis genialer Gartenkunst in Bad Muskau starten wir zu einem völlig anderen Ausflug gleich jenseits der Neiße, der uns allerdings ebenso in Erinnerung bleiben wird. Auf einem großen Areal, das mit angeblich 800 Ständen eng bestückt ist, schieben wir uns in Nicht-Corona-Zeiten über den **Polenmarkt**. In einem bunten, manchmal unheimlichen Durcheinander von Lebensmitteln, Taschen, Korbwaren, Kleidung, Zigaretten, Blumen, Gardinen, unglaublich vielen Menschen und einem Multikulti-Sprachgewirr muss sich jeder auf sein eigenes Urteilsvermögen verlassen, um neben dem vielen Ramsch vielleicht doch das Schnäppchen seines Lebens zu machen.

Auf der B115 rollen wir anschließend Richtung Bautzen/Görlitz durch das Gelände eines Truppenübungsplatzes und erreichen südlich der Muskauer Heide inmitten einer reizvollen Teichlandschaft das Örtchen **Rietschen**.

Von hier lässt sich der etwa 44 Kilometer lange **Wolfsradweg** erkunden, der im Osten den Anschluss an den Neißeradweg findet und westlich bis nach Boxberg/O. L. sowie bis zum Findlingspark Nochten führt *(www.wolfsradweg.de)*.

(128) Offizieller WOMO-Stellplatz: Rietschen, Erlichthof

GPS: N 51°24'08.0" E 14°47'21.0"; Feldweg 10 **Max. WOMOs:** 19

Kontakt: Telefon 035772/40235, www.erlichthofsiedlung.de

Öffnungszeit: April - Dezember, Januar bis März auf Anfrage.

Ausstattung: V/E, Strom, Sanitärgebäude, Müllbehälter.

Beschreibung: Der am Ortsrand gelegene, schön angelegte Stellplatz auf Schotter und Rasen gehört zum Ehrlichthof und ist teilweise schattig. Im Ort befinden sich Supermarkt, Bäcker und eine Gaststätte. Der Platz ist ein guter Ausgangspunkt für Rad- und Wandertouren.

Preise: €€.

Zufahrt: Etwa 100 Meter hinter dem Ortseingang zum Parkplatz Ehrlichthof, dann dem Feldweg rechts zum Stellplatz folgen.

Erlichthof Rietschen

Viele der umliegenden Dörfer mussten dem Braunkohleabbau weichen und einige der bis zu 300 Jahre alten, denkmalgeschützten Gebäude der ehemaligen Orte wurden abgetragen. Im **Museumsdorf Erlichthof** sind sie originalgetreu wieder zusammengesetzt und wir fühlen uns bei unserem Rundgang in ein Lausitzer Heidedorf des 19. Jahrhunderts zurückversetzt. Blühende Bauerngärten säumen den Weg, Wäsche flattert im Wind und in den Ausstellungsräumen wird über Wölfe, das

Biosphärenreservat und natürlich über die urigen **Schrotholzhäuser** informiert. Bei dieser Bauweise werden durch spezielles Abtrennen der Rinde die Bäume zum Harzen angeregt und das Holz erhält dadurch einen natürlichen Schutz. Nach dem Fällen der Bäume und dem kantigen Behauen mit einem Breitbeil entstehen vierkantige Balken, die in Blockbauweise zusammengefügt werden. Die glatte, fugenlose Außenwand ist das besondere Merkmal und unterscheidet Schrotholzhäuser vom ursprünglichen Blockhaus, das aus Rundhölzern besteht. Für Leben sorgen **kleine Läden und Cafés**, die zum Stöbern und zur Einkehr einladen sowie die **Natur- und Touristinformation** *(Di - So 10 - 17 Uhr, Jan./Feb. teils eingeschränkte Öffnungszeiten, Gaststätte bis 23 Uhr, Museums-Gehöft Eintritt, außer bei Veranstaltungen ist der Siedlungsbereich ansonsten ohne Eintritt begehbar, Hunde an der Leine gestattet, www.erlichthof.de).*

Im wenige Kilometer entfernten **Niesky** (Niska) können wir die zeitgemäße Weiterentwicklung der Schrotholzhäuser verfolgen.

Niesky

Der Ort wurde 1742 von böhmischen Glaubensflüchtlingen, die sich der Herrnhuter Brüdergemeine angeschlossen hatten, gegründet. Etwa einhundert Jahre später entwickelte und produzierte die Firma „Christoph & Unmack" industriell vorgefertigte Holzhäuser.
Am denkmalgeschützten Zinzendorfplatz befindet sich die **Tourist-Information** *(Mo - Fr 10 - 17 Uhr, So 14 - 17 Uhr, Zinsendorfplatz, Telefon 03588/25580, www.niesky.de)*. Hier ist das **Museum Niesky** untergebracht, das sich mit der Stadtgeschichte und einer Ausstellung zur Brüdergemeine und den Vorläufern unserer heutigen Fertighäuser beschäftigt. In Natura sind 85 industriell hergestellte Holzbauten, die Kirche und die **Werk- und Musterhaussiedlung**, rund um die Konrad-Wachsmann-Straße zu sehen. Vom ausgeschilderten Parkplatz am Platz der Jugend kann die bis heute bewohnte Siedlung genauer unter die Lupe genommen werden [N 51°17'31.4" E 14°49'38.5"; Am Markt]

Vom Platz der Jugend halten wir uns weiter östlich, streifen den Parkplatz Friesenweg [**129:** N 51°17'29.2" E 14°51'08.9"; Die Neue Heide] und erreichen **Horka** (Hórka).
Inmitten der hiesigen, Anfang des 13. Jahrhunderts erbauten **Historischen Wehranlage** steht ein einst romanisch-

gotisches Kirchlein. Es wurde im 18. Jahrhundert nach barockem Stil umgebaut und birgt im Inneren wunderschöne Wandmalereien. Sowohl die Kirche als auch der alte Friedhof sind von einer sechs Meter hohen, mit Zinnen versehenen 800 bis 900 Jahre alten Wehrmauer aus Feldsteinen und Granitfindlingen umgeben, hinter der die Dorfbewohner während der Hussitenkriege sichere Zuflucht fanden.

Im nordöstlich gelegenen **Rothenburg** (Rózbork) nahe der deutsch-polnischen Grenze möchten wir den mitten im Grünen gelegenen kleine, ordentlichen **Campingplatz Neiße-Camp** unbedingt erwähnen. Der Wiesenplatz ist für Erholungssuchende, aber auch für Aktivurlauber gerade richtig [**130:** N 51°19'38.0" E 14°58'57.0"; Tormersdorfer Allee 1, Mai - September, www.neisse-tours.de, Preis €€].

Ein paar Hundert Meter entfernt warten nämlich die **Schlauchboote** von Neiße-Tours, die bei einer Fahrt durch unberührte Natur den Grenzfluss erleben lassen. Wer lieber festen Boden unter den Füßen behält, kann das beim Bogenschießen tun oder sattelt seinen Drahtesel für eine Fahrt auf dem **Neiße-Radweg**.

Ein besonderes Erlebnis für Groß und insbesondere für Klein ist die **Kulturinsel Einsiedel** in **Zentendorf** [N 51°17'44.0" E 15°00'58.4"]. Die Bezeichnung Freizeitpark wird dem beliebten Abenteuerspielplatz nicht gerecht *(bis auf Ende Dez./Anfang Jan. täglich ab 10 Uhr, Eintritt, Hunde an der Leine gestattet, www.turisede.com)*. Hier verschmelzen Kunst, Spiel und Spaß, Kultur und Natur zu einem aufregenden Erlebnis. Ausgefallene Baumhäuser wechseln sich mit Grafik-, Malerei- und Keramik-Ausstellungen ab und regelmäßig werden kulturelle Feste und Festivals ausgerichtet. Immer am ersten Septemberwochenende steigt hier unter anderem das zweitgrößte **Folk- und Weltmusikfestival** Deutschlands. Nach der Anmeldung an der Rezeption gibt es 500 Meter entfernt einen offiziellen **WOMO-Stellplatz** [**131:** N 51°17'32.5" E 15°01'19.4", inklusiv Strom €€. Enge Zufahrt und Wege, eher nur für WOMOs bis maximal 7,50 Meter Länge!]. Zwischen großen Agrarflächen, entlang der Lausitzer Neiße und mit Blick ins polnische Riesengebirge als auch ins deutsche Zittauer Gebirge wechseln kleine Dörfer sowie Wäldchen einander ab und wir durchfahren grüne Alleen bis wir in einen bereits zu Görlitz gehörenden Ort gelangen.

(132) Offizieller WOMO-Stellplatz: Ludwigsdorf, Kalkwerk

GPS: N 51°12'21.0" E 14°59'39.90"; Zum Kalkwerk 24a **Max. WOMOs:** 15
Kontakt: Telefon 0178/1121805
Ausstattung: Grillmöglichkeit, Brötchenservice, Müllbehälter. Ansonsten ist im Herbst 2020 noch nichts vorzufinden, da sich der Platz im Aufbau befindet.

Beschreibung: Naturbelassener schöner Stellplatz am Ortsrand auf Wiese zwischen Bäumen. Mit dem Fahrrad ist man nach etwa 6 Kilometern leicht aufwärts in Görlitz und bei einem Spaziergang auf dem großen Gelände kann ein kleiner See entdeckt werden. Ein ruhiger, beschaulicher Platz für Individualisten und mit sehr freundlichem Betreiber.
Preise: €.
Zufahrt: Im Ort der Straße „Zum Kalkwerk" in westlicher Richtung bis zum ausgeschilderten Stellplatz folgen.

Der weitere Weg nach **Görlitz** ist vorgegeben, wir streifen die Kläranlage mit Entsorgungsmöglichkeit für WOMOs [N 51°10'13.1" E 14°59'56.5"; Rothenburger Straße, Mo - Fr 7 - 18 Uhr, Sa/So/Feiertage 7 - 13 Uhr] und parken auf dem ausgeschilderten, einfachen, schattenlosen Großparkplatz Innenstadt [**133:** N 51°09'20.0" E 14°58'41.5"; Christoph-Lüders-Straße. Ein ausgeschilderter 15-minütiger Fußweg führt zur Innenstadt].

(134) Offizieller WOMO-Stellplatz: Görlitz, Sport- und Freizeit-Paradies Rosenhof

GPS: N 51°08'09.8" E 14°57'37.8"; Geschw.-Scholl-Str. 15 **Max. WOMOs:** 30
Ausstattung: V/E, Strom, Dusche, Brötchenservice (Pauschalpreis),

Restaurant, Sauna, Kinderspielland, Ponyreiten.
Beschreibung: Die teilweise auf Wiese oder befestigtem Boden befindlichen Plätze liegen auf einem Reiterhof am Ortsrand. Mit dem nahen ÖPNV ist man in etwa 15 Minuten im Zentrum.
Preise: €€€.
Zufahrt: Bei Erreichen des Kreisverkehrs B115/B6 auf die B99 wechseln und der Beschilderung Landeskrone folgen. Der Rosenhof ist ausgeschildert.
Hinweis: Bei Veranstaltungen kann es zu Einschränkungen und Behinderungen kommen.

Görlitz

Unser Stadtspaziergang beginnt am **Obermarkt** und der dort befindlichen **Tourist-Information** *(Mo - Fr 9.30 - 17 Uhr, Sa 9.30 - 16 Uhr, So/Feiertage 9.30 - 14.30 Uhr, Obermarkt 32/Fleischerstraße 19 Telefon 03581/47570, www.goerlitz.de).*
Wir befinden uns mitten in der zweiten, erstmals 1071 urkundlich erwähnten Stadt des bereits beschriebenen Sechsstädtebundes an der **Via Regia**. Der Handel mit Tuchen und der Färberpflanze Waid haben der Stadt an der Neiße ab dem Mittelalter großen Reichtum gebracht. Im 19. Jahrhundert erlebte Görlitz durch die Industrialisierung und den Bau der Eisenbahn einen weiteren enormen Aufschwung. Ohne besondere Kriegszerstörung ist bis heute eine architektonische Meisterleistung von der Gotik über die Renaissance bis zur Gründerzeit und dem Jugendstil erhalten geblieben. Nach der Wende begannen aufwendige Restaurierungen, die uns einen fulminanten Spaziergang vorbei an knapp 4000 denkmalgeschützten Gebäuden durch fast 800 Jahre Architekturgeschichte bescheren.
Der bereits im 13. Jahrhundert angelegte **Obermarkt** wird vorwiegend vom Barock geprägt. Die am östlichen Ende gelegene **Dreifaltigkeitskirche** dagegen zeigt sich in herrlichster Gotik und an den Triumphbogensäulen ist noch der romanische Einfluss zu erkennen. Die Kirche ging aus einem 1234 gegründeten Franziskanerkloster hervor und die Ausstattung zählt zu dem wertvollsten Görlitzer Kirchen- und Kunstbesitz.
Am **Untermarkt** fällt sofort das älteste deutsche Renaissance-Bürgerhaus, der **Schönhof** ins Auge. In dem 1526 erbauten Gebäude ist das **Schlesische Museum** untergebracht *(Di - So/Feiertage 10 - 17 Uhr, Eintritt, Führungen möglich, www.schlesisches-museum.de).* Die Westseite des Untermarkts wird vom in mehreren Etappen entstandenen **Rathaus** begrenzt. Zum ältesten Teil gehört die Rathaustreppe aus dem Jahr 1537. Über allem erhebt sich der zwischen den Jahren 1511 und 1516 erbaute Turm mit zwei Uhren aus dem Jahr 1584. Die untere Uhr zeigt den behelmten Kopf eines Kriegers, der seit Jahrhunderten tapfer zu jeder Minute die Kinnlade herunterklappt. Andere Gebäude

Untermarkt

wurden von reichen Rats- und Kaufleuten bewohnt, die in den für Görlitz typischen, weiträumigen Hallenhäusern ihre Tuchwaren eindrucksvoll präsentieren konnten. Das **Biblische Haus** in der Neißestraße mit seiner pittoresken Fassade, die in feinster Reliefform Szenen aus dem Alten und dem Neuen Testament darstellt, zeigt bereits die Pracht aus dem 16. Jahrhundert genauso, wie das Gebäude mit der Hausnummer 20. Hier besteht das Fassadendekor aus symmetrisch angeordnetem Laub. Die Malerei wird auf das Jahr 1680 datiert und ist für die Oberlausitz einmalig. Gleich nebenan beeindruckt ein rot-goldenes Portal mit einem Schlussstein aus dem Jahr 1727. Diese und andere Gebäude machen den Spaziergang durch die geschlossene Altstadt auf 2,7 Quadratkilometer so reizvoll und abwechslungsreich.
Am Ende der Straße führt die für Fußgänger zu nutzende **Altstadtbrücke** über die Neiße in den polnischen Teil der Europastadt Görlitz/Zgorzelec. Beide Städte verbindet ein starker kultureller und wirtschaftlicher Austausch und europäischer kann es kaum zugehen, denn die Stadt liegt mitten auf dem **15. Meridian**, der im nahen Stadtpark verläuft und die Zeit für ganz Mitteleuropa bestimmt. Vom polnischen Ufer hat man eine feine Sicht auf die im Vordergrund liegende **St. Peter und Paul Kirche**, eine fünfschiffige Hallenkirche aus dem 15. Jahrhundert mit sehenswerter Innenausstattung.
Von hier gelangen wir über die Nikolaistraße zur **Nikolaivorstadt**, auf deren ältestem Siedlungsgelände einst das Dörfchen „Goreliz“ entstand. Neben der **Nikolaikirche** und dem sehenswerten, romantisch anmutenden **Nikolaifriedhof** mit zahlreichen Grabdenkmälern und Grufthäusern aus der Renaissance und dem Barock, ist im Westen der Nikolaivorstadt das **Heilige Grab** mit dem Ölberggarten unbedingt sehenswert. Es ist Teil einer unter freiem Himmel inmitten eines Gartens angelegten mittelalterlichen Pilger- und Andachtsstätte. Die gesamte Anlage, bestehend aus der Doppelkapelle zum Heiligen Kreuz, dem Salbhaus und der Grabkapelle, ist eine Nachbildung der wichtigsten Teile in der großen Grabeskirche zu Jerusalem. Die Konzeption der Anlage ist vermutlich dem späteren Görlitzer Bürgermeister Georg Emmerich zu verdanken, der im Jahre 1465 nach seiner Rückkehr von einer Pilgerreise in das Heilige Land mit der Stiftung einer ersten Kapelle zum Heiligen Kreuz, dem Vorgängerbau, den Grundstein legte. Der Bau der jetzigen Anlage erfolgte in den Jahren 1481-1504 und ist im ursprünglichen Zustand erhalten. Die Grabkapelle ist heute vielleicht originaler als das Original in Jerusalem *(März - Sept. 9 - 17 Uhr, Okt. - März 9 - 16 Uhr, Führungen 10 und 15 Uhr, Heilig-Grab-Straße 79, Eintritt).*
Weiterhin erwähnenswert sind das **Kulturhistorische Museum**, das in den drei Gebäuden Kaisertrutz, Reichenbacher Turm und Barockhaus Neißstraße 30 untergebracht ist *(April - Okt Di - Do 10 - 17 Uhr, Fr - So 10 - 18 Uhr, Nov. - März 10 - 16 Uhr)*, das **Senckenberg Museum für**

St. Peter und Paul Kirche

Naturkunde *(Di - Fr 10 - 17 Uhr, Sa/So 10 - 18 Uhr, Winter-/Herbstferien So 10 - 18 Uhr, Am Museum 1, Eintritt)* und auf polnischer Seite das **Lausitzmuseum** *(Mo/Di/Do/Fr 8 - 16 Uhr, Mi 10 - 18 Uhr, ul. Daszynskiego 15)*.
Die romantische Atmosphäre und der Charme der Altstadt dienen bereits seit den 1950er Jahren als Kulisse für nationale wie internationale Filmprojekte und vor der einzigartigen Architektur flanieren immer wieder Weltstars, die Görlitz zu **Görliwood** machen. Mehr über die Arbeiten zu Filmen wie „Der Vorleser", „Inglourious Basterds" oder „The Grand Budapest Hotel" , letzterer erhielt gar einen Oscar für das beste Szenenbild (Görlitz), können Besucher bei **Stadtrundfahrten** im Doppeldeckerbus, bei **Stadtrundgängen** entdecken. Die **Besichtigung** der Filmlocation Brauner Hirsch, das barocke Bürgerhaus in der Neißstraße bot immerhin für acht bekannte Filme einen wandelbaren Hintergrund, ist für Cineasten ein Muss *(Bitte unbedingt in Tourist-Info vorab anmelden!)*
Wir sind uns darüber einig, dass wir nur einen kleinen Abriss der an ein Freilichtmuseum erinnernden Stadt geben können. Sie gehört selbstverständlich in unsere **Top Ten** und ist unbedingt einen Besuch wert!
Das „Schmankerl" zum Abschluss unserer Sightseeing-Tour finden wir in einer der Seitenstraßen am Untermarkt in einem Patrizierhaus. Wer sich im mit Wandmalereien verzierten Tonnengewölbe oder im schattigen Innenhof im **Restaurant St. Jonathan** niedergelassen hat, sollte das „Schlesische Himmelreich" probieren. Ein himmlisches Mahl aus Kasseler Kamm, getrockneten Pflaumen und Aprikosen sowie Klößen *(mittags ab 12 Uhr, abends ab 18 Uhr, Peterstraße 16, Telefon 03581/421082, www.goerlitz-restaurant.de)*.

Auch südlich von Görlitz war der Braunkohletagebau vertreten und heute ist es ein geflutetes Restloch, das als größter Besucher-Magnet der Umgebung gilt.

Berzdorfer See mit Landeskrone

Berzdorfer See

Der knapp 1.000 Hektar große See ist auf einem 16 Kilometer langen, größtenteils asphaltierten Weg zu umrunden, bietet Spiel- und Badeplätze sowie ein Naturschutzgebiet. Radfahrer, Wanderer, Surfer, Segler als auch Stand-Up Paddler können ihre Leidenschaft hier voll ausleben und außerdem können diverse Fortbewegungsmittel in Form von E-Rollern, Luftmatratzen und vieles mehr ausgeliehen werden – das Animationsprogramm für Alt und Jung erscheint fast grenzenlos. Das Ganze wird durch verschiedene gastronomische Angebote gewürzt und schon entsteht in den letzten Jahren ein Naturparadies und Ausflugsziel par excellence im Dreiländereck Deutschland-Polen-Tschechien. In der Saison besuchen täglich zwischen 3.000 und 5.000 Gäste das Areal um den See, das zusätzlich mit weiteren Parkplätzen sowie unter anderem mit einem alten Wasserschloss, einem Aussichtsturm, einer Hafenanlage mit einfachen weiteren WOMO-Stellplatzmöglichkeiten und dem **Museum am Schaufelradbagger** 1452 aufwarten kann. Das technische Ungetüm arbeitete im Tagebau im Altenburger Land und wurde als Zeitzeuge in den ehemaligen Tagebau Berzdorf gebracht *(Di/Do 14 - 18 Uhr, Sa/So/Feiertage 10.30 - 18 Uhr, Führungen möglich, Eintritt).* Ein **Campingplatz** an der Blauen Lagune im südlichen Bereich des Sees befindet sich im Aufbau und auch in dessen Nähe wird das volle Unterhaltungsprogramm geboten.
Über all dem wacht die 419 Meter hohe **Landeskrone**, der Hausberg der Görlitzer. Auf dem vorwiegend mit Laubbäumen bewachsenen Gipfel des Basaltkegels wartet ein Aussichtsturm, von dem man einen Rundblick bis hin zum Riesengebirge mit der Schneekoppe hat.

(135) Offizieller WOMO-Stellplatz: Görlitz, Berzdorfer See Nordstrand

GPS: N 51°06'37.8" E 14°57'56.5"; Zum Nordstrand **Max. WOMOs:** 8
Beschreibung: Der einfache, geschotterte und schattenlose Platz befindet sich außerhalb des Ortes und liegt oberhalb des Sees mit grandioser Aussicht. Badestelle, Schiffsanleger sowie Imbiss sind direkt unterhalb des Platzes zu finden und es kann durchaus auch schon mal unruhiger werden, Rad- und Wanderwege sind vorhanden.

Zufahrt: Von Görlitz auf der B99 Richtung Zittau fahren und dann den Hinweisen zum Nordstrand und dem WOMO-Piktogramm folgen.
Hinweis: Campingverhalten nicht erwünscht!

(136) Offizieller WOMO-Stellplatz: Görlitz, Berzdorfer See Nordoststrand

GPS: N 51°06'26.0" E 14°58'29.0"; Strandpromenade **Max. WOMOs:** 20
Beschreibung: Der einfache, geschotterte, schattenlose Platz befindet sich außerhalb des Ortes und liegt direkt am See. Surfer- und Badestrand,

Schiffsanleger, Hundestrand und Gastronomie in der Nähe. Es kann durchaus schon mal unruhiger oder laut werden. Rad- und Wanderwege sind vorhanden. Polizei und Wachdienst fahren regelmäßig Streife und von der nahen Bundesstraße sowie der Bahnlinie ist nachts nicht viel zu hören. **Preis:** €.
Zufahrt: Von Görlitz auf der B99 Richtung Zittau fahren und etwa 400 Meter hinter der vorgenannten Zufahrt den Hinweisen zum Berzdorfer See folgen.
Hinweis: Campingverhalten nicht erwünscht!

Wieder zurück in Görlitz verlassen wir die B99 am Klinikum nach Westen. Die Teichgebietslandschaft liegt nun hinter uns und durch eine sanft geschwungene Landschaft nähern wir uns dem von bewaldeten Bergen umsäumten **Königshain** und dem **Landschaftsschutzgebiet Königshainer Berge**. In dem kleinen, im Jahr 1298 erstmals erwähnten Ort, der damals zum königlich-böhmischen Jagdgebiet gehörte, dominieren große Vierseithöfe. Die mehrfach umgebaute Dorfkirche im spätgotischen Stil hat seit dem Jahr 1814 eine hübsche barocke Ausstattung mit freigelegten Ausmalungen aus dem 15. Jahrhundert und auf dem Parkplatz vor dem Kirchlein kann das WOMO eine Bleibe finden [**137:** N 51°10'49.0" E 14°53'06.2"; Dorfstraße].

Schlosskomplex Königshain

Durch einen schönen Park erreichen wir den Schlosskomplex, zu dem das im Jahr 1766 fertiggestellte **Barockschloss** gehört *(Di - Do 11 - 15 Uhr, Sa/So/Feiertage 14 - 17 Uhr, wechselnde Ausstellungen, www.koenigshain.com)*. Der **Steinstock**, ein mittelalterlicher Wohnturm und Rittersitz ist ein bisschen enttäuschend, auch wenn er eines der ältesten Gebäude der Oberlausitz sein soll *(So 14 - 17 Uhr)*. Zur richtigen Jahreszeit entschädigt jedoch der Blick in den **Rhododendrongarten** und der interessante **Heil- und Kräutergarten** *(Mi - Do 11 - 15 Uhr, Fr/Sa/So/Feiertage 14 - 17 Uhr)*.

Die anschließende Fahrt durch den Ort scheint gar nicht mehr enden zu wollen, doch nach knapp drei Kilometern weist ein Hinweis schließlich rechts in eine Einbahnstraße und damit zum Ausgangspunkt einer Wanderung.

Schloss Königshain

(138) WOMO-Wanderparkplatz: Königshain, Hochstein

GPS: N 51°11'20.7" E 14°50'45.9"; Dorfstraße **Max. WOMOs:** 2
Ausstattung: Infotafeln, Tisch und Bänke.
Beschreibung: Der einfache, asphaltierte, am Ortsrand liegende Waldparkplatz ist etwa 400 Meter von einem Bäcker im Ort entfernt. Er bietet sich als perfekter Ausgangspunkt für die folgende Wanderung an. Der direkte Fußweg zur Berggaststätte beträgt etwa 20 - 30 Minuten.
Zufahrt: Im Ort rechts dem Hinweis zum Parkplatz Hochsteinbaude/Granitmuseum etwa 400 m folgen.

WOMO-Wandertipp: Königshainer Berge und Granitabbaumuseum

Mittelschwere, abwechslungsreiche Wanderung von etwa 5 Kilometer, erweiterbar auf 11 Kilometer Länge.
Vom Wanderparkplatz gehen wir auf der für den Verkehr gesperrten Straße etwa 500 Meter aufwärts bis zu einer Wegekreuzung mit Picknickbank und halten uns dort rechts zum **Granitabbaumuseum**. Nach 200 Jahren intensivem Granitabbau, der Königshainer Granit ist unter anderem am Reichstagsgebäude in Berlin verbaut, wurde der letzte Steinbruch im Jahr 1975 stillgelegt und es entwickelte sich an den steilen Felswänden ein **Kletterparadies**. Obwohl sich die natürliche Landschaft durch den Abbau gravierend veränderte, geht von den entstandenen Steilwänden und glasklaren Bruchseen ein besonderer Reiz aus. Wir wandern am links liegenden **Firstensteinbruch** vorbei und erreichen kurz danach den Abzweig zum rechts gelegenen Museum, in dem die Herstellung vom Bruch- zum Pflasterstein und die Lebensweise der Steinarbeiter erläutert werden *(April - Oktober Di - Fr 10 - 14.30 Uhr, Sa/So 14 - 17 Uhr, www.museum-oberlausitz.de)*.
Ein kleiner Abstecher vom Eingang entlang des Zauns, vorbei an einem schön angelegten Garten zum Waldrand ist lohnenswert und eröffnet den Blick ins Tal und den gegenüberliegenden Schwalbenberg. Zurück bei den Relikten und alten Gemäuern des Bergbaus wandern wir geradeaus bis zum **Thadenbruch**, der mit 40 Meter Wassertiefe sehr romantisch links vom Weg zu finden ist. Zwischen verfallenen Bruchsteinhäusern führt der Pfad bis zu einem Abzweig, der uns rechts vorbei am

Firstensteinbruch

Hamannbruch zum 10 Meter hohen **Totenstein** bringt. Wir umrunden die alte Kultstätte links und erreichen den Weg zur Hochsteinbaude. An einem Forstweg schwenken wir nach links und sind bald wieder an der Picknickbank, die wir bereits vom Anfang der Wanderung kennen.
Hier führt die Straße rechts bequem auf den 406 Meter hohen Hochstein. Bei einer wohlverdienten Rast in der **Hochsteinbaude** können wir den Kletterern zusehen *(Mo/Di Ruhetag, Nov. Betriebsferien, www.hochsteinbaude.de)*. Einen der Felsen, der uns an übereinandergestapelte Matratzen erinnert, kann man über eine Treppenanlage besteigen. Die Aussicht ist leider wegen der Bäume versperrt. Vom 22 Meter hohen **Aussichtsturm** reicht sie jedoch bei schönem Wetter bis zur Landeskrone bei Görlitz und sogar bis auf das Riesengebirge. Zwischen Baude und Turm geht der Rote-Punkt-Weg über teilweise lose Steine bergab durch den Wald bis zu einer Wiese, die wir nach 50 Meter gleich wieder links in den Wald verlassen. Etwas rauf und runter folgen wir dem manchmal schwer zu erkennenden Roten Punkt geradeaus bis zu einer Mauer. Nun geht es rechts bergab Richtung Königshain/Bahnhof. An einer zweiten Wiese wenden wir uns ein paar Schritte links und gleich wieder rechts entlang eines Elektrozauns über die freie Flur bis zum Wald. Hier treffen wir auf einen Weg, der uns zum Ausgangspunkt zurückbringt.
Die Wanderung kann auf etwa 11 Kilometer Länge erweitert werden. Hierzu schwenken wir nach der Umrundung des Totensteins und bei Erreichen des Forstwegs rechts auf ein Teilstück des Ökumenischen Pilgerwegs Via Regia. Mit Rotpunkt- und Gelbstrich-Markierung geht es bis zum 307 Meter hohen **Schoorstein**, der sich im nördlichen Teil der Königshainer Berge befindet. Bereits 400 Meter vorher führt ein Wald- und Feldweg mit wunderbarem Blick auf den Hochstein nach Thiemendorf. Dort folgen wir der Rotstrich-Markierung am **Kuckuckstein** vorbei zum Hochstein. Von dort gilt die bereits genannte Routenbeschreibung.

Über Hilbersdorf gelangen wir nach Arnsdorf und müssen hier den etwas längeren Weg um den Holzmühlteich nach Döbschütz nehmen, da die kürzere Variante auf sehr schmalen Sträßchen durch Heideberg nur Fahrzeugen bis 2,8 Tonnen vorbehalten ist. Von Döbschütz folgen wir den Hinweisschildern nach **Krobnitz** [N 51°10'37.0" E 14°45'24.2"; Am Friedenstal].

Schloss Krobnitz

Im grünen Lausitzer Hügelland liegt das Schloss umgeben von einem Park im englischen Landschaftsstil. Das Mitte des 18. Jahrhunderts erbaute Herrenhaus erwarb im Jahr 1873 der preußische Kriegsminister und Generalfeldmarschall Albrecht Graf von Roon und ließ es im neoklassizistischen Stil umbauen. Vielleicht um sich heimischer zu fühlen,

kopierte der neue Schlossherr viele Elemente der markanten Außengestaltung des Preußischen Kriegsministeriums in Berlin für seinen Alterssitz. Lange konnte er ihn aber nicht nutzen, denn bereits nur sechs Jahre später wurde die Familiengruft im hinteren Parkteil zu seiner letzten Ruhestätte. Im Schloss ist heute eine Dauerausstellung zur Architekturgeschichte der Oberlausitz im 19. Jahrhundert sowie ein Roon-Kabinett zu sehen *(Mi - So 11 - 15.30 Uhr, museum-oberlausitz.de).*

Durch den Wald schlängeln wir uns bergab in das Tal der Schwarzen Schöps, fahren in Meuselwitz am Ende der Straße rechts und über Schöps nach Neucunnewitz, um von dort nach **Weißenberg** (Wóspork) zu gelangen.

In der kleinen Stadt findet das WOMO eine gebührenpflichtige Lücke am Markt im Schatten des reizvollen barocken Rathauses aus dem Jahr 1788 [N 51°11'48.6"E14°39'32.7"; August-Bebel-Platz].

Alte Pfefferküchlerei

Das aus dem Jahr 1643 stammende Gebäude, erhielt sein heutiges Aussehen nach einem Stadtbrand 1787. Nach Überschreiten der Schwelle scheinen wir in eine längst vergangen geglaubte Welt einzutreten: Dielen knarren und die bunten Pfefferkuchenherzen baumeln verführerisch über der Ladentheke. Wir stehen im europaweit ältesten und einzigen in seiner ursprünglichen Form museal genutzten Handwerksbetrieb seiner Art, dessen einst bodenständiges Handwerk heute bis auf wenige Ausnahmen von der Industrie und der Feinbäckerei abgelöst wurde. Je weiter wir in das geschichtsträchtige Haus vordringen, desto mehr eröffnen sich uns die Arbeits- und Lebensverhältnisse der ehemaligen Bewohner. Neben den Backstuben, dem originalen Backofen, Backmodeln aus drei Jahrhunderten und diversen typischen Gerätschaften bestaunen wir auch die Wohnräume der Pfefferküchler *(Di - Fr 10 - 12/13 - 16 Uhr, Sa/So 14 - 16 Uhr, jedes 1. Wochenende im Monat und 24. - 26.12/31.12./1.1. geschlossen, an den Adventswochenenden 13 - 17 Uhr, Eintritt).*

10 km
Talsperre Bautzen
Spree
Bautzen
Wilthen
Tour 8
Steinigt-wolmsdorf
Sohland
Halben-dorf
Weigs-dorf
Czorneboh
561 m
Wurschen
Weißenberg
Tour 6
Bieleboh
499 m
Cune-walde
Oppach
Lawalde
Löbau
Friedersdorf
CZ
Ebersbach
Kottmars-dorf
Nieder-cunnersdorf
Ober-cunnersdorf
Spree quelle
Kottmar
583 m
Neugersdorf
Eibau
Seif-hennersdorf
Ruppers-dorf
Herrnhut
Bernstadt a.d. Eigen
511 m
Spitzberg
Ober-oderwitz
Spitz-cunnersdorf
Neundorf a. d. Eigen
Großschönau
Waltersdorf
Lausche
793 m
Oberseifersdorf
Kloster Marienthal
Ostritz
Johnsdorf
Zittau
Oybin
749 m
Hochwald
Lückendorf
Hartau
Lausitzer Neiße
PL
Bogatyna
TOUR 7

Tour 7 280 km

Bautzen – Cunewalde – Löbau – Obercunnersdorf Ebersbach – Eibau – Ostritz – Zittau – Oybin – Jonsdorf Großschönau – Ebersbach – Sohland

Stellplätze: Bautzen, Wilthen, Weigsdorf-Köblitz, Cunewalde, Löbau, Obercunnersdorf, Kottmarsdorf, Eibau, Oberoderwitz, Ruppersdorf, Herrnhut, Neundorf, Ostritz, Oberseifersdorf, Zittau, Hartau, Lückendorf, Oybin, Hain, Jonsdorf, Waltersdorf, Großschönau, Neugersdorf, Ebersbach, Friedersdorf, Oppach, Sohland.

Campingplätze: Bautzen Natur- u. Abenteuercamping, Olbersdorf SeeCamping Zittauer Gebirge, Saalendorf Camping platz Sell-Hof, Großschönau Trixi Ferienland.

Besichtigen: Bautzen Altstadt, Gedenkstätte, div. Museen; Cunewalde Umgebindehauspark, Größte Dorfkirche Deutschlands; Löbau Haus Schminke, Stadtmuseum Eibau Faktorenhof, Heimatmuseum; Herrnhut Völkerkundemuseum, Fertigung Herrnhuter Sterne; Ostritz Kloster Marienthal; Zittau div. Museen, Fastentuch; Oybin Burg- und Klosterruine; Großschönau Damast- und Frottiermuseum, Seifhennersdorf Karasek-Museum, Pianofortemanufaktur.

Wandern: Cunewalde, Herrnhut, Löbau, Eibau, Ostritz, Jonsdorf, Waltersdorf.

Radfahren: Bautzen Spreeradwanderweg, Cunewalde/Löbau Oberlausitzer Bahnradweg, Zittau Oder-Neiße-Radweg.

Baden: Bautzen, Obercunnersdorf, Herrnhut, Neugersdorf, Ebersbach.

Essen: Bautzen Sorbisches Spezialitätenrestaurant Wjelbik; Weigsdorf-Köblitz Hotel-Restaurant Alter Weber; Eibau Berggasthof; Löbau Honigbrunnen, Turmgaststätte; Eibau Brauhaus; Oberoderwitz Spitzbergbaude; Herrnhut Landgasthof Eulkretscham; Kloster Marienthal Klosterschenke; Zittau Zum alten Sack, Wirtshaus Dornspachhaus, Bäckerei-Café Schwerdtner; Lückendorf Gasthof Alte Schmiede; Jonsdorf Berggasthof Nonnenfelsen; Waltersdorf Lausitzer Baude, Hubertusbaude; Großschönau Café Liebe; Seifhennersdorf Carl's Musik-Kaffee; Friedersdorf Lindners Grenzschänke Sohland Prinz-Friedrich-August-Baude.

Wir sind auf dem direkten Weg nach **Bautzen**, folgen der B6 von Osten kommend in die Stadt.

(139) WOMO-Campingplatz: Bautzen, Natur- und Abenteuercamping

GPS: N 51°12'07.5" E 14°27'40.6"; Nimschützer Straße 41

Kontakt: Telefon 03591/271267, www.camping-bautzen.de
Öffnungszeiten: April – Oktober.
Ausstattung: Gasflaschenservice, Brötchenservice, Badestrand, Waschmaschine und Wäschetrockner.
Beschreibung: Sehr schöne Anlage direkt am Ortsrand und am Stausee Bautzen mit befestigten Plätzen auf Rasen. Zwei großzügige, teils schattige Parzellen teilen sich jeweils einen Strom- und V/E-Anschluss. Das Stadtzentrum ist etwa 4 Kilometer entfernt und direkt am Platz verläuft der **Spreeradwanderweg** oder der mit einem blauen Seesymbol auf gelben Grund markierte 18,6 Kilometer lange **Stausee-Rundwanderweg** um das „Bautzener Meer". In der Nähe befinden sich weiterhin der **Hochseilgarten** Bautzen *(www.geo-trail.eu)* und der **Minigolfpark** Bautzen *(www.minigolfpark-bautzen.de)*.
Etwa 500 Meter hinter der Zufahrt zum Campingplatz liegt an der Bundesstraße ein Parkplatz, von dem fußläufig eine Badestelle erreicht werden kann [N 51°12'31.3" E 14°28'09.2"].
Preise: €€.
Zufahrt: Von der B6 auf die B156 Richtung Weißwasser wechseln. Nach etwa 2,5 Kilometer wird die Autobahn überquert, dann den Hinweisen zum Campingplatz folgen.

(140) WOMO-Stellplatz: Bautzen, Schützenplatzhalle

GPS: N 51°11'07.8" E 14°25'28.1"; Am Stadtwall **Max. WOMOs:** 3 - 5
Ausstattung: Müllbehälter.
Beschreibung: Der einfache, geschotterte oder auf Wiese befindliche, teils schattige Großparkplatz liegt am Ortsrand etwa ein Kilometer vom Zentrum mit Gaststätten und Geschäften entfernt.
Preise: Tagsüber €.
Zufahrt: Von der B6 Richtung Kreiskrankenhaus abbiegen und den Hinweisen zum Parkplatz folgen.
Hinweis: Für uns die beste Parkmöglichkeit, um die Stadt zu besichtigen.

(141) Offizieller WOMO-Stellplatz: Bautzen, Schliebenstraße

GPS: N 51°10'55.0" E 14°24'53.6"; Schliebenstraße **Max. WOMOs:** 4

Ausstattung: V/E, Strom, WC, Müllbehälter.
Beschreibung: Die ausgewiesenen Stellplätze befinden sich am Rand eines einfachen Großparkplatzes am Ortsrand und direkt an der Straße. Das Zentrum ist etwa 1,2 Kilometer entfernt.
Zufahrt: Der B6 westwärts durch den Ort folgen. Hinter der Spree-Brücke ist der Parkplatz rechts ausgeschildert.
Hinweis: Auch wenn nur vier Plätze ausgewiesen sind, haben wir weitaus mehr WOMOs auf dem gesamten Parkplatz verteilt gesehen.

Bautzen (Budyšin)

Manch einer mag Bautzen mit politischer Verfolgung und Gefängnis in der sowjetischen Besatzungszone sowie später in der DDR in Verbindung bringen. Die unrühmliche Geschichte reicht bis in die Nazi-Zeit zurück, als in den Haftanstalten Bautzen I, wegen seiner Gebäudefarbe „Gelbes Elend" genannt, und Bautzen II politische Gegner unter unmenschlichen Haftbedingungen gefangen gehalten wurden [N 51°10'41.9" E 14°26'16.1"; Weigangstraße 8a. Das Parken am Straßenrand ist nur begrenzt möglich]. In der **Gedenkstätte Bautzen**

zeigen die Arrestzellen und der Isolationstrakt sowie eine Ausstellung die politisch-historischen Zusammenhänge und dokumentieren die Leiden der Opfer auf erschreckend eindrückliche Weise *(10 - 18 Uhr, Fr 10 - 20 Uhr, öffentliche Führungen Fr 17 Uhr, Sa/So/Feiertage 11/14 Uhr, www.stsg.de).*

Zum Glück hat Bautzen viel mehr zu bieten und wir erleben im weiteren Verlauf unseres Besuches eine freundliche Stadt und städtebauliche Schönheit.

Dass wir in der „Stadt der Türme" sind, ist unschwer auszumachen und von beiden oben genannten Stellplätzen ist sie gleichermaßen leicht zu erreichen. Allerdings sollte man gut zu Fuß sein, denn der historische und schön anzusehende Ortskern um die fast 1000-jährige **Ortenburg** liegt erhaben auf einem Felsmassiv hoch über der Spree. Durch den **Matthiasturm** betritt man von der Schlossstraße aus das Burggelände, auf dem sich das **Sorbische Museum** befindet *(Di - So 10 - 18 Uhr, Mo außer Feiertage, 24./25./31.12 geschlossen, 26.12./1.1. 13 - 18 Uhr, Eintritt, www.sorbisches-museum.de).* Bautzen ist das kulturelle Zentrum der sorbischen Minderheit – hier sind die Spielstätten des Deutsch-Sorbischen Volkstheaters und des Sorbischen Nationalensembles und ferner der Sitz der „Domowina".

Besonders zur Osterzeit sind die sorbischen Bräuche, wie beispielsweise das **Eierschieben** sehr lebendig. Bei dem Volksspektakel mit Marktständen werden am Ostersonntag zur allgemeinen Kinderbelustigung am Protschenberg Plastikbälle auf Kommando des „Eierjokels" den Hang in die Tiefe geschleudert. Die gesammelten „Eier" können anschließend gegen kleine Gewinne eingetauscht werden.

Der Mittelpunkt Bautzens ist jedoch der **Hauptmarkt**, an dem die **Tourist-Information** zu finden ist *(April - Okt. Mo - Fr 9 - 18 Uhr, Sa/So/ Feiertage 9 - 15 Uhr, Nov. - März Mo - Fr 9 – 12.30/13.30 - 17 Uhr, Sa/ Adventssonntage 9 - 14 Uhr, Telefon Hauptmarkt 1, 03591/42016, www.bautzen.de).* Der angebotene Stadtrundgang für Eilige dauert etwa eine Stunde und führt den Besucher zu ausgewählten Sehenswürdigkeiten, wie zum Beispiel dem barocken, in kräftigem Gelb leuchtenden **Rathaus** oder dem **Reichenturm**. Dieser macht mit einer Abweichung von 1,44 Meter von der Senkrechten fast dem Schiefen Turm von Pisa Konkurrenz. Sehenswert ist der mächtige, vierschiffige **Dom St. Peter**, der

den **Fleischmarkt** überragt und der ab dem Jahr 1524 als Simultankirche den Katholiken im Chorraum mit einem Hochaltar von 1724 und den Protestanten im Langhaus mit einer reich geschnitzten Fürstenloge aus dem Jahr 1674 das Beten ermöglichte *(April - Okt. Mo - Sa 10 - 16 Uhr, So 12 - 16 Uhr, Turmbesteigung Ostern - Dez. Sa/So/Feiertage 13 - 17 Uhr)*. Das im Jahr 1213 begonnene und 1497 vollendete Gotteshaus weist einen von innen und außen sichtbaren Knick in der Längsachse auf, der angeblich dem Zorn des Teufels zu verdanken ist. Diesen und ähnlichen Anekdoten lauschen wir während einer der **öffentlichen Stadtführungen** *(Mai - Okt. täglich 11.30/12 Uhr, Nov. - März Sa 11.30/12 Uhr, Gebühr, Treffpunkt Tourist-Info)*. Außerdem kann man dort **Audio-Video-Guides** für seinen individuellen Stadtrundgang ausleihen oder die Stadt auf dem **QR-Pfad** erkunden. Wer sich über die Vielzahl von **Wander- und Radtouren** rund um Bautzen informieren möchte, wird in der Tourist-Info auf Beste damit versorgt.
Im **Domstift**, welches seit dem 13. Jahrhundert Zentrum der Katholiken in der Oberlausitz ist und mit einem reich geschmückten, farbenfrohen Hauptportal aufwartet, ist der **Domschatz** zu sehen *(Mo - Fr 10 - 12Uhr/13 - 16 Uhr, 1. Sa im Monat 10 - 15 Uhr, Spende erbeten)*.
Einer der vielen Türme Bautzens gehört zur **Alten Wasserkunst**, die seit dem Jahr 1558 das Spreewasser durch den 50 Meter hohen Turm in damals 86 Wassertröge der Stadt verteilte. Das technische Kunstwerk war gleichzeitig Teil der Wehranlage und im Museum können wir erleben, wie durch die raffinierte Ausnutzung der Flussströmung das Wasser in die Stadt gepumpt wurde *(April - Okt. Mo - So 10 - 17 Uhr, Nov. - März bis 16 Uhr, Jan. nur Sa/So 10 - 16 Uhr, Eintritt, www.altewasserkunstbautzen.de)*.
Das **Museum Bautzen** präsentiert am **Kornmarkt** eine vielfältige Sammlung zu den Themen Region, Stadt und Kunst *(April - Sept. Di - So 10 - 17 Uhr, Okt. - März 10 - 18 Uhr, Eintritt, www.museum-bautzen.de)*.
Zurück am Fleischmarkt, können wir ganz in der Nähe das Mitbringsel für die Daheimgebliebenen besorgen. Auch wenn der Bautz'ner Senf mittlerweile in fast jedem Supermarkt erstanden werden kann, ist das Probieren und Einkaufen in der Biedermeier-Ladeneinrichtung im **Bautz'ner Senfladen mit Manufaktur und Museum** unumgänglich. Hier erfahren wir zusätzlich allerlei Wissenswertes über Senf von der Kultivierung bis zur Verwertung *(Mo - Sa 10 - 18 Uhr, So 10 - 16 Uhr, Jan. - März bis 17/14 Uhr, www.bautzner-senfladen.de)*.

Hauptmarkt mit Rathaus

Nachdem wir die mittelalterlichen Gassen durchstreift haben, werden wir in der Kornstraße im sorbischen **Restaurant Wjelbik** traditionell mit Brot und Salz begrüßt. Gern erklärt uns die Bedienung die Bedeutung ihrer prächtigen Tracht, die unter anderem mit der spitzenbesetzten Kinnschleife unter der Haube darauf hinweist, dass sie den Status einer Ehefrau hat – nämlich „unter der Haube" ist. Im „kleinen Gewölbe" (Wjelbik) können wir auf der zweisprachigen Speisekarte zwischen Spezialitäten wie Hochzeitssuppe, geräuchertem Karpfenschinken oder Rinderroulade mit selbst gemachten Knödeln wählen und runden unseren Bautzen-Besuch in angenehmer Umgebung ab *(Di - Sa 11 - 15/17.30 - 22 Uhr, So 11 - 15 Uhr, Telefon 03591/42060, Kornstraße 7, www.wjelbik.de).*

Von der B6 zweigt die B96 Richtung Oppach ab. Rechter Hand begleitet uns der Blick auf die Bergketten von Mönchs-, Adler- und Bärwald, während in westliche Richtung die Weinbrandstadt **Wilthen** mit einem offiziellen **WOMO-Stellplatz** auf einen Besuch wartet [**142:** N 51°05'53.0" E 14°24'01.0"; Straße der Einheit, V/E, Strom].

Gegenüber dem Stellplatz befindet sich eine der ältesten Weinbrennereien Deutschlands, deren Weinbrände in Paris im Jahr 1900 ausgezeichnet wurden. Bei Führungen durch die **Wilthener Weinbrennerei** kann man viel über die örtlichen Destillate und Spezialitäten erfahren *(Wann die Führungen wieder aufgenommen werden, ist am besten auf der Homepage zu erfahren, www.wilthener-weinbrand.de).*

Halten wir uns an der B96 in Halbendorf gen Osten und Richtung Löbau, gelangen wir zunächst nach **Weigsdorf-Köblitz**.

(143) Offizieller WOMO-Wanderparkplatz: Weigsdorf-Köblitz, Alter Bahnhof

GPS: N 51°05'54.0" E 14°28'41.0"; Am Bahnhof **Max. WOMOs:** 3
Ausstattung: Tische und Bänke, Müllbehälter.
Beschreibung: Der einfache Parkplatz im Grünen ist meist ohne Schatten am Ortsrand gelegen. Hier verlaufen ausgewiesene Wanderwege (siehe auch nächste Wanderung zum Czorneboh, in die man auch von hier einsteigen kann) und der **Oberlausitzer Bahnradweg**, der durch das Cunewalder Tal z. B. über Cunewalde nach Löbau führt. An der Durchgangsstraße befindet sich das empfehlenswerte **Hotel-Restaurant Alter Weber** *(Mo - Sa ab 17 Uhr, So ab 11.30 Uhr, Telefon 035877/25236, www.alterweber.de) und weiter östlich ein Bäcker.*
Zufahrt: Im Ort dem WOMO-Piktogramm folgen.

Von hier nähern wir uns dem zwischen den Bergen Czorneboh und Bieleboh gelegenen Ort **Cunewalde**. Auffallend sind an der Strecke die liebevoll sanierten und mit blühenden Blumen geschmückten Umgebindehäuser, die uns auf dem weiteren Weg durch die Oberlausitz immer wieder begegnen werden und zum Charme der Gegend beitragen.

Umgebindehäuser

Die besondere Architektur erstreckt sich über Niederschlesien, Nordböhmen und die Oberlausitz bis in die Sächsische Schweiz und vereint die Bauweise der in Tour 6 beschriebenen Schrotholzhäuser mit der fränkischen Fachwerkbauweise der Siedler, die im Mittelalter hier ansässig wurden.

Vom übrigen Haus unabhängig, wird als Erstes eine Blockstube mit waagerecht übereinanderliegenden Hölzern errichtet. Der Begriff „Umgebinde“ kommt vom „Umbinden“. Hierbei wird die Blockstube mit einer Stützkonstruktion aus Streben und Ständern umgeben, die den innen liegenden Baukörper von der Last des Daches und gegebenenfalls des Obergeschosses entlastet. Die Blockstube bietet für das Klima in der Oberlausitz die wichtige Wärmedämmung, während die obere Fachwerkkonstruktion eine größere und schnelle Bauweise zulässt. In späteren Jahren wurden die Holzkonstruktionen der Ställe und der Flure als massive Bauteile errichtet, da diese durch die Feuchtigkeit schnell zu verrotten begannen.

Ins Auge stechend sind bei der Volksbauweise, die nicht von Baumeistern, sondern von einfachen Handwerkern entwickelt wurde, die runden Holzbögen sowie teils kunstvollen Sandstein- und Granittürstöcke.

Die kleinsten Häuser wurden von ärmlichen Webern genutzt und je wohlhabender die Bewohner waren, desto größer wurden die Häuser. Kleinbauern besaßen neben der Stube schon Flure und Ställe in ihren Behausungen und bei den Großbauern wurden die Ställe und Scheunen separat errichtet – so entstanden die Dreiseitenhöfe. Eine weitere Besonderheit stellen die **Faktorenhäuser** dar. Sie gehörten meist wohlhabenden Händlern und besaßen Verkaufsräume, verschiedene Arbeitsräume und eine separate Küche.

Die Umgebinde wichen in den folgenden Jahren vermehrt der massiven Bauweise, die Lagerstätten wurden in Nebengebäuden untergebracht und große Drei- und Vierseitenhöfe waren die Folge. Etwa 6.500 Umgebindehäuser, die nach 1680 erbaut wurden und noch erhalten sind, zeigen die Qualitätsarbeit der damaligen Handwerker in der Oberlausitz.

Die unvergleichliche Architektur und die dadurch so malerisch geprägten Ortsbilder lassen die Umgebindehäuser in unsere Liste der **Top Ten** aufsteigen.

Umgebindehäuser in Hirschfelde

Umgebindehaus-Park mit Dorfkirche

Im **Umgebindehaus-Park Cunewalde** ist ein bunter Querschnitt von besonders typischen Miniaturausführungen im Maßstab 1:5 zu sehen *(Ostern - Okt., Führungen durch Tourist- Info)*. Das WOMO parkt man am besten am Straßenrand nahe dem Dorfteich, denn von dort ist nicht nur der Umgebindepark zu erreichen, sondern auch die zwischen den Jahren1780 bis 1793 errichtete Kirche, die unbedingt einen Besuch wert ist. Mit 2.632 Sitzplätzen ist sie die **größte Dorfkirche Deutschlands** und beeindruckt mit einem von dreigeschossigen Emporen umlaufenden Kirchenraum. Bei einer **öffentlichen Führung** kann man in die Kirchengeschichte eintauchen oder, falls die Kirche verschlossen ist, den Schlüssel im Pfarramt holen *(Mai - Okt. Fr 15 Uhr, Kirchweg 1)*.
Sollte das WOMO zu groß oder alle Parkplätze besetzt sein, findet sich ein ordentlicher Abstellplatz im Ort in der Nähe der **Tourist-Information** *(Di geschlossen, Mo - Fr 10 - 12.30/13.30 - 17 Uhr, Sa 9 - 12 Uhr, Hauptstraße 97, Telefon 035877/80888, www.cunewalde.de)*. Ein Bummel durch das mit einer Gesamtlänge von über elf Kilometer längste Straßendorf Deutschlands mit seinen typischen Häusern bietet viele reizvolle Fotomotive.

(144) Offizieller WOMO-Stellplatz: Cunewalde, Schützenplatz

GPS: N 51°06'07.7" E 14°31'02.8"; Czornebohstraße **Max. WOMOs:** 2
Ausstattung: Müllbehälter.
Beschreibung: Die ausgewiesenen, fast schattenlosen, gepflasterten Stellplätze befinden sich am Rand eines einfachen Parkplatzes neben der Feuerwehr sowie am Ortsrand nahe eines Skaterplatzes. In der Nähe gibt es Gaststätten und Einkaufsmöglichkeiten und Rad- und Wanderwege mit verschiedenen Längen und Schwierigkeitsgraden. So führt von hier ein **Rad- und Wanderweg** mit 7% Steigung zum gut vier Kilometer entfernten Czorneboh, den wir in der folgenden Wanderung erklimmen werden.

Im **Restaurant Kleines Kulturhaus** direkt am Parkplatz können wir die Schnitzel und die Soljanka empfehlen. **Zufahrt:** Am Kreisverkehr links den Hinweisen Sporthalle folgen und zum Parkplatz Sporthalle/Haus des Gastes fahren.

(145) WOMO-Wanderparkplatz: Cunewalde, Czorneboh

GPS: N 51°07'07.0" E 14°32'50.7" **Max. WOMOs:** 2 - 3
Ausstattung: Müllbehälter.
Beschreibung: Einfacher, geschotterter Waldparkplatz außerhalb des Ortes mit Anschluss an diverse Wanderwege.
Zufahrt: Vom Kreisverkehr der Hauptstraße etwa 3,8 Kilometer Richtung Löbau erst durch den Ort, dann über die Hochfläche und den Wald bis zum Hinweis zum Czorneboh folgen. Dort links, nach gut 2 Kilometer ist der Parkplatz erreicht.

WOMO-Wandertipp: Zum Schwarzen Gott

Mittelschwere Wanderung auf Waldwegen und Bergpfaden von etwa 16 Kilometer Länge, wenn man sie vom Wanderparkplatz beginnt. Vom Parkplatz Schützenplatz ist die Wanderung etwa 14 Kilometer lang. Eine weitere Einstiegsmöglichkeit in die Wanderung findet man vom Stellplatz am Bahnhof in Weigsdorf-Köblitz.

Bevor wir auf dem geteerten Weg den Gipfel des 561 Meter hohen **Czorneboh**, dessen Name vermutlich aus dem Sorbischen kommt und „Schwarzer Gott" bedeutet, erreichen, führt nach etwa 300 Meter rechts der Abstieg mit der roten Markierung steil den Berg hinunter nach Cunewalde und zum Parkplatz am Schützenplatz.

Hier folgen wir der Markierung bis zur „Hauptstraße" weiter und halten uns dort rechts bis wir auf der Straße „Am Sportzentrum" den Ort links verlassen. Hinter den stillgelegten Gleisen vertrauen wir uns rechts dem mit einem grünen C markierten Cunewalder Rundwanderweg an, der uns in seinem Verlauf am alten Bahnhaltepunkt scharf links hinauf nach Zieglertal führt. Wir umgehen den Ort, erreichen durch den Wald den Moorteich und etwas später einen Wanderparkplatz. An der wenig befahrenen Landstraße biegen wir rechts und etwa 300 Meter später links ab, um Neuweigsdorf zu erreichen.

Vorbei am Sportplatz und am Gewerbegebiet geht es nach Weigsdorf-Köblitz bis zur uns bekannten Hauptdurchgangsstraße, der wir links bis zum **Hotel-Restaurant Alter Weber**, einem schönen Umgebindehaus folgen. Dort schwenken wir rechts zum Bahnhof und über die Gleise zum Waldrand hinauf. Mit der Grünstrich-Markierung folgen wir links dem Siebenhügelweg, an dem mehrere alte Grenzsteine die Grenze zwischen den Kreisen Löbau und Bautzen markieren. An einem Jugendheim verlassen wir den Wald und erreichen rechts Obereulowitz. Nun leitet uns die Gelbstrich-Markierung durch den Ort und den Wald bis zu einer kleinen Landstraße. Stetig marschieren wir bergauf bis zu einer Baumgruppe mit Sitzbank und im weiteren Verlauf bis zu einer gepflasterten Straße. Diese trifft nach etwa 200 Meter rechts auf die Kreisstraße und nach 100 Meter ist links die Passhöhe erklommen, auf der rechts die Markierung auf dem Nördlichen Kammweg zum Döhlener Berg (514 Meter) führt.

Die Aussicht ist wegen der dichten Bewaldung gleich null und wir setzen unsere Wanderung bis zu einer Schutzhütte fort. Hier ist ein kurzer Abstecher rechts zum sagenumwobenen „Opferbecken" möglich. Uns

bringt der Kammweg in etwa 5 Minuten zu einem Wegweiser, an dem ein unmarkierter Pfad rechts zur Felsengruppe „Teufelsfenster" abzweigt. Durch ein kleines „Fenster" im Fels sollen vor Urzeiten sorbische Priester das Orakel befragt haben. Wir allerdings tragen uns nur ins Gipfelbuch ein, verlassen den mystischen Ort und gehen auf dem Kammweg dem Gipfel des Czorneboh entgegen. Jetzt noch ein Blick vom im Jahr 1851 erbauten steinernen Aussichtsturm und dann erholen wir uns ausgiebig von unseren Aufstiegen im **Berggasthof** (*So - Do 10.30 - 19 Uhr, Fr - Sa 10.30 - 21 Uhr, Di Ruhetag, Telefon 035877/899168, www.czorneboh-berggasthof.de*). Der geteerte Weg leitet uns dann etwa 2 Kilometer bergab zurück zum WOMO auf dem Wanderparkplatz. Falls wir im Ort am Schützenplatz unsere Wanderung begonnen haben, folgen wir natürlich dem oben beschriebenen steilen Weg hinab nach Cunewalde.

Zurück an der Hauptstraße wenden wir uns **Löbau** zu. Richtung Görlitz/Bautzen, dann Richtung Zittau erreichen wir in der Stadt einen ausgeschilderten, gebührenpflichtigen Parkplatz, der sich als Ausgangspunkt für eine Stadtbesichtigung anbietet [N 51°05'50.7" E 14°39'51.1", Hartmannstraße].
Um den Hausberg Löbaus, den **Löbauer Berg**, zu erobern, gilt der Grundsatz „Es führen viele Wege auf den Berg". Allerdings sollte man sich, **soweit das eigene WOMO höher als 3 Meter ist**, an unsere Streckenbeschreibung halten, sonst kapituliert man unter Umständen spätestens an einer Bahnunterführung ... und zwar direkt davor, denn erst dort steht das Schild mit der Höhenbegrenzung! Unschön gemacht, denn natürlich wird beim Wendevorgang der gesamte übrige Verkehr auf der schmalen Straße aufgehalten!

(146) Offizieller WOMO-Stellplatz: Löbau, Am Friedenshain

GPS: N 51°05'42.0" E 14°40'51.0"; Beethovenstraße **Max. WOMOs:** 3
Ausstattung: Stromkasten vorhanden, der Schlüssel ist im etwa 1 Kilometer entfernten Löbauer Herrmannbad erhältlich (*Mai - Sept. Mo - Fr 10 - 20 Uhr, Sa/So/Feiertage 9 - 20 Uhr, Vorwerkstraße 2, Telefon 03585/4137854*).

Beschreibung: Die einfachen, gepflasterten, ausgewiesenen Stellplätze befinden sich außerhalb des Ortes auf einem einfachen Parkplatz nahe der Straße. Hier starten diverse Wanderwege und durch den Stadtpark gelangt man nach einem etwa 20-minütigen Fußweg in die Stadt.
Zufahrt: Aus der Stadt kommend zu-

nächst Richtung Zittau fahren und links den Hinweisen zum Löbauer Berg/ Gusseiserner Turm/Löbau Ost bis zu einem kleinen Kreisverkehr folgen. Dort ist der Wanderparkplatz Richtung Löbauer Berg ausgeschildert und liegt nach etwa 700 Meter linker Hand.

Hinweis: 900 Meter bergauf und durch eine Ampel geregelt, gelangt am zum **Balkon der Oberlausitz**, einer Terrasse mit großartigem Blick in die Weite des Berglandes, und neben dem **Berggasthof Honigbrunnen** gelegen *(Telefon 03585/4139130, www.honigbrunnen.de)*.

(147) WOMO-Wanderparkplatz: Löbau, Schutzhütte

GPS: N 51°05'17.9" E 14°41'48.2"; Grenzweg **Max. WOMOs:** 2

Beschreibung: Einfacher, schräger, schattiger Waldparkplatz mit einer kleinen Schutzhütte außerhalb des Ortes.

Zufahrt: Dort Richtung Galgenberg und nach etwa 1,5 Kilometern links Richtung „Turmgaststätte Löbauer Berg“ fahren. Nach etwa 650 Metern ist der Parkplatz erreicht.

Hinweis: Von einem leicht schiefen Picknickplatz kann man nach weiteren 500 Metern die Aussicht nochmals genießen [N 51°05'35.5" E 14°41'48.4"] Von dort ist die **Turmgaststätte Löbauer Berg** am Fuße des filigranen Aussichtsturm nach etwa 500 Metern erreicht *(Telefon 03585/832590, www.loebauer-berg.de)*.

Löbau

In der alten Tuchmacherstadt angekommen, steuern wir ein exzellentes **Architekturdenkmal der Moderne** an [N 51°05'59.1" E 14°39'34.6"; Kirschallee]. Das **Haus Schminke** wurde im Jahr 1930 von **Hans Scharoun**, dem Architekten der Berliner Philharmonie, für einen Nudelfabrikanten und seine Familie entworfen. Das extravagante und trotzdem funktionelle Haus erinnert mit einem gebogenen Korpus und der Terrasse, der Außentreppe und zahlreichen Bullaugenfenstern an ein Schiff. Die Wohnräume gehen fließend ineinander über und große Glasfenster beziehen den Garten als Wohnfläche mit ein. Im oberen Bereich muten die Kinderzimmer spartanisch an und im Elternschlafzimmer können sich die Eheleute aus getrennten, geschickt angeordneten Betten immerhin im Spiegel in die Augen sehen. Scharoun hat hier als Vertreter der organischen Architektur das harmonische, lebendige und funktionelle Miteinander von Gebäude und Landschaft bestens umgesetzt *(Do - So 12 - 17 Uhr, Führungen möglich, Eintritt, www.stiftung-hausschminke.eu)*.

Nicht weit entfernt vom oben genannten Stadtparkplatz gruppieren sich um den Markt das **barocke Rathaus** mit einem burgartigen Turm und stattliche Bürgerhäuser. Hier befindet sich auch die **Tourist-*Information*** *(Mo - Fr 10 - 12.30/13.30 - 18 Uhr, Altmarkt 1, Telefon 03585/450140, www.loebau.de)*, in der unter anderem eine **öffentliche Stadtführung** gebucht werden kann *(Mai - Sept. jeden 1. Sa im Monat 14 Uhr, Gebühr)*. Im **Stadtmuseum** erinnert ein wertvoller Pokal an die Zugehörigkeit der Stadt zum **Sechsstädtebund** *(Di - Fr10 - 17 Uhr, Sa/So 13 - 17.30 Uhr, Eintritt)*. Von welcher Seite man auch immer den **Löbauer Berg** erklimmen möchte, es geht mal mehr, mal weniger bergauf. Der mühsame Weg lohnt sich jedoch! Wenn man erstmal vor dem gusseisernen **König-Friedrich-August-Turm** steht, sollten der weitere Aufstieg über 120 Treppenstufen auch noch drin sein. Denn vom Turm mit seiner byzantinischen Formensprache bietet sich eine fantastische Rundumsicht in die herrliche Landschaft *(Mai - Sept. 9 - 20/22 Uhr, Okt. - April 10 - 18/19 Uhr, Gebühr)*.

Von der B178 Richtung Zittau zweigen wir Richtung Neugersdorf/Ebersbach nach Großschweidnitz ab und tauchen von dort in eine der Hochburgen der Umgebindehäuser ein. Die **Tourist-Information** befindet sich im Haus des Gastes mitten in **Obercunnersdorf** *(Mo - Fr 10 - 15 Uhr, Sa 10 - 14 Uhr, Feiertage 13.30 - 16.30 Uhr, Hauptstraße 65, Telefon 035875/60954, www.gemeinde-kottmar.de)*. Hier werden unter anderem **öffentliche Ortsführungen** vermittelt *(Do 10 Uhr, Treffpunkt Tourist- Info, Gebühr)*. Nur ein Stückchen entfernt, führt die Straße rechts Hand zu einem einfachen Parkplatz [**148:** N 51°01'55.9" E 14°40'11.5"; Heimstraße]. Hält man sich an der nächsten Straße links gelangt man zum Sportplatz und zu einem offiziellen **WOMO-Stellplatz** auf einem einfachen Parkplatz [**149:** N 51°01'55.8" E 14°40'30.9"; An der Siedlung. Eher für kürzere WOMOs, Stromkasten vorhanden].

Niedercunnersdorf und Denkmalort Obercunnersdorf

Hübsche Umgebindehäuser säumen den Weg nach **Niedercunnersdorf** (Foto vorherige Seite) und besondere Aufmerksamkeit sollte den Faktorenhäusern gewidmet werden. Auch wenn die enge Durchgangsstraße ein langsames Fahren erfordert, erschließt sich die beschauliche Schönheit des Dörfchens erst bei einem Bummel durch die verwinkelten Gassen links und rechts der Oberen Hauptstraße, an der wir das WOMO neben der Dorflinde parken [N 51°02' 53.5" E 14°39'45.1"]. Der direkt im Anschluss liegende idyllische Erholungsort **Obercunnersdorf** besitzt rund 260 Umgebindehäuser und gilt als eines der **schönsten Dörfer Sachsens** (Foto oben). Wir behaupten, ohne den Bewohnern der Nachbargemeinde zu nahe zu treten, dass hier eine Steigerung zu den Niedercunnersdorfer Häusern zu finden ist. Vor dem Viadukt liegt links ein kleiner Parkplatz, von dem wir kurzzeitig in das „bewohnte Denkmal" eintauchen können [N 51°02'15.0" E 14°40'01.5"; Hauptstraße]. Ganz in der Nähe befindet sich das **Café Brumme**, das sich als Ruhepol nach einer Ortsbesichtigung empfiehlt *(Di - So 11 - 18 Uhr, Telefon 035875/240064, www.brumme.cafe)*.
Wir besuchen das Dorfkirchlein mit einer wertvollen Emporenbemalung und böhmischen Kristalllüstern, die historischen Stellmacher- und Schusterwerkstätten und das winzige **Schunkelhaus**, das den Schrägen des Bodens und des Bachufers angepasst ist. Was für eine Lust für die Augen: Bunte, im Wind sich zart bewegende Blumen in üppigen Bauerngärten und vielgestaltige Umgebindehäuser mit bunten Giebeln entlang des Dorfbachs. Die Menschen grüßen freundlich, Katzen räkeln sich in der Sonne und alles wirkt harmonisch und ausgeglichen. So stellen wir uns eine heile Welt vor!
Wir blenden einfach einmal alles Raue und Unwirtliche aus, übersehen die Anstrengungen der kostenintensiven Erhaltung dieser malerischen Umgebung und genießen einen herrlichen Urlaubstag.

(150) Offizieller WOMO-Badeplatz: Obercunnersdorf, Freizeit- und Erlebnisbad

GPS: N 51°01'54.0" E 14°39'40.4"; Kottmarsdorfer Straße **Max. WOMOs:** 5
Ausstattung: Die Sanitäranlagen des Freibades können während der Öffnungszeiten genutzt werden *(April - Okt.)*.
Beschreibung: Die ausgewiesenen, befestigten Stellplätze sind schräg,

meist ohne Schatten am Rand eines einfachen Parkplatzes zu finden. Sie liegen außerhalb des Ortes im Grünen und sind klappstuhlgeeignet. Hier starten Wanderwege zur Spreequelle oder Radwege und es gibt eine Minigolfanlage sowie die **Gaststätte Erikabaude** *(Mai - Sept. 11 - 21 Uhr, Okt. - April Mo Ruhetag, Telefon 035875/60955).*

Preise: €.
Zufahrt: Im Ort ca. 600 m Richtung Ebersbach/Kottmarsdorf den Hinweisen zum Stellplatz folgen.
Hinweis: Tagsüber gegebenenfalls Geräusche durch die nahe Straße und die Schwimmbadbesucher, nachts sehr ruhig.

Nur zwei Kilometer später wartet in **Kottmarsdorf** schon der nächste offizielle **WOMO-Stellplatz** auf dem Pfarrberg an der **Bockwindmühle** [**151:** N 51°01'43.1" E 14°37'49.0"; Obercunnersdorfer Straße]. Hinter einer Hecke laden Tisch und Bänke nicht nur zum Picknick ein, sondern von hier können wir auch zum

Mühlenrundweg aufbrechen oder einfach nur einen der vielen **Oberlausitzblicke** wahrnehmen. Alljährlich findet am Pfingstmontag das **Mühlenfest** statt und bei einer Besichtigung der Mühle wird dem Besucher das Müllerhandwerk erläutert *(Führungen Sa/So 14 - 16 Uhr, Juni - Aug. bis 17 Uhr, Eintritt).*
Im Ort halten wir uns Richtung Ebersbach, sehen links den Kottmarwald und biegen bei Erreichen der B96 nach **Eibau** ab. Etwa 500 Meter hinter dem Ortseingang folgen wir links ungefähr 1,5 Kilometer dem Hinweis Kottmar/Spreequelle bis zu einem einfachen, schattenlosen Wanderparkplatz [**152:** N 51°00'18.5" E 14°38'57.7"].

WOMO-Wandertipp: Zur Spreequelle

Wull mer die Berlinschen fuppm/do tu mer do'n Quaal verstuppm"
(Wolln wir die Berliner foppen/da tun wir hier den Quell zustoppen).
Aus „De Hagelsjungn"

Mittelschwere Wanderung mit einigen Steigungen von rund 6 Kilometer Länge.
Dass Deutschlands Hauptstadt an der Spree liegt, ist allgemein bekannt. Aber wo der Fluss entspringt, wissen nur die wenigsten. Die Spree wird von drei Quellen gespeist: Dem heute fast versiegten Spreeborn in Ebersbach, der sehr ergiebigen Neugersdorfer Spreequelle und der höchst gelegenen Quelle in Eibau.
Letztere kann vom Parkplatz auf kurzem Weg nach etwa 500 Meter erreicht oder über den Gipfel des Kottmar erwandert werden. Vom Parkplatz gehen wir zurück bis zum Waldrand und halten uns links auf dem

Oberlausitzer Bergweg. Die Blaustrich-Markierung führt uns auf einem Teil des **Sagenwegs** um den Kottmargipfel. Dort, wo die Markierung links abbiegt, führt rechts ein Abstecher zum Waldrand und zu einer großen Wiese. Von hier haben wir einen herrlichen Blick bis nach Polen, Tschechien und in das Zittauer Gebirge. Zurück an der Gabelung halten wir uns rechts und erreichen auf unmarkiertem Weg nach zirka 800 Meter die Kottmarshäuser und eine Schenke. Von hier leitet die Gelbstrich-Markierung zu Beginn steil auf den **Kottmar** (583 Meter). Vorbei an der Skisprungschanze stehen wir kurze Zeit später vor der desolaten und nach Jahren immer noch geschlossenen Kottmarbaude. Notgedrungen und enttäuscht verzichten wir auf den angeblich schönen Ausblick und lassen uns von der Gelbstrich-Markierung zurück zur Straße bringen. Bergab erreichen wir nach etwa 700 Meter den Abzweig rechts zur **Eibauer Spreequelle** mit einem im Wald gelegenen Rastplatz.
Auf einem Waldweg wandern wir links ein wenig den Berg herunter, biegen nochmals links ab und erreichen die Straße, die uns zum WOMO zurückführt.

Nach unserem Ausflug fahren wir in den Ort zurück, halten uns an der B96 links und peilen wenig später ein schönes und sehenswertes Beispiel der bereits beschriebenen Umgebinde-Höfe an. Eine Zufahrt führt nach dem Parkplatz an der Straße zu einem weiteren Parkplatz hinter dem Gehöft [**153:** N 50°59'35.8" E 14°38'54.0"; Jahnstraße].

Eibauer Heimatmuseum im Faktorenhof

Das um das Jahr 1717 errichtete Herrenhaus lässt durch seine Größe, meterdicke Wände, Türen mit Stahlbändern und massiven hölzernen Fensterläden den ehemaligen Reichtum seiner Bewohner erahnen. Im Obergeschoss entfaltet sich eine opulente, barocke Pracht an bemalten Wänden und Decken. Die hier ansässige **Tourist-Information** bietet un-

Blick über den Spitzberg zum Zittauer Gebirge

ter anderem Führungen durch das hiesige **Heimatmuseum** an *(Mo - Fr 10 - 12/13 - 16.30 Uhr, Sa/So/Feiertage 13 - 17 Uhr, www.faktorenhof-eibau.de)*. Für unser leibliches Wohl sorgt in den ausgebauten Scheunen des Hofes das sehr angenehme **Eibauer Brauhaus** *(Mi - So)*. Das Bierbrauen hat in der Region eine lange Tradition und das seit 1810 gebraute Schwarzbier schmeckt im gemütlichen Bauerngarten besonders gut.

Auf der B96 sind wir übergangslos in Oberoderwitz gelandet. Große und kleine Rodler kommen hier ganzjährig im **Rodelpark** *(täglich 10 - 18 Uhr, Juni - Aug. bis 20 Uhr, Eintritt, www.rodelbahn-oberoderwitz.de)* auf ihre Kosten und ein Übernachtungsplatz wird gleich mit angeboten [**154:** N 50°57'55.3" E 14°42'04.3"; Spitzbergstraße].
Wir mögen es zum Übernachten etwas einsamer und wenden uns dem nicht zu übersehenden, beflaggten Spitzberg zu.

(155) WOMO-Wanderparkplatz: Oberoderwitz, Spitzberg

GPS: N 50°57'45.7" E 14°41'25.3" **Max. WOMOs:** 2
Ausstattung: Tische und Bänke, Müllbehälter.
Beschreibung: Der einfache, gepflasterte, sehr schräge Parkstreifen am Straßenrand ist meist schattig. Er befindet sich außerhalb des Ortes und bietet eine super Aussicht.
Am etwa 500 Meter entfernten Spitzberg-Gipfel befindet sich ein Klettergarten mit über 60 Routen bis zum Schwierigkeitsgrad VIII und für uns Ungeübte dankenswerterweise ein leichter Treppenaufstieg auf die Gipfelklippen. Grandioser Ausblick, leckeres Essen in der **Gaststätte Spitzbergbaude** *(11 - 21 Uhr, Do Ruhetag)* und ein erfreuliches Wandergebiet – was wollen wir mehr!
Zufahrt: Im Ort, gegenüber dem Abzweig nach Herrnhut, rechts Richtung Spitzbergbaude fahren und ca. 2 km der schmalen, geteerten Straße zum Parkplatz am Waldrand folgen.

Unser aussichtsreiches Plätzchen bietet sich hervorragend zur Beobachtung der vorbeiziehenden Wolken an und wer noch mehr über das Klima sowie Wetterprognosen erfahren möchte, kann im **Wetterkabinett** von Oderwitz vorbeischauen [N 50°58'25.7" E 14°42'14.7"; Hintere Dorfstraße 15. Nur nach Voranmeldung unter Telefon 035842/22328].

In **Ruppersdorf** vermerken wir neben dem kleinen **Campingplatz** im Ort einen einfachen Parkplatz am Sportplatz [**156:** N 50°59'52.4" E 14°43'35.8"; Großhennersdorfer Straße] und rollen nach **Herrnhut**, das sich selbst „kleine Stadt von Welt" nennt.

Die **Manufaktur der Herrnhuter Sterne** besitzt einen eigenen Parkplatz, der am Ortseingang nicht zu verfehlen ist und eine weitere Parkmöglichkeit samt Wanderweg bietet sich zusätzlich am Ortsausgang.

(157) Offizieller WOMO-Stellplatz: Herrnhut, Skulpturenpfad

GPS: N 51°00'48.0" E 14°44'54.0"; Uttendörfer Weg **Max. WOMOs:** 5

Ausstattung: Strom, Müllbehälter.
Beschreibung: Die ausgewiesenen, teils schattigen, gepflasterten Stellplätze liegen am Rand eines Großparkplatzes und des Ortes an der Straße. Hinter den WOMOs gibt es einen kleinen Rasenstreifen, sodass der Platz sogar klappstuhlgeeignet ist. Ganz in der Nähe befindet sich das Waldbad *(Mai - Sept.)* und im Ort Restaurants und ein Bäcker. Der Hutberg mit dem Altan ist nach gut 1 Kilometer Fußweg zu erreichen (tolle

Aussicht!). Die Manufaktur der Herrnhuter Sterne mit eigenem Parkplatz am westlichen Ortseingang ist nach etwa 10-minütigen Fußweg zu erreichen. Es sind Rad- und Wanderwege vorhanden, von denen wir den bequemen 6 Kilometer lange **Skulpturenpfad** erwähnen möchten, der Herrnhut mit Großhennersdorf verbindet und auf dem sich 17 Kunstwerke mit der Geschichte der Herrnhuter Brüdergemeine befassen. Der Rückweg kann auf gleichem Weg erfolgen oder mit dem ÖPNV angetreten werden (Buslinie 27, zusätzliche Informationen bei der Tourist-Info). Nahe des Skulpturenpfads und etwa 2,5 km vom Stellplatz an der B178 Richtung Zittau gelegen lädt der **Landgasthof Eulkretscham** zur Einkehr ein *(Am Stausee 4, Telefon 035873/440100, www.eulkretscham.de)*.
Zufahrt: Bei Erreichen der B178 rechts Richtung Zittau bis zum Ortsausgang fahren. Der Parkplatz liegt links der Straße.
Hinweis: Von der Bundes- als auch von der Anliegerstraße gehen besonders zu den Zeiten des Berufsverkehrs Geräusche aus.

Herrnhut, seine Sterne und die Brüdergemeine

„Und siehe, der Stern, den sie im Morgenland gesehen hatten, ging vor ihnen her, bis er ankam und über dem Ort stillstand, wo das Kind war."
Matthäus Evangelium Kapitel 2, Vers 9

Wer kennt den Herrnhuter Stern nicht! Am Ortseingang beobachten wir in der **Schauwerkstatt** mit angeschlossenem **Fabrikverkauf** die Herstellung der seit 160 Jahren handgefertigten Sterne. Ein weiterer Verkaufsraum befindet sich mitten im Ort *(Mo - Fr 9 - 18 Uhr, Sa 10 - 17 Uhr, Adventssamstage bis 18 Uhr, www.herrnhuter-sterne.de)*.
In vielen Staaten gilt der Herrnhuter Stern, der stets 25 Zacken – 17 viereckige und 8 dreieckige – besitzt, als Symbol für den Stern von Bethlehem und verkündet weltweit die weihnachtliche Botschaft. Anfang des 18. Jahrhunderts gründeten Nachfahren der Alten Brüder-Unität aus Mähren den Ort Herrnhut und schon bald begann von hier eine weltweite Missionstätigkeit. Kinder aus Missionsfamilien wurden aufgenommen und um ihnen besonders in der Adventszeit die Trennung vom Elternhaus zu erleichtern, bastelten die Erzieher einen Stern aus Pappe und Papier, der auf diese Weise seinen Weg um die Welt nahm. Das **Heimatmuseum** gibt einen Einblick in die Entstehung der evangelischen Herrnhuter Brüdergemeine, die eng mit der Ortsgeschichte verbunden ist *(Di - Fr 9 - 17 Uhr, Sa/So/Feiertage 10 - 12/13 - 17 Uhr, Eintritt)*. Im Eingangsbereich befindet sich die **Tourist-Information** *(Mo 9 - 15.30 Uhr, Di - Fr 9 - 17 Uhr, Sa/So/Feiertage 10 - 12/13 - 17 Uhr, 25./26.12./1.1. 13 - 17 Uhr, Comeniusstraße 6,Telefon 035873/2288, www.herrnhut.de)*.

Im **Völkerkundemuseum** wird die Missionstätigkeit anhand von Sammlungen aus anderen Kulturkreisen interessant und spannend nachvollzogen *(Di - So/Feiertage 9 - 17 Uhr, Eintritt).*
Eine Ausstellung über die Brüder-Unität und deren Losungen ist im Kirchsaal *(9 - 17 Uhr)* zu sehen und über eine Lindenallee ist der seit 1730 bestehende **Gottesacker** auf dem nahen Hutberg zu erreichen. Durch ein Eingangsportal betreten wir die rechtwinklig angelegten Gräberfelder mit flachen Steinen und schlichten Inschriften, die von Hecken und Linden umgeben sind. Auffallend sind eine strikte Geschlechtertrennung und das Fehlen von Familiengräbern. Vom Altan, der höchsten Erhebung des Gottesackers, bietet sich eine wunderbare Aussicht auf das Oberlausitzer Bergland und die Umgebung bis zum Riesengebirge.

Vorbei am Gottesacker fahren wir Richtung Bernstadt und wundern uns ein wenig über die Bezeichnung „auf dem Eigen", die einige der umliegenden Orte als Namenszusatz führen. Herr Leubner vom nachstehenden Campingplatz erklärt uns, dass die typischen Waldhufendörfer im 13. Jahrhundert durch das Kloster St. Marienstern in Panschwitz-Kuckau von den Herren von Kamenz erworben wurden und damit zu sogenannten Erb- und Eigengütern wurden. Die Bauern konnten somit als Eigentümer auf ihrer eigenen Scholle wirtschaften und waren vom Lehen befreit. Noch heute befindet sich der nahe Wald weiterhin im Besitz des Klosters.

(158) WOMO-Campingplatz: Neundorf auf dem Eigen
Camping auf dem Bauernhof

GPS: N 51°00'18.2" E 14°49'36.7"; Burkersdorfer Straße 17
Kontakt: Telefon 035873/30817, www.camping-bauernhof-neundorf.de
Ausstattung: Brötchen- und Eierservice, Grillmöglichkeit, kleinere Speisen möglich und viele, viele kleine und größere Tiere.
Beschreibung: Eine traumhafte, teils schräge und schattige Campingwiese mit schöner Aussicht am Ortsrand auf einem gepflegten Bauernhof mit sehr freundlichen Betreibern. Für Kinder ein Paradies, in dem die Ställe besichtigt werden können und beim Füttern der Tiere zugeschaut werden kann. Von hier kann man prima zu Ausflügen mit dem Rad und zu Fuß starten oder einfach nur die Ruhe suchen.
Preise: €€.
Zufahrt: In Rennersdorf nach Neundorf fahren und im Ort den Hinweisen zu Leubners Erlebnisbauernhof an der Bockwindmühle folgen.
Hinweis: Da es sich hier um einen Schulbauernhof handelt und auch Festivitäten stattfinden werden, kann es unter Umständen tagsüber unruhig sein.

Mittlerweile sind wir auf dem Weg nach **Bernstadt auf dem Eigen** und rollen mit neun Prozent Gefälle zum **Mittelpunkt der Erde**! Gleich zwei sächsische Städte nehmen für sich in Anspruch, dass durch sie die Erdachse verläuft (vgl. Tour 13).

Der Mittelpunkt der Erde

Auf dem Bernstädter Marktplatz stand 1874 eine zweiarmige, gusseiserne Brunnensäule. Aus einer bierseligen Laune heraus taufte eine Löbauer Studentengruppe den Kandelaber „Erdachse". Bis heute ist die scherzhafte Bezeichnung erhalten, wird gepflegt und natürlich muss die Erdachse auch „geschmiert" werden. Das geschieht anlässlich eines Sommerfestes mit einer humorvollen Inszenierung und einem extra „zum Schmieren" entwickelten Kirschlikör. Eine Erdkugel erinnert auf dem mittlerweile erneuerten Marktbrunnen Bewohner und Vorbeifahrende an den Spaß.

Im südöstlichsten Zipfel Deutschlands erreichen wir **Ostritz** im Dreiländereck Deutschland - Polen - Tschechien. Richtung Zittau sind die Hinweisschilder zum **Kloster Marienthal** nicht zu übersehen und bald leuchten im Neißetal die goldenen Kreuze und roten Dächer des malerisch gelegenen Klosterstifts. Auf dem Besucherparkplatz nehmen wir einen der ausgewiesenen offiziellen **WOMO-Stellplätze** in Beschlag und gehen den etwa 500 Meter langen Weg zur Abtei hinab [**159:** N 51°00'06.3" E 14°55'30.0"; An der B99/Schäfereistraße, um eine Spende zum Erhalt des Klosters wird gebeten].

Kloster Marienthal

Das älteste Frauenkloster der Zisterzienser in Deutschland besteht seit dem Jahr 1234 bis heute ununterbrochen und blickt auf eine wechselvolle Geschichte zurück. Nach der Zerstörung im Jahr 1427 durch Hussiten flüchtete der Konvent nach Görlitz, 1683 brannte das Kloster ab

und wurde im böhmischen Barockstil neu erbaut. Eine Mauer umfasst seither Konventhaus, Klosterkirche, Abtei, Probstei und Wirtschaftsgebäude. Ende des 19. Jahrhunderts traf ein Hochwasser der Neiße das Kloster schwer und 1945 war es nur dem beherzten Widerstand der Äbtissin und ihres Konvents zu verdanken, dass das Kloster nicht durch die Nationalsozialisten gesprengt wurde. Im Nachkriegsdeutschland wird die Neiße Grenzfluss und der Eiserne Vorhang trennte etwa ein Drittel des Klosterbesitzes ab. Seit der politischen Wende 1989 entwickelt sich ein internationales Begegnungszentrum und die Wirtschaftsgebäude erfahren eine neue Nutzung. Im Jahr 2002 traf das „Jahrhunderthochwasser" auch das Dreiländereck und nach umfangreichen, abgeschlossenen Sanierungsmaßnahmen beging das Kloster im Jahr 2009 sein 775-jähriges Bestehen. Im August 2010 ließ Dauerregen die Bäche und Flüsse in der Region rasant anschwellen und mit dem Wasser der polnischen und tschechischen Stauseen schwoll die Neiße zu einem reißenden Strom an. Den Fluten konnten die Stiftsmauern nach kürzester Zeit nicht standhalten und die millionenschweren Investitionen der vergangenen Jahre sowie der Einsatz vieler Menschen waren zerstört, der Ort der Stille und Einkehr, die Rückzugsmöglichkeit der Schwestern nach nur wenigen Stunden in erheblichem Umfang beeinträchtigt.

Bei einer der **öffentlichen Klosterführungen** lernen wir mehr über die wechselvolle Geschichte des Klosters und besichtigen unter anderem die mittlerweile erneut hergerichtete Klosterkirche sowie die Klosteranlage *(täglich 15 Uhr, Eintritt, www.kloster-marienthal.de)*.

Im **Klosterladen** sind neben köstlichen Backwaren aus der hauseigenen Bäckerei und Handarbeiten aus dem Konvent oder der Klosternähstube, Souvenirs sowie Geschenke zu erstehen *(Mo – Fr 10 - 16 Uhr)*.

Hinter den Wirtschaftsgebäuden steigt der steile Kreuzweg mit wunderbarem Blick auf das Kloster und das Neißetal hinauf zu einer im Jahr 1728 aufgestellten **Kreuzigungsgruppe**. Am Hang liegt auch **Deutschlands östlichster Weinberg**, der seit dem Jahr 1986 von zehn Hobby-Winzerfamilien betrieben wird und zur Sächsischen Weinstraße gehört. Zu Ostern und im Oktober kann man beim **Winzerfest** ein Schlückchen des raren Ertrages verkosten (jährlich 700 -1.000 Liter). Auf dem **Weinlehrpfad** laufen wir zufällig einem der Winzer über den Weg und bekommen nicht nur den alten Klosterweinkeller im Berg gezeigt, sondern gleich noch eine Weinprobe außer der Reihe geboten *(www.weinberg.ibz-marienthal.de)*. Anschließend noch ein Besuch in der empfehlenswerten **Klosterschenke** *(11 - 20 Uhr)* und dann steht dem Weg bergauf zum WOMO nichts mehr entgegen.

WOMO-Wandertipp

Wanderfreunde können am Kloster beginnend einen etwa 17 Kilometer langen, abwechslungsreichen Rundweg einschlagen. Wir sind am Kloster südlich einem Teilstück des **Oder-Neiße-Radwegs** bis Rosenthal gefolgt, wechseln dort auf die Gelbstrich- und in Schlegel an einer Bushaltestelle auf die Grünstrich-Markierung, die uns zum Besucherparkplatz des Klosters zurückbringt.

Umgebindehäuser in Oberseifersdorf

Nun schnurren wir die B99 weiter, verlassen den Klosterwald und haben, während aus den polnischen Kraftwerken weißer Dampf in den Himmel steigt, freien Blick auf das Zittauer Gebirge.

(160) Offizieller WOMO-Stellplatz: Oberseifersdorf, Stellplatz am Schanzberg-Camping

GPS: N 50°56'51.9" E 14°47'54.2" Hauptstraße 41
Kontakt: Telefon 0173/3582600 (8-22 Uhr), www.camping-zittau.de
Ausstattung: Wasser, Strom, Brötchenservice, kleine Auswahl an Getränken, Lagerfeuer- und Sitzmöglichkeiten, WLAN. Eine V/E sowie Sanitäranlagen sind in der Planung.

Beschreibung: Freundliche, hilfsbereite Betreiber, wunderschöne Lage der teils schrägen Campingwiese zwischen Bäumen am Ortsrand im Grünen – das ist unsere erfreuliche Hauptaussage zu diesem Platz. Dazu Wander- und Radfahrmöglichkeiten und jede Menge Tipps für einen gelungenen Aufenthalt aus erster Hand.
Preise: €€€.
Zufahrt: Von der B99 Richtung Löbau auf die B178 wechseln, die zweite Zufahrt nach Oberseifersdorf wählen und an der abknickenden Vorfahrtsstraße geradeaus und bis zum ausgeschilderten Sportplatz fahren. Vor diesem links über den Hinteren Weg bis zur ausgeschilderten Wiese fahren.

Über die B99 erreichen wir bald **Zittau**, das umgeben vom gleichnamigen Gebirge, den Ausläufern des Jeschken- und Isergebirges sowie des Lausitzer Berglandes, eingebettet im Zittauer Becken liegt.

(161) Offizieller WOMO-Stellplatz: Zittau, Am Dreiländereck

GPS: N 50°53'39.9" E 14°49'17.0" Brückenstraße 23 **Max. WOMOs:** 100
Kontakt: Telefon 035842/25475 oder 0172/5410723 oder 0174/4666092, www.caravan-zittau.de
Ausstattung: V/E, Strom, Tische und Bänke, Sanitärgebäude, WC, Müllbehälter.

Beschreibung: Die meist schattenlosen Plätze liegen auf Beton und Wiese. In der Nähe befindet sich ein Supermarkt und ins Ortszentrum sind es 1,5 Kilometer. Direkt am Platz verläuft der Neiße-Radweg und zum Bahnhof der Schmalspureisenbahn sind es etwa 10 Minuten Fußweg.
Preise: €€.
Zufahrt: Hinter der Bahnunterführung die B99 an der nächsten Ampel links verlassen und dem WOMO-Piktogramm folgen.
Hinweis: Gegebenenfalls Geräusche durch die nahe Straße.

(162) WOMO-Campingplatz: Olbersdorf, SeeCamping Zittauer Gebirge

GPS: N 50°53'39.3" E14°46'17.0"; Zur Landesgartenschau 2
Kontakt: Telefon 03583/696292, www.seecamping-zittau.com
Öffnungszeit: Ganzjährig.
Ausstattung: Gasflaschentausch, Brötchenservice *(Ostern - Okt.)*, WLAN, Badesee, Bootsverleih, Beachvolleyball-Anlage.
Beschreibung: Der schöne naturbelassener Platz ohne Parzellierung liegt direkt an einem gefluteten Braunkohlerevier. Ein perfektes Umfeld für Rad- und Wandertouren.
Preise: Sowohl Campingplatz als auch separater WOMO-Stellplatz für 4 Fahrzeuge davor €€.
Zufahrt: Hinter der Bahnunterführung auf der B99 Richtung Oppach, später Großschönau bzw. der Ausschilderung „Olbersdorfer See Freizeit-Oase" folgen.

Zittau

Urkundlich erstmals im Jahr 1238 erwähnt, wurde Zittau, die letzte Station unserer **Sechsstädtebund**-Reise, durch den böhmischen König Ottokar II. im Jahr 1255 zur Stadt ernannt. Besonders die Bierbrauer und Tuchmacher trugen dazu bei, sodass sich Zittau zur reichsten Stadt des Bundes mausern konnte.

Wie es oft in Beziehungen vorkommt, krachte es auch im Städtebund, als sich Görlitz und Zittau voller Neid stritten, wer denn nun das bessere Bier braute und die besseren Geschäfte damit machte. Anno 1491 überfielen die Görlitzer kurzerhand einen Zittauer Bierwagen und kippten das köstliche Gesöff auf die Straße. Die von Rachegelüsten getriebenen Zittauer verprügelten ihrerseits die Görlitzer Bauern und stahlen deren Kühe.

Marsbrunnen auf dem Marktplatz

Doch nicht nur die als Bierfehde in die Annalen eingegangene Geschichte brach Zittau das Wohlstands-Genick. Die Hussitenkriege, mehrere Stadtbrände, die Pest und das Strafgericht König Ferdinand I. gegen den Bund taten ihr Übriges.
Die Herstellung und der Handel mit Leinwand brachten jedoch neuen Aufschwung nach Zittau, das nach Leipzig zur wichtigsten Handelsstadt heranwuchs. Als österreichische Truppen die Stadt schwer beschossen, war es dann im Siebenjährigen Krieg wieder vorbei mit der Herrlichkeit. Viel später machte die Industrialisierung zwar eine erneute positive Entfaltung möglich, aber viel blieb von der stolzen Stadt des ehemaligen Sechsstädtebundes auf Dauer nicht übrig.
Erst in den letzten Jahren poliert die südöstlichste Stadt Sachsens mit erheblichem Aufwand ihr Image erfolgreich wieder auf und ein Spaziergang durch die barocke Altstadt macht Laune.
Im Rathaus ist die **Tourist-Information** untergebracht *(Mo - Fr 10 - 18 Uhr, Sa 10 - 13 Uhr, Mai - Okt. zusätzlich So 10 - 12 Uhr, Markt 1/Rathaus, Telefon 03583/752200, www.zittau.de)*. Hier gibt es zum Beispiel Auskunft über eine **öffentliche Führung** auf dem Kulturpfad, der uns zu 54 Sehenswürdigkeiten bringt *(Termine bitte erfragen oder unter www.zittau-tour.de den Rundgang auf dem Smartphone oder Tablet verfolgen)*. Stellvertretend sind hierfür das einem italienischen Renaissancepalast gleichende **Rathaus**, das im spätklassizistischen Stil erbaute **Stadtbad** oder das **Salzhaus** genannt. Einzigartig in Deutschland sind die in Zittau zu sehenden Fastentücher. Vor etwa 1.000 Jahren begann man Altäre, Reliquien und ganze Altarräume als Bußübung während der Fastenzeit zu verhüllen und den Gläubigen damit den Blick auf das Allerheiligste zu verwehren.
Im **Museum Kirche Zum Heiligen Kreuz** und im **Kulturhistorischen Museum Franziskanerkloster** können die auch als Hungertücher oder Schmachtlappen bezeichneten Textilkunstwerke angeschaut werden *(April - Okt. 10 - 17 Uhr, Nov. - März Di - So 10 - 17 Uhr, Eintritt)*. Das **Große Fastentuch**, eine riesige Bilderbibel von 8,20 x 6,80 Meter, zeigt in 90 Szenen die Erschaffung der Welt bis zum Jüngsten Gericht und wurde im Jahr 1472 von einem unbekannten Künstler geschaffen Foto unten). Wegen seines Seltenheitswertes ist das knapp 15 Quadratmeter messende **Kleine Fastentuch**, entstanden im Jahr 1573, noch kostbarer.
Glücklicherweise müssen wir bei unseren Besuchen im rustikalen **Wirtshaus Zum Alten Sack** im Salzhaus *(Mo - So 11 - 14.30 Uhr/17 - 22 Uhr, www.zumaltensack.de)* oder im **Historischen Wirtshaus Dornspachhaus** an der Johanniskirche *(21. Juni - Sept. 11.30 - 21.30 Uhr, Okt. - 20. Juni 11.30 - 14/17.30 - 21.30 Uhr, Bautzener Straße 2, Telefon 03583/795883, www.dornspachhaus.de)* nicht „am Hungertuch nagen" und werden bei der bodenständigen und deftigen Oberlausitzer Küche sicher nicht zu „Schmachtlappen" mutieren. Wer es nicht ganz so üppig bevorzugt, der ist am Markt in der **Bäckerei-Café Schwerdtner** gut aufgehoben *(7 - 19 Uhr)*.

Zittauer Schmalspurbahn am Bahnhof Oybin

Hier kreuzt die **Zittauer Schmalspurbahn** unseren Weg, die einen nostalgischen Ausflug ins Zittauer Gebirge nach Oybin und Jonsdorf ermöglicht *(www.soeg-zittau.de)*. Die Pedalritter unter uns können auf dem **Oder-Neiße-Radweg** ihren Drahteseln die Sporen geben und Wanderer werden unter anderem auf dem **Oberlausitzer Bergweg** ein abwechslungsreiches Terrain finden *(www.oberlausitzer-bergweg.de)*.
Wir verlassen Zittau vom Innenstadtring nach Süden Richtung Michendorf und richten uns nach den Hinweisen Lückendorf. In **Hartau**, direkt an der deutsch-tschechischen Grenze, liegt ein Parkplatz, der sich für **grenzübergreifende Wander- und Radtouren** anbietet.

(163) WOMO-Wanderparkplatz: Hartau

GPS: N 50°51'30.5" E 14°49'06.0" Untere Dorfstraße **Max. WOMOs:** 3

Ausstattung: Infotafel, Tisch und Bank, Schutzhütte.
Beschreibung: Der am Ortsrand gelegene einfache, geschotterte, teils schattige Parkplatz ist der perfekte Ausgangspunkt, um den **Dreiländerpunkt** Polen/Tschechien/Deutschland nach einem 20-minütigen Fußweg zu erreichen oder weitere Wander- und Radtouren zu unternehmen. Östlich des Parkplatzes liegt auf tschechischer Seite in etwa 1,5 Kilometer Entfernung der Kristina-See mit Bademöglichkeit und diversen gastronomischen Angeboten.
Zufahrt: Von der Straße von Zittau nach Lückendorf nach Hartau abbiegen und am Kreisverkehr links fahren und der Straße durch den Ort etwa 1 Kilometer bis ans Ende folgen.

Im weiteren Verlauf der Strecke nach Lückendorf tauchen wir in den Hospitalwald ein und gelangen ins Zittauer Gebirge.

Zittauer Gebirge

Mit einer Ausdehnung von etwa 8 mal 15 Kilometern befinden wir uns im östlichsten, aber gleichzeitig auch im kleinsten Mittelgebirge Deutschlands. Geografisch gehört das Zittauer Gebirge zu den Sudeten, deren höchste Erhebung die Schneekoppe im tschechischen Riesengebirge ist. Seit dem Jahr 2008 reiht sich das landschaftliche Kleinod als hundertstes in die Reihe deutscher Naturparks ein.
Eine urwüchsige Region mit kleinen Bächen, die sich tief in den Sandstein eingegraben und dadurch spektakuläre Täler geformt haben, erwartet uns genauso, wie bizarre Felsformationen, die wir eher in der Sächsischen Schweiz vermutet hätten. Viel Nadelholz, Heidekrautbewuchs und Preiselbeeren sowie unterschiedliche Moos- und Farnarten begleiten unsere Wege bei der Weiterfahrt, aber vor allen Dingen auf unseren abwechslungsreichen **Wanderungen**, die wir meist von den folgenden Parkplätzen aus unternehmen. Immer wieder wechselt sich dichter Wald mit Lichtungen ab, auf denen sich hochwüchsige Gräser und Kräuter angesiedelt haben und in den Laubmischwäldern naschen wir von Waldhimbeeren am Wegesrand. Vom entspannten bis zum sportlichen **Radwandern** oder zur Abfahrt auf anspruchsvollen **MTB-Trails** ist der Zweiradsport möglich. Kletterfans freuen sich auf **Kletterwege** aller Schwierigkeitsgrade. Im Winter finden **Skilangläufer** gespurte Loipen vor, sodass das Zittauer Gebirge zu jeder Jahreszeit einen Aufenthalt wert ist *(www.zittauer-gebirge.com)*.

Das WOMO schnaubt den Berg hinauf und wir notieren um der Gabelung nach **Lückendorf**/Oybin einen zweckdienlichen Wanderparkplatz am Forsthaus [**164:** N 50°49'46.0" E 14°47'03.7"]. Der Straße Richtung tschechischem Grenzübergang abwärts folgend gibt es einen weiteren gebührenpflichtigen Wanderparkplatz an der Lückendorfer Eiche gegenüber dem kleinen barocken Dorfkirchlein aus dem Jahr 1690 [**165:** N 50°49'32.7" E 14°46'08.3"; Gabler Straße]. Der nahe **Gasthof Alte Schmiede** bietet gute traditionelle Gerichte aus der Region und den typischen Kleckskuchen zum Nachmittagskaffee an *(Mi Ruhetag, Telefon 035844/72662, www.pension-zittauer-gebirge.de)*. Bei genügend Schnee läuft der nahe **Skilift** und **Wandersleute** können auf historischen Wegen die Gegend erkunden.

Sudetenblick im Zittauer Gebirge

Von der vorgenannten Gabelung rollen wir durch Wiesen in den Luftkurort **Lückendorf** hinab und passieren den tagsüber gebührenpflichtigen Wanderparkplatz P1 [**166:** N 50°49'55.1" E 14°45'28.0"; Kammstraße].
Sobald wir aus dem Wäldchen kommen, überschauen wir vom **Aussichtspunkt Sudetenblick** (Foto vorherige Seite) ein weites und traumhaftes Panorama von den Wiesen bis zum Hochwald, der mit 749 Meter die zweithöchste Erhebung des Zittauer Gebirges ist. Er liegt an der deutsch-tschechischen Grenze und trägt seit dem Jahr 1892 einen Aussichtsturm.
Schon geht es wieder in den Wald hinein und wir müssen aufpassen, dass wir hinter einer Rechtskurve rechter Hand die Einfahrt zu einem kleinen Mini-Wanderparkplatz nicht übersehen [**167:** N 50°49'55.0" E 14°44'31.0"].

Nach nur wenigen Schritten ragt vor uns der **Kelchstein**, ein aus Buntsandstein bestehender Felsen, aus dem Boden. Er ist Wahrzeichen des Sandsteinkletterns und soll der am schwersten zu besteigende **Klettergipfel** im Zittauer Gebirge sein. Wir probieren es gar nicht erst aus und erfreuen uns lieber an den Farbspielen der Sonne, die ihre Strahlen durch die Bäume auf den einem Pilz ähnlichen Felsen wirft.
Mit Schwung geht es anschließend weiter und wir merken uns den Abzweig nach Hain, bevor wir in **Oybin** einlaufen. Am Wochenende scheint sich hier halb Sachsen zu tummeln und wir finden nur mit Mühe einen Platz für unser ausgewachsenes WOMO. Laut Auskunft der Tourist-Information kann auf dem einfachen Parkplatz im Zentrum wie auf allen anderen öffentlichen Parkplätzen, soweit kein Verbot vorhanden, in Oybin eine Nacht ohne Campingverhalten verbracht werden. Das Ordnungsamt scheint zu kontrollieren und es ist angeraten, sich an die Vorgaben zu halten [**168:** N 50°50'30.7" E 14°44'37.0"; Straße der Jugend].

Oybin

Im Schatten des Oybin (513 Meter) liegt der beliebte und belebte Kurort, der mit gepflegten Umgebindehäusern und einer kleinen barocken **Bergkirche** von 1709 aufwarten kann. Die **Zittauer Schmalspurbahn** (vgl. Zittau) spuckt regelmäßig zahlreiche Wanderer und Sommerfrischler aus und je nach Gusto schlendert man nur durch den lebhaften Ort oder hält Einkehr in den Cafés und Eisdielen. Mit dem **Gebirgs-Express**, einem stark motorisiertem Bimmelbähnchen, kann man sich bequem auf den Berg bringen lassen *(Karfreitag - Oktober, Gebühr)*.
Von der Bergkirche erklimmen wir den ausgeschilderten Wanderweg durch die Ritterschlucht hinauf zum Oybin und stehen nach etwa einer halben Stunde Fußmarsch vor den **Ruinen der böhmischen Königsburg und des Klosters Oybin** *(April - Okt. 9 - 17 Uhr, Nov. - März 10 - 16 Uhr, Eintritt)*. Zunächst als einfache Befestigung angelegt, wurde die Burg Anfang des 14. Jahrhunderts zu einer wehrhaften Anlage ausgebaut und kam ein halbes Jahrhundert später in den Besitz Kaiser Karl IV. Gleich nebenan stiftete Karl ein Kloster für Cölestinermönche (Foto oben). Die Reformation bereitete dem Ordensleben Mitte des 16. Jahrhunderts ein Ende und die Gebäude verfielen nach und nach.
Von der ehemaligen Burg führt ein **Ringweg** zu den schönsten Aussichtspunkten des Plateaus und zum Bergfriedhof. Von dort schauen wir den Kletterern, die sich wie kleine Ameisen auf den umliegenden Felsen bewegen, zu und spazieren auf den Wegen, die schon Malern der Romantik im 18./19. Jahrhundert Motive geboten haben.
Diese werden aber sicher noch nicht die **Camera Obscura** gekannt haben. Auf einem alten Trabi-Dach werden die Bilder der Umgebung projiziert und erlauben uns überraschende Bilder der Außenwelt *(bei schönem Wetter Di/Do/Sa/So/Feiertage 11 - 17 Uhr, Eintritt)*.
Bergab geht es nun deutlich schneller wieder in den Ort und zur **Tourist-Information**, die über die unzähligen Wander-, Kletter-, Rad- und MTB-Möglichkeiten informiert *(Mo - Fr 10 - 17 Uhr, Sa/So/Feiertage 10 - 16 Uhr, Hauptstraße 15, Telefon 035844/73311, www.oybin.com)*.

Richtung Hain begleiten Wälder, Wiesen sowie imposante Felsformationen unseren Weg und das Unterfahren einer Skisprungschanze weist darauf hin, dass es auch im Winter nicht langweilig wird. Am Parkplatz „Stern“ [**169:** N 50°50'29.3" E 14°43'06.2"], der Ausgangspunkt für **Wanderungen** zu Fuß oder auf zwei Brettern sein kann, legen wir eine kurze Rast ein, bevor es im Herzen des Zittauer Gebirges nach

Jonsdorf geht.

Die offene und lichte Bebauung des Luftkurortes über einige Kilometer weckt Assoziationen zu Schweden. Einem Kurort würdig ist der **Kurpark** und die **Tourist-Information** vermittelt alles Wissenswerte über die Gegend *(Mo - Fr 9 - 12/14 - 17 Uhr, Sa 9 - 12 Uhr, Auf der Heide 11, Telefon 035844/70616, www.jonsdorf.de)*. Bei einem Rundgang durch den Ort fallen die zahlreichen Umgebindehäuser auf und im **Schmetterlingshaus** schwirren unzählige Arten der bunten und grazilen Lebewesen durch die Lüfte *(10 - 18 Uhr, Eintritt, www.schmetterlingshaus.info)*. Außerdem gibt es noch Reptilien und Insekten zu bestaunen und fürs WOMO direkt daneben ein einfaches, ruhiges Parkplätzchen am Ortsrand [**170:** N 50°51'38.2" E 14°42'48.3"; Zittauer Straße]. Umrahmt wird der Ort von bewaldeten Bergkuppen und einer eindrucksvollen Felskulisse. Schön ist es hier und so heißt es: Ab in die Wanderstiefel und auf geht es vom einfachen Parkplatz Waldbühne zu einer Rundwanderung durch die bizarre Felsenszenerie [**171:** N 50°51'02.5" E 14°41'30.0"; Großschönauer Straße, Gebühr].

WOMO-Wandertipp: Mühlsteinbrüche und Nonnenfelsen

Mittelschwere Wanderung von etwa 8 Kilometer über Stufen, wurzelige Steige und Waldwege. Immer wieder schöne Ausblicke.

Am rückwärtigen Teil des Parkplatzes gehen wir in den Wald, überqueren die Straße zur Waldbühne und steigen zu einem Wegweiser, an dem die Blaustrich-Markierung rechts abzweigt. Wir halten uns jedoch geradeaus bis zur Bärgasse und gelangen rechts über den Lindenweg zum Hohlsteinweg, den wir rechts einschlagen und an einem Wegweiser nochmals rechts den Berg hinauf bis zum ehemaligen Sportplatz marschieren.

Der hier beginnende Naturlehrpfad führt uns mit der Grünstrich-Markierung und allerlei Wissenswertem zum Kletterfelsen Bärwandkopf und wir steigen die Stufen zur Bärwand empor. Kurz darauf folgt das Bärloch und wir halten uns im ältesten Sandsteinbruch des Zittauer Gebirges auf. Immer weiter erklimmen wir die Stufen bis rechts ein kleiner Abstecher zum gut zu besteigenden Carolafelsen (569 Meter) führt. Von hier ist die Lausche (793 Meter), die höchste Erhebung im Zittauer Gebirge, gut auszumachen. Zurück auf dem Lehrpfad kann keine 100 Meter später rechts der romantische, in Felsen gehauene Pfad zum Weißer-Felsen-Bruch genommen werden oder man wendet sich direkt dem Aussichtspunkt zu, von dem der Bruch von oben eingesehen werden kann. Auch der Blick auf Jonsdorf ist hübsch und der nächste Aussichtspunkt mit dem unter uns liegenden Kellerberg-Bruch nicht weit.

Bald kommt ein Fahrweg, der uns zur Steinbruchschmiede bringt und von dort mit der weiteren Grünstrich-Markierung durch das Schwarze Loch, das wir durch eine in die Felsen gehauene Kluft betreten. Das Schaubergwerk ist nur im Rahmen von Führungen *(April - Okt. Mi)* zu besichtigen und wir steigen am Eingang durch einen weiteren in den Stein gehauenen Weg nach oben. An einem Wegweiser zweigen wir rechts ab und lassen die Felsengruppen Nashorn und Bernhardiner, die sich rechts oberhalb befinden, hinter uns. Erst über Stufen abwärts und dann einen Weg hinauf geht es zum Sandsteinfelsen Löwen. Zirka 300 Meter später erreichen wir etwas abgelegen rechts den Aussichtspunkt Orgelfelsen. Von hier sind die nahe Jonsdorfer Felsenstadt, die unter Naturschutz steht, und die Nonnenfelsen gut zu erkennen.

Wir verlassen die Mühlsteinbrüche und halten nun mit der Rotstrich-Markierung oberhalb der Felsenstadt direkt auf die tschechische Grenze zu. Grenzsteine markieren den Weg, der uns zum Falkenstein führt, wo Kletterer ihrer Leidenschaft frönen und wir den Blick auf die Lausche genießen. Der Weg fällt steil bergab, steigt sogleich wieder zu einem Wegweiser an und wir wandern rechts der Markierung folgend über einen Höhenrücken bis zu einer Forststraße. Rechts zweigt die Blaustrich-Markierung ab und an den Hohlsteinen geht es hinunter zu

Aussicht vom Nonnenfelsen

einem Wegweiser, an dem wir rechts abknicken und über Stufen auf ein Sandsteinriff klettern. Wenig später ist der **Berggasthof Nonnenfelsen** *(Mai - Okt. Mi Ruhetag, Nov. - April Mo - Mi Ruhetag)* erreicht und eine Treppenanlage sowie eine Stahlbrücke führen auf den höchsten Punkt der Nonnenfelsen (537 Meter) mit einer gigantischen Aussicht, die bis nach Zittau reicht.
Mit blauem Strich wandern wir hinter dem Gasthof eine Treppe bergab zu einem Parkplatz und von dort zwischen den Felsen der Zigeunerstuben hindurch. Jonsdorf erreichen wir über die vielen Stufen der Kleinen Felsengasse und bald sind wir in der Nähe des **Gondelteiches mit Bötchen und Gastronomie** angelangt. Nach dem ganzen Gekraxel ist der Schlussspurt zum WOMO jetzt nur noch ein Kinderspiel.

Die Straße führt am vorgenannten Parkplatz weiter durch den Ort und anschließend mit herrlicher Aussicht bis zum zweiten Hinweis nach **Waltersdorf**. Diesem folgen wir und erspähen den **Campingplatz Sell-Hof**, der einem Bauernhof mit Hofladen angegliedert ist und ruhige Tage in grüner Natur verspricht [**172:** N 50°52'11.2" E 14°40'19.6"; Saalendorf 5, Telefon 035841/36357, www.sell-hof.de, April - Okt., Preis €€]. Die Strecke führt uns weiter in den Ort, wo wir einen gebührenpflichtigen Parkplatz vermerken [N 50° 51'33.9" E 14°39'18.4"; Auf der Heide, Parken von 22 - 7 Uhr verboten]. Die Hauptstraße führt durch Waltersdorf hindurch und am westlichen Ortsrand wartet ein kleiner, für große WOMOs nicht geeigneter, einfacher Parkplatz [**173:** N 50°51'43.9" E 14°38'48.7"; Neue Sorge. Der Abzweig von der Hauptstraße wird am besten von Norden aus angefahren]. Ein weiterer einfacher Parkplatz befindet sich hinter dem Naturparkhaus [**174:** N 50°52'08.2" E 14°39'02.4"; August-Bebel-Straße]. Wer es gediegener und mit mehr Komfort bevorzugt, der steuert direkt in der Nähe den **Trixi-Ferienpark** an, der mit einer Wellness- und Saunalandschaft, einem Freizeitbad und einem umfangreichen Animationsprogramm sowie **WOMO-Stellplätzen** aufwarten kann [**175:** N 50°52'44.8" E 14°40'28.6"; Jonsdorfer Straße 40, Telefon 035841/631420, www.trixi-park.de, Preis €€€].

Waltersdorf

Der Ort liegt mit guter Fernsicht idyllisch am Fuße der Lausche und der schneesichere Nordhang mit Skilift ist ein gutes Revier für Wintersportler, die auch ein hervorragendes **Loipennetz** antreffen. Fern von Lärm und Hektik des Alltags schlendern wir auf dem **Denkmalpfad** an den herausgeputzten Umgebindehäusern vorbei. Auffallend sind die besonders schönen und wertvollen **Türstöcke**, deren Material in den nahen, mittlerweile nicht mehr existierenden Sandsteinbrüchen gewonnen wurde. **Wanderwege** liegen quasi vor der WOMO-Tür und das **Volkskunde- und Mühlenmuseum** *(Di - Sa 10 - 12/13.30 - 16.30 Uhr, Mai - Okt./20.12. - 28.2. auch So 13.30 - 16.30 Uhr)*, die **Tourist-Information Großschönau-Waltersdorf** sowie das **Naturparkhaus Zittauer Gebirge** sind in wenigen Minuten von den Parkplätzen erreicht *(Mo/Di/Do/ Fr 10 - 16 Uhr, Sa/So/Feiertage 14 - 17 Uhr, www.grossschoenau.de)*.

WOMO-Wandertipp: Auf die Lausche

Mittelschwere Wanderung von etwa 7 Kilometer Länge mit leichten Anstiegen und einem ordentlichen Abstieg.

Natürlich führen viele Wanderwege auf die Lausche. Wir bevorzugen die Tour über tschechisches Gebiet, da sie zwar ansteigend, aber definitiv einfacher als von deutscher Seite aus zu bewältigen ist. Da es auf der Lausche keine Bewirtung gibt, lockt auf dieser Strecke zudem eine recht schöne Baude.

Wir starten am südlichen Ortsrand am Skilift und gelangen in der Verlängerung der Hauptstraße an die sächsisch-böhmische Grenze. Dort halten wir uns halb rechts in den Wald, um in den kleinen tschechischen Ort Jägerdörfel zu wandern. Neben hübschen Umgebindehäusern lädt die **Lausitzer Baude** (Lužická bouda) zur Einkehr ein *(Da die Baude zwar täglich geöffnet ist, aber nur eine begrenzte Tischkapazität hat, ist die telefonische Reservierung angeraten, Telefon +420 487 877 898, www.luzickabouda.cz)*. Am großen Parkplatz wenden wir uns rechts in den Wald hinein. Wir passieren das rechts abgehende Milchwegl und gehen an der nächsten Weggabelung halb links weiter durch den Wald bis zur deutsch-tschechischen Grenze. Ein kleines Stück bleiben wir auf dem Grenzpfad, um uns bei nächster Gelegenheit rechts zum Kammweg zu bewegen, den wir ebenfalls rechts einschlagen. In leichten Windungen und später in einer Spitzkehre führt der Weg hinauf zur Lausche mit neuem **Aussichtsturm** und großartigem Rundblick über die Oberlausitz.

Wir kehren zurück zur Spitzkehre und über den Lauscheweg erreichen wir bergab die **Hubertusbaude** mit toller Aussicht *(8 - 17 Uhr, Telefon 035841/67330, www.hotel-im-naturpark.de)*. Von hier ist der Weg zurück nach Waltersdorf gar nicht mehr zu verfehlen.

Der weitere Weg nach **Großschönau** ist ebenfalls nicht zu verfehlen und die Straße führt an den **Fabrikverkäufen der Firma Frottana/Möve und Damino** vorbei *(Mo - Fr 9 - 18 Uhr/ Sa 9 - 16 Uhr, www.frottana.de und www.damino.de)*.

(176) WOMO-Stellplatz: Großschönau, Kirche

GPS: N 50°53'54.4" E 14°39'48.5"
Kirchstraße **Max. WOMOs:** 2
Ausstattung: Infotafel, Bänke, Müllbehälter.
Beschreibung: Der einfache, gepflasterte, schattenlose Parkplatz liegt im Ort. Bergab gelangt man nach etwa 5 - 10 Minuten Fußweg zu Gaststätten, dem **Café Liebe mit Bäckerei-Konditorei** *(Mo Ruhetag)* und zum Museum.
Zufahrt: Im Ort am Kreisel geradeaus

Richtung Museum bis zum Parkplatz fahren.
Hinweis: Ein weiterer Parkplatz befindet sich im Tal und wird bergab zweimal links fahrend erreicht.

Großschönau

Großschönau gehörte früher zu den bedeutendsten Damastweberdörfern Europas und zu seinen besten Zeiten klapperten hier fast 1.000 Webstühle. Die kleinen und großen Umgebindehäuser, meist von Webern bewohnt, und die für ein Dorf ungewöhnlich vielen Fabrikantenvillen weisen auf die große Vergangenheit hin. Von der im Jahr 1705 geweihten Barockkirche *(Juni - Okt. Di - Sa 10 - 12 Uhr)* spazieren wir leicht bergab und lassen uns vom Charme des historischen Ortskerns gefangen nehmen, bevor wir eines der für uns interessantesten Museen unserer Reise betreten.

Der Reiz des **Deutschen Damast- und Frottiermuseums** liegt sicher auch an der kompetenten und lebhaft-freundlichen, fast einstündigen Führung. Im ehemaligen Fabrikantenhaus erfahren wir Wissenswertes über die erste deutsche Damastherstellung im Jahr 1666 sowie die Anfänge der deutschen Frottierindustrie 1857 und sehen den einzigen noch funktionstüchtigen Damasthandzugwebstuhl und den letzten Frottierhandwebstuhl Deutschlands. An fast 30 nutzbaren Textilmaschinen können die tech-

nisch-historische Entwicklung und die Herstellung textiler Erzeugnisse vom Garn bis zur Konfektion nachvollzogen werden. Auch wenn wir nicht gerade die Geschicktesten in Sachen „Handarbeit“ sind, ist die Demonstration in der **Schauwerkstatt** faszinierend. Aus einem Gewirr von unzähligen Garnfäden entsteht nach Mustervorlagen eine konfektionierte Ware. Die Herstellung des edlen Damastes, der seinen Ursprung in China und Persien hat, und der Unterschied zum heute meist gebräuchlichen Jacquard werden uns genauso verdeutlicht, wie die Abweichung zwischen Frottier und Frottee. Eine Ausstellung zeigt wertvolle Damaste aus drei Jahrhunderten und beinhaltet weiterhin eine Sammlung bürgerlicher Wohnkultur, naturkundlicher Exponate sowie sakraler und bildender Kunst. Insgesamt ein lohnender und sehr kurzweiliger Besuch *(Mai - Okt. Di - Fr 10 - 17 Uhr, Nov. - April bis 16 Uhr, Sa/So 14 - 17 Uhr, Führungen möglich, Eintritt, www.ddfm.de)*.

Am Kreisel wenden wir uns Richtung Spitzkunnersdorf, um durch die bewaldete und mit Wiesen unterbrochene, sanfte Hügellandschaft **Seifhennersdorf** zu erreichen.

In der Region trieb der legendäre Räuberhauptmann Karasek vor 200 Jahren sein Unwesen und im **Karasek-Museum** kann man den Schmugglern, Räubern und Wilddieben auf die Schliche kommen *(Di - Fr 9 - 12 Uhr/13 - 16.30 Uhr, So 13 - 16.30 Uhr, Eintritt, www.karaseks-revier.de)*. Im gleichen Haus befindet sich die **Tourist-Information**, die zu den gleichen Öffnungszeiten weiteres Material über Karaseks Revier erhältlich ist [N 50°56'06.4" E 14°36'31.2"; Nordstraße 21 a].

Wer eher musikalisch veranlagt ist und vielleicht eine Leidenschaft für edle Tasteninstrumente hegt, den dürfte eine Führung durch die **Pianofortemanufaktur von C. Bechstein** interessieren *(Jentschstraße 5, Corona bedingt fielen die Führungen lange Zeit aus, aktuelle Informationen unter www.bechstein.com oder Telefon 03586/45040)*. Nicht weit vom Karasek-Museum entfernt kann man jedoch auch ohne viel musikalisches Interesse in **Carl‘s Musik-Kaffee** bei feinsten Torten und Gebäck als auch herzhaften Kleinigkeiten einkehren *(Mo - Fr 12 - 17 Uhr, Nordstraße 15, Telefon 0152/22499525)*

Im sächsisch-böhmischen Grenzgebiet gibt es aber noch eine andere Ablenkung. Auf dem Weg nach **Neugersdorf** liegt nämlich das ausgeschilderte **Waldbad Silberteich** (*Juni - Aug. 10 - 20 Uhr*), das natürlich zum Schwimmen einlädt, aber auch Ausgangspunkt für **Wanderungen** sein kann [**177:** N 50°57'07.5" E 14°36'37.5"; Viebigstraße].

Stellplatz 177 Neugersdorf

Während wir uns in Neugersdorf erinnern, dass hier die ergiebigste der drei Spreequellen sprudelt, halten wir uns Richtung Löbau und gelangen nach **Ebersbach**. Etwas außerhalb befindet sich das **Caravan Center Zinke** direkt an unserer Reisestrecke und bei einem Problem mit der WOMO-Stromversorgung wird uns schnell, freundlich und kompetent zur Seite gestanden, sodass wir unsere Fahrt beruhigt fortsetzen können [N 50°59'45.4" E 14° 36'56.5"; Adam-Ries-Straße, Telefon 03586/765800, www.caravan-zinke.de].

Die Gegend kommt uns bekannt vor und wir stellen fest, dass wir vor etlichen Tagen bereits an der nun folgenden Kreuzung gewesen sind. Wir befinden uns hier aber auch fast in der Mitte unserer gesamten Reisebeschreibung. Was haben wir seitdem nicht alles an landschaftlich abwechslungsreichen Schönheiten gesehen – wir sind gespannt, wie es weitergeht!

Zunächst notieren wir, nachdem wir an der Kreuzung links auf die B96 abgebogen sind, den offiziellen **WOMO-Stellplatz Ebersbach** am Freibad [**178:** N 51°00'34.2" E 14°35'53.6"; Kottmarsdorfer Straße, V/E, Strom, Preis € oder inklusiv Freibadnutzung, WC, Duschen während der Saison, Preis €€]. Schräg gegenüber ist die Zufahrt zum Ebersbacher Hausberg, dem 485 Meter hohen Schlechteberg zu finden.

(179) WOMO-Picknickplatz: Ebersbach, Schlechteberg

GPS: N 50°59'59.3" E 14°35'31.2" Am Schlechteberg
Max. WOMOs: 1 - 2
Ausstattung: Infotafel, Tisch und Bank, Müllbehälter.
Beschreibung: Der außerorts gelegene, einfache, asphaltierte Waldparkplatz ist nur im oberen Bereich halbwegs gerade. Ganz in der Nähe befinden sich die **Humboldtbaude** mit naturkundlichen und heimatgeschichtlichen Sammlungen sowie ein Aussichtsturm *(Mi - Fr 10.30 - 17 Uhr, Sa/So/Feiertage 14 - 17.30 Uhr, www.ebersbach-neugersdorf.de)*. Im Winter heißt es „Ski heil“ und in der übrigen Jahreszeit können Wanderer auf

schönen Rundwegen die Wälder erkunden.
Zufahrt: Von der B96 Richtung Sportplatz/Museum abknicken und etwa 1,2 Kilometer dem Hinweis zum Parkplatz am Schlechteberg folgen.

Wieder im Ort angelangt erreichen wir über die Bundesstraße in Kürze **Friedersdorf**. Den Abend verbringen wir in einem denkmalgeschützten Umgebindehaus, in einer der ältesten Gaststätten der Oberlausitz, in der seit 1768 Gäste bewirtet werden. Urig und gemütlich ist es in **Lindners Grenzschänke**, durch die bis 1934 tatsächlich die Grenze zwischen Ober- und Niederfriedersdorf verlief *(Mi - Fr 11.30 - 14/17 - 22 Uhr, Sa bis 22 Uhr, So bis 20 Uhr, www.lindners-grenzschaenke.de)*. Fehlt nur noch ein Plätzchen fürs WOMO, denn der Parkplatz an der Schenke ist kaum erwähnenswert.

(180) WOMO-Picknickplatz: Friedersdorf, Obere Quiere

GPS: N 51°01'37.6" E 14°33'08.5"
Obere Quiere **Max. WOMOs:** 1
Ausstattung: Tisch und Bank, Müllbehälter.
Beschreibung: Der einfache, teils schattige Platz liegt außerhalb des Ortes an einer Straße und bietet einen Ausblick über Wald und Wiesen. Rad- und Wanderwege sind ausgewiesen und der Fuß- bzw. Radweg zur Grenzschenke beträgt einen guten Kilometer
Zufahrt: Im Ort Richtung Neufriedersdorf abbiegen. Nach etwa 400 Meter werden die Bahngleise überquert. Danach liegt der Picknickplatz gleich links.

Auf dem Weg nach Oppach begegnen uns, wie auch in anderen Orten, Gasthäuser mit dem Namen **Kretscham**. Dieser Begriff stammt vermutlich aus dem Slawischen und bezeichnet einen

Landwirtschaftsbetrieb mit Schankwirtschaft. Der Land- und Gastwirt übte gleichzeitig das Amt des Richters aus, der über die Streitigkeiten der Dörfler entschied und den Gemeindebesitz überwachte. Gegenüber den anderen Schankstuben gewann der Kretscham oder das Erbgericht, wie er ins Deutsche übersetzt heißt, eine besondere Bedeutung und wurde zum politischen, teils auch kulturellen Zentrum des Ortes.
Auch wenn sich an der B96 ein Ort an den anderen reiht, ist die Fahrt kein bisschen langweilig. Immer wieder begegnet uns die

Spree, werden kleine Kuppen mit nettem Blick ins Land überwunden und ehe wir uns versehen sind wir in **Oppach**. Hier notieren wir die WOMO-Stellplatzwiese am Bio-Markt [**181:** N 51°03'01.1" E 14°30'33.2"; August-Bebel-Straße 62, Telefon 035872/33565, Ankunft bis 20 Uhr, Reservierung empfohlen, V/E, Strom, Preis €€].
Kurz dahinter halten wir uns auf der B98 Richtung Steinigtwolmsdorf. In **Sohland** düsen wir in eines der reizvollsten Tä-

ler des Oberlausitzer Berglandes hinab, halten uns am Kreisel Richtung Ortsmitte und können das WOMO an der Oberlandhalle auf einem einfachen, aber offiziellen **WOMO-Stellplatz** parken [**182:** N 51°03'06.0" E 14°25'32.5"; Gerhart-Hauptmann-Straße].
Wo es ins Tal geht, muss naturgemäß auch irgendwo ein Berg mit Aussicht sein und vielleicht zusätzlich noch ein Platz fürs WOMO. Wir begeben uns auf die Suche und werden, wenn auch in einiger Entfernung, tatsächlich fündig. Wie in so vielen Orten unserer Reise prägen in Sohland einmal mehr schöne Umgebindehäuser das Erscheinungsbild. In einem der Sehenswertesten ist das **Heimatmuseum im Alten Weberhaus** untergebracht. Um Einblicke in das Leben voriger Generationen zu bekommen, ist eine Anmeldung bei der **Tourist-Information** erforderlich *(Mo - Fr 9 - 12 Uhr, Di/Do zusätzlich 13 – 17/18 Uhr, Bahnhofstraße 26, Telefon 035936/3980, www.sohland.de).* Bei unserer Stellplatzsuche fahren wir unmittelbar am Museum vorbei und werden am Straßenrand an den Wiesen fündig.

(183) WOMO-Wanderparkplatz: Sohland-Neudorf, Loipe

GPS: N 51°01'43.4" E 14°23'31.4"
Hainspacher Straße
Max. WOMOs: 3 - 5
Ausstattung: Infotafel.
Beschreibung: Der einfache, befestigte Parkstreifen am Ortsrand befindet sich neben der wenig befahrenen Straße zum deutsch-tschechischen Grenzübergang. Im Winter ist aufgrund der Loipen mehr Betrieb. Nach einer Wanderung (z. B. Planetenwanderweg) kann man die Aussicht über die Wiesen genießen oder in der **Prinz-Friedrich-August-Baude** etwa 500 m entfernt am Aussichtsturm einkehren *(Fr - So 11.30 - 21 Uhr, Telefon 035936/159999, www.prinzenbaude.com).*
Zufahrt: Vom Kreisel an der B98 zur Ortsmitte Sohland, dann rund 6 Kilometer immer auf den Durchgangsstraßen (Gerhard-Hauptmann-, Haupt- und Hainsbacher Straße) Richtung touristischer Grenzübergang/Heimatmuseum/Prinz-Friedrich-August-Turm bleiben und bis zum Parkstreifen fahren.

Hier haben wir also unsere Aussicht! Zum einen auf die Wiesen und Wälder und zum anderen vom nahen **Prinz-Friedrich-August-Turm** bis ins böhmische Bergland.
Aber es kommt noch besser!
Wir fahren zurück, vorbei am Heimatmuseum in der Hainsbacher Straße, biegen wenig später Richtung Wehrsdorf ab und folgen links dem Hinweis Skiareal/Fichteweg den Berg hinauf [N 51°02'22.9" E 14°23'55.5"]. Was für ein Blick – der schönste **Picknickplatz** unserer Reise! Wir meinen, die exponierte Lage verbietet eine Übernachtung und so müssen wir wohl oder übel nach einer ausgiebigen Rast von diesem schönen Fleckchen Erde Abschied nehmen.
Das macht jedoch ganz und gar nichts, da uns in der nächsten Tour weitere traumhafte Aussichten erwarten.

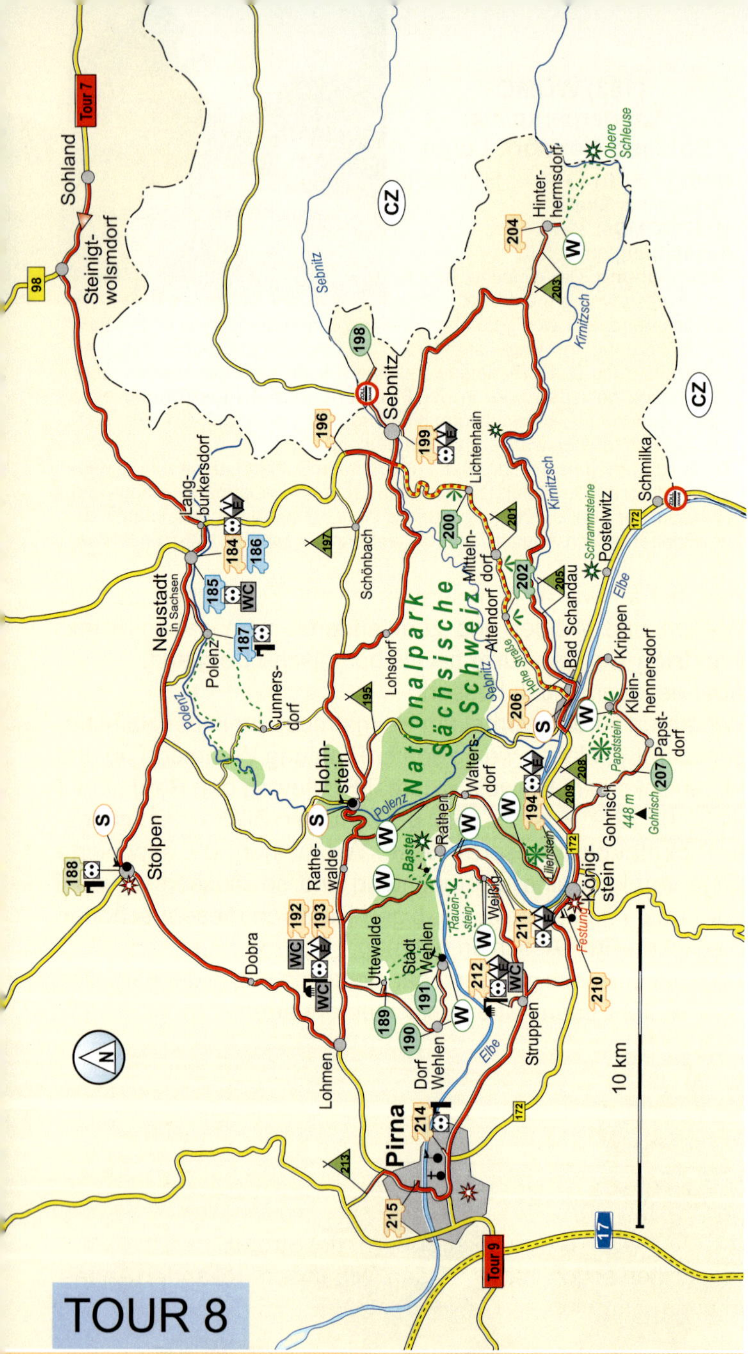

Tour 8 **215 km**

Neustadt i.S. – Stolpen – Lohmen – Bastei Hohnstein – Sebnitz – Hinterhermsdorf – Bad Schandau Königstein – Rathen – Pirna

Stellplätze:	Neustadt i.S., Polenz, Stolpen, Uttewalde, Wehlen, Lohmen, Ebenheit, Sebnitz, Lichtenhain, Altendorf, Hinterhermsdorf, Bad Schandau, Papstdorf, Königstein, Struppen, Rathen, Pirna.
Campingplätze:	Hohnstein Entenfarm, Sebnitz Camping Endler, Mittelndorf Kleine Bergoase, Hinterhermsdorf Thorwaldblick, Bad Schandau Ostrauer Mühle, Gohrisch Camping Sächsische Schweiz, Königstein Am Treidlerpfad, Pirna Waldcamping Pirna-Copitz.
Besichtigen:	Neustadt CAPRON-Werk; Stolpen Burg, Stadtmuseum; Dorf Wehlen Miniaturpark, Lohmen Erlebnis welt Steinreich, Hohnstein Burgmuseum, Sebnitz Seidenblumen-Museum, Bad Schandau Nationalpark Zentrum, Königstein Festung Königstein.
Wandern:	Polenz, Uttewalde, Lohmen, Waltersdorf, Hinterhermsdorf, Kleinhennersdorf, Weißig.
Radfahren:	Elberadweg.
Kanu- /Schlauch-bootfahren:	Königstein.
Baden:	Neustadt, Polenz, Rathewalde, Sebnitz, Bad Schandau (Therme).
Essen:	Cunnersdorf Bockmühle; Stolpen Burghotel; Uttewalde Gasthof Uttewalde, Gasthaus Waldidylle; Ebenheit Panoramahotel Lilienstein; Lohsdorf Zum Schwarzbachtal; Lichtenhain Berghof; Altendorf Gasthaus Heiterer Blick; Gohrisch Berggaststätte Papststein; Pirna Fischrestaurant Schifftor, Wirtshaus Refugium.

Über Steinigtwolmsdorf gelangen wir zügig nach **Neustadt in Sachsen**. Der Hinweis ins Industriegebiet und zum **CAPRON-Werk** ist nicht zu verfehlen und wir freuen uns sehr, dass hier ein Wohnmobilhersteller für einen offiziellen **WOMO-Stellplatz** gesorgt hat [**184:** N 51°01'10.9" E 14°13'04.3"; Berghausstraße 1, V/E, Strom]. Wir wollten schon immer wissen, wie unsere rollenden Appartements gefertigt werden, und können das an der 450 Meter langen Produktionsstraße anhand der Modelle **Sunlight** und **Carado** bei einer etwa 2-stündigen Werksbesichtigung hautnah erleben *(Mi 10 Uhr, Voranmeldung unbedingt erforderlich. Tel. 03596/53-0, www.capron.eu)*. Verblüfft sind wir über die präzisen Handgriffe des eingespielten Teams, das in 1,5 Tagen ein reisefertiges Wohnmobil auf die Räder gestellt hat. Anschließend kann im **Mariba-Erlebnisbad** bei tropischen Temperaturen geschwommen oder in der Saunalandschaft geschwitzt werden [**185:** N 51°01'27.7" E 14°12'33.0"; Götzingerstraße, WC, 2 Nächte kostenfrei, Strom gegen Gebühr, www.mariba.eu]. Umfangreiches Material für Freizeitaktivitäten hält die nahe **Tourist-Information** parat *(Mo/Mi/Fr 9 - 12/13 - 16 Uhr, Di/Do 9 - 12/13 - 18 Uhr, März -Okt. Sa 9 - 11 Uhr, Johann-Sebastian-Bach-Straße, Telefon 03596/501516, www.neustadt-sachsen.de).*

Einen weiteren offiziellen **WOMO-Stellplatz** gibt es am ausgeschilderten und sehr schönen Freibadesee [**186:** N 51°01'09.6" E 14°13'24.0"; Rugiswalder See, Strom, während der Öffnungszeiten WC, Preis €€].

Der Hauptstraße Richtung Stolpen folgend und dann links abbiegend, erreichen wir den Neustädter Ortsteil **Polenz** und das am Ortsrand liegende **Waldbad** [**187:** N 51°01'10.1" E 14°10'44.7"; Flämmigtweg, Strom/Wasser, Preis €].

WOMO-Wandertipp:
Durch das Polenztal zur Bockmühle

Mittelschwere Wanderung mit leichten An - und Abstiegen von etwa 12 Kilometer Länge auf Waldwegen und Straßen.

Wer vom Waldbad einen Wandertag einlegen möchte, dem sei über die Straße „Obere Siedlung" der Weg in den Ort und dann links in den „Mittelweg" empfohlen. Die Straße geht in einen naturbelassenen Wanderweg über, der in das obere Polenztal führt. Der Bach schlängelt sich an alten, teils bewirtschafteten Mühlen vorbei und durch weite Wiesen bergab in das **Naturschutzgebiet Märzenbecherwiesen**. Im Frühjahr verwandeln die blühenden Märzenbecher das Gebiet in ein weißes Blumenmeer und zur erholsamen Pause bietet sich das **Ausflugslokal Bockmühle** an *(ab 12 Uhr, Mo/Di Ruhetag)*. Der Rückweg führt über die Straße nach Cunnersdorf und von dort über den Polenzer Weg/Cunnersdorfer Straße zurück zum Waldbad.

Mittlerweile befinden wir uns auf dem Weg nach **Stolpen**, dessen gleichnamige mittelalterliche Burg wir bereits in unserer Tour 4 in der Ferne auf einer Basaltkuppe liegen sahen. Das WOMO könnte seinen Platz auf dem Parkplatz P2 finden [N 51°03'02.4" E 14°05'13.2"; Bischofswerdaer Straße]. Wir lenken es jedoch den Berg zum **Burghotel** hinauf, lassen uns das Abendessen munden und übernachten nach Rücksprache mit den Wirtsleuten im Schatten der Burg [**188:** N 51°02'57.1" E 14°05'11.4"; Poetenweg, Wasser/Grauwasser, Strom, Sanitärnutzung, Preis €€€, www.burghotel-stolpen.de].

Burg Stolpen und die Schicksalsjahre einer Mätresse

Im Jahr 1222 erstmals urkundlich erwähnt, ist die lang gestreckte Burganlage mit vier Innenhöfen fast ausschließlich aus dem örtlichen Basalt errichtet und wir können uns im Burgkeller mit dem kulturhistorischen Ort aus geologischer Sicht vertraut machen.

Von den markanten Türmen, besonders vom Siebenspitzturm, haben wir nicht nur eine großartige Aussicht, sondern sie bergen in ihrem Inneren sehenswerte Ausstellungen. Dunkle Verliese, verschlungene Kellergänge, Mönchsloch, Kerker und ein Burggeist lassen nicht nur Kinder erschauern und machen neben dem Burgmuseum die sächsische Geschichte lebendig. Bemerkenswert ist der mit 84 Meter tiefste naturbelassene Basaltbrunnen der Welt. Bekannt geworden ist die Veste durch das tragische Schicksal der **Gräfin von Cosel**, der berühmtesten Mätresse Augusts des Starken.

Als Anna Constantia von Brockdorff 1680 geboren und mit einer exzellenten Erziehung und Bildung versehen, wurde das junge Mädchen bald Hoffräulein am Hof in Schleswig-Holstein. Ihrem lockeren Lebenswandel verdankte sie nicht nur eine ungewollte Schwangerschaft, sondern auch den damit verbundenen, vorübergehenden Abschied vom höfischen Leben. Im Jahr 1703 ehelichte sie standesgemäß einen sächsischen Rat und lernte wenig später in Dresden August den Starken kennen, der die hübsche Frau erfolgreich umwarb. Anna Constantia lehnte jedoch ein einfaches Mätressendasein ab und erhielt von August nach dessen längerem Zögern ein schriftliches Heiratsversprechen, das sie nach dem Tod der Kurfürstin zu seiner rechtmäßigen Gemahlin machen sollte. Drei Jahre später lässt sie sich von ihrem bis dahin Angetrauten scheiden, wird die offizielle Geliebte des Kurfürsten und ein weiteres Jahr danach vom Kaiser als Gräfin von Cosel in den Reichsgrafenstand erhoben. Der verliebte August quartierte sie in das extra für sie erbaute Taschenbergpalais neben dem Dresdner Schloss ein und hatte sie stets an seiner Seite. Ihr dadurch entstehender Hochmut bescherte „der Cosel“ so manchen Feind am Hof, und als sie sich nach und nach auch noch in das Alltagsgeschäft des Kurfürsten einmischte, waren ihre Tage gezählt. Für die politischen Ziele in Polen wurde für August eine polnische Mätresse von Interesse und so servierte er im Jahr 1713 die zwar mit großen weiblichen Reizen, aber auch mit (zu) viel Verstand versehene Gräfin kurzerhand ab. Wir erinnern uns: Für die polnische Krone war August zum Katholizismus übergetreten und die protestantische Anna

Der tägliche Ausblick der Gräfin Cosel

Marktplatz

Constantia missbilligte das wohl sehr. Nicht immer zahlen sich also Schönheit und Geist aus, besonders wenn „frau“ in der damaligen Männergesellschaft zu machthungrig war und ihren Einfluss überschätzte. Dem Befehl, sich auf Schloss Pillnitz zurückzuziehen und das schriftliche Heiratsversprechen wieder herauszurücken, widersetzte sie sich und floh nach Berlin. 1716 lieferte der preußische König die Cosel an Sachsen aus und nach einer kurzen Gefangenschaft im Schloss Nossen wurde sie ab Dezember 1716 auf die Burg Stolpen verbannt. Die verstoßene Mätresse überlebte ihren kurfürstlichen Bettgenossen zwar um viele Jahre, verließ ihr Gefängnis aber niemals mehr und verstarb nach 49-jähriger Gefangenschaft auf der Burg. In der Burgkapelle fand sie ihre letzte Ruhe und im Johannisturm, Coselturm genannt, widmet sich eine Gedächtnisausstellung ihrem Schicksal *(Mai - Okt. 10 - 18 Uhr, Nov. - 27.3. Di - So 10 - 16 Uhr, Eintritt, www.burg-stolpen.org).*

Am Nordhang des Burgbergs schlendern wir anschließend durch die engen Gassen Stolpens und lassen uns von den hohen Giebeln der Bürgerhäuser mit ihren altertümlichen Fledermausgauben bis zum steil ansteigenden, quadratischen **Marktplatz** geleiten. Die dort ansässige **Tourist-Information** bietet unter anderem **öffentliche Stadtführungen** an *(April - Okt./Nov. - März Di/Do Mo - Fr 10 - 12/13 - 17 Uhr, Markt 5, Telefon 035973/27313, www.stolpen.de).*

Wir folgen der Hauptstraße um Stolpen herum bis zum Abzweig nach Pirna/Lohmen und steuern direkt eines der wohl bekanntesten und beliebtesten Ausflugsziele Sachsens an.

Waitzdorfer Aussicht am Malerweg

Elbsandsteingebirge

Das Mittelgebirge ist vor etwa 180 Millionen Jahren durch Ablagerungen in der Kreidezeit entstanden. Aus einer 600 Meter starken Sandsteinplatte wurde im Laufe von Jahrmillionen durch den Wind und vor allen Dingen durch die Kraft des Wassers das Gesicht der Landschaft geprägt. Es entstanden enge, romantische Täler, schroffe Felswände, die sich fast zu berühren scheinen und majestätische Tafelberge.

Die „richtigen" Berge sind vulkanischen Ursprungs, die von unten in den Sandstein eindrangen und später als Kuppen herauswitterten. Relativ hohe Niederschlagsmengen und die geringe Verdunstung lassen in den Schluchten ein feuchtes „Kellerklima" entstehen, während die Sandsteinplateaus aufgrund der großen Versickerung trocken bleiben. Entsprechend siedeln sich in den Taleinschnitten und Schluchten ein artenreicher Mischwald sowie arktische und alpine Pflanzen an, auf den nährstoffarmen Sandböden der trockenen Höhen finden sich unterdessen unterholzarme Nadelwälder.

Das Gebiet erstreckt sich auf beiden Seiten der Elbe und wird im Westen etwa von Pirna, im Norden von Lohmen und Hohnstein und im Osten von Hinterhermsdorf eingegrenzt. Östlich schließen sich das Lausitzer Bergland und in westlicher Richtung das Erzgebirge an. Der südliche Rand reicht bis nach Tschechien und geht dort in die Böhmische Schweiz über.

Ursprünglich war das Gebiet slawisch besiedelt und kam erst im 15. Jahrhundert unter sächsische Herrschaft. Zum Schutz der Handelswege wurden Burganlagen errichtet: Die Kleine Bastei ist nur noch als Ruine erhalten, während die Festung Königstein und die Burg Hohnstein die Zeiten überdauerten. Mitte des 18. Jahrhunderts bereisten die Maler Anton Graff und Adrian Zingg das Gebiet nördlich der Elbe und fühlten sich derart an ihre Schweizer Heimat erinnert, dass sie der Region den Namen **Sächsische Schweiz** gaben.

Die touristische Erschließung begann mit dem Bau der Eisenbahnlinie und der Dampfschifffahrt auf der Elbe Mitte des 19. Jahrhunderts und ist bis heute ungebrochen. Von der wilden Schönheit der Landschaft und der Felsen angelockt, ließen sich die Künstler der Romantik wie beispielsweise Carl Maria von Weber inspirieren, der seine Oper „Der Freischütz" mit der Wolfsschluchtszene in der Nähe von Rathen ansiedelte.

Um die unverwechselbare Natur und Landschaft in ihrer Gesamtheit zu schützen, wurde im Jahr 1956 das **Landschaftsschutzgebiet Sächsische Schweiz** auf beinahe 400 Quadratkilometer ausgewiesen, welches neben umweltgerechter Land- und Forstwirtschaft auch einen sanften Tourismus gewährleisten soll. Seit den 1990er Jahren werden die urwüchsigen Buchenwälder, Sandsteinnadeln und bizarren Felsenriffe mit skurrilen Kiefern sowie die tief eingeschnittenen Wildbäche im fast 100 Quadratkilometer großen **Nationalpark Sächsische Schweiz** zusätzlich geschützt *(Alle Informationen und der Verhaltenskodex finden sich unter www.nationalpark-saechsische-schweiz.de).*
Es versteht sich von selbst, dass wir uns in dieser Region den empfohlenen und auf Tafeln veröffentlichten Verhaltensweisen anpassen, um den sanften Tourismus zu unterstützen und die einzigartige Kultur- und Naturlandschaft für die nachfolgenden Generationen zu erhalten! Dazu gehört auch, dass wir unser WOMO nur an den dafür vorgesehenen Plätzen abstellen und die angegeben Übernachtungsverbote akzeptieren!
Trotz dieser Vorgaben können wir eine wunderschöne Zeit in der Sächsischen Schweiz verbringen, die uns abwechslungsreiche Wanderungen in einer wundervollen Landschaft und einmalige Naturerlebnisse beschert.

Mehrere Hinweisschilder zur Bastei ignorieren wir vorerst und lassen erstmal den Blick über die Ausläufer des Elbsandsteingebirges auf dem Weg nach Lohmen schweifen, bevor wir uns entscheiden, Richtung Hohnstein/Bastei abzubiegen und unser persönliches „Eingangstor" zur Sächsischen Schweiz zu finden.

(189) WOMO-Wanderparkplatz: Uttewalde

GPS: N 50°58'36.4" E 14°01'41.9" **Max. WOMOs:** 2
Ausstattung: Infotafel, Müllbehälter.
Beschreibung: Der einfache, asphaltierte, teils schattige Parkplatz liegt am Ortsrand und hat Anschluss an diverse Rad- sowie Wanderstrecken. Er ist der perfekte Ausgangspunkt für die nachstehende Wanderung, nach der man im nahen **Gasthof** einkehren kann *(Do - So 12 - 14/17 - 21 Uhr, Telefon 035024/70237, www.gasthof-uttewalde.de).*
Zufahrt: Kurz vor dem Ortsausgang von Lohmen rechts etwa 1 Kilometer nach Uttewalde bis zum ausgewiesenen, meist gut besuchten Parkplatz fahren.

WOMO-Wandertipp: Uttewalder Grund

Mittelschwere Wanderung von etwa 10 Kilometer Länge mit einigen An- und Abstiegen.
Wir gehen in den Ort hinein und richten uns nach den Hinweisen zur Ausflugsgaststätte „Waldidylle". Nachdem wir das Tal über Treppen erreicht haben, halten wir uns links auf dem **Malerweg**. Die Grünstrich-Markierung bringt uns zu drei abgestürzten und eingeklemmten Felsblöcken, die an der engsten Stelle des Grundes das beliebte Malermotiv **Felsentor** gebildet haben. Die Gelbstrich-Markierung führt uns anschließend rechts über den Bruno-Barthel-Weg/Rathewalde und einige Stufen den Berg hinauf bis zu einem breiten Weg, dem wir kurz rechts folgen und an einer Weggabelung gleich wieder links verlassen. Wir erreichen den asphaltierten Weg im Kohlgrund, dem wir rechts gehend nach etwa 700 Meter schon wieder nach links in den Höllengrund den Rücken kehren. Die Grünstrich-Markierung und der Rote Punkt bringen uns zum ersten Abzweig, an dem wir rechts in den Steinrück-

weg schwenken und ins Elbtal und in die Stadt Wehlen marschieren. Dem Burgberg sollte unbedingt ein Besuch abgestattet werden, denn von hier haben wir einen guten Blick auf die Stadt und die Umgebung. Der Rote Punkt führt nun bergauf in den Wehlener Grund bis zu einem größeren Platz, an dem rechts ein Rundweg durch den Teufelsgrund beginnt. Felsen versperren den Weg, manchmal muss man sich durch 1 Meter hohe Durchgänge zwängen und die düstere Heringshöhle macht das Kinderabenteuer perfekt. Weiter durch den Wehlener Grund erreichen wir den links abzweigenden Weg mit Grünstrich-Markierung, der durch den romantischen **Uttewalder Grund** zum **Gasthaus Waldidylle** führt *(Wochenende/Feiertage ganzjährig 10 - 18 Uhr, Mai - Okt. Mi - Fr 10 - 17 Uhr, Nov. - April Mi - Fr 11 - 16 Uhr, Jan/Feb. Mo - Fr geschlossen, www.waldidylle-online.de).*
Das Gasthaus trägt seinen Namen zu Recht und die Einkehr ist umso nötiger, da es anschließend über die bereits bekannten Stufen wieder nach Uttewalde und zum WOMO aufwärts zurückgeht. Die Wanderung ist besonders in den Sommermonaten empfehlenswert, da die angenehm kühlen Temperaturen in den Gründen das Auf- und Abmarschieren erträglicher machen.

Wie gut, dass wir schon am frühen Sonntagvormittag losgegangen sind! Bei unserer Rückkehr ist nicht nur der Parkplatz überfüllt, es wimmelt von Menschen und in der Sächsischen Schweiz scheint die Völkerwanderung gerade wieder zu starten. Auch in allen anderen der umliegenden Orte sowie in **Wehlen** sieht es am Wochenende und in den Saisonzeiten nicht anders aus.
Im Ortsteil **Dorf Wehlen** befindet sich am Ortseingang ein tagsüber gebührenpflichtiger Wanderparkplatz [**190:** N 50°57'52.8" E 14°00'16.5"]. Von hier gelangen wir zu Fuß nach etwa 600 Meter zum **Miniaturpark Kleine Sächsische Schweiz**, in dem wir uns einen Überblick über die naturgetreu nachgebildeten Sehenswürdigkeiten und Ausflugsziele der Sächsisch-Böhmischen Schweiz verschaffen können *(Ostern - Anfang Nov. 10 - 18 Uhr, Eintritt, Hunde an der Leine gestattet,*

www.kleine-saechsische-schweiz.de). Falls der dortige Miniparkplatz zu voll ist, gibt es eine Ausweichmöglichkeit [N 50°57'31.0" E 14°00'47.4"; Vorwerkstraße].
Im weiteren Verlauf der Tour nach **Stadt Wehlen** notieren wir im Vorüberfahren einen tagsüber gebührenpflichtigen Parkplatz [**191:** N 50°57'29.5" E 14°01'17.7"] und erreichen an der Elbe sowie am **Elbe-Radweg** eine der kleinsten Städte Sachsens, die wir bei unserer Wanderung zu Fuß bereits erkundet haben [N 50°57'21.1" E 14°01'54.7"; Elbufer]. Neben der Schifffahrt gehörten Obst-, Hopfen- und Weinanbau sowie Leinweberei und Spinnereien zu den Einnahmequellen der Einwohner, während aus den umliegenden Steinbrüchen der Sandstein für die barocken Prachtbauten in Dresden gebrochen wurde. Mittlerweile ist genau wie in den umliegenden Ortschaften der Tourismus zum Haupterwerbszweig geworden. Am Markt kann der **Bastei-Kraxler** bestiegen werden, mit dem nicht nur von hier auf bequeme Weise die Sächsische Schweiz entdeckt werden kann. An den Haltestellen des öffentlichen Verkehrsmittels können beispielsweise verschiedene Wanderungen starten und von anderen Haltepunkten geht es dann wieder bequem zurück *(www.festungsexpress.de)*.
Unser nächstes Ziel ist DAS Ziel in der Sächsischen Schweiz – die Bastei. Hierzu fahren wir zur Hauptstraße nach **Lohmen** zurück und folgen nicht nur dem Hinweis zur Bastei, sondern am Wochenende einer Karawane von Autos, Bussen und Motorrädern. Die Parksituation ist jedoch bestens geregelt, auch wenn es am Wochenende manchmal zu vorübergehenden Engpässen kommen kann.

(192) Offizieller WOMO-Stellplatz:
Lohmen, Bastei Auffangparkplatz P + R

GPS: N 50°59'12.1" E14°03'14.6" **Max. WOMOs:** 50
Ausstattung: WC, Müllbehälter.
Beschreibung. Einfacher, geschotterter und befestigter, teils schattiger Großparkplatz an der Straße, der tagsüber auch von Pkw genutzt wird. Shuttleservice zur Bastei gegen Gebühr möglich.
Um sich auf die Sagen, Märchen und die Geschichte der Sächsisch-Böhmischen Schweiz einzustimmen, bietet sich der Besuch in der **Erlebniswelt Steinreich** an. Zudem befinden sich hier die **Tourist-Information** sowie ein **Museum** und im gastronomischen Teil werden regionale Produkte angeboten *(Ende März - Okt. 10 - 18 Uhr, andere Öffnungszeiten unter www.steinreich-sachsen.de, Eintritt. Freier Eintritt Tourist-Info/Gastronomie).*
Preise: Tagesticket €, mit Übernachtung 24 Stunden/€€.
Zufahrt: Zwischen Lohmen und Rathewalde direkt an der Zufahrt zur Bastei.

(193) Offizieller WOMO-Stellplatz: Lohmen, Reisemobil- und Caravanstellplatz Bastei

GPS: N 50°59'05.6" E14°03'24.8" **Max. WOMOs:** 62
Kontakt: Telefon 01626237566, www.reisemobilpark-bastei.de
Ausstattung: V/E durch Schranke gesichert, Strom, Sanitärbereich.
Beschreibung. Die auf Schotterrasen gelegenen, teils terrassierten Parzellen sind für unterschiedlich lange WOMOs vorgesehen und klappstuhlgeeignet. Da Sträucher und Büsche frisch angelegt sind, mangelt es noch an Schatten. Perfekter Ausgangspunkt für Rad- und Wandertouren. Wer den 3,5 Kilometer direkten Fußweg zur Bastei scheut, kann den Shuttleservice gegen Gebühr in Anspruch nehmen. Nach einem Ausflug in die Natur lockt im Sommer das etwa 1,5 Kilometer entfernte Freibad in Rathewalde zum kühlen Erfrischungsbad.

Preise: €€€.
Zufahrt: Zwischen Lohmen und Rathewalde direkt an der Zufahrt zur Bastei. Am Auffangparkplatz P + R vorbeifahren und etwa 200 Meter später links die Zufahrt zum Stellplatz nehmen.
Hinweis: Anreise 11 - 20 Uhr, frühere Anreise wird berechnet, Abreise bis 12 Uhr oder gegen Gebühr bis 18 Uhr. In der Nebensaison ist die Schranke ab Einbruch der Dunkelheit bis 8.30 Uhr geschlossen.

Sonnenaufgang an der Basteibrücke

Ein weiterer gebührenpflichtiger Parkplatz liegt der Straße folgend näher an der Bastei [N 50°57'58.1" E 14°03'55.7", Preise je nach Größe des Fahrzeugs]. Auch wenn das Übernachten nach Gutdünken der Parkplatzordner ab und zu geduldet wird, ist es laut Aushang verboten! Der Parkschein erlaubt das Parken bis 0.00 Uhr, sodass der Ticketautomat ab 0.01 Uhr neu gefüttert werden muss ... wer möchte das schon!?
Wir sind froh, dass wir diesmal dem Hauptanziehungspunkt der Sächsischen Schweiz an einem Wochentag und zusätzlich am frühen Morgen gegen 6 Uhr unsere Aufwartung machen, denn so können wir ohne großen Rummel die Faszination dieses Landstriches auf ganz besondere Weise erleben.
Es ist empfindlich frisch an diesem September-Morgen, die Vögel scheinen noch die rechte Stimmlage finden zu wollen und wir stehen, nachdem wir die 76,50 Meter lange Sandsteinbrücke, die in sieben Bögen die 40 Meter tiefe Mardertelle-Schlucht überspannt, mutterseelenallein auf der **Basteiaussicht**. Auch wenn der vordere Bereich wegen instabiler Felsen inzwischen gesperrt ist, wird das Gesamterlebnis 194 Meter über der Elbe nicht getrübt. Welch erhabenes Gefühl! Gleichzeitig fühlen wir uns als winzige Mosaiksteinchen in dieser großartigen Landschaftskulisse – einfach unbeschreiblich! Wir blicken auf die mäandernde Elbe zwischen dem, einem riesigen Frauenhut gleichenden, Lilienstein und dem Königsstein. Erkennen den steilen Hang bei Niederrathen und die sanft ansteigenden Hügel bei Oberrathen. Aus dem abziehenden morgendlichen Dunst erscheinen der Pfaffenstein, die bewaldeten Kammlinien des Erzgebirges und des Lausitzer Berglandes und im Osten ragt plötzlich das Felslabyrinth der Schrammsteine empor. Wunderschön!
Wer auch nur einmal etwas Ähnliches oder die bei Wanderungen in dieser herrlichen Gegend gemachten Natur-

erlebnisse erfahren durfte, wird verstehen können, dass es das Elbsandsteingebirge in seiner Gesamtheit in unsere **Top Ten** katapultiert hat (Foto unten).

Ehe wir uns an dieser Stelle in Gefühlsduseleien verstricken, wollen wir schnell erwähnen, dass alle genannten und noch viel mehr Punkte erwandert und erlebt werden sollten. Die Beschreibungen würden diesem Büchlein zu viel abverlangen und wir verweisen gern auf die entsprechend weiterführende Literatur. Ein Bonbon haben wir uns in diesem Fall dem empfehlenswerten, im WOMO-Verlag erhältlichen Rother-Wanderführer entliehen und wandern auf dessen Spuren in Richtung Elbe.

WOMO-Wandertipp: Einmal Bastei und zurück

Mittelschwere Wanderung von etwa 3 Stunden mit zahlreichen Treppenstufen und An- und Abstiegen.

Nachdem wir uns von der überwältigenden Aussicht an der Bastei verabschiedet haben, gelangen wir über den mit der Blaustrich-Markierung versehenen Abstieg zur **Felsenburg Neurathen**. Gegen einen geringen Obolus steigen wir Treppen und Wege in der Doppelburg auf und ab. Die Gründung einer der ältesten Wehranlagen Sachsens liegt im Verborgenen, aber wir können noch heute die Balkenfalze für die Aufstellung einer Wurfmaschine erkennen.

Treppab geht es zum Tiedstein und nach einem Blick auf Rathen und die Elbe erreichen wir Niederrathen sowie den hübschen **Kurort Rathen**. Bei einem Frühstück am Ufer der Elbe können wir der Fähre beim Übersetzen nach Oberrathen zusehen und gleich mitteilen, dass diese Wanderung auch vom gegenüberliegenden Ufer gestartet werden kann.

Am kleinen Bächlein gehen wir zurück bis zum Abzweig „Amselsee“ und steigen das Grünbachtal aufwärts. Rechts unten liegt der Fachwerkbau der „Alten Mühle“, während rechter Hand über dem Tal der wuchtige „Talwächter“, ein beliebter Kletterfelsen, auftaucht. Kurz vor dem Amselsee geht es links hinauf zur **Felsenbühne**. Den 2.000 Zuschauern der Naturbühne wird in einer einmaligen Kulisse ein bleibendes Urlaubsereignis geboten *(www.felsenbuehne-rathen.de)*. Uns zieht es jedoch weiter zum **Amselsee**. Der künstliche Stausee mit Bootsverleih fügt sich gut in die Landschaft ein und wird vom Kletterfelsen „Lokomotive“ begrenzt.

Am Stausee entlang erreichen wir den Abzweig zum romantischen **Amselfall** (5 Minuten) und später mit der Blaustrich-Markierung die **Schwedenlöcher**. Stufen, Stufen und noch einmal Stufen führen bergauf durch die Klamm, deren Name auf den Zufluchtsort der Landbevölkerung hindeutet, die hier im Dreißigjährigen Krieg einen Schlupfwinkel vor den durchziehenden Kriegsparteien fand. Am Ende des Aufstiegs suchen wir die **Wehlgrund-Aussicht** auf, die einen Rundblick auf zahlreiche Klettergipfel, den Bastei-Komplex und die Felsenburg Neurathen bietet. Kurze Zeit später erreichen wir den Parkplatz nahe der Bastei und somit den Ausgangspunkt dieses ereignisreichen Vormittags.

Richtung Hohnstein ist Rathewalde bald erreicht und von dort wollen wir dem Lilienstein, dem markantesten Tafelberg der Sächsischen Schweiz, der natürlich auch von vielen anderen Ausgangspunkten erwandert werden kann, Richtung Bad Schandau nahekommen.

Direkt hinter dem Wald liegt rechter Hand ein kleiner Wanderparkplatz, der sich als perfekter Ausgangspunkt für eine Wanderung ins nahe **Polenztal** anbietet [N 50°57'37.8" E 14°06'18.5"]. Kurz darauf ist Waltersdorf erreicht und von hier ist die Strecke zum Lilienstein ausgeschildert [N 50°56'04.9" E 14°05'00.5"].

WOMO-Wandertipp: Lilienstein

Mittelschwere Wanderung von etwa 5 Kilometer Länge mit Treppenan- und -abstiegen.

Schon wieder Stufen – diesmal aber königliche! August der Starke ließ an der Südseite des Berges bereits im Jahr 1708 den noch heute bestehenden Weg anlegen. Die grandiose 415 Meter hoch gelegene Aussicht belohnt uns für den in die Waden gehenden Aufstieg und wir schauen zur gewaltigen Festung Königstein, die sich auf der anderen Seite der Elbschleife erhebt. Noch schnell den Wettin-Obelisk, der im Jahr 1889 anlässlich des 800-jährigen Bestehens des Herrscherhauses errichtet wurde, angeschaut und dann wählen wir den Abstieg auf der Nordseite über eine – wen wundert es jetzt noch – Treppenanlage zum WOMO.

Wir folgen der Straße nach Ebenheit und checken mit super Aussicht auf die Festung Königstein im Panoramahotel Lilienstein mit einem offiziellen **WOMO-Stellplatz** ein [**194:** N 50°55'32.5" E 14°04'29.6"; Ebenheit 7, Telefon 035022/53100, www.hotel-lilienstein.de, V/E, Strom, WC/Dusche, Preis €€€]. Über Waltersdorf kann der Luftkurort Rathen direkt angefahren werden. Wir bewegen uns jedoch auf gleichem Weg zurück und überlegen, ob nicht anstelle dieses WOMO-Führers ein Bildband die imposante Landschaft ohne Worte besser wiedergeben würde: Bewaldete Felsformationen, weite Wiesen – ein Genuss für die oftmals durch den Alltag in Straßenschluchten strapazierten Augen.

Die Straße führt uns hinab ins Polenztal und dann über Serpentinen hinauf nach **Hohnstein**. Das WOMO muss sich ganz schön quälen, bis es, vorbei an einer Engstelle (**Verkehrsspiegel**

beachten!) im Ort, auf dem Parkplatz an der Rathausstraße zum Stehen kommt [N 50°58'44.3" E 14°06'51.6"].

Hohnstein

Wir schlendern zur **Tourist-Information** und erhalten die Auskunft, dass, obwohl alle Parkplätze nur für Pkw ausgewiesen sind, lediglich Lkw von den Parkplätzen ferngehalten werden sollen (*April - Okt. Mo - Fr 9 - 12/13 - 15 Uhr, Sa 9 - 12 Uhr, Nov. - März Mo - Do 9 - 12/13 - 15 Uhr, Fr 9 - 12 Uhr, Sa 9 - 10 Uhr, Rathausstraße 9, Telefon 035975/86813, www.hohnstein.de).* Selbstverständlich sei es erlaubt, tagsüber das WOMO abzustellen. Gut zu wissen, denn sonst hätten wir der auf einem Felssporn liegenden, erstmals im 12. Jahrhundert erwähnten **Burg Hohnstein** und dem **Burgmuseum** keinen Besuch abstatten können (*April - Okt. 10 - 17 Uhr, Eintritt).*

Außerdem wäre uns entgangen, dass der **Hohnsteiner Kasper** hier seine Heimat hat. Die Handspielpuppe wurde ab dem Jahr 1928 durch Max Jacob von der Burg zu unzähligen Gastspielen ins In- und Ausland gebracht und erfreute so manches Kinderherz mit seinem Klamauk. Traditionell wird eine Woche vor Pfingsten das **Hohnsteiner Puppenspielfest** gefeiert, während in der übrigen Zeit der **Kasperweg** in etwa einer Stunde zu den schönsten Stellen Hohnsteins führt.

Für ein längeres Verweilen in der bemerkenswerten Gegend ist der ausgeschilderte, etwa zwei Kilometer entfernte **Campingplatz Entenfarm** eine gute Adresse [**195:** N 50°58'30.2" E 14°08'20.3"; Schandauer Straße, Telefon 035975/84455, www.camping-entenfarm.de, März - Okt., Preis €€].

Auf der Weiterfahrt nach Sebnitz lassen wir Ehrenberg hinter uns und machen immer mal wieder gern in **Lohsdorf** im **Landgasthof Zum Schwarzbachtal** Pause. Schon die handgeschriebene und mit getrockneten Blüten verzierte Speisekarte macht Lust und vor allem Hunger, auf das, was frisch von den regionalen Anbietern auf die gut gefüllten Teller kommt.

In ungezwungener Atmosphäre kocht die Chefin mit frischen Kräutern von der Wiese und aus dem Garten im Rhythmus der Jahreszeiten *(Mo/Di/Fr ab 17 Uhr, Sa/So/Feiertage zusätzlich 11.30 - 14 Uhr, Niederdorfstraße, unbedingt reservieren unter Telefon 035975/80345, www.schwarzbachtal.de)*. Mit herzlichen Grüßen von uns und auf Nachfrage dürfen auch andere Wohnmobilisten nach einem Mahl den hauseigenen Parkplatz über Nacht zum Verdauen nutzen, um sich dann ausgeruht nach **Sebnitz** auf den Weg zu machen.

Am westlichen Stadtrand erreichen wir einen Kreisverkehr, der zu unserem zentralen Knotenpunkt wird. Richtung Stolpen/ Neustadt wird ein einfacher Parkplatz am Waldstadion erreicht, den die Stadt aufgrund des hohen Wohnmobil-Aufkommens im ersten Corona-Jahr 2020 zum offiziellen **WOMO-Stellplatz** gemacht hat. Kein Highlight, aber immerhin kann unsereins unbehelligt, aber auch teuer parken und übernachten [**196:** N 50°59'02.5" E 14°15'40.0"; Schandauer Straße 99, Preis €€ zahlbar im Sport- und Freizeitzentrum Solivital]. Wesentlich schöner und sein Geld wert ist hingegen der folgende Campingplatz.

(197) WOMO-Campingplatz: Sebnitz, Camping Endler

GPS: N 50°58'59.7" E 14°13'50.4"; Martin-May-Straße 17
Kontakt: Telefon 035971/572925, www.urlaub-endler.de

Ausstattung: Waschmaschine, kleine Küche mit Wasserkocher, Kühlschrank, Mikrowelle und vieles mehr, Reitmöglichkeit, WLAN.
Beschreibung: Wer einen einfachen, aber picobello sauberen, kleinen familienbetriebenen Campingplatz im Grünen sucht, ist hier so etwas von richtig! Die freundlichen Betreiber weisen die Plätze auf der Campingwiese rund um den kleinen Teich zu und das gemischte Gästevölkchen hat genug Raum, um sich wohlzufühlen. Dazu jede Menge Radfahr- sowie Wandermöglichkeiten und eigentlich möchte man gar nicht mehr weg von hier.
Preise: €.
Zufahrt: Vom Sebnitzer Kreisverkehr Richtung Stolpen/Neustadt fahren, dann nach Schönbach abbiegen und den Hinweisen zum Campingplatz folgen.

(198) WOMO-Wanderparkplatz: Sebnitz, Naherholungsgebiet

GPS: N 50°58'25.3" E 14°17'36.9"; Mannsgrabenweg **Max. WOMOs:** 2
Ausstattung: Tisch und Bank, Spielplatz.
Beschreibung: Der tagsüber gebührenpflichtige, am Ortsrand gelegene einfache, asphaltierte und teils schattige Parkplatz ist ein guter Ausgangspunkt für Wanderungen. Im Winter läuft ganz in der Nähe der Skilift.
Zufahrt: Vom Sebnitzer Kreisverkehr Richtung Zentrum und den Hinweisen Touristische Ziele/Urzeitpark/Erholungsgebiet folgen.
Hinweis: Der Parkplatz ist die einzige Möglichkeit, wo das WOMO für einen Besuch des etwa 500 Meter entfernten Urzeitparks geparkt werden kann!

Weiterhin ist der offizielle **WOMO-Stellplatz am Naturbad und Touristikzentrum Sebnitz** vom Kreisverkehr ausgeschildert [**199:** N 50°57'46.5" E 14°16'35.1"; Albert-Kunze-Weg 36, Telefon 0174/3043782, www.touristikzentrum-sebnitz.de, V/E, Strom, Preis €€].

Sebnitz

Vom ersten Kreisverkehr halten wir uns Richtung Zentrum und suchen uns in der Nähe des zweiten Kreisverkehrs und im Idealfall direkt am Haus der **Deutschen Kunstblume Sebnitz** einen Parkplatz am Straßenrand. Hier befindet sich auch die **Tourist-Information** *(10 - 17 Uhr, Neustädter Weg 10, Telefon 035971/70960, www.sebnitz.de)*. In der Seidenblumenstadt werden seit dem Jahr 1834 die unvergänglichen Blüten hergestellt und in der Manufaktur kann das bis heute angewandte traditionelle Handwerk beobachtet werden. Die eigene Fingerfertigkeit ist im Anschluss an den Rundgang beim „Selberblümeln" gefragt. Wer wie wir, eher grobmotorisch veranlagt ist und „verwelkte" Exemplare zustande bringt, findet aber sicher im Verkaufsraum eine schöne Alternative *(Neustädter Weg, Manufaktur: Di - So/Feiertage 10 - 17 Uhr, Verkauf: 10 - 17 Uhr)*.

Irgendwie kommt uns der **Urzeitpark** bekannt vor – kein Wunder, ist er doch eine Dependance des Saurierparks in Kleinwelka (vgl. Tour 5). Auf den Wegen in unsere Vorgeschichte tummeln sich Säugetiere und 1.000-fach vergrößerte Mikroorganismen auf ihrer Entwicklung vom Wasser auf das Land *(Ostern - Okt. 10 - 17 Uhr, Eintritt, www.sauriergarten.eu)*.

Von Sebnitz gibt es zwei Möglichkeiten, um hinab ins Elbtal zu gelangen.

Zum einen geht es am nun schon bekannten Kreisverkehr Richtung Pirna/Bad Schandau über einen Höhenrücken entlang der **Hohen Straße**. Der historische Handelsweg zwischen Böhmen und Bad Schandau bietet als **Panoramastraße** eine weiträumige Sicht zu allen Tafelbergen der Region und sollte wegen der Aussicht aus Richtung Sebnitz kommend befahren werden. Atemberaubend streift dann der Blick über Wälder, Flure und Felsen. Mischwaldbestände säumen die abwechslungsreichen Talhänge und zahlreiche **Wanderwege** führen beispielsweise zu den **Schrammsteinen**, in das **Gebiet der Affensteine** oder ins **Kirnitzschtal**.

(200) Offizieller WOMO-Wanderparkplatz: Lichtenhain, Festplatz

GPS: N 50°56'37.0" E 14°14'09.0"; Hauptstraße **Max. WOMOs:** 5

Ausstattung: Tisch und Bänke.
Beschreibung: Der einfache, gepflasterte, schattenlose Parkplatz liegt am Ortsrand und hat eine schöne Aussicht auf die Schramm- und Affensteine. Hier ist ein idealer Ausgangspunkt für Wanderungen und in der Nähe gibt es das **Hotel-Restaurant Berghof** *(ab 12 Uhr, Telefon 035971/56512, www.berghof.li)* und einen **Dorfladen** *(Mai - Okt. 7.30 - 17 Uhr, So/Feiertage 10 - 17 Uhr, Nov. - April Di - Sa 7.30 - 16 Uhr, Feiertage 10 - 16 Uhr)*.
Preise: €€, zahlbar im Dorfladen/Hotel Berghof.
Zufahrt: Am westlichen Ortsende links bis zum Parkplatz fahren.

In **Mittelndorf** bietet der terrassierte **Campingplatz Kleine Bergoase** nicht nur eine traumhafte Lage für Ruhesuchende, sondern auch eine gute Ausgangsposition für passionierte Wanderer oder für Freunde des MTB, die hier sogar den fahrbaren Untersatz mieten können [**201:** N 50°56'06.0" E 14°12'41.8"; Obere Straße, Telefon 035022/54797, www.berg-oase.de, Preis €€].

(202) Offizieller WOMO-Wanderparkplatz: Altendorf, Freiwillige Feuerwehr

GPS: N 50°56'07.8" E 14°10'43.5" Rathmannsdorfer Straße
Max. WOMOs: 5
Ausstattung: Tisch und Bank mit schöner Aussicht etwas entfernt.
Beschreibung: Der einfache, geschotterte, teils schattige Parkplatz liegt am Ortsrand und hat Anschluss an das Wanderwegenetz. An der Hauptstraße befindet sich das Gasthaus Heiterer Blick mit super Aussicht *(Mi - So ab 11 Uhr, Telefon 035022/42714, www.gasthaus-heiterer-blick.de)* mit Tante-Emma-Laden *(Mi - Fr 14 - 18 Uhr)*.
Preise: €€, zahlbar im Gasthof Heiterer Blick.
Zufahrt: Am westlichen Ortsende schräg gegenüber dem Gasthaus zur Freiwilligen Feuerwehr und zum Parkplatz abbiegen.

Kommen wir nun zur zweiten Möglichkeit, die uns von Sebnitz kommend am Kreisverkehr durch die Wälder und grünen Wiesen nahe der tschechischen Grenze nach **Hinterhermsdorf** führt.

Wir streifen den in würziger Bergluft gelegenen **Campingplatz am Thorwaldblick**, der ähnliche Attribute wie der Campingplatz in Mittelndorf bietet [**203:** N 50°55'23.4" E°14°20'58.6"; Schandauer Straße, Telefon 035974/50648, www.thorwaldblick.de, Preis €€].

Der dreiseitig von Tschechien umgebene Ort, der gepflegte Gärten, verschwiegene Ecken und viele Umgebindehäuser bietet, ist sommers wie winters eine gute Anlaufadresse. **Wanderer**, **Bergsteiger** und **Mountainbike-Fans** können genauso wie **Skilangläufer** den ausgeschilderten und tagsüber gebührenpflichtigen einfachen Parkplatz in der Ortsmitte nutzen. Fährt man rechts über den Parkplatz und einem Schotterweg weiter, findet sich auf Wiese ein offizieller **WOMO-Stellplatz** [**204:** N 50°55'34.0" E 14°21'29.5"; Saupsdorfer Straße, WC, Preis €€ zahlbar am Parkautomat oder im Haus des Gastes/**Tourist-Information** *Mo 10 -12/13 - 16 Uhr, Di/Do 10 - 12/13 - 18 Uhr, Fr 10 - 12 Uhr, Sa 9 - 12 Uhr*].

Wir folgen den Hinweisen zur **Oberen Schleuse** und zur **Waldhusche**, ein waldgeschichtliches Freigelände des Nationalparks Sächsische Schweiz, das nicht nur wandermüden Kindern bei spielerischen Entdeckungstouren die Langeweile vertreibt. Als Husche bezeichneten die Forstarbeiter früher eine aus Holzstämmen errichtete Rutsche, auf der die geschlagenen Holzstämme ins Tal „huschten“.

Die Obere Schleuse wird am besten vom Wanderparkplatz an der Buchenparkhalle erwandert [N 50°55'03.8" E 14°21'34.3"; Buchenstraße, WC]. Obwohl am Parkplatz in der Saison Pferdewagen warten, um uns bis kurz vor das beliebte Ausflugsziel zu bringen, beginnen wir unsere Wanderung direkt vom WOMO aus.

Aussicht vom Adamsberg am Malerweg

WOMO-Wandertipp: Obere Schleuse

Mittelschwere Wanderung von rund 9 Kilometer Länge einschließlich Kahnfahrt sowie einigen Anstiegen.

Wir folgen dem breiten Hohweg ins wildromantische Kirnitzschtal und haben nach etwa 45 Minuten die **Bootsstation** an der Oberen Schleuse erreicht *(Ostern - Okt. 9.30 - 16.30 Uhr, letzte Kahnfahrt 16.00 Uhr, Gebühr)*. Eine ganz besondere Atmosphäre umgibt uns, als der Stechkahn lautlos durch das Wasser der Kirnitzsch gleitet. Das Flüsschen entspringt im tschechischen Krasna Lipa, bildet auf etwa 10 Kilometern die tschechisch-deutsche Grenze und mündet nach 38 Kilometern bei Bad Schandau in die Elbe. Wir befinden uns mitten in der Kernzone des Nationalparks und die Natur ist sich selbst überlassen.

Während der 700 Meter langen Kahnfahrt kommentiert der Fahrer auf launige Art die bizarren Felsgebilde, die sich im aufgestauten Wasser spiegeln und weist auf seltene Pflanzen- und Tierarten hin. Selbst im Sommer soll es in der Klamm kühl sein und die Wassertemperatur steigt nicht über 8°C.

Bereits um das Jahr 1580 wurde ein Stauwerk eingerichtet, das ausschließlich zum Flößen des reichhaltigen Holzaufkommens genutzt wurde, da keine andere Möglichkeit zum Abtransport aus dem engen Tal bestand. Auch in den anderen Kähnen herrscht Ruhe – die Menschen scheinen andächtig der Stille zu lauschen, genießen die Langsamkeit und den Geruch der klaren, kühlen Luft.

An der Staumauer ist das etwa 20-minütige Vergnügen vorbei. Das Wasser rauscht ungebremst ins Tal, während wir den Rückzug über die steilen Trittstufen des Hermannsecks, eine etwa 20 Meter lange, 50 Zentimeter breite Felsspalte, antreten. Vom Aussichtspunkt blicken wir zurück in das wilde Tal und wenden uns über den Wettinplatz wieder Hinterhermsdorf zu. Der Weg ist nicht zu verfehlen, mündet in den bereits bekannten Hohweg und führt zum Wanderparkplatz zurück.

Durch die engen Gassen Hinterhermsdorfs schlängeln wir uns zurück und rollen durch das teils enge, mit Felsen gerahmte, teils weite mit Wiesen unterbrochene **Kirnitzschtal** hinab nach Bad Schandau.

Man hätte auch von der Staumauer der Kirnitzsch den 27 Kilometer langen **Flößersteig** ins Tal wandern können. Ein Felsentor mit der schönen Bezeichnung „Kuhstall" wartet auf Wanderer genauso wie die „Himmelsleiter" oder die großartige Aussicht vom Wildenstein (336 Meter). Parkmöglichkeiten gibt es immer wieder in dem engen Tal und diverse gastronomische Betriebe laden zum Zwischenstopp ein. Der ÖPNV verbindet

Hinterhermsdorf mit Bad Schandau, sodass die Rückfahrt von einer Wanderung in die eine oder andere Richtung gesichert ist. Zu erwähnen ist noch der kleine **Lichtenhainer Wasserfall**, der, weil als plätschernder Dorfbach zu unspektakulär, durch eine Wehranlage seit dem Jahr 1830 verstärkt wird. Ob das Spektakel mit Musik untermalt werden muss, sei dahingestellt – nett anzusehen ist es auch ohne diese Inszenierung. Ab hier verkehrt die **Kirnitzschtalbahn** bereits seit dem Jahr 1889 ins gut sieben Kilometer entfernte **Bad Schandau**.

In schöner Regelmäßigkeit spuckt die Linie des kleinsten Straßenbahnbetriebs Deutschlands Wanderer, Touristen und Kurgäste aus, die dann ihren jeweiligen Aktivitäten nachgehen *(Fahrplan unter www.ovps.de)*.

Auch die Besucher des **Campingplatzes Ostrauer Mühle** sind eifrige Nutzer der gelben Bahn, wenn sie ins aufgeweckte Städtchen möchten [**205:** N 50°55'46.0" E 14°11'36.5"; Kirnitzschtalstraße, Telefon 035022/42742, www.ostrauer-muehle.de, Preis €€].

Wir erreichen die B172 und steuern den gebührenpflichtigen, nur tagsüber zu nutzenden Parkplatz am Elbufer an [N 51°55'05.6" E 14°08'54.2"; An der Elbe]. Hier treffen wir auch ein, wenn wir aus Sebnitz über die Hohe Straße in die Stadt einfahren. An dieser Strecke gibt es den einfachen Parkplatz Kiefricht zu nennen, den die Stadt als offiziellen **WOMO-Stellplatz** ausgewiesen hat. Nicht wirklich prickelnd, aber kostenfrei und zur Übernachtung freigegeben [**206:** N 50°55'39.3" E 14°09'45.5"; Sebnitzer Straße. Etwa 1,5 Kilometer langer Fußweg in die Stadt ausgeschildert].

Bad Schandau

Gemütliche Gaststätten, feine Restaurants und interessante Geschäfte gehören genauso zum erfreulichen Anblick des Kurortes, wie der **Kurpark** und die **Toscana-Therme** *(www.toskanaworld.net)*.

Seit dem Jahr 1920 darf die Stadt den Titel „Bad“ tragen und entwickelte sich zunehmend zu einem anerkannten Kur- und Erholungsort. Die **Elbpromenade** lädt mit ihren Ruheplätzen zum Spaziergang und zum Verweilen ein und hinter der geschlossenen Häuserfront verbirgt sich der rechtwinklige Marktplatz mit der sehenswerten **Kirche St. Johannis**. Hier befindet sich auch die **Tourist-Information** *(täglich ab 9 Uhr, Markt 12, Telefon 035022/900-30, www.bad-schandau.de)*.

In der Nähe informiert das **NationalparkZentrum** über die Entstehungsgeschichte des Elbsandsteingebirges *(April - Okt. 9 - 18 Uhr, Nov. - März Di - So 9 - 17 Uhr, Eintritt. www.lanu.de)*. Von der Elbpromenade sehen wir bereits den im Jahr 1904 erbauten **Personenaufzug**. Vom 50 Meter hohen Stahlgerüst bietet sich ein herrlicher Blick über das Elbtal und der Aufzug ist Bindeglied zum ruhigen Ortsteil Ostrau, wo Villen, alte Umgebinde- und Fachwerkhäuser zu sehen sind. Außerdem überwindet man schnell die Höhe, um Wandertouren in das Schrammsteingebiet zu beginnen.

Die B172 führt uns bei der Weiterfahrt Richtung Dresden/Königstein über die Elbe. Nach dem Überqueren der Brücke biegen wir nach Krippen ab und haben auf der gegenüberliegenden Flussseite die bunten Fachwerkhäuser des alten Schifferdorfes Postelwitz und die Felsformation der **Schrammsteine** im Blick. Die Vorfahrtsstraße führt durch das idyllische Krippen, das durch eine Personenfähre mit der rechtselbischen Seite verbunden ist. Entlang des Krippenbachs hangeln wir uns durch den Wald und dann rechts nach **Kleinhennersdorf** empor. Richtung Papstdorf erwartet uns ein Wanderparkplatz mit herrlicher Aussicht über die Bergwelt der Sächsisch-Böhmischen Schweiz [N 50°54'20.3" E 14°08'29.6"; Alter Schulweg].

WOMO-Wandertipp:
Zum Papststein und der Lichterhöhle

Mittelschwere Wanderung von etwa 6,5 Kilometer Länge mit einigen An- und Abstiegen sowie schöner Aussicht.
Vom Parkplatz wandern wir auf dem Alten Schulweg nordwestlich Richtung Königstein und wechseln an der zweiten Kreuzung links auf den Königsteiner Steig. Durch den Wald gehen wir bis zur dritten Kreuzung, halten uns links und an der nächsten Gabelung rechts. In weitem Linksbogen gelangen wir an eine weitere Kreuzung, queren den Suppelsgrundweg und marschieren schräg rechts weiter. Wir erreichen den Wanderparkplatz zwischen den Tafelbergen Gohrisch und Papststein (451 Meter), den wir ebenfalls als Startpunkt zu dieser Wanderung nehmen können. Auf dem **Malerweg** gelangen wir auf das Papststein-Plateau mit mehreren Aussichtspunkten und der **Berggaststätte Papststein**. Dem Malerweg folgend wird der Suppelsgrundweg erreicht. Hier wenden wir uns kurz links und folgen dann dem Weg über Treppen und Steine Richtung Kleinhennersdorfer Stein. Hauptanziehungspunkt sind hier drei Höhlen, allen voran die **Lichterhöhle**, deren Länge von

20 Metern durch den Abbau von Sand, der vor über 100 Jahren wegen seiner Feinkörnigkeit besonders als Scheuersand beliebt war, entstand (Taschenlampe nicht vergessen!). Nach der Besichtigung der Höhlen gehen wir zurück zum Suppelsgrundweg und dann auf dem Malerweg weiter nach Kleinhennersdorf. Unterwegs passieren wir ein **Damwildgehege** und genießen einen beeindruckenden Weitblick auf die Schrammsteine. An der Brennnesselhütte kürzen wir den Weg rechts über die Wiese ab und sind bald wieder am Wanderparkplatz angekommen.

Von der Hochfläche über dem Elbtal haben wir einen herrlichen Rundblick. Auf beiden Seiten der Elbe führt der wohl bekannteste Wanderweg der Sächsischen Schweiz, der insgesamt 112 Kilometer lange **Malerweg**, entlang. Während er auf der rechten Elbseite durch wilde Schluchten und schroffe Felsen zu den schönsten Ausblicken führt, ist er linkselbisch durch die offene Landschaft geprägt. Auf Panoramablicke muss man auf dieser Flussseite aber trotzdem nicht verzichten.
Wir durchfahren **Papstdorf** und notieren etwa 500 Meter hinter dem Ort den auf unserer Wanderung zum **Papststein** erspähten einfachen Wanderparkplatz [**207:** N 50°54'05.5" E 14°06'59.0"; Papstdorfer Straße].

Am Ortsrand von **Gohrisch** mit seinen hübschen Villen wartet der ruhig gelegene, ausgeschilderte und empfehlenswerte **Campingplatz Caravan Camping Sächsische Schweiz** [**208:** N 50°54'52.8" E 14°06'26.7"; Neue Hauptstraße 120a, Telefon: 035021/59107, www.caravan-camping-saechsische-schweiz.de, Preise € - €€€]. Auch wenn ohne Übernachtung eine kostenpflichtige **V/E-Anlage** zur Verfügung steht, ist man hier für eine längere Erkundung und Erwanderung der Umgegend, beispielsweise zum Gohrisch bestens aufgehoben. Wir verlassen den ältesten Luftkurort Sachsens auf dem Hochplateau steil abwärts und erreichen an der Elbe die B172.
In **Königstein** notieren wir am Flussufer den **Campingplatz am Treidlerweg** [**209:** N 50°55'30.6" E 14°05'36.6";

Am Alten Sägewerk 3, Telefon 035021/9908-211 oder -105, www.treidlercamping.de, Preise €€ - €€€] und rollen anschließend durch den Ort weiter. Für die etwas andere Entdeckung der Landschaft vom Fluss aus kann nebenan bei **Kanu Aktiv Tours** ein Kanu, Schlauboot oder ein Floß bestiegen werden *(Telefon 035021/599960, www.kanu-aktiv-tours.de).*

Bald stellen wir das WOMO auf einem gebührenpflichtigen Parkstreifen hinter dem Parkhaus einer der imposantesten Beispiele europäischer Festungsbaukunst ab [**210:** N 50°55'19.6" E 14°02'55.7", €€].

Festung Königstein

Weithin sichtbar thront die erstmals Anfang des 13. Jahrhunderts als böhmische Königsburg erwähnte alte Wehranlage auf einem Tafelberg oberhalb des gleichnamigen Städtchens. Im 16. Jahrhundert wurde ein 152,5 Meter tiefer Brunnen von sächsischen Bergleuten in den Felsen getrieben. Die dadurch gesicherte Wasserversorgung war die wichtigste Voraussetzung für den im Jahr 1589 beginnenden Festungsausbau durch Kurfürst Christian I.

Die nie bezwungene Festung empfängt uns heute wohlwollend – wem der ansteigende Fußmarsch zu beschwerlich ist, kann sich mit dem Festungsexpress bis vor den Eingangsbereich chauffieren lassen und die Burg fast barrierefrei erobern. Die Anlage bietet mit 9,5 Hektar einen gigantischen Anblick und mehr als 50 verschiedene Bauwerke zeugen vom Alltag der ehemaligen Bewohner. So sind unter anderem die älteste erhaltene Kaserne Deutschlands, das Proviantmagazin und die Garnisonkirche zu besichtigen und einer der Festungskommandanten kann in seiner

Wohnung „besucht“ werden. Verschiedene Ausstellungen dokumentieren die Geschichte des Königsteins und bei diversen Führungen kann man Zugang zu den 400 Jahre alten Tiefkellern, unterirdischen Kasematten und Munitionsladesystemen erhalten. Für den Festungsrundgang bedarf es schon einige Zeit und so kommt uns die örtliche Gastronomie zur Stärkung des leiblichen Wohls wie gerufen. Der guten Ordnung halber wollen wir noch erwähnen, dass der Rundumblick vom Festungsplateau atemberaubend ist und zu den schönsten in der Sächsischen Schweiz gehört *(April - Okt. 9 - 18 Uhr, Nov. - März 9 - 17 Uhr, Eintritt, Hunde an der Leine im Freigelände gestattet, www.festung-koenigstein.de).*

Ein letztes Mal wollen wir uns in der Sächsischen Schweiz dem Wandern widmen und schlagen kurzfristig die B172 Richtung Dresden/Pirna ein, um diese wenig später nach Rathen/Struppen zu verlassen. In Struppen wenden wir uns Rathen zu und vermerken in **Weißig** zwei Wanderparkplätze [N 50°56'41.4" E 14°04'14.4" und N 50°56'49.0" E 14°04'14.3"].

WOMO-Wandertipp: Zu Rauenstein und Bärenstein

Mittelschwere Wanderung von etwa 8 Kilometer Länge mit einigen An- und Abstiegen.

Vom zweiten Wanderparkplatz gehen wir mit der Gelbstrich-Markierung zum Rauenstein, der nicht nur ein Gasthaus vorzuweisen hat, sondern eine fantastische Aussicht auf den Lilienstein und die Bastei samt Basteibrücke zu bieten hat. Anschließend führt der Weg steil zur Elbe und nach Pötzscha, das zur Stadt Wehlen gehört, hinab und mit der Rotstrich-, später Rotpunkt-Markierung hinauf zum Kleinen Bärenstein. Ein Stück des Weges geht es wieder zurück und dann mit der Rotstrich-, Gelbstrich-Markierung zurück zum Parkplatz.

Die Wanderung ist zwar nicht lang, aber doch recht knackig und ganz schön anstrengend – beinhaltet jedoch in Kurzform fast alles, was wandertechnisch von der Sächsischen Schweiz zu erwarten ist.

Blick vom Rauenstein zum Kleinen und Großen Bärenstein

Über die teils enge Straße erreichen wir **Rathen** und den ausgeschilderten **WOMO-Stellplatz** am **Bauernhof Steiner** [**211:** N 50°56'37.4" E 14°04'46.1"; Elbweg, V/E, Strom, Duschen, Preis €€€]. Bevor man nach Überqueren der Bahnlinie dorthin auf den schmalen **Radweg** abbiegt, gibt es bereits am Ortseingang einen gebührenpflichtigen Parkplatz, von dem sich die jenseits der Elbe liegende Bastei nach der Flussüberquerung mit der Personenfähre erwandern lässt [N 50°57'10.9" E 14°04'47.4"]. Des Weiteren kann das WOMO auch direkt an der Fähre auf markierten Flächen des gebührenpflichtigen Großparkplatzes abgestellt werden [N 50°57'22.1" E 14°04'44.0"].

Auf gleichem Weg geht es von diesem Abstecher zurück nach **Struppen**. Hier lädt der **Camping-Stellplatz Struppen** am Ortsrand auf der Alberthöhe mit traumhafter Panoramaaussicht und allem was das Camperherz begehrt zum Verweilen ein [**212:** N 50°56'18.7" E 14°00'49.3"; Kirchberg 20, www.camping-stellplatz-struppen.de, V/E/Strom, Dusche/WC, Preise €€ - €€€].

Der weitere Weg ist vorgegeben und flott fahren wir wenig später in **Pirna** ein. Eine echte Alternative zu den genannten Stellplätzen ist der etwas außerhalb an einem kleinen See gelegene **Waldcamping Pirna-Copitz**, der in der Stadt von der B172 Richtung Dresden ausgeschildert ist [**213:** N 50°58′54.3″ E 13°55′30.1″; Äußere Pillnitzer Straße 19, Telefon 03401/523773, www.waldcamping-pirna.de, April - Okt., Preis €€ - €€€].

Aussicht vom Stellplatz Struppen zu Lilienstein und Festung Königstein

(214) Offizieller WOMO-Stellplatz: Pirna, Am Reha-Zentrum

GPS: N 50°57'36.2" E 13°57'03.4"; Schlosspark 13a **Max. WOMOs:**8
Kontakt: Telefon 03501/5067733, www.reha-zentrum-pirna.de
Ausstattung: Wasser, Strom, WLAN, Dusche/WC während der Öffnungszeiten.
Beschreibung: Der einfache, geschotterte, schattenlose Platz ist mit einer Schranke gesichert und liegt am Ortsrand. Von hier ist die Gedenkstätte nach wenigen Minuten Fußweg erreicht, ins Stadtzentrum sind es etwa 800 Meter Fußweg.
Preise: € - €€.
Zufahrt: Bei Erreichen der B172 Richtung Dresden halten und am nächsten Kreisverkehr Richtung Gedenkstätte bis zum Stellplatz fahren.

(215) Offizieller WOMO-Stellplatz: Pirna, Copitz

GPS: N 50°57'59.6" E 13°56'15.3" Hauptplatz **Max. WOMOs:**9
Ausstattung: Tisch und Bank.

Beschreibung: Der einfache, asphaltierte, schattenlose Parkplatz liegt gegenüber der Altstadt im Ort am Elberadweg. Die Altstadt ist über die tagsüber verkehrende Personenfähre oder über einen Fußweg gut zu erreichen.
Zufahrt: Bei Erreichen der B172 rechts Richtung Dresden, dann dem Hinweis zum Parkplatz Copitz/P7 folgen. Hinter der Elbbrücke weist das WOMO-Piktogramm zum Stellplatz.
Hinweis: Parken für WOMOs von 17 - 9 Uhr gestattet! Maximaler Aufenthalt eine Nacht! Auch nachts ist gegebenenfalls mit Geräuschen durch Autos und durch die Bahn zu rechnen.

Wir lassen den Tag mit einem abendlichen Spaziergang durch die Pirnaer Altstadt ausklingen und kehren gern im historischen Gewölbe mit angrenzendem schönen Innenhof des **Wirtshauses Refugium** *(Di - Fr ab 11 Uhr, Sa ab 17 Uhr, Telefon 03501/460238, www.refugium-pirna.de)* oder im **Fischrestaurant Schifftor** *(Mo ab 17 Uhr, Di - So/Feiertage 11.30 - 14 Uhr/ab 17 Uhr, Telefon 03501/7798496, www.restaurant-schifftor.de)* ein.

TOUR 9

Tour 9 — 100 km

Pirna – Weesenstein – Zinnwald-Georgenfeld Altenberg – Dippoldiswalde – Malter

Stellplätze:	Weesenstein, Geising, Zinnwald-Georgenfeld, Altenberg, Oberbärenberg, Bärenfels, Kipsdorf, Malter.
Campingplätze:	Altenberg Kleiner Galgenteich, Paulsdorf Talsperre Malter.
Besichtigen:	Pirna Altstadt u. Schloss Sonnenstein, Barockgarten Großsedlitz, Landschloss Zuschendorf; Weesenstein Schloss, Glashütte Uhrenmuseum, Lauenstein Schloss u. Museum; Geising Tierpark Osterzgebirge; Zinnwald Besucherbergwerk, Altenberg Bergbaumuseum, Dippoldiswalde Lohgerbermuseum, MiBerz.
Wandern	Zinnwald-Georgenfeld.
Baden:	Geising, Altenberg, Paulsdorf.
Essen:	Pirna Restaurant Canaletto, Oberbärenburg Restaurant Friedrichshöhe

In dieser und den drei nächsten Touren begleiten Sie uns in eine der schönsten Mittelgebirgslandschaften mit grandiosen Ausblicken. Das Erzgebirge mit dem 1.215 Meter hohen

Fichtelberg steht für ein abwechslungsreiches Wandergebiet, ein anspruchsvolles MTB-Terrain als auch für ein familienfreundliches Fahrradvergnügen. In der Heimat von Nussknacker, Schwibbogen und Räuchermännchen sind die Berge im Winter ein beliebtes Ziel für Wintersportler und die sommers wie winters stattfindenden Bergparaden weisen auf die lange Bergbaugeschichte hin. Über und unter Tage erleben wir entlang der Silberstraße eindrucksvoll warum die Montanregion Erzgebirge/Krušnohoří mit 17 sächsischen und fünf tschechischen Bestandteilen seit dem Jahr 2019 zum Unesco-Welterbe gehört. Das Erzgebirge ist jedoch auch die Wiege des sächsischen Automobil- und Motorradbaus und zusammen mit dem Wohlstand aus den Silber- und Erzfunden des Mittelalters spicken etliche Burgen, Schlösser und herausgeputzte Stadtschönheiten wie Freiberg oder Zwickau unsere Fahrstrecke (www.erzgebirge-tourismus.de).

Heute wollen wir dort weitermachen, wo wir am vorherigen Abend aufgehört haben und gehen in die Stadt, die eigentlich als Tor zur Sächsischen Schweiz gilt. Für uns stellt sie diesmal jedoch den Abschluss unseres Besuchs im Elbsandsteingebirge dar.

Pirna

Die Hauptattraktionen der im Jahr 1233 erstmals in einer Urkunde erwähnten, von Renaissance und Barock geprägten Stadt gruppieren sich aufpoliert in ihrer ganzen Schönheit um den Markt und dessen Nebensträßchen.

Der Stadtrundgang führt uns wie immer als Erstes zur **Tourist-Information**, die im 1520 erbauten **Canaletto-Haus** untergebracht ist *(Ostersamstag - Okt. Mo - Fr 10 - 18 Uhr, Sa/So/Feiertage 10 - 14 Uhr, Nov. - Karfreitag Mo - Fr 10 - 16 Uhr, Sa/So 10 - 13 Uhr, Am Markt 7, Telefon 03501/556446, www.pirna.de).*

Der uns bereits aus Dresden bekannte Maler Canaletto setzte unter anderem auch das nach ihm benannte Haus in Pirna und etliche andere wirklichkeitsgetreue Stadtansichten in Szene, die als Meisterwerke der europäischen Vedutenmalerei gelten. Am schönsten ist es, wenn man

Marktplatz mit Canaletto-Haus

Blick in die Schössergasse

einfach durch die gepflasterten Gassen der mittelalterlichen Stadt bummelt. Dabei stattet man der **St. Marien Kirche** mit ihrem Altar aus Pirnaer Sandstein einen Besuch ab und lässt das **Rathaus**, das **Teufelserker-** und das **Engelserkerhaus** sowie die **Löwen-Apotheke** und das **Blechschmidthaus** an sich vorbeiziehen. Neben weiteren anderen sehenswerten Bürgerhäusern laden verschwiegene Innenhöfe zum Entdecken ein. Zur Vertiefung des Rundgangs bieten sich **öffentliche Stadtführungen** an *(beispielsweise Ostern - Okt. Altstadtführung Mo/Sa/So 14 Uhr, Treffpunkt Tourist-Info, Gebühr).* Davor oder danach kann man sich beim ganztägigen Frühstück oder bei herzhaften kleinen und großen Gerichte zum leckeren Eis im **Restaurant Canaletto** am Markt stärken *(Mo - So 9 - 19 Uhr, Telefon 03501/7799970, www.canaletto-pirna.de).*

Auch dem ehemaligen **Dominikanerkloster** sollte Beachtung geschenkt werden, denn in ihm ist eines der ältesten **Stadtmuseen** Sachsens beheimatet *(Di - So 10 - 17 Uhr, Eintritt).*

Über steile Sträßchen steigen wir zum **Schloss Sonnenstein** empor. Die Schlossanlage wurde in den letzten Jahren restauriert und bietet hoch über der Stadt dem Landratsamt eine Bleibe. Der ältere Teil der Anlage, die Bastionen und Wehranlagen des 18. Jahrhundert sowie die Terrassengärten des 19. Jahrhunderts wurden mit viel Liebe rekonstruiert und stehen zur Besichtigung offen.

Auf dem Schlossgelände ist es die **Gedenkstätte Pirna-Sonnenstein**, die an nationalsozialistischen Euthanasie-Opfer, die zwischen 1940 und 1941 auf dem Sonnenstein ermordet wurden, erinnert *(Mo - Fr 9 - 16 Ihr, Sa/So/Feiertage 11 - 17 Uhr, Führungen Sa 14.30 Uhr, www.stsg.de).*

In der Stadt ist der außerhalb der Stadt gelegene **Barockgarten Großsedlitz** perfekt ausgeschildert und nicht zu verfehlen [N 50°57'08.8" E 13°53'21.3"; Am Hasensprung].

Authentischer ist wohl keine barocke Gartenanlage in Sachsen! Wir lustwandeln wie einst die feine, höfische Gesellschaft durch das 1719 von Graf Wackerbarth erworbene und von den Baumeistern August des Starken ab dem Jahr 1723 weiterentwickelte weite, anmutig hügelige Gelände, das, wie es sich gehört, ein Schloss und gleich zwei Orangerien mit verschiedenen Ausstellungen aufweist. Pomeranzenbäumchen und jede Menge Kübelpflanzen wechseln sich mit farbenfrohen Blumenrabatten, kunstvollen Sandsteinskulpturen und breiten Treppenanlagen ab. Ruhig ist es hier und wir genießen die Gartenschöpfung, deren planmäßige Vollendung wegen Geldmangels am ausgabefreudigen Hof Augusts jedoch nie fertig gestellt werden konnte. Trotzdem ist der vom französischen und italienischen Stil geprägte Garten ein Genuss für die Sinne *(Mai - 18. Okt.10 - 18 Uhr, bis Ende Okt. 10 - 17 Uhr, Parkführungen möglich, Eintritt, www. barockgarten-grosssedlitz.de).* Das ebenfalls bestens ausgeschilderte **Landschloss Zuschendorf** mit einer romantischen Parkanlage ist ebenfalls einen Besuch wert [N 50° 55'58.0" E 13°54'50.0"; Seidewitzer Straße]. Wartet dort doch eine botanische Sammlung mit Hortensien, Bonsai, Efeu, Azaleen, Kamelien und einer Obstorangerie, die das Herz jeden Blumenfreundes erfreut *(ab Anfang Februar - Mitte Oktober Di - So/Feiertage 10 - 17 Uhr, Eintritt, Führungen möglich, www.landschloss-zuschendorf.de)*

Wir verlassen Pirna auf der B172 Richtung Dresden und der B172a Richtung Glashütte/Dohna, um im Müglitztal Richtung Altenberg weiterzufahren.
Die **Müglitz**, die auf einem Bergkamm in Tschechien entspringt und nach knapp 50 Kilometer bei Heidenau in die Elbe mündet, begleitet uns ins **Osterzgebirge**. Das Flüsschen hat sich seinen Weg durch die bewaldeten Hänge gebahnt und der bereits im 12. Jahrhundert besiedelte Landstrich lädt zu Streifzügen in die für das Erzgebirge typischen Waldhufendörfer und deren landschaftlich reizvolle Umgebung ein. Seit 1890 verbindet die **Müglitztalbahn** Heidenau an der Elbe mit Altenberg und überwindet dabei über 600 Höhenmeter. Traurige Bekanntheit erlangten die Müglitz und ihre Nebenflüsse beim Hochwasser im Sommer 2002, als die Fluten enorme Schäden anrichteten und ein Trauma bei den Anwohnern hinterließen. Am Ufer der momentan idyllisch dahin gurgelnden Müglitz ist diesem einschneidenden Ereignis eine kleine **Gedenkausstellung** in **Weesenstein** gewidmet *(7 - 21 Uhr).* Gleich nebenan parken wir das WOMO auf dem tagsüber gebührenpflichtige Picknickplatz [**216:** N 50°56'03.2" E 13°51'48.9"; Altenbergerstraße]. Dieser und der 200 Meter entfernte, oft überfüllte Parkplatz taugen als Ausgangspunkt zur Besichtigung eines architektonischen Unikums [N 50°55'56.7" E 13°51'40.3"].

Schloss Weesenstein

Das Kuriose an dem im Jahr 1318 erstmals urkundlich erwähnten Schloss sind der auf dem Dachboden gelegene Festsaal, die Pferdeställe in der fünften Etage, die darunter befindlichen Kellergewölbe und die noch ein Stockwerk tiefer gelegenen herrschaftlichen Wohnräume.

Irgendwie scheint alles auf dem Kopf zu stehen, denn das Schloss wuchs von oben nach unten. Es entstand ein Bauwerk, das Elemente aus der Gotik genauso wie einen Wintergarten aus dem Klassizismus zu bieten hat, der fünf Etagen unter dem Fundament des Jahrhunderte früher erbauten Turms liegt. Grund hierfür ist die Verwachsung des auf einem Felssporn ältesten Bauteils mit dem Felsen. Die Schlossherren machten das Beste daraus und 700 Jahre lang wurde gebaut, abgerissen, verändert und erhalten.
Nach dem Durchschreiten des prächtigen Renaissanceportals wuseln wir durch labyrinthische Gänge, bewundern bedruckte, vergoldete und geprägte Ledertapeten des 18./19. Jahrhunderts und lassen uns von illusionistischen Fassadenmalereien Fenster vorgaukeln, wo gar keine sind. In der Dauerausstellung zur Schlossgeschichte kommen wir der für den architektonischen Zustand des Gemäuers verantwortlichen Familie Bünau näher und in der Schlosskapelle betrachten wir die kleinen, goldenen Sterne an der blauen Gewölbedecke. Der gepflegte, zu Füßen des Schlosses liegende, im französischen Stil angelegte Park ist ein Gegenpol zu den umliegenden, scheinbar unberührten und bewaldeten Berghängen. Der dortige kleine Spaziergang beschließt den Besuch in dem merkwürdigsten Schloss unserer Reise *(Mai - Okt. 10 - 18 Uhr, Nov. - März Di – So 10 - 16 Uhr, 24./25.12. geschlossen, Eintritt. Der Park ist vom südlich des Schlosses gelegenen Eingang an der Straße frei zugänglich, www.schloss-weesenstein.de).*

Schon bald erreichen wir **Glashütte** und suchen für das WOMO rund um die Hauptstraße einen Parkplatz, um uns auf eine außergewöhnliche Reise durch die Zeit zu begeben [N 50°51'06.3" E 13°46'44.4"].

Deutsches Uhrenmuseum Glashütte

Der Ortsname rührt wahrscheinlich von einer ehemals bestehenden Glashütte. Bekannt wurde die Stadt jedoch erst ab dem Jahr 1845, als sich der Uhrmachermeister Ferdinand Adolph Lange hier niederließ und das Uhrmacherhandwerk in die verarmte Stadt brachte. Ihm folgten weitere bekannte Uhrmacher und der Begriff „Glashütte“ entwickelte sich schnell und weltweit zum Inbegriff eines deutschen Uhrenhauses.

Als wir das Deutsche Uhrenmuseum betreten, begrüßt uns stilecht der warme Klang der großen astronomischen Kunstuhr aus dem Jahr 1925 und begleitet uns auf dem Weg durch eine faszinierende Welt der Uhrmacherkunst. Auf etwa 1000 Quadratmeter Ausstellungsfläche bewundern wir Glashütter Armband-, Taschen- und Pendeluhren unterschiedlichster Größen aus verschiedenen Epochen, lassen uns die Geschichte der sächsischen Uhrenstadt erklären und versuchen, das Zusammenspiel hunderter Einzelteile einer mechanischen Uhr zu begreifen. Zum Abschluss des Rundgangs können wir den Uhrmachern bei der Reparatur antiker Uhren auf die geschickten Finger schauen und haben nach rund 90 Minuten einen höchst interessanten Einblick in die Herstellung hochwertiger Chronometer erhalten *(Mi - So 10 - 17 Uhr, Führung mit Audioguide für Erwachsene und speziell für Kinder möglich, Eintritt, www.uhrenmuseum-glashuette.com).*

Die weitere, etwas eintönige Strecke kann in **Bärenhecke** bei einer 75-minütigen Führung durch die **Historische Mühle** oder im dazugehörigen Café mit ofenfrischen Backwaren unterbrochen werden *(Café Mo - Sa 11 - 17 Uhr, So 12 - 18 Uhr, Führungen Mi 15 Uhr, www.baerenhecke.de).*

Entlang der Müglitz schlängeln wir uns aufwärts an der Zufahrt zum historischen Ortskern von **Lauenstein** vorbei. Das dortige **Schloss Lauenstein**, ein Kleinod sächsischer Renaissance-Architektur, beherbergt das **Osterzgebirgsmuseum** *(Di - So/Feiertage 10 - 16.30 Uhr, Eintritt, Hunde im Museum an der Leine gestattet, jedoch nicht im Innenhof, www.schloss-lauenstein.de).*

Jüngere Tierfreunde zieht es im Müglitztal eher in den beliebten **Wildpark Osterzgebirge** *(10 - 18 Uhr, Winterhalbjahr bis 16 Uhr, Eintritt, Hunde an der Leine gestattet, www.wildpark-osterzgebirge.de)* auf dem Gelände der Hartmannmühle [N 50°46'42.1" E 13°47'31.5"].

Bald ist auch das alte Bergbaustädtchen **Geising** erreicht, das vom Geisingberg (824 Meter) bewacht wird und in einem weiten grünen Tal liegt. Der Ort steht mit seinen vielen Fachwerkhäusern, den engen Gassen und den zahlreichen Brücken über die Gebirgsbäche unter Denkmalschutz und ist sowohl im Sommer als auch im Winter für Freunde sportlicher Aktivitäten ein beliebter Urlaubsort *(www.geising.de)*. Vom **Wander- und Freizeittreff Hüttenteich** ist alles gleichermaßen zu erleben und ein **Naturschwimmbad** *(April - Okt.)* gibt es zusätzlich.

(217) WOMO-Wanderparkplatz: Geising, Naturbad Hüttenteich

GPS: N 50°44'57.8" E 13°47'54.2" **Max. WOMOs**: 2 - 3

Ausstattung: Müllbehälter.
Beschreibung: Der einfache, asphaltierte, schattenlose, gebührenpflichtige Parkplatz liegt außerhalb des Ortes an einer Gaststätte, mit Anschluss an Rad- sowie Wanderwege und im Winter ist Skilanglauf möglich.
Zufahrt: Ca. 600 m hinter dem Ortseingang links Richtung Stadtmitte halten, dann der Vorfahrtsstraße folgen und später rechts Richtung Naturbad fahren.
Hinweis: Maximaler Aufenthalt 24 Stunden.

Im Ort geht es nach **Zinnwald** und wir kurven durch eine sich verändernde Landschaft und Bebauung.

Kein Wunder, denn wir nähern uns dem höchst gelegenen Ort des Osterzgebirges! Auf knapp 900 Meter Höhe erwarten uns Bergmannshäuschen mit Schindeldächern in einer herben Umgebung, die ihren ganz besonderen Reiz hat.

Besucherbergwerk Vereinigt Zwitterfeld zu Zinnwald

Der Bergbau begann im Osterzgebirge auf böhmischer Seite bereits Mitte des 13. Jahrhundert und arbeitete sich stetig gen Norden vor. Im Sächsischen kam er ab Mitte des 16. Jahrhunderts mit der Zinnerzgewinnung in Schwung und mit Erschöpfung der Erzvorräte zum Ende des Zweiten Weltkriegs vor Ort zum Erliegen. Durch den Begriff „Zinnerz“ haben wir schon einmal die Erklärung für den Ortsnamen.

Im Bergwerk können wir bei einer 1,5-stündigen Führung die mühevolle und gefährliche Arbeitswelt der Bergleute erleben [N 50°44'37.2" E 13°46'16.0"; Goetheweg]. Festes Schuhwerk ist unbedingt angeraten, und da die Temperaturen unter Tage konstant bei 8° - 10°C liegen, sollte auch eine warme Jacke auf dem Weg in die Bergmannswelt dabei sein. Tief unter den Häusern Zinnwalds wird dann die grenzüberschreitende Dimension der Erzlagerstätte deutlich und es ist das erste Mal, dass wir uns Tschechien unterirdisch nähern *(Mi - Sa 10 - 15 Uhr, Führungen 10.30/12/13.30/15 Uhr, einige Wochen im Nov. geschlossen www.besucherbergwerk-zinnwald.de, Eintritt).*

Bei der Weiterfahrt raubt es uns fast den Atem: Die Aussicht ist fantastisch und ein wenig ist es sicher auch der scharfe Wind, der uns auf dem Kamm des Gebirges mit voller Wucht trifft. Wie schnell sich die Wetterverhältnisse aufgrund der Höhenlage ändern können, merken wir schnell, als der plötzlich aufziehende Gebirgsnebel in Regen übergeht und nach kurzer Zeit wieder strahlender Sonnenschein herrscht.

Aufgrund der Schneesicherheit ist **Zinnwald-Georgenfeld** ein beliebtes **Wintersportgebiet** und klassischer Langlaufort, während zu den übrigen Jahreszeiten das Wandern groß geschrieben wird.

Ein Parkplatz an der Straße Richtung Dippoldiswalde lockt zwar mit einer schönen Aussicht, ist aber ansonsten eher als Durchgangsplatz zu betrachten [**218:** N 50°44'14.5" E 13°45'24.9"; Teplitzer Straße, WC]. Gegenüber weist ein Schild zum **Hochmoor** und auf dem dortigen Parkplatz steht das WOMO geschützter [**219:** N 50°43'55.8" E 13°45'08.3"; Hochmoorweg, Foto rechts].

WOMO-Wandertipp:
Vom Georgenfelder Hochmoor zum Kahleberg

Leichte Wanderung von etwa 8 Kilometer Länge.

Unserem Bewegungsdrang folgend besuchen wir die bizarren Quarzporphyrklippen des Kleinen Lugsteins (885 Meter). Das hört sich gewal-

tig an, ist aber nicht schwer zu bewältigen, da wir uns bereits auf 870 Meter Höhe befinden.

Wir haben uns noch nicht einmal warmgelaufen, als wir gegen einen geringen Obolus zur Erhaltung des Moores auf einem Knüppeldamm durch das östlichste Kamm-Moor des Erzgebirges marschieren. Das Naturschutzgebiet besteht seit dem Jahr 1926 und dehnt sich über eine Fläche von rund 120 Hektar aus. Die Torfschicht erreicht eine Stärke von 2,5 bis vier Metern und wir können verschiedene Beerenarten, Heidekraut und Gräser wie Woll- und Pfeifengras, Binsen, den fleischfressenden Sonnentau sowie artenreiche Staudengewächse bei unserem Rundgang betrachten.

Vom Ausgang des Hochmoores schwenken wir links auf den Lugsteinweg und verlassen ihn nach knapp 400 Metern rechts zur Schneise 28, der wir schnurgerade etwa 1,5 Kilometer folgen, um rechts ein Stück dem I-Flügel zu folgen und kurz danach links zum Kahleberg (905 Meter) mit der kleinen, meist geöffneten Bergbaude zu gelangen. Vom Gipfel bringt uns die Schneise 30 vorbei an der Biathlonarena zielsicher zum Parkplatz zurück.

Auf dem Weg nach Altenberg passieren wir die nicht zu übersehende Grenzstation nach Tschechien, an der wir einen sachlich-zweckmäßigen, gebührenpflichtigen Großraumparkplatz notieren [**220:** N 50°44'57.5" E 13°45'17.7"; Zinnwalder Straße].

Altenberg

Am „Alten Berg" entdeckten böhmische Bergleute im Jahr 1440 die größte Zinnlagerstätte Mitteleuropas. Die entstandene Ansiedlung erhielt Mitte des 15. Jahrhunderts bereits das Stadtrecht und im Jahr 1489 vermutlich den Namen Altenberg. Auf das Wahrzeichen der Stadt, die **Pinge**, scheinen wir direkt zuzufahren, denn der Einsturztrichter, der bei einem Zecheneinbruch 1620 entstand, ist mit einem Durchmesser von 440 Metern und einer Tiefe von 150 Metern nicht zu übersehen. An der **Tourist-Info** *(Mo - Fr 9 - 17 Uhr, Sa/So/Feiertage 9.30 - 14.30 Uhr, Am Bahnhof 1, Telefon 035056/23993 www.altenberg.de)* startet eine gebührenpflichtige **Bergbauwanderung zur Pinge** *(Mai - Okt. Mi/So 10.30 Uhr, Gebühr)*.

In die harte und gefahrvolle Arbeitswelt der Bergleute entführt das **Bergbaumuseum** (*Sa - Do 10 - 16 Uhr, Führungen 10.30/12/13.30/15 Uhr, Eintritt* Mühlenstraße 2, Telefon 035056/31703, *www.bergbaumuseum-altenberg.de)*.

Auch in Altenberg trug die schneesichere Umgebung dazu bei, dass sich die traditionsreiche Bergbaustadt zum beliebten **Wintersportgebiet** entwickelte und Ausrichter internationaler Wettkämpfe im

Pinge

Biathlon, Skilanglauf, Rodeln und Bobfahren wurde. Doch nicht nur die Profis kommen auf ihre Kosten, auch Amateure finden alles, was das Herz eines Skifreundes begehrt. In den übrigen Jahreszeiten kommt die Unterhaltung in einer Vielzahl von touristischen Einrichtungen ebenfalls nicht zu kurz.

Im Winter, aber auch zu den übrigen Jahreszeiten bietet sich ein abwechslungsreiches **Wanderwegenetz** zur Erkundung an und die Auswahl an gemütlichen **Fahrradtouren** für die Familie als auch rasante Berg- und Talabfahrten für ambitionierte **Mountainbiker** sind groß.

Im Frühjahr 2021 soll die sogenannte **Blockline**, eine neue **Mountainbike-Strecke** auf insgesamt 140 Kilometer in drei spannenden Loops für kleine und große Abenteurer eröffnet werden. Die Strecken tangieren einige der folgenden Orte und Stellplätze unserer Reise, sodass Radsport-Fans unbedingt einen Blick auf die Homepage werfen sollten *(www.blockline.bike)*.

Am gebührenpflichtigen, mit einer Schranke versehenen Liftparkplatz findet sich inmitten des Ortes ein unter Umständen rummeliges Plätzchen fürs WOMO [**221:** N 50°45'52.7" E 13°45'20.6"; An der B170] oder man kann an der nächsten Kreuzung links Richtung Rehefeld abknicken und einen gebührenpflichtigen Parkplatz ansteuern [**222:** N 50°45'37.9" E 13°44'51.2"; Rehefelder Straße].

Von hier ist das **Naturbad** genauso gut zu erreichen wie vom ganzjährig geöffneten **Campingplatz Galgenteich**, der am besten von der B170 angefahren wird [**223:** N 50°46'02.2" E 13°44'46.6"; Galgenteich 3, Telefon 035056/31995, Preis €€, www.camping-galgenteich.de].

Mit dem Osterzgebirge erreichen wir hier im sächsisch-böhmischen Grenzgebiet eine Kulturlandschaft, die in ihrer Gesamtheit seit dem Jahr 2019 in die **Unesco-Welterbe-Liste** aufgenommen wurde.

Unesco - Welterbe Montanregion Erzgebirge/Krušnohoří

„Die Montanregion Erzgebirge/Krušnohoří gilt als herausragendes Zentrum wissenschaftlich-technologischer Bergbauinnovation und als einzigartige montane Kulturlandschaft. Im Erzgebirge wurden wegweisende Organisationsformen und Technologien entwickelt, die die Wirtschaft, staatlichen Systeme und gesamtgesellschaftlichen Umbrüche in Europa und weltweit entscheidend prägten."

So begründet die Unesco die Aufnahme der Montanregion in die Liste ihrer Welterbestätten.

Neben den Silberfunden im 12. Jahrhundert in der Nähe von Freiberg, die während der Zeit von etwa Mitte des 15. bis zur Mitte des 16. Jahrhunderts zu den wichtigsten Silberquellen in Europa zählten, waren es vor allen Dingen Zinn, aber auch weitere metallische Rohstoffe wie Uran, Nickel, Kobalt, Eisen und Blei als auch nichtmetallische Rohstoffe wie Kaolin, Kalk, Ton und Steinkohle, die im Erzgebirge abgebaut wurden. Die Stoffe wurden weltweit gehandelt sowie verarbeitet und der grenzüberschreitende sächsisch-böhmische Bergbau beeinflusste so die wirtschaftliche und soziale Entwicklung in ganz Europa. Die intensi-

Arno-Lippmann-Schacht

ve und über 800 Jahre andauernde Förderung der Metalle sowie anderer Rohstoffe ließ außergewöhnliche Anlagen und Strukturen entstehen, die ihresgleichen suchen. Die zusammenhängende Bergbaulandschaft über- und untertage, die dazugehörenden Technologien, die typischen Landschaftsmerkmale sowie die montanen Traditionen und Überzeugungen sind bis heute im Erzgebirge erhalten.

Die Montanregion Erzgebirge/Krušnohoří wird durch 22 Bestandteile repräsentiert, von denen 17 auf sächsischer Seite zu finden sind. Hierzu gehören unter anderem Eibenstock, die Bergbaulandschaft Altenburg-Zinnwald, Ehrenfriedersdorf, Pöhlberg und der Uranerzbergbau, die Montanlandschaften Freiberg, Annaberg-Frohnau und Schneeberg, die historische Altstadt Marienberg sowie die hochmittelalterlichen Silberbergwerke Dippoldiswalde. Durch all diese Gebiete werden wir uns in dieser sowie den nächsten drei Touren bewegen und vieles über die interessante und spannende Geschichte erfahren *(www.montanregion-erzgebirge.de)*.

Von Altenberg führt die Bundesstraße durch ein dichtes Waldgebiet und es wundert nicht, dass sich vor Jahrhunderten Waldarbeiter ansiedelten, die hier ausreichend Lohn und Brot fanden. Vermutlich ist jenen Menschen auch die Entstehung von **Oberbärenburg** zu verdanken, das sich mit hübschen, Schiefer gedeckten Erzgebirgshäusern charmant an einen Hang in 750 Meter Höhe schmiegt und eine beeindruckende Naturkulisse sowie einen tagsüber gebührenpflichtigen Parkplatz zu bieten hat. Dazu folgen wir zunächst der Zufahrtsstraße zur Bobbahn, halten uns links und haben das nachts ruhig gelegene Plätzchen nach etwa 550 Metern erreicht [**224:** N 50°47'38.3" E 13°42'45.0"; Ahornallee]. Das nahe **Restaurant Friedrichshöhe** ist genauso empfehlenswert wie die etwa 500 Metern im Ort befindliche Bäckerei-Konditorei.

Auch das wenig später von der B170 links gelegene **Bärenfels** ist von Wäldern und Wiesen umgeben. Wegen der idyllischen Lage und der guten klimatischen Bedingungen darf sich das auf 700 Meter Höhe liegende Dorf „Höhenluftkurort“ nennen und wartet mit einem hübsch angelegten kleinen Kurpark auf. Dort erklingen in einem Glockenspiel mit 25 Glocken aus Meißner Porzellan täglich Volksweisen und Heimatlieder, während sich im **Arboretum** am Forsthof der interessierte Besucher Kenntnisse über die erzgebirgische Waldarbeit und die einheimischen Pflanzen aneignen kann *(Führungen Mi 10 Uhr, Treffpunkt vor dem Forstbezirksgebäude, Gebühr, www.altenberg.de).*

(225) WOMO-Wanderparkplatz: Bärenfels

GPS: N 50°47'44.2" E 13°40'27.1"; Bärenstraße **Max. WOMOs**: 2 - 3
Ausstattung: Infotafeln, Müllbehälter.
Beschreibung: In der Nähe des einfachen, geschotterten, schattenlosen, gebührenpflichtigen Parkplatzes am Ortsrand befinden sich Rad- und Wanderwege, Skilanglauf ist möglich und eine schöne Aussicht sowie Gaststätten in der Nähe tragen zum Wohlbefinden bei.
Zufahrt: Etwa 350 Meter hinter dem Ortseingang rechts.

(226) WOMO-Wanderparkplatz: Bärenfels, Arboretum

GPS: N 50°47'45.1" E 13°40'18.3"; Alte Böhmische Str. **Max. WOMOs**: 2
Ausstattung: Infotafel, Bänke, Müllbehälter.
Beschreibung: Einfacher, geschotterter, schattenloser Parkplatz am Ortsrand. Das Walderlebniszentrum ist in unmittelbarer Nähe und es gibt Rad- und Wanderwege.
Zufahrt: Etwa 300 Meter rechts hinter dem vorherigen Parkplatz.
Hinweis: Durch die nahe Gaststätte kann der Parkplatz gut belegt sein und es kann unruhig werden.

Blick vom Aussichtsturm in Oberbärenburg

Im Nu sind wir auf der B170 im Luftkurort Kipsdorf und stellen erfreut fest, dass die **Weißeritztalbahn** nach einer langen Unterbrechung nun wieder täglich bis nach Freital-Hainsberg rollt. Die zweitälteste sächsische und dienstälteste Schmalspurbahn Deutschlands dampft seit dem Jahr 1883 durch das Osterzgebirge und stellt für jeden Eisenbahnromantiker einen Leckerbissen dar. Die Strecke entlang der Roten Weißeritz zwischen Kipsdorf und Dippoldiswalde soll besonders malerisch sein und der Besuch des weiter unter beschriebenen Lohgerbermuseums bietet sich gleich mit an. Außerdem lockt zum Beispiel eine Wanderung auf dem **Bahnwanderweg** nach Schmiedeberg mit anschließender Rückfahrt nach Kipsdorf oder man lässt sich mit der Bimmelbahn durch den romantischen Rabenauer Grund in die ehemalige Bergbaustadt Freital bringen *(Fahrpläne und weitere interessante Veranstaltungs- und Ausflugstipps unter www.weisseritztalbahn.com).*

(227) WOMO-Wanderparkplatz: Kipsdorf

GPS: N 50°48'21.6" E 13°40'30.7" Altenbergerstraße **Max. WOMOs**: 2 - 3

Ausstattung: Bänke, Müllbehälter.
Beschreibung: Der einfache, befestigte, teils schattige Parkplatz liegt im Ort und etwas abseits der Straße an der Roten Weißeritz. In der Nähe befinden sich Gaststätten, Bäcker und der Einstieg in verschiedene Rad- und Wanderstrecken.
Zufahrt: Etwa 200 Meter hinter dem Bahnhofsgebäude ist links ein Parkplatz ausgeschildert. Fährt man über die kleine Brücke, kommt man im Grünen zum Stehen.
Hinweis: Von der Straße kommend steht man auf der rechten Seite des Parkplatzes etwas ungestörter.

In **Dippoldiswalde** verlassen wir die B170 Richtung und folgen der Durchgangsstraße Richtung Talsperre Malter, um am Veranstaltungshaus „Parksäle" einen gebührenpflichtigen Parkplatz anzulaufen [**228:** N 50°53'53.0" E 13°39'50.2"; Weißeritzstraße]. Von hier ist das Schloss gut zu erreichen und ein knapp ein Kilometer langer Spaziergang bringt uns zum Lohgerbermuseum.

Dippoldiswalde

In einem in Grün gehaltenen Barockgebäude befindet sich das **Lohgerbermuseum** mit dem Kreis- und Stadtmuseum, das mit zahlreichen Exponaten in 22 Ausstellungsräumen die stadtgeschichtliche Entwicklung beleuchtet. Uneingeschränkter Höhepunkt ist aber die rekonstruierte dreigeschossige Lohgerberwerkstatt aus dem 18. Jahrhundert, die die einzige Schauanlage dieser Art in Europa ist. Über Treppen erreichen wir die Wasserwerkstatt, die Gerberei, die Zurichtstube, den Trockenboden, ein Lederlager und eine Gesellenkammer und können uns einmal mehr ein Bild von einem alten, fast vergessenen Handwerksberuf machen *(Di - Fr 10 - 17 Uhr, Sa/So/Feiertage 13 - 17 Uhr,*

Eintritt. Das Museum wird seit Anfang 2018 saniert und bleibt voraussichtlich bis Dezember 2020 geschlossen. Aktuelle Infos unter www.lohgerbermuseum.de).

Im **Schloss** befindet sich das **MiBERZ**, das Museum für mittelalterlichen Bergbau im Erzgebirge, das sich in einer Dauerausstellung natürlich mit dem Bergbau beschäftigt. Das ist interaktiv sowie medial aufs Beste aufbereitet und lässt den Museumsbesuch zum Erlebnis werden. Da die mittelalterlichen Bergwerke der Stadt nicht zugänglich sind, kann man mit mithilfe moderner digitaler Technik sogar im virtuellen Bergwerk zum Gezähe greifen und Silber abbauen. Toll gemacht und unbedingt einen Besuch wert *(Di - So/Feiertage 10 - 17 Uhr, außer 24./31.12., Kirchplatz 8, Telefon 03504/612629, Eintritt, www.miberz.de).*

In **Paulsdorf** an der **Talsperre Malter** befindet sich der ganzjährig geöffnete **Campingplatz Paulsdorf** [**229:** N 50°54'53.0" E 13°39'02.8"; Am Bad 1, Tel. 03504/612169, www.erlebnis-talsperre.de, Preis €€, Hunde nicht gestattet]. Sollte den Kiddys dort irgendwann die Lust an der Wasserrutsche und sonstiger Bespaßung im Strandbad vergehen, dann können sie ins Erlebnishallenbad wechseln, in dem eine Saunalandschaft auch die Älteren anspricht. Weiterhin gibt es ein weiteres **Strandbad** und einen **13 Kilometer langen Seerundweg**.

Ein schöner, wenn auch nicht direkt am See gelegener Stellplatz befindet sich auf der östlichen Seite der Talsperre.

(230) Offizieller WOMO-Stellplatz: Malter, Pension Annette

GPS: N 50°54'57.1" E 13°39'50.5"; Dippoldiswalder Str. 75 **Max. WOMOs:** 6
Kontakt: Telefon 03504/618483, www.pension-annette.de
Ausstattung: V/E, Strom, Dusche/WC, Brötchenservice, Außenpool.
Beschreibung: Der Stellplatz an der Pension mit freundlichen Betreibern ist gepflastert, liegt im Ort und doch im Grünen oberhalb der Talsperre.
Preise: €€.
Zufahrt: Hinter dem Campingplatz über einen Arm der Talsperre, dann Richtung Tharandt fahren. Rechts nach Malter abbiegen und 1,5 Kilometer durch den Ort zur ausgeschilderten Pension fahren.

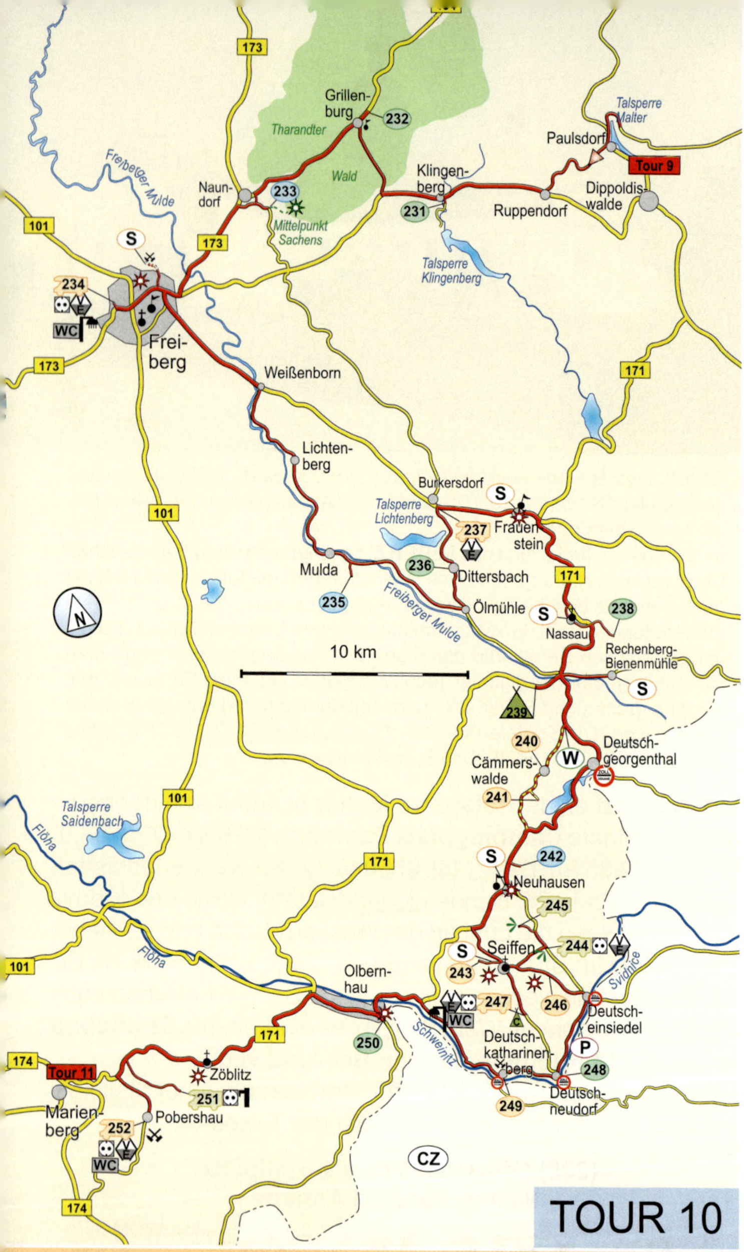

TOUR 10

Tour 10 — 165 km

Grillenburg – Freiberg – Frauenstein – Neuhausen Seiffen – Pobershau

Stellplätze: Klingenberg, Grillenburg, Naundorf, Freiberg, Mulda, Dittersbach, Burkersdorf, Nassau, Rechenberg-Bienenmühle, Cämmerswalde, Neuhausen, Seiffen, Deutschneudorf, Deutschkatharinenberg, Olbernhau, Pobershau.

Campingplätze:	Rechenberg-Bienenmühle Erzgebirgscamp Neuclausnitz, Seiffen Ferienpark
Besichtigen:	Freiberg Reiche Zeche, Altstadt, Museen, Dom; Frauenstein Silbermann-Museum; Neuhausen Nussknackermuseum, Glashüttenmuseum; Seiffen Spielzeugstadt, Freilichtmuseum; Deutschkatharinenberg Grube Fortuna; Olbernhau Saigerhütte, Zöblitz Serpentinmuseum; Pobershau Molchner Stolln.
Wandern:	Klingenberg, Dittersbach, Deutschneudorf.
Radfahren:	Mulda Muldentalradweg.
Baden:	Grillenburg, Naundorf, Freiberg, Mulda.
Essen:	Seiffen Schwartenbergbaude, Berghof, Ahornberg; Pobershau Schwarzbeerschänke.

Von der Talsperre Malter orientieren wir uns vorerst Richtung Freiberg und erreichen über Ruppendorf den kleinen Ort **Klingenberg**. Dort schwenken wir am Ortseingang links und vermerken einen zweckmäßigen Wanderparkplatz **[231:** N 50°54'55.2" E 13°32'23.9"]. Dem Sträßchen durch die Auen folgend kann die **Talsperre Klingenberg** auf einem etwa **11 Kilometer langen Rundweg** erwandert werden. Bevor es zurück zum Parkplatz geht, laden zwei Gaststätten an der Staumauer zur Einkehr ein.

Hinter Klingenberg sehen wir bereits die Ausläufer des **Tharandter Waldes**, dessen Mischung aus Laub- und Nadelgehölzen von zahlreichen **Wanderwegen** durchzogen ist. Hier ließ bereits Mitte des 16. Jahrhunderts Kurfürst August seine Jagdhörner erschallen und natürlich durfte auch ein Jagdschloss (Foto unten) mitten im Herzen des tiefen Tanns

nicht fehlen, damit er dort seine „Grillen“ (Launen) vertreiben konnte. Damit hat sich der Name des Ortes begründet und noch heute zieht es jedes Jahr Junge und Alte nach **Grillenburg**. Ihren Zeitvertreib finden diese allerdings nicht mehr beim Jagen, sondern vielmehr beim **Walderlebnis** auf den Erlebnispfaden Holzweg, Abenteuer- und Sinnespfad oder bei einer Bootsfahrt auf dem 21.000 Quadratmeter großen **Gondelteich** *(Saison ab April, Gebühr).*

(232) WOMO-Wanderparkplatz: Grillenburg, Zentralparkplatz

GPS: N 50°57'16.1" E 13°30'35.2"; Hauptstraße **Max. WOMOs:** 2 - 3

Ausstattung: Infotafel, Müllbehälter.
Beschreibung: Der einfache, geschotterte, schattenlose, gebührenpflichtige Parkplatz liegt am Ortsrand an einer Wiese und in der Nähe gibt es eine Gaststätte. Man kann von hier zu Wander- und Radtouren starten oder von hier mit der Postkutsche die Landschaft erkunden *(www.poststrassen-erleben.de)*. Hinter dem Jagdschloss befindet sich ein naturbelassenes Waldfreibad mit kleinem Kieselstrand.
Zufahrt: Am Ende der Straße rechts Richtung Dresden/Tharandt etwa 500 Meter zum Parkplatz.

Nur einige Kilometer weiter westlich sehen wir beim Verlassen des Tharandter Waldes bereits **Freiberg** an der **Silberstraße** in der Ebene liegen.

Glück auf! – Bergkgeschrey und Silberstraße

Auf einen Zufall ist es wohl zurückzuführen, als Fuhrleute im Jahr 1168 in der Nähe Freibergs, dem damaligen Christiansdorf auf dem zerfurchten Weg ein Stück Silbererz fanden und damit eine Jahrhunderte währende Bergbaugeschichte begründeten. Bis dahin war das unwirtliche Gebiet gerade von Bauern aus dem Fränkischen besiedelt worden. Doch nun zog es Bergleute, Händler und Köhler in Massen in die Gegend, die dem ersten großen **Bergkgeschrey** folgten – aus Alaska ist uns ein ähnliches, sehr viel später beginnendes Spektakel als „Goldrausch“ bekannt.

Keine 20 Jahre später erhielt Freiberg das Stadtrecht und weitere 20 Jahre danach war es die größte Stadt der Mark Meißen. Den wettinischen Markgrafen Otto freute das besonders, denn das Silber füllte seine Schatullen und er erhielt den Beinamen „der Reiche“. Im 15. Jahrhundert kam es zu weiteren Silbererzfunden und das zweite große „Bergkgeschrey“ lockte wiederum Tausende Silbergräber in die Region, die seitdem den Namen **Erzgebirge** trägt.

Neue Funde machten die Gründung weiterer Städte nötig, die wir heute entlang der **Silberstraße**

als Urlauber besuchen können. Die Ferienstraße führt auf etwa 230 Kilometern durch das traditionsreiche Gebiet und seine sehenswerten Bergstädte, die sich gleich einer Perlenschnur aneinanderreihen und mit interessanten Museen, imposanten Sakralbauten und historischen Gebäuden aufwarten.
Mittlerweile ist der aktive Bergbau längst beendet, doch viele der früheren Gruben sind zu Besucherbergwerken umgebaut worden und lohnen die Einfahrt.

Doch zunächst nähern wir uns **Naundorf** und damit einer geografischen Besonderheit.

(233) WOMO-Badeplatz: Naundorf, Freibad

GPS: N 50°55'56.3" E 13°26'14.2"; Dorfstraße **Max. WOMOs:** 2

Ausstattung: Infotafel, Tisch und Bänke.
Beschreibung: Der einfache, geschotterte, schattenlose Parkplatz liegt am Ortsrand. Hier starten Rad- und Wanderwege und natürlich kann man das Freibad während der Saison besuchen.
Zufahrt: Bei Erreichen der B173 links Richtung Freiberg fahren und gleich wieder links den Hinweisen zum Parkplatz „Mittelpunkt Sachsens“ folgen.

Der Mittelpunkt Sachsens.

Irgendwie sind wir ein bisschen verunsichert! Den Mittelpunkt der Erde (vgl. Tour 7 und 13) hatten wir doch schon ... wie viele Mittelpunkte haben die Sachsen denn noch zu bieten? Diesmal scheint die Bezeichnung jedoch stimmig zu sein, denn der geografische Mittelpunkt wurde im Jahr 1994 anlässlich einer Neuvermessung des Freistaates ermittelt und eine Stele kennzeichnet die Stelle mit den Koordinaten N 50°55'46.1" E 13°27'30.0" in der Gemarkung Grillenburg, die vom Parkplatz auf kürzestem Weg nach etwa 1,5 Kilometer zu Fuß erreicht werden kann.
Doch halt, so ganz stimmt das nicht! Der tatsächliche Messpunkt befindet sich oberhalb auf einer alten Bahntrasse, die sich heute hervorragend als **Rad- und Wanderweg** bewährt. Da der Mittelpunkt zum Zeitpunkt der Vermessung nur schwer zugänglich war, wurde die Stele kurzerhand etwa 250 Meter weiter westlich aufgestellt.
Vom Parkplatz gehen wir Richtung Straße und halten uns rechts in den Wald, um an der folgenden Gabelung rechts und oberhalb des Freibades weiterzugehen. Wir folgen dem Colmitzbach bis zur Diebeshöhle in der sich einst ein Räuberhauptmann versteckt haben soll und wenig später sind wir auch schon an unserem Ziel, dem Mittelpunkt Sachsens, angekommen.

Auf der B173 geht es nun geradewegs in die Silberstadt **Freiberg**. Jetzt sind wir also in der Stadt des ersten Bergkgeschreys und was liegt näher, als sich direkt dem **Besucherbergwerk Freiberg** zu widmen [N 50°55'40.3" E 13°21'27.2"].

Besucherbergwerk „Reiche Zeche“

Viel Zeit müssen wir für eine Besichtigung des weiträumigen Grubenfeldes einplanen, denn die Führungen dauern zwischen ein und fünf Stunden. Bis zu einer Tiefe von 230 Meter wird auf insgesamt 20 Kilometer Länge der Gangerzbergbau vom 14. bis zum 20. Jahrhundert anhand von Werkzeugen und Gerät absolut interessant erforscht. Damit der Bergwerksalltag auch von Menschen mit Handicap und kleineren Kindern – die Niveauunterschiede im Berg sind nur über Leitern zu überwinden – erkundet werden kann, bietet sich der Besuch des Untertagelehrpfades an. In gestellter Schutzkleidung entscheiden wir uns für eine 2,5-stündige Tour und mit dem Förderkorb geht es senkrecht (bergmännisch: saiger) in die Tiefe, um dort über Leitern (bergmännisch: Fahrten) durch die teils engen Stollen den Spuren der hart arbeitenden Bergleute durch die Jahrhunderte zu *folgen (Mi - Fr 9 - 17 Uhr, Sa/So 10 - 15 Uhr Eintritt, Online-Buchung möglich oder telefonisch unter 03731/394571, www.besucherbergwerk-freiberg.de).*

(234) Offizieller WOMO-Stellplatz: Freiberg, Johannisbad

GPS: N 50°54'52.7" E13°20'00.9"; Lessingstraße **Max. WOMOs:** 8
Ausstattung: V/E, Strom, Duschen/WC im Schwimmbad zu nutzen, Müllbehälter.
Beschreibung: Der einfache, gepflasterte, schattenlose Parkplatz liegt im Ort direkt neben dem Schwimmbad am Rand eines Großparkplatzes. Das Ortszentrum mit Gaststätten und Geschäften ist nach einem etwa 15-minütigen Fußweg zu erreichen.
Preise:.€€€ im Schwimmbad zu zahlen (8 - 22 Uhr).
Zufahrt: Im Ort den Hinweisen zum Johannisbad folgen.

Freiberg

Vom Johannisbad gehen wir den Berg hinab und erreichen durch den Albertpark die dahinter liegende Freiberger Altstadt. Unser erster Weg führt zur **Petrikirche**, die bereits vor dem Jahr 1190 als romanische

Freiberger Christmarkt auf dem Obermarkt

Basilika erbaut wurde und von deren 72 Meter hohem Turm wir ein eindrucksvolles Bild über die Stadt und die reizvolle Haldenlandschaft haben.
Vorbei an prächtigen Bürgerhäusern gelangen wir zum zwischen den Jahren 1210 und 1217 angelegten **Obermarkt**, an dem das Anfang des 15. Jahrhundert errichtete Rathaus steht. In der Mitte des schönen Marktplatzes steht das bronzene Brunnendenkmal des Stadtgründers Markgraf Otto und vom Rathaus erklingt täglich um 11.15 Uhr und 16.15 Uhr das Glockenspiel aus Meißner Porzellan mit dem Steigerlied. Wir schlendern weiter zur **Nikolaikirche**, die heute als Veranstaltungsort genutzt wird und gelangen über die Kreuzgasse an den **Untermarkt**. Seine Bebauung geht bis zum Ende des 12. Jahrhundert zurück und wird vom **Dom St. Marien** auffällig geprägt.

Tulpen- und Bergmanns-Kanzel im Dom St. Marien Freiberg

Das Gotteshaus entstand um das Jahr 1180 als romanische Basilika und gehört zu den Kulturdenkmälern von europäischem Rang. Nach vielen Umbauten beherrscht der Dom seit Beginn des 16. Jahrhundert spätgotisch die Szenerie und beeindruckt nach Süden mit der spätromanischen **Goldenen Pforte**, die mit Skulpturen und Säulen reich verziert ist. Leider ist von der ehemals außergewöhnlichen Farbenpracht nichts mehr erhalten, was der Schönheit des um das Jahr 1230 geschaffenen Rundbogen-Sandsteinportals jedoch keinen Abbruch tut. Neben zwei Silbermann-Orgeln sind die Tulpen- und die Bergmannskanzel im Inneren des Doms von besonderer Bedeutung *(Mai - Okt. Mo - Sa 10 - 17 Uhr, So/kirchliche Feiertage 11.30 Uhr - 17 Uhr, Nov. - April Mo - Sa 11 - 16 Uhr, So/Feiertage ab 11.30 Uhr, Führungen tägl. 14 Uhr, Eintritt, www.freiberger-dom.de)*.
Gleich nebenan finden wir das gut gemachte **Stadt- und Bergbaumuseum** *(Di - So/Feiertage 10 - 17 Uhr, Eintritt, www.museum-freiberg.de)*, während nur ein Eckchen weiter im vierflügeligen Bau von **Schloss Freudenstein** aus dem 16. Jahrhundert in der **terra mineralia** eine fesselnde Tour um die mineralogische Welt beginnt. Die „Reise" dauert wenigstens zwei Stunden, sodass sie losgelöst von einem Stadtrundgang angetreten werden sollte *(Mo - Fr 10 - 17 Uhr, Sa/So 10 - 18 Uhr, Eintritt, www.terra-mineralia.de)*.

Am Schlossplatz befindet sich auch die **Tourist-Information**, in der zum Beispiel ein Audio-Guide für eine **individuelle Stadtführung** entliehen werden kann *(Jan. - März Sa 10 - 13 Uhr, April - Okt. Mo - Fr 10 - 18 Uhr, Sa 10 - 12.30/13.15 - 16 Uhr, zu bestimmten Events bis 18 Uhr, Schlossplatz 6, Telefon 03731/273664, www.freiberg-service.de).* Erwähnenswert ist noch der entlang der fast vollständig erhaltenen Stadtmauer zu erreichende trutzige **Donatsturm** aus dem Jahr 1455, den Jahrhunderte lang die Bergleute bei ihrem Gang zur Schicht passierten.
Es ist richtig schön in den verwinkelten Gässchen und geradlinigen Hauptstraßen. Beliebt sind der **Freiberger Christmarkt** im Advent, der erzgebirgisch-funkelnd für Weihnachtsglanz sorgt oder das am letzten Wochenende im Juni stattfindende **Bergstadtfest** mit mittelalterlichem Markttreiben, unzähligen Fressbuden und noch viel mehr Menschen.

Bergparade vor dem Freiberger Schloss

Bergparaden

Die Vier-Tage-Feier in Freiberg findet ihren Höhepunkt am Sonntag, wenn eine der Bergparaden, die so typisch für das Erzgebirge sind, startet. Im Sommer oder fast noch schöner im Winter, weil stimmungsvoller, finden sie in fast allen Bergstädten statt und erinnern an die bergmännischen Bräuche.
Bereits Anfang des 18. Jahrhunderts ließen die Landesherren die Berg- und Hüttenleute in farbenfrohen Uniformen gemäß deren Tätigkeiten aufziehen und demonstrierten damit ihre Macht und ihren Reichtum. Manchmal waren es aber auch Protestmärsche, die von den Bergleuten selbst inszeniert wurden und auf Missstände aufmerksam machen sollten. In Freiberg marschieren die „Bergmänner", die heute meist ganz anderen Berufen nachgehen und lediglich die Tradition am Leben erhalten, nach dem Berggottesdienst im Dom durch die Straßen und machen am Obermarkt ihre Aufwartung. Diese wurde früher vor dem Landesherrn abgehalten und es ist schon ein beeindruckendes Erlebnis, wenn aus Hunderten Kehlen das Steigerlied erschallt:

Glückauf, Glückauf! Der Steiger kommt
und er hat sein helles Licht bei der Nacht,
und er hat sein helles Licht bei der Nacht,
schon angezünd't, schon angezünd't.

Von der zuvor schon befahrenen B173 zweigt die Strecke durch eine sanfte Hügellandschaft Richtung Frauenstein ab. Hier begegnen wir auch wieder der **Freiberger Mulde**, die wir schon aus vorherigen Touren kennen, und erinnern uns, dass neben ihr der **Muldetalradweg** verläuft *(www.mulderadweg.de)*. Verschiedene Wanderparkplätze versprechen zudem ein reizvolles **Wandergebiet**.
In Lichtenberg halten wir uns rechts nach **Mulda** und Rechenberg-Bienenmühle.

(235) WOMO-Badeplatz: Mulda, Erlebnisbad

GPS: N 50°47'59.2" E 13°25'32.8"; Eppenflussweg **Max. WOMOs**: 2 - 3

Beschreibung: Der einfache, gepflasterte, teils schattige und am Hang liegende Parkplatz am Freibad mit Riesenrutsche und Kletterwand *(Mai - Sept.)* liegt außerhalb des Ortes in der Nähe von Häusern und ist terrassenförmig angelegt. Je nach Standort hat man eine schöne Aussicht. Hier starten Wander- und Radwege und wenn nicht viel Betrieb ist, ist der Platz klappstuhlgeeignet.
Zufahrt: Von der Durchgangsstraße den Hinweisen zum Erlebnisbad etwa 300 Meter folgen.

Der Hauptstraße folgend gelangen wir durch ein Tal nach Ölmühle, erklimmen links die schmale Straße nach **Dittersbach** und genießen die Fahrt durch die herrliche Landschaft. Abwärts rollen wir in den kleinen Ort und ergattern mittendrin einen Parkplatz, der sich wunderbar als Ausgangspunkt für eine zirka **9 Kilometer lange Wanderung um die Talsperre Lichtenberg** eignet [**236**: N 50°47'36.1" E 13°29'01.0"; Bergstraße, Bäcker in der Nähe]. Im Vorbeifahren können wir einen kurzen Blick auf die Talsperre werfen und kommen kurz darauf auf einem der nächsten Hügel in Burkersdorf an.

Beim **WOMO-Händler Niese Caravan mit Werkstatt** können alltägliche Dinge für den Camperhaushalt erworben und ein Stellplatz bezogen werden [**237**: N 50°48'44.9" E 13°29'12.5"; Tempel, Telefon 037326/9116, www.niese-caravan.de, V/E gegen Gebühr].

Weiter geht es nach **Frauenstein**, wo wir einen Parkplatz an der Kirche in Beschlag nehmen [N 50°48'08.4" E 13°32'16.6"; Markt].

Frauenstein und die Silbermann-Orgeln

Der Ort, der sich um die im Jahr 1200 erbaute Grenzfeste „castrum vrowenstein" entwickelte, wirbt mit der **schönsten Burgruine Sachsens** und birgt im gleich daneben befindlichen Schloss das **Gottfried**

Silbermann-Museum *(Burgruine Mai - Okt., Museum Di - So 10 - 16 Uhr, Eintritt, www.frauenstein-erzgebirge.de).*

Die Orgelpfeifen am Parkplatz lassen erahnen, dass im Museum viel Interessantes über das Leben und Schaffen des berühmten sächsischen Orgelbaumeisters (1683 - 1753) zu erfahren ist. Nachdem zwei Orgeln, die Silbermann für Frauenstein gebaut hatte, bei Kriegsauseinandersetzungen zerstört wurden, gibt es nur noch ein bespielbares Instrument in der näheren Umgebung. Klar, dass wir uns dorthin bewegen und über Sayda erreichen wir durch eine reizvolle Berg- und Tallandschaften das kleine Dörfchen **Nassau** [N 50°45'40.1" E 13°32'43.2"; Dorfstraße]. In der Kirche bewundern wir die **Silbermann-Orgel**, für die die Dorfbewohner anno 1748 immerhin 740 Taler berappen mussten.

Dafür erhielten sie 1.110 Pfeifen, die in 19 Registern zusammengefasst sind und einen wundervollen Klang, dem noch heute bei Sommerkonzerten genussvoll gelauscht werden kann. Kurios in der im Jahr 1527 erbauten Kirche ist allerdings auch der an die Hangbebauung angepasste Fußboden. Er steigt zum Altar hin an und groß gewachsene Menschen müssen den Kopf einziehen, um nicht an den Emporen anzustoßen.

Um das schöne **Wandergebiet im Gimmlitztal** zwischen Frauenstein und Nassau oder im Winter das umfangreiche **Loipennetz** zu erkunden, wird die B171 in Nassau, in östliche Richtung verlassen. Dem Hinweis Skigebiet folgend wird nach rund 900 Metern ein beschrankter, gebührenpflichtiger Parkplatz am Ortsrand erreicht [**238:** N 50°45'01.2" E 13°33'58.9"; Dorfstraße].
Im weiteren Verlauf der Bundesstraße liegt **Rechenberg-Bienenmühle** an unserer Strecke.

(239) WOMO-Campingplatz: Rechenberg-Bienenmühle, Erzgebirgscamp Neuclausnitz

GPS: N 50°44'25.2" E 13°31'16.0"; Hauptstraße 25
Kontakt: Telefon 0172/3562952, www.erzgebirgscamp.de
Ausstattung: Brötchenservice, WLAN.

Beschreibung: Der gepflegte, terrassenförmig angelegte Platz liegt am Ortsrand an der Straße, ist aber im unteren Bereich dennoch ruhig. Die Parzellen sind naturbelassen auf befestigtem Rasen und teils schattig. In der Nähe gibt es einen Supermarkt und eine Gaststätte. Von hier sind diverse Rad- und Wandertouren möglich.
Preise: €€.
Zufahrt: Auf der B171 Richtung Sayda fahren und in Neuclausnitz dem Hinweis zum Campingplatz folgen.

Rechenberg-Bienenmühle

Im Zuge des Bergbaus stieg der Holzbedarf immer mehr und Mitte des 16. Jahrhunderts entstand am malerischen Oberlauf der Freiberger Mulde ein großes Rodungsgebiet, das „Gehau“. Hier siedelten Holzfäller und gründeten den heutigen Ortsteil Holzhau. Mittlerweile gehört auch Clausnitz zur äußerst beliebten **Wintersportgemeinde** Rechenberg-Bienenmühle, die mit Skiliften und einem ausgedehnten Loipennetz aufwarten kann. Im Sommer sind es die gut ausgebauten Wege, die in der idyllischen Mittelgebirgslandschaft für **Wanderspaß** sorgen und auch Nordic-Walker oder **Radfahrer** besonders anziehen. Für Abkühlung sorgt der Schwimmteich im **Öko-Bad** oder nach Belieben der Besuch des **Sächsischen Brauereimuseums** *(Führungen Di - Fr 11/14 Uhr, Sa/So/Feiertage 11/13/15 Uhr, Eintritt, www.museumsbrauerei.de)* mit anschließender Verkostung im Kreuzgewölbe der alten Mälzerei [N 50°44'11.3" E 13°33'21.8"; An der Schanze, Gebühr]. Seit 1558 darf das Rechenberger gebraut werden und von der B171 kommend ist der Hinweis nach links zur „Bierquelle“ nicht zu übersehen. Besonders praktisch ist die nebenliegende **Tourist-Information** im Rathaus, denn sie hält weitere umfangreiche touristische Angebote bereit *(Mo - Do 9 - 12/12.30 - 14 Uhr, Fr 9 - 12 Uhr, An der Schanze 1, Telefon 037327/833098, www.fva-holzhau.de).*

Auf dem Weg nach Neuhausen kann sich unser WOMO wirklich nicht beschweren, denn die Streckenführung bietet ihm viel Abwechslung. Jetzt darf es erstmal mit 15% Anstieg bis zum Wanderparkplatz Ringel, **Wanderwege** und **Loipeneinstieg** inbegriffen, hinauf stampfen [N 50°43'26.4" E 13°31'31.2"].
Von hier gibt es zwei Möglichkeiten, um nach **Neuhausen** zu gelangen. Erstens natürlich den direkten, ausgewiesenen Weg über Deutschgeorgenthal und entlang der Talsperre Rauschenbach.
Zweitens über den Ortsteil **Cämmerswalde**, der am Haus des Gastes einen einfachen Parkplatz vorzuweisen hat [**240**: N 50°42'36.9" E 13°30'00.0"; Kreuztannenstraße]. Am Ortsrand

kommen Flugzeugliebhaber auf ihre Kosten. Einst flog die ausgestellte **Iljuschin IL-14** zwischen Berlin und Leningrad, während sie heute gemeinsam mit einem **Jagdjet MIG 21** und einem **Hubschrauber MI-2** neben einer Gaststätte Bodenhaftung hat [**241:** N 50°42'12.2" E 13°29'50.9"; Hauptstraße].
Wie auch immer man sich entscheidet, die Straßen kreuzen

sich vor **Neuhausen**, das am **Freibad** für Wasserratten und Sonnenhungrige eine Anlaufadresse kurz hinter dem Ortseingang hat [**242:** N 50°40'54.4" E 13°28'28.6"; Jahnweg]. Das Städtchen entstand im Schutz des als Hotel genutzten, schön anzusehenden **Schloss Purschenstein.**
Im Ort sollte man unbedingt ein Museum der Rekorde besuchen [N 50°40'34.7" E 13°27'58.6"; Bahnhofstraße].

Nussknackermuseum und Glashüttenmuseum

Das erste Museum Europas, in dem über 5.000 „Knackis" Nüssen den Garaus machen könnten. Die Fülle der Exponate ist einen Eintrag ins Guinness-Buch genauso wert, wie die zwei „langen Kerls", die es mit ihren 3,86 Metern und 5,87 Metern wegen ihrer Größe ebenfalls dorthin gebracht haben. Tschaikowskis Nussknackersuite ertönt stündlich, wenn die, wen wundert es jetzt noch, der Welt größte Spieldose zum

Tanz der Figuren bittet. Winzig klein geht es aber auch, denn den 4,9 Millimeter messenden Zahnstocher-Nussknacker können wir nur durch eine Lupe richtig erkennen. Im weiteren Angebot befinden sich jede Menge Holzfiguren und der Rundgang durch eine alte Stuhlfabrik, die den technischen Ablauf bei der Stuhlherstellung anschaulich dokumentiert sowie eine Motorrad- und Dampfmaschinenausstellung *(Mo - Fr 9 - 18 Uhr, Sa/So/Feiertage 9 - 17 Uhr, Eintritt, www.nussknackermuseum-neuhausen.de)*. In der Nähe vom Schloss ist aber auch das **Glashüttenmuseum** eine Erwähnung wert. Die Glasmacherkunst geht im Erzgebirge bis ins 12. Jahrhundert zurück und das Museum zeigt heute ein fast nicht mehr existierendes traditionelles Handwerk *(Mi - Fr 10 - 12/13 - 16, Sa/So/Feiertage 13 - 16.30 Uhr, Freiberger Straße 10, Eintritt)*.

In Neuhausen haben wir nun schon einen kleinen Vorgeschmack auf das erzgebirgische Spielzeugland bekommen und in **Seiffen** werden wir uns mittendrin befinden!

Noch bevor wir in den Ort einfahren, liegt am Hang die **Sommerrodelbahn** samt Modellbahnausstellung und Erlebnisspielplatz, die bei den Youngstern im Sommer ganz hoch im Kurs steht *(10 - 18 Uhr, Mo - So 11 - 17 Uhr, Eintritt, Telefon 037362/7179, www.erlebniswelt-seiffen.de)*.

Es sei gleich gesagt, dass wir uns ganzjährig in einem absoluten „Touri"-Ort befinden. Das ist Seiffen natürlich nicht in die Wiege gelegt worden und die Ortsdurchfahrt sowie besonders die Parkmöglichkeiten für WOMOs können schon mal eng werden. Für den Kurzbesuch des Ortes empfiehlt sich die Parkmöglichkeit an der Wettinerhöhe und der eigentlich nur für Pkw ausgewiesene, gebührenpflichtige Parkplatz Jahnstraße [N 50°39'01.3" E 13°26'55.4"].

(243) WOMO-Stellplatz: Seiffen, Wettinerhöhe

GPS: N 50°39'01.5" E 13°26'34.5"; Jahnstraße **Max. WOMOs:** 2

Beschreibung: Der einfache geschotterte Parkplatz bietet eine schöne Aussicht und befindet sich in der Nähe einer Gaststätte am Ortsrand.

Zufahrt: Vorbei an der Schauwerkstatt der Seiffener Volkskunst zur nächsten Kreuzung, dort rechts etwa 500 Meter weiter zum links gelegenen Parkplatz fahren.

(244) Offizieller WOMO-Stellplatz: Seiffen, Hotel Berghof

GPS: N 50°38'45.5" E 13°28'51.6"; Kurhausstraße **Max. WOMOs:** 10
Kontakt: Telefon 037362/7720, www.berghof-seiffen.de
Öffnungszeit: März - Oktober.
Ausstattung: V/E, Strom gegen Gebühr und auf Nachfrage möglich (V/E etwas umständlich, aber machbar), Brötchenservice.
Beschreibung: Der einfache, geschotterte Parkplatz liegt außerhalb des Ortes, ist schattenlos, hat für uns den besten Ausblick und bietet einen der schönsten Sonnenuntergänge. Er liegt direkt am Hotel und an den Bergwiesen. Die Restaurantküche ist seit Jahren konstant gut und der Empfang freundlich. Perfekter Ausgangspunkt für Wanderungen sowie Radtouren und im Winter zum Langlauf. Eine gute Empfehlung wenn man länger bleiben möchte und ein klarer Fall für unsere **Top Ten**.
Preise: Übernachtung kostenfrei, dafür ist der Besuch im Restaurant allerdings obligatorisch.
Zufahrt: In der Ortsmitte der Hauptstraße Richtung Freilichtmuseum folgen. Nach etwa 1,6 Kilometern links der Kurhausstraße ca. 700 Meter folgen.
Hinweis: Gegebenenfalls Geräusche durch die an- und abfahrenden Hotel- und Restaurantgäste.

(245) WOMO-Stellplatz: Seiffen, Schwartenbergbaude

GPS: N 50°39'32.7" E 13°27'58.6" Am Schwartenberg 10 **Max. WOMOs:** 2 - 3
Beschreibung: Der einfache asphaltierte, schattenlose Parkplatz befindet sich an der **Berggaststätte Schwartenbergbaude** *(ab 11 Uhr, Einkehr erwünscht)* außerhalb des Ortes und ist sehr schräg. Dafür gibt es aus 789 Meter Höhe eine grandiose Aussicht sowie Wander- und Radwege.
Zufahrt: Wie zum vorherigen Stellplatz, jedoch bis zur nächsten Querstraße weiterfahren. Dort links abbiegen und den Hinweisen zur Schwartenbergbaude folgen.

(246) WOMO-Stellplatz: Seiffen, Freilichtmuseum

GPS: N 50°38'20.3" E 13°28'46.4" **Max. WOMOs:** 2
Ausstattung: Infotafel, Müllbehälter.
Beschreibung: Einfacher, geschotterter, teils schattiger, gebührenpflichtiger Parkplatz mit Loipeneinstieg am Ortsrand. Hier starten Wanderwege und es gibt einen Loipeneinstieg.
Zufahrt: Ab der Ortsmitte den Hinweisen zum Freilichtmuseum folgen.

Ausblick von Stellplatz 245 - Schwartenbergbaude

(247) Offizieller WOMO-Stellplatz: Seiffen, Wohnmobilhafen Ferienpark

GPS: N 50°37'35.5" E 13°27'29.9"
Deutschneudorfer Straße
Max. WOMOs: 40
Kontakt: Telefon 037362/150, www.ferienpark-seiffen.de
Öffnungszeit: Ganzjährig.
Ausstattung: V/E, Strom, Shuttle-Service in den Ort, Dusche/WC, Saunabereich, Massage- und Fitnessbereich, WLAN, Minigolf, Spielplatz, Brötchenservice, empfehlenswertes Restaurant.
Beschreibung: Der teils geschotterte, befestigte Wiesenplatz ist terrassenförmig angelegt und liegt oberhalb des Ortes am Fuße des 820 Meter hohen Ahornbergs mit schöner Aussicht. Perfektes Terrain zum Wandern, Radfahren und Langlauf. Eine gute Empfehlung wenn man länger bleiben möchte oder man checkt gleich im dazugehörenden **Campingplatz** ein.
Preise: €€€, Campingplatz €€.
Zufahrt: Ab der Ortsmitte etwa 2,5 Kilometern der Beschilderung zum Ferienpark folgen.

Seiffen

Nach der Erschließung des einst unvorstellbar dichten Waldgebietes durch den sich ausbreitenden Bergbau wurde Seiffen erstmals im Jahr 1324 urkundlich erwähnt. Aus dem Verwitterungsschutt des Tals wurden Zinnkörner „ausgeseift", das heißt sie wurden ausgewaschen, sodass sich der Ortsname mit dieser Technik in engen Zusammenhang bringen lässt. Ab Mitte des 17. Jahrhunderts entwickelte sich neben dem Bergbau bereits eine erste Holzdrechslerei, die jedoch vorwiegend Dinge des täglichen Gebrauchs wie beispielsweise Teller oder Spindeln herstellte. In den Bergmannsfamilien war die Holzdrechselei zunächst eine Feierabendtätigkeit, die spätestens ab Mitte des 19. Jahrhunderts nach dem Ende des Bergbaus aus wirtschaftlicher Not heraus zum Haupterwerbszweig wurde. Die entstandenen schlichten Kinderspielzeuge, Räuchermännchen, Engel und Nussknacker fanden Absatz und entwickelten sich über die Jahre zu einer unvergleichbaren erzgebirgischen Holzschnitzkunst, die mittlerweile jeder kennt. Das handwerkliche Können wurde von Generation zu Generation weitergegeben und noch heute wirbeln in unzähligen Handwerksbetrieben Holzspäne und Drechselbänke schnurren.

Besonders vom 1. Advent bis zum 6. Januar des neuen Jahres bietet Seiffen eine behagliche Kulisse, wenn in der Ortsmitte der **Weihnachtsmarkt** im romantisch verschneiten und geschmückten Spielzeugdorf seine Pforten öffnet. Dreht sich dann noch die große Weihnachtspyramide und erstrahlt die nach dem Vorbild der Dresdner Frauenkirche erbaute, barocke **Bergkirche** unter einer Schneehaube, dann ist das nicht kitschig, sondern einfach nur schön heimelig

So ganz kann man das Weihnachtsfeeling jedoch das ganze Jahr nicht ablegen, denn selbst im Sommer bestimmen Schwibbögen, Pyramiden, Leuchter und Puppenstuben die Schaufenster der vielen Geschäfte und im **Erzgebirgischen Spielzeugmuseum** (*10 - 17 Uhr, Eintritt, www.spielzeugmuseum-seiffen.de)* und der **Schauwerkstatt Seiffener Volkskunst** *(Mo - Fr 10 - 16 Uhr, Verkauf täglich, www.schauwerkstatt.de)* wird noch eins draufgesetzt.

Das **Freilichtmuseum** ist in der für das Erzgebirge typischen Form einer Streusiedlung angelegt und die wieder aufgebauten Gebäude vermitteln einen Einblick in das entbehrungsreiche Leben des Bergmannes, des Waldarbeiters oder des Spielzeugmachers. Das Herzstück bildet das im Original erhaltene **Reifendrehwerk** mit Wasserkraftanlage aus dem Jahr 1760. Hier können wir dem Reifendreher bei der Arbeit

über die Schulter schauen, der eine auf der Welt einmalige Sonderform des Drechselns vorführt. Aus einer nassen, bereits geglätteten Holzscheibe werden mittels verschiedener Drehstähle präzise Kerben und Rillen gedreht, sodass der Holzring innen hohl gearbeitet wird. Anschließend werden die Figur-Rohlinge

mit Hammer und Messer in Scheiben vom Holzreifen abgespalten und in ihrem Profil freigelegt. Danach werden die entstandenen Figuren, Tiere oder Einzelteile beschnitzt, gegebenenfalls mit Zubehörteilen wie Schwänzen und Ohren versehen und eventuell bemalt. Die dabei entstehenden Figuren umfassen eine kaum vorstellbare Vielzahl: Vögel, Hunde, Katzen, Kühe, Elefanten, ob liegend oder stehend – der Fantasie und dem Können des Reifendrehers scheinen keinerlei Grenzen gesetzt zu sein.
Uns schon, denn bei der Beschreibung des Reifendrehens lässt uns unser laienhaftes Verständnis völlig im Stich! Am besten selbst vorbeischauen und die Entstehung der kleinen Kunstwerke beobachten – es ist faszinierend *(10 - 17 Uhr, Mittagspause Reifendreher 12 - 13 Uhr, 24./25./31.12/1.1. geschlossen, Eintritt www.spielzeugmuseum-seiffen.de/freilichtmuseum_seiffen.cfm,)*!
Bei all dem Getier dürfen wir nicht vergessen zu erwähnen, dass wir uns in einer Mittelgebirgslandschaft befinden, die gut ausgebaute **Wander- und Radwege** sowie gespurte **Loipen** zu bieten hat. Die **Tourist-Information** ist bei der Auswahl des Freizeitangebotes eine zuverlässige Unterstützung *(Jan. - Nov. Mo - Fr 10 - 17 Uhr, Sa 10 - 14 Uhr, Feiertage 10 - 14 Uhr, 28.11. - 23./26./28. - 30./31.12. Mo - So 10 - 17 Uhr, Hauptstraße 73, Telefon 037362/8438, www.seiffen.de).*

Vom Freilichtmuseum führt die Straße nach Deutscheinsiedel und von dort nach **Deutschneudorf** weiter. Nach dem Rummel in Seiffen kommen wir uns im romantischen Tal der Schweinitz an der deutsch-tschechischen Grenze fast jenseits der Zivilisation vor, Okay, die Straße stört zugebenermaßen das stille Idyll und trotzdem: In der Sonne plätschert das Bächlein zwischen Birken, Kiefern und Ebereschen leise dahin und Gabelweihen ziehen behäbig in großen Kreisen über uns her. Wie schön, dass wir ca. 900 Meter hinter Brüderwiese am Schwarzen Teich eine Pause einlegen und ein wenig die Ruhe genießen können. Klein ist die Parkbucht, aber 100 Meter später gibt es einen größeren Parkplatz und der Weg zurück zur **Picknickbank** lohnt sich [N 50°36'43.1" E 13°28'29.0"]. Die Volkskunst wird auch in den hiesigen Dörfern groß geschrieben und mehrere Werkstätten bieten ihre Schnitz- und Drechselarbeiten zum Verkauf an.

(248) WOMO-Wanderparkplatz: Deutschneudorf, Grenze

GPS: N 50°36'07.9" E 13°27'49.1"; Talstraße **Max. WOMOs:** 1 - 2
Ausstattung: Infotafel, Tisch und Bank, Spielplatz, Müllbehälter.
Beschreibung: Der einfache geschotterte, schattenlose Parkplatz liegt im Ort unmittelbar an der Grenze und bietet grenzüberschreitende Wander- und Radwege. Der Erlebnispfad dürfte auch für junge Wanderer interessant sein (Kleiner Rundweg 6 Kilometer, Streckenwanderung 12 Kilometer).
Zufahrt: Rund 900 Meter hinter dem Ortseingang links dem Hinweis zum Parkplatz mit enger Zufahrt folgen.
Hinweis: Nichts für große Wohnmobile!

Im Jahr 1998 wurde in **Deutschkatharinenberg** unter der ehemaligen Eisenbahnstrecke der seit Ende des 19. Jahrhundert geschlossene Zugang zur **Grube Fortuna** wiederentdeckt. 4.000 Kubikmeter Verfüllmasse wurden entfernt, die Gewölbebögen mit 800 Tonnen Bruchstein aufgebaut und 60 Tonnen Stahl verbaut, damit Besucher wie wir gerade mal 20% der ehemaligen Strecken besichtigen können. Der Rest liegt noch im Dunkel, genau wie das Geheimnis um das verschollene Bernsteinzimmer. Spekulationen über dessen Verbleib nach dem Zweiten Weltkrieg gibt es zur Genüge und im Fortuna-Stollen lässt sich trefflich rätseln und vermuten, ob sich die Gerüchte bestätigen, nach denen es sich hier in den unterirdischen Tiefen verbirgt *(Di - So 10.30 - 16 Uhr, Führungen 10.30/12/13.30/ Sa/So zusätzlich 15 Uhr, Eintritt, Mindestalter 6 Jahre, www.fortuna-bernstein.de).* Der tagsüber gebührenpflichtige Parkplatz am Schaubergwerk kann nach Rücksprache zur Übernachtung genutzt werden [**249**: 50°36'40.6" E 13°26'18.6"; Deutschkatharinenberg]. Die schöne Talstrecke setzt sich noch ein Weilchen bis kurz vor **Olbernhau** fort.

(250) WOMO-Wanderparkplatz: Olbernhau, Saigerhütte

GPS: N 50°38'49.7" E 13°22'02.8" Rothenthalerstraße
Max. WOMOs: 5
Ausstattung: Infotafel.
Beschreibung: Der einfache asphaltierte, meist schattenlose Parkplatz

liegt am Ortsrand, ist tagsüber gebührenpflichtig und bietet den Einstieg in Rad- und Wanderwege. In der Nähe gibt es eine Gaststätte.
Zufahrt: Etwa 1,5 Kilometer hinter dem Ortseingang links, dann dem Parkleitsystem zur Saigerhütte folgen.
Hinweis: Gegebenenfalls Geräuschbelästigung durch Autoverkehr.

Saigerhütte

Auf dem ehemals geschlossenen Industriegelände sind 22 Gebäude erhalten, die Einblicke in Technik, Geschichte und soziale Struktur eines Jahrhunderte alten metallurgischen Betriebes gewähren. Weiterhin haben sich verschiedene traditionelle Handwerksbetriebe von der Volkskunst bis zur Kerzenmacherei und ein Hotel angesiedelt. Das Kernstück ist jedoch das **Museum** in der Saigerhütte, das die Lebensweise der Hüttenarbeiter sowie die Entwicklung der Industriegemeinde vorstellt. Im Jahr 1537 wurde der Hüttenbetrieb aufgenommen. Das Saigerverfahren war ein zur damaligen Zeit revolutionäres Schmelzverfahren zur Gewinnung von Silber aus silberhaltigem Schwarzkupfer. Hierbei wurde das Silber vom Kupfer schmelztechnisch unter Zugabe von Blei getrennt, indem die unterschiedlichen Schmelztemperaturen und gegenseitigen Löslichkeiten ausgenutzt wurden. Nachdem im Jahr 1853 modernere und effektivere Verfahren das Saigern ablösten, wurden in der Produktionsstätte bis zum Jahr 1991 Drähte gezogen und Bleche gewalzt.

Im Kupferhammer, einem funktionsfähigen Hammerwerk erklärt uns der Hammerknecht die Geschichte der Saigerhütte und führt die Arbeit an den riesigen Hämmern vor *(Kupferhammer: März - Dez. Di - So/Feiertage 9.30/11.30/13/14/15/16 Uhr, Karfreitag ab 13 Uhr, Ausstellung ab Feb. Di - So/Feiertage 9.30 - 16.30 Uhr, Karfreitag ab 13 Uhr, 24./25./31.12./1.1. geschlossen, Führungen möglich, Eintritt, www.saigerhütte.de).*

Die Holzkameraden an einem der Häuser scheinen uns hinterher zu schauen, als wir auf der B171 Richtung Marienberg rollen und von der Silberstraße können wir rechts ins Flöhatal schauen.

Zöblitzer Serpentin, Bücher des Lebens von Erika Zuchold

Vielleicht hätte uns der spärlich bewachsene Höhenrücken zwischen Ansprung und Zöblitz darauf hinweisen müssen, dass wir inmitten eines Serpentinvorkommens unterwegs sind. Der meist dunkelgrüne, relativ weiche Stein, ist ähnlich wie Holz leicht zu bearbeiten und die ersten Eindrücke hiervon gewinnen wir an aus Serpentin gefertigten Skulpturen. Seit dem 16. Jahrhundert wird das Gestein im Kunstgewerbe und in der Architektur benutzt und ist zum Beispiel an den Balustraden der Dresdner Hofkirche oder in der Semperoper zu sehen. Dieses neue Wissen erhalten wir in **Zöblitz** im **Serpentinsteinmuseum** *(Di - Do 11 - 15.30 Uhr, Fr 10 - 12.30 Uhr, Sa/So 13 - 16 Uhr, Bahnhofstraße 1, Eintritt)*, das an der Durchgangsstraße in der Nähe der nicht zu vernachlässigenden **barocken Stadtkirche** liegt. Neben einer **Silbermann-Orgel** gehören natürlich auch wertvolle Ausschmückungen aus dem örtlichen Serpentin zum Inventar des im Jahr 1744 fertiggestellten Gotteshauses. Einen schönen Abschluss dieser Tour finden wir anschließend in **Pobershau**, das wir von der B171 anfahren.

(251) Offizieller WOMO-Stellplatz: Pobershau-Hinterer Grund, Hotel Schwarzbeerschänke

GPS: N 50°38'39.7" E 13°14'07.2"; Amtsseite Hinterer Grund 2
Max. WOMOs: 3
Kontakt: Telefon 03735/91910, www.schwarzbeerschaenke.de
Ausstattung: Strom, Wasser, WC auf Nachfrage, Schwimmbad, empfehlenswertes Restaurant, Frühstück möglich.
Beschreibung: Einfacher Parkplatz gegenüber der Schänke und direkt an der nachts ruhigen Straße. Guter Einstiegspunkt für Wanderungen.
Preis: Übernachtung kostenfrei, dafür ist der Besuch im Restaurant obligatorisch.
Zufahrt: Von der B171 vor dem Linksabbiegen Richtung Marienberg in einer Rechtskurve links den Hinweisen ins Schwarzwassertal/Hinterer Grund ca. 3 km folgen.
Hinweis: Für große WOMOs ist die teils enge Straßenführung direkt von Pobershau aus nicht zu empfehlen!

(252) Offizieller WOMO-Stellplatz: Pobershau, Rote Pockau

GPS: N 50°37'57.3" E 13°12'33.1"; Ratsseite Wiesenweg 5

Max. WOMOs: 10

Öffnungszeit: April bis Oktober.

Ausstattung: V/E, Strom, Sanitärgebäude.

Beschreibung: Die WOMOS stehen auf einer gepflegten Wiese an der Roten Pockau im Ort, die Anmeldung erfolgt bei sehr netten Platzwarten in einem direkt am Stellplatz befindlichen Haus. Hier, aber auch in der Tourist-Info erhält man viele nützliche Tipps für den Aufenthalt und kann an beiden Stellen bezahlen. In der Nähe befinden sich Gaststätten sowie eine Bäckerei und natürlich kann man von hier bestens Wandern und Radfahren.

Preise: €.

Zufahrt: Von der B171 etwa 3 km in den Ort hinauffahren, dann rechts dem WOMO-Piktogramm zum Stellplatz folgen.

Hinweis: Die Einfahrt ist eng und steil. Bei Veranstaltungen unter Umständen gesperrt oder nur eingeschränkt nutzbar.

Pobershau

Langeweile kommt sicher nicht auf, denn das Freizeitangebot im Bergdorf ist groß. Der im Jahr 1527 in den Berg getriebene **Molchner Stolln** ist seit den 1930er Jahren als eines der ältesten und schönsten Schaubergwerke im Erzgebirge zu besichtigen *(Di - So 10 - 16 Uhr, Führungen 10/11.30/13/14.30/16 Uhr, Eintritt, www.molchner-stolln.de).* Weiterhin locken verschiedene kleine **Museen und Galerien**. Das **Wanderangebot** rund um den Aussichtsfelsen Katzenstein scheint unerschöpflich und im Winter werden sowohl **Abfahrts-** als auch **Langläufer** gut bedient. In der **Tourist-Information** gibt es weitere Tipps *(Mo/Mi/Fr 9.30 – 12 Uhr, Di/Do 13 - 16.30 Uhr, RS Dorfstraße 68, Telefon 03735/23436, www.pobershau.de).*

Göpelpyramide in Pobershau

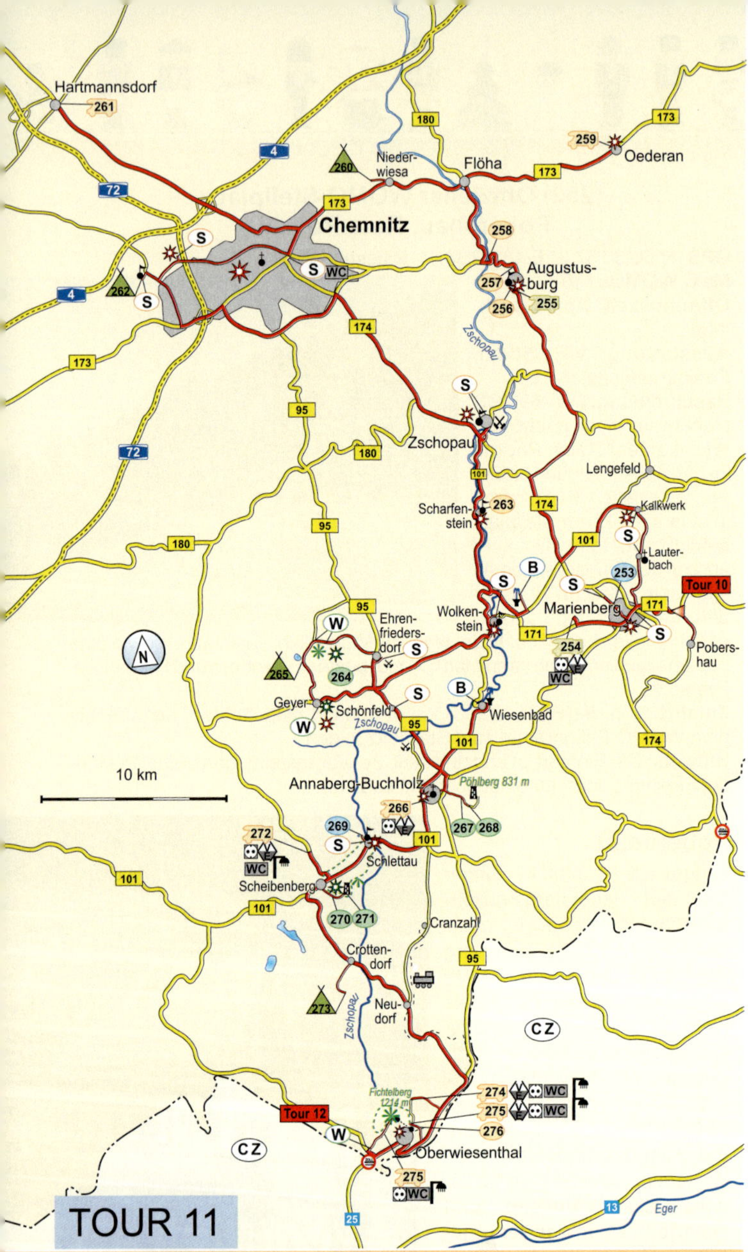

Tour 11 280 km

Marienberg – Augustusburg – Chemnitz – Zschopau Geyer – Annaberg-Buchholz – Oberwiesenthal

Stellplätze: Marienberg, Augustusburg, Oederan, Chemnitz, Hartmannsdorf, Rabenstein, Zschopau, Scharfenstein, Thermalbad Wiesenbad, Annaberg- Buchholz, Schlettau, Scheibenberg, Crottendorf, Oberwiesenthal.

Campingplätze:	Niederwiesa Campingplatz Naturbad, Rabenstein Campingplatz Rabenstein, Geyer Campingpark Greifensteine.
Besichtigen:	Marienberg Museum, Pferdegöpel; Lengefeld Kalkwerk; Augustusburg Altstadt, Schloss; Oederan Klein Erzgebirge; Chemnitz diverse Museen, Felsendome, Burg Rabenstein; Zschopau Schloss Wildeck, Motorradmuseum; Scharfenstein Burg mit Museum; Wolkenkenstein Museum; Ehrenfriedersdorf Besucherbergwerk mit Museum; Geyer Turmmuseum, Binge; Schönfeld Modellbauland; Annaberg-Buchholz Manufaktur der Träume, Frohnauer Hammer, Besucherbergwerk; Schlettau Schloss; Crottendorf Räucherkerzenland, Destillationsmuseum; Neudorf Suppenmuseum; Oberwiesenthal Museum.
Wandern:	Wolkenstein, Geyer, Schlettau, Oberwiesenthal.
Radfahren:	Zschopautalradweg, MTB-Trail Stoneman Miriquiri.
Baden:	Marienberg, Wolkenstein (Therme), Geyer, Wiesenbad (Therme), Schlettau.
Essen:	Marienberg Drei-Brüder-Höhe; Hartmannsdorf Restaurant Laurus, Rabenstein Restaurant Siegert; Annaberg-Buchholz Zum Neinerlaa; Scheibenberg Berggasthaus, Wiesner's Teichwirtschaft; Oberwiesenthal Fichtelberghaus.

Auf der B171 sind wir schnell nach **Marienberg** gerutscht und vermerken links am Ortseingang einen Parkplatz für die Stadtbesichtigung [50°39'12.8" E 13°10'07.3"; An der B171]. Von hier sind es nur wenige Hundert Meter zum zentralen quadratischen Marktplatz, der zusammen mit dem rechtwinkligen Straßensystem dem Idealstadtbild der Renaissance sehr nahekommt.

Marienberg

Heinrich der Fromme, der von einem Denkmal noch heute das Marktgeschehen beobachtet, gründete die Stadt im Jahr 1521, die durch den Silber- und Zinnbergbau zu großem Wohlstand kam. Das Rathaus mit einem Renaissanceportal, die stolzen Bürgerhäuser und die Kirche St. Marien als jüngste der spätgotischen Hallenkirchen im Erzgebirge,

Pferdegöpel am Rudolphschacht

lassen noch heute den früheren Wohlstand erkennen. **Öffentliche Stadtführungen** *(Mi 10 Uhr, Treffpunkt Tourist - Info, Gebühr)* vermittelt die **Tourist-Information** *(Mo/Di/Do/Fr 9.30 - 12.30/13 - 16.30 Uhr, Mi 13 - 16.30 Uhr, So 9.30 - 12 Uhr, Markt 1, Telefon 03735/602270, www.marienberg.de)*.

Das sogenannte **Lindenhäuschen** in der Bergstraße dokumentiert den Stil eines einfachen Bergarbeiterhauses aus den Anfangszeiten der Stadt. Im 1809 erbauten ehemaligen **Bergmagazin** am Kaiserteich ist das **Museum sächsisch-böhmisches Erzgebirge** beheimatet, welches die sächsisch-böhmische Kultur auf beiden Seiten des Erzgebirges mit viel Flair präsentiert *(Di - So/Feiertage 10 - 16 Uhr, 1.1. 13 - 16 Uhr, 24./31.12. geschlossen, Eintritt)*.

Hinter dem Marktplatz folgen wir den Hinweisen zum Schwimmbad links und erreichen den großen Parkplatz an der Stadthalle und dem einzigen noch erhaltenen Stadttor, dem **Zschopauer Tor** von 1545, der sich ebenfalls zur Stadtbesichtigung eignet [N 50°39'11.6" E 13°09'34.8"; Zschopauer Straße]. Die Hinweise führen uns zum **Pferdegöpel auf dem Rudolphschacht**, der ein Stück Bergbaugeschichte lebendig macht [N 50°39'44.2" E 13°08'42.7"; Lautaer Hauptstraße]. So richtig „lebendig" erleben wir ihn nicht, denn der ursprünglich von Pferden angetriebenen historischen Förderanlage fehlen zum Zeitpunkt unseres Besuchs die vierbeinigen Zugtiere. Über den Aufbau und die Arbeitsweise der Anlage können wir uns jedoch theoretisch informieren und bekommen gleichzeitig noch etwas über den Bergbau im Marienberger Revier präsentiert *(Di - So/Feiertage 10.30 - 16.30 Uhr, Führungen möglich, Führungen mit Pferden: Sa/So/Feiertage 13/14.30 Uhr, 24./31.12.geschlossen, 1.1. 13 - 16.30 Uhr, Eintritt)*.

Auf dem Rückweg vom Pferdegöpel vermerken wir den einfachen Ausweichparkplatz 3 am Schwimmbad **Aqua Marien**, der eher zweckdienlich ist, aber dennoch den Blick auf Wiesen zulässt [**253**: N 50°39'34.9" E 13°09'33.8"; Am Lautergrund]. Einen komfortableren, sehr schönen Stellplatz im Grünen mit Aussicht ins Erzgebirge haben wir jedoch auch im Programm.

(254) Offizieller WOMO-Stellplatz: Marienberg, Restaurant Drei-Brüder-Höhe

GPS: N 50°39'23.7" E 13°07'30.2"; Drei Brüder Höhe 1 **Max. WOMOs:** 6
Kontakt: Telefon 03735/6000, www.drei-brueder-hoehe.de
Öffnungszeit: April - Okt., nach Voranmeldung auch im Winter.
Ausstattung: V/E, Strom, Sanitärgebäude, **empfehlenswertes Restaurant**, Frühstück möglich, Infotafel.

Beschreibung: Die befestigten, teils schattigen Stellplätze befinden sich außerhalb des Ortes direkt am Hotel-Restaurant unterhalb des Aussichtsturms. Hier beginnen Wander- und Radwege (auch MTB). Obwohl unter Umständen viele Tagesbesucher hier anzutreffen sind, kann man den Platz durchaus als klappstuhlgeeignet bezeichnen.
Preise: €€€.
Zufahrt: Im Ort der B171 und den Hinweisen Hotel Drei-Brüder-Höhe sowie dem WOMO-Piktogramm etwa 3,5 Kilometer folgen.

Ein kurzes Stück auf der B174 Zschopau und schon geht es nach **Lauterbach**. Von der rückwärtigen Seite erreichen wir die Mitte des 14. Jahrhunderts erbaute **Wehrkirche**, die im Mittelalter zum Schutz der Bevölkerung die Burg ersetzte. Ursprünglich in der Dorfmitte stehend und im Jahr 1906 an den Ortsrand versetzt, erklingt im Inneren die vermutlich älteste Orgel Sachsens [N 50°40'32.0" E 13°10'33.3", Lengefelder Straße]. Hügelig geht es auf schmalem Sträßchen mit Singletrack-Charakter bis zur B101 und nach **Kalkwerk**, einem Ortsteil von Lengefeld [N 50°42'03.3" E 13°10'28.8"].

Museum Kalkwerk

An der Straßenkreuzung erwartet uns ein technisches Denkmal, in dem die Produktionsgeschichte vom Kalksteinmarmorabbau bis zur Steinmehl- und Branntkalkherstellung aus vier Jahrhunderten anschaulich

wiedergegeben wird. Insgesamt wirkt die Anlage mit den aus dem 19. Jahrhundert erhaltenen vier Kalkbrennöfen trutzig, fast wie eine Festung, und es verwundert nicht, dass sich hier zum Ende des Zweiten Weltkriegs ein Geheimdepot für die Dresdner Kunstschätze befand *(April/Mai, Sept./Okt. Mi - So/Feiertage 10 - 16 Uhr, Juni - Aug. Di - So/ Feiertage 10 - 17 Uhr, Eintritt, www.kalkwerk-lengefeld.de).* Die Spuren des Kalkabbaus sind ebenfalls auf dem **Bergbaulehrpfad** zu finden und dabei kann mit der Grünstrich-Markierung auch gleich noch die Natur genossen werden.

Uns bringt die B101 anschließend bis zur B174 Richtung Chemnitz, die wir jedoch bald wieder verlassen und nach **Augustusburg** kurven. Unübersehbar und majestätisch liegt das turmgekrönte, weiße Schloss über dem Zschopau-Tal. Am südlichen Ortsrand befindet sich zur Zeit unserer Recherche gerade ein offizieller **WOMO-Stellplatz** am **Hotel-Restaurant am Kunnerstein** für acht Mobile im Aufbau. In Zukunft soll es eine V/E-Anlage und Sanitäreinrichtungen geben [**255:** N 50°48'12.3" E 13°05'55.0"; Waldstraße 23, Telefon 037291/20598, www.hotel-kunnerstein.de, Preis €€].

(256) WOMO-Stellplatz: Augustusburg, Steinbruch

GPS: N 50°48'37.0" E 13°05'56.6"
Max. WOMOs: 10
Beschreibung: Einfacher, befestigter, leicht geschotterter, staubiger, Parkplatz ohne Schatten am Ortsrand. Von hier ist das Schloss recht schnell erreicht.
Zufahrt: Der Parkplatz ist an der Schlosszufahrt ausgeschildert.

(257) WOMO-Stellplatz: Augustusburg,Sommerrodelbahn

GPS: N 50°49'06.5" E 13°05'59.8"; An der Rodelbahn **Max. WOMOs:** 2 - 3
Beschreibung: Einfacher, asphaltierter, gebührenpflichtige Parkplatz an der Sommerrodelbahn und dem Skilift. Der Parkplatz liegt im Ort in der Nähe von einer Gaststätte und einem WC. Tagsüber ist es hier recht laut, aber das Schloss ist fußläufig gut zu erreichen.
Zufahrt: Von der Durchgangsstraße Richtung Chemnitz abbiegen. Der Parkplatz liegt dann linker Hand.

Schloss Augustusburg

Vom Stellplatz an der Sommerrodelbahn kann das Schloss über steile Gässchen durch das mit viel Liebe zum Detail restaurierte, historische Städtchen in etwa 15 Min. erreicht werden. Eine Besonderheit stellen die sogenannten Heisten dar, wie man die terrassenförmig angelegten

Vorgärten und Treppen vor den Häusern nennt und bald erreichen wir die **Tourist-Information,** die viel Wissenswertes rund um die Stadt und das Umland vermittelt *(Mo - Fr 10 - 16 Uhr, Schlossstraße 1, Telefon 037291/39550, www.augustusburg.de).*

Ein Aufstieg, der sich lohnt und der vom 1568 - 1572 erbauten Jagdschloss des Kurfürsten August, der nicht mit dem starken August verwechselt werden darf, gekrönt wird. Auf der Stadtseite befindet sich auch das triumphbogenartige Haupttor, das in die quadratische, von Türmen flankierte Schlossanlage führt. Wir können uns der Ausstrahlung des monumentalen Bauwerks nicht entziehen und bei der Besichtigung der Innenräume mit verschiedenen Museen vertieft sich dieses Gefühl noch.

Um es vorwegzunehmen: Allein der herrliche Weitblick aus einem der hochgelegenen Fenster in die Erzgebirgslandschaft hat den stufigen Aufstieg gelohnt. Auch wenn es aufgrund der 400-jährigen Geschichte erstmal gar nicht hierher zu passen scheint, ist das **Motorradmuseum** mit einer der umfangreichsten Zweiradsammlungen einen Besuch wert. Weiterhin gibt es das **Schlossmuseum** mit Ausstellungen zur Jagd- und Schlossgeschichte. Beeindruckend ist die vollständige Raumausmalung aus dem 16. Jahrhundert im Venussaal, während im **Jagdtier- und Vogelkundemuseum** aufwendig präparierte Tiere lebensecht in Szene gesetzt werden. Im **Schlosskerker** gruselt es uns bei den Foltermethoden der vergangenen Jahrhunderte, doch schon der Anblick der prunkvollen Staats- und Galawagen des königlich-sächsischen Marstalls sowie Landauer und anderer Stadt- und Gesellschaftswagen im **Kutschenmuseum** lassen uns die dunklen Zeiten vergessen. *(Schloss: April - Okt. 9.30 - 18 Uhr, Nov. - März 10 - 17 Uhr, Eintritt, Museen einzeln oder mit einem Kombiticket zusammen zu besichtigen, Führungen möglich. www.die-sehenswerten-drei.de).*

Die Augustusburger **Rodelbahn** bietet ein umfangreiches Unterhaltungsprogramm und verheißt sowohl im Sommer als auch im Winter Spaß für die ganze Familie *(9/10 - 20/21 Uhr, Fr/Sa bis 24 Uhr, Eintritt, www.rosts-wiesen.de).*

Vom Parkplatz an der Sommerrodelbahn führt die Straße in Kurven hinab ins Zschopautal nach **Erdmannsdorf** und zu einem Parkplatz an der **Drahtseilbahn** [**258:** N 50°49'15.5" E 13°05'04.0"; Am Bahnhof]. Seit 95 Jahren überwindet die Standseilbahn auf einer Strecke von knapp 1.240 Meter den Höhenunterschied von 168 Meter hinauf zur Stadt *(Mo - Do 9 - 17.40 Uhr, Fr - So 9 - 18 Uhr)*. Der Parkplatz hat, auch wenn er direkt an den Bahngleisen liegt, den unbestrittenen Vorteil, dass vom nahen Bahnhof die **Erzgebirgsbahn** sowohl **nach Chemnitz als auch nach Annaberg-Buchholz** fährt und einen Besuch der beiden Städte **ohne WOMO** möglich macht *(Fahrplan unter www.erzgebirgsbahn.de)*.

Besonders Kinder, aber auch für alle jene, die eine Liebe für Miniaturbauten haben, sollten von hier zu einem Abstecher über die B180 nach Flöha und von dort auf der B173 Richtung Freiberg nach **Oederan** starten [**259:** N 50°51'41.0" E 13°10'22.0"; Richard-Wagner-Straße 2].

Klein-Erzgebirge

Beim Besuch des ältesten Miniaturparks der Welt sehen wir maßstabsgerechte Modelle von Schlössern, Burgen, funktionsfähigen Eisenbahnen und zahlreichen Figuren und Modellen, die uns auf eine Reise in die Kulturlandschaft des Erzgebirges mitnehmen. Was auf den ersten Blick etwas angestaubt wirkt, entwickelt sich jedoch schnell zu einem charmanten und kurzweiligen Zeitvertreib. Hier sehen wir das gerade besuchte Schloss Augustusburg, dort das gelbe Schloss Moritzburg oder die Burg Kriebstein, ach, ist das nicht Kloster Nimbschen und dahinten, die kleine Szene vor dem Dorfgasthof. Wo war das noch gleich? Beinahe 200 Objekte finden sich zwischen schattigem Grün sowie kleinen Bachläufen und es macht einfach Laune, auf Entdeckung zu gehen *(Mo - So 10 - 18 Uhr, Eintritt, Hunde an der Leine gestattet, www.klein-erzgebirge.de)*.

Von hier bringt uns die B173 zurück nach Flöha und von dort Richtung Chemnitz nach **Niederwiesa** mit dem kleinen, freundlichen und ruhigen **Campingplatz Naturbad** westlich des Ortes [**260:** N 50°51'50.5" E 12°59'31.5"; Zum Naturbad 35, Telefon 0172/3783906, www.naturbad-niederwiesa.de ganzjährig geöffnet, Preis € - €€].

Der direkte Weg führt uns nun nach **Chemnitz**, die im

Jahr 1136 gegründete, in einem Talkessel liegende drittgrößte Stadt Sachsens und die zukünftige **Kulturhauptstadt des Jahres 2025**. Einen citynahen, schönen Stellplatz können wir trotz umfangreicher Suche nicht finden und so begnügen wir uns mit dem ausreichend großen Parkplatz Johanniskirche im Zentrum, zu dem uns das städtische Parkleitsystem zielsicher führt [N 50°49'58.5" E 12°55'34.7", WC].

Chemnitz

Seine Entstehung hat Chemnitz dem Schnittpunkt zweier Handelswege zu verdanken. Der erste wirtschaftliche Aufschwung begann, als Mitte des 14. Jahrhunderts ein Zentrum des Garn- und Leinenhandels entstand. Später kam durch die Silberbergwerke des nahen Erzgebirges weiterer Wohlstand in die Stadt, der während der Zeit der Industrialisierung anhielt, obwohl die Silberverhüttung durch den Maschinenbau im 18. und 19. Jahrhundert abgelöst wurde. Der dadurch baulich entstandene Reichtum des Stadtbildes wurde bei Luftangriffen gegen Ende des Zweiten Weltkrieges schwer zerstört. Der Wiederaufbau wurde ab dem Jahr 1953 nach sowjetisch-sozialistischen Prinzipien unter anderem mit breiten Aufmarsch-Boulevards und großen Wohngebieten in Plattenbauweise vorangetrieben. Da die Arbeiterbewegung in der im Tal der Chemnitz gelegenen Stadt seit Langem traditionell verwurzelt war, gab es scheinbar genug Anlass Chemnitz in Karl-Marx-Stadt umzubenennen. Lange Zeit verband man mit der Stadt die Farbe Grau, doch das hat sich nach der Wende stark verändert.

Karl-Marx-Monument

Als Erstes erhielt Chemnitz als Ergebnis einer Volksabstimmung seinen ursprünglichen Namen zurück. Dann begann der Umbau der Innenstadt zu einem modernen Stadtzentrum, in dem sich Alt und Neu ergänzen.

Roter Turm

Schlossteich mit Schlossberg-Museum

Aus der sozialistischen Ära ist der sieben Meter hohe **Karl-Marx-Kopf** erhalten geblieben, der noch zu DDR-Zeiten von den Einheimischen den liebevoll-spöttischen Beinamen „Nischel“ (Synonym für Kopf) erhielt.
Vom Parkplatz an der Johanniskirche haben wir nicht nur den rumpflosen Philosophen schnell erreicht, sondern sind auch flott zum **Kulturzentrum DAStietz** gegangen. Unter dem Dach des ehemaligen Warenhauses Tietz befindet sich die **Neue Sächsische Galerie** mit zeitgenössischer Kunst aus Sachsen *(11 - 17 Uhr, Di bis 19 Uhr, Mi geschlossen, Eintritt, www.neue-saechsische-galerie.de)* und das **Museum für Naturkunde** *(Mo - Fr 9 - 17 Uhr, Sa/So/Feiertage 10 - 18 Uhr, Mi geschlossen, Eintritt, www.naturkunde-chemnitz.de)*. Im Lichthof des Gebäudes hat der 290 Millionen Jahre alte **Versteinerte Wald** seinen Platz gefunden, während die **Tourist-Information am Neumarkt** zu finden ist *(Mo - Fr 10 - 17 Uhr, Sa 10 - 13 Uhr, Markt 1, Telefon 0371/690680, www.chemnitz.de)*.
Wir sind jetzt im ehemals mittelalterlichen Zentrum der Stadt angelangt und der Gegensatz zwischen Althergebrachtem und Moderne wird nur allzu deutlich und scheint den Reiz von Chemnitz auszumachen. Hier das **Alte Rathaus**, eine Kopie des im Jahr 1945 zerstörten spätgotischen Gebäudes und der Jugendstilbau des **Neuen Rathaus**, in der Nähe der **Rote Turm** als Überbleibsel der früheren Stadtbefestigung. Dort wieder das Doppelrathaus, das sich in den großen Glasfassaden der modernen Architektur der Einkaufsgalerien spiegelt. Kulturell hat die Stadt noch eine ganze Menge im Programm: So sind das **Museum Gunzenhauser** unter anderem mit Werken von Otto Dix und Paula Modersohn-Becker als Museum der Klassischen Moderne und die **Kunstsammlungen am Theaterplatz** zu nennen *(Di, Do - So/Feiertage 11 - 18 Uhr, Mi 14 - 21 Uhr, Eintritt)*.
Wie so oft können wir an dieser Stelle nur den unvollständigen Abriss einer besuchenswerten Stadt abliefern, denn es zieht uns schon weiter ins **Schlossbergviertel**. Auf dem Schlossberg wurde mit der Errichtung des einstigen Benediktinerklosters der Grundstein von Chemnitz gelegt und das **Schlossbergmuseum** führt in diese Zeit zurück *(Di, Do - So/Feiertage 11 - 18 Uhr, Mi 14 - 21 Uhr, Eintritt)*. Nördlich des Schlossteichs lädt der ausgedehnte **Küchwaldpark** zu Spaziergängen oder zu einer Fahrt mit einem Bimmelbähnchen ein oder man lässt den Stadtaufenthalt im kleinen Altstadtviertel in einer der zahlreichen Gaststätten ausklingen.

Ein besonderes Schmankerl haben wir für alle, die eine hervorragende Küche in modernem Ambiente und zwangloser Atmosphäre suchen. Nicht günstig, aber durchaus im Preis angemessen, finden wir etwa zehn Kilometer nordwestlich vom Stadtzentrum genau diese Mischung in **Hartmannsdorf** im **Restaurant Laurus** *(mittags und abends geöffnet, Limbacher Straße 119, Telefon 03722/505210, www.restaurant-laurus.de)*. Besonders erfreulich: Unser Haupt können wir nach einer vorzüglichen Weinverkostung nur 350 Meter entfernt auf einem einfachen, aber offiziellen **WOMO-Stellplatz** am Freibad betten [**261:** N 50°53'10.2" E 12°47'34.3"; Geschwister-Scholl-Straße 26].

Vorbei am Nischel und dann Richtung Leipzig/B95/Autobahn fahren wir später immer geradeaus Richtung Limbach/Rabenstein und erreichen den Hinweis nach **Rabenstein**/Felsendome. Nach dem Überqueren der Autobahn haben wir es nicht mehr weit bis zu den ausgeschilderten **Felsendomen** [N 50°50'08.5" E 12°50'37.7"; Weg nach dem Kalkwerk]. Neben dem Brennmeisterhaus und den Kalköfen begeistern vor allem die Höhlen, die durch den 600 Jahre währenden Kalkabbau im ehemaligen Bergwerk entstanden sind und großen Domhallen ähneln. Die oberen Sohlen sind zu Fuß zu erkunden und die gefluteten unteren Gänge locken abenteuerlustige Höhlentaucher in die Tiefe *(10 - 17 Uhr, Führungen stündlich, Eintritt, www.felsendome.de)*. Der Hauptstraße weiter folgend erreichen wir eine Kreuzung und den Hinweis zur **Freizeitregion Rabenstein**, später den Hinweis zum ganzjährig geöffneten **Campingplatz Rabenstein** [**262**: N 50°50'02.7" E 12°48'52.1"; Thomas-Münzer-Höhe 10, Telefon 0371/850608, www.campingplatz-rabenstein.de, ganzjährig geöffnet, Preise € - €€]. Der Platz ist in den Schlosspark

Burg Rabenstein

eingebunden, verspricht Wanderungen im angrenzenden Rabensteiner Wald und Badevergnügen im nahen Stausee.
An der Zufahrt befindet sich das **Restaurant Siegert** *(Mo Ruhetag, Telefon 0371/4446640, hotel-schloss-rabenstein.de)* und direkt angrenzend die **Burg Rabenstein** [N 50°50'01.5" E 12°49'03.5"; Thomas-Münzer-Höhe]. Die Burg liegt idyllisch in einem Park und im **Museum** wird die Geschichte der **kleinsten Burg Sachsens** aus der zweiten Hälfte des 12. Jahrhunderts erzählt *(Mai - Okt. Di - So 9 - 12/13 - 18 Uhr, Eintritt, www. kunstsammlungen-chemnitz.de).*
Wir verlassen den Raum Chemnitz auf der B174 in südöstlicher Richtung nach **Zschopau** und obwohl wir bei der Fahrt ins Zentrum (Abfahrt Zschopau-Süd) bereits einen gebührenpflichtigen Parkplatz streifen [N 50°44'53.2" E 13°04'20.9"; Rudolf-Breitscheid-Straße], fahren wir siegessicher weiter in die **denkmalgeschützte Altstadt**. Dort finden wir im hübschen Marktbereich einen zentral gelegenen Platz für das WOMO, der ihm dienstags durch das bunte **Markttreiben** *(Di 8 - 15 Uhr)* jedoch streitig gemacht werden kann [N 50°44'49.0" E 13°04'09.3"; Altmarkt].

Zschopau

In den gemütlichen Gassen hinter den Resten der alten Stadtmauer kann man sich in Gaststätten stärken, der **Stadtkirche** mit einer großen Barockorgel sowie einem klassizistischen Altar einen Besuch abstatten oder am Neuen Rathaus ein schönes Renaissanceportal sehen. Die **Tourist-Information** befindet sich an der Museumskasse des Hauptanziehungspunktes der Stadt *(April - Okt. 10 - 17 Uhr, Nov. - März 10 - 16 Uhr, Altmarkt 2, Telefon 03725/2870, www.zschopau.de):*
Schloss Wildeck, auf einem Felssporn liegendes Wahrzeichen der Stadt, wird von seinem ältestes Bauwerk, dem „Dicken Heinrich" dominiert. Erklimmt man die 144 Stufen des typischen Vertreters noch vorhandener mittelalterlicher Bergfriede, liegt einem Zschopau zu Füßen. Selbige tragen uns anschließend in den romantischen Schlossgarten und von dort in das Schloss. Als Befestigungsanlage an einem böhmischen Handelsweg im 13. Jahrhundert errichtet, wurde es Mitte des 16. Jahrhunderts zum Jagdschloss im Renaissancestil umgebaut. Heute sind die Räumlichkeiten zur Besichtigung freigegeben – das historische Mobiliar ist im Laufe der Geschichte zwar verloren gegangen, aber die

Stadtkirche St. Martin und Schloss Wildeck

prächtigen Kassetten- und Holzbalkendecken erstrahlen in ihrem alten, farbintensiven Glanz. Im ehemaligen Regimentskeller macht die **Mineralienausstellung** mit der Bergbaugeschichte vertraut und in den früheren Pferdeställen präsentieren sich eine historische **Münzwerkstatt** und ein sehenswertes **Buchdruckmuseum** mit Stempelwerkstatt. Ein unbedingtes Muss ist das **Motorradmuseum**! Zschopau wurde durch die jahrzehntelange Produktion der Zweitaktmotorräder von DKW und MZ weltweit bekannt. Die „Sammlung Rasmussen" zeigt wertvolle historische Motorräder, Stationärmotoren und persönliche Gegenstände des DKW-Firmengründers Jörgen Skafte Rasmussen. Der Däne entwickelte in den Jahren 1916/17 einen Dampf-Kraft-Wagen, der jedoch bald wieder vom Markt verschwunden war. Übrig blieben die drei Buchstaben DKW, die einige Jahre später erst als Spielzeugmotor „Des Knaben Wunsch" und dann als Fahrradhilfsmotor „Das Kleine Wunder" geläufig wurden. Der weitere Weg zum DKW-Motorrad und DKW-Fahrzeug wird anschaulich unter anderem an einer Videowand dargestellt und zeigt die unglaubliche Geschichte eines Pioniers der Fahrzeugtechnik *(April - Okt. 10 - 17 Uhr, Nov. - März 10 - 16 Uhr, 24./25.31./12. Geschlossen, Eintritt www.schloss-wildeck.de).*

Richtung Krumhermersdorf und im Tal der Zschopau ist das **Besucherbergwerk Heilige Dreifaltigkeit Fundgrube** beheimatet *(Führungen jeden letzten Sa im Monat 10 - 16 Uhr)*. Für den Besuch kann das WOMO an den Sportanlagen abgestellt werden [N 50°44'50.6" E 13°05'06.6"; In der Sandgrube].

Im Tal der Zschopau schlängeln wir uns später unter der B174 hindurch und nach **Scharfenstein**.

(263) WOMO-Stellplatz: Scharfenstein, Burg

GPS: N 50°42'24.1" E 13°03'22.9"; Bahnhofstraße **Max. WOMOs:** 3 - 5
Ausstattung: Müllbehälter, Gebühr.
Beschreibung: Einfacher, asphaltierter, beinahe schattenloser, gebührenpflichtiger Parkplatz an der Straße außerhalb des Ortes
Zufahrt: Der Parkplatz liegt links der Landstraße.

Burg Scharfenstein

Ein paar Schritte über die Brücke und schon geht es bergan zur im Jahr 1250 erbauten fränkisch-thüringischen Ritterburg. Damals zum Schutz

des Bergbaus im Miriquidi, dem dunklen, unheimlichen Wald, vorgesehen, wirbt die Burg Scharfenstein heute als **Erlebnisburg** für die ganze Familie. Ob Kulinarisches, Schnitzereien und Klöppelarbeiten aus dem Erzgebirge, ein **Weihnachts- und Spielzeugmuseum** oder die Geschichte von Karl Stülpner, dem Robin Hood des Erzgebirges – alles ist fein aufbereitet und zieht bei zusätzlichen Veranstaltungen Klein wie Groß regelmäßig an. Im ehemaligen Burggarten ist das **Mittelalterdorf** ein weiterer Anziehungspunkt, an dem die ganze Familie auf sehr unterhaltsame und interessante Weise Einblicke in das mittelalterliche Leben erhält *(Di - So/Feiertage April - Okt. 10 - 17.30 Uhr, Nov. - März 10 - 17 Uhr, Eintritt, www.die-sehenswerten-drei.de)*.

Am Fichtelberg, den wir später noch kennenlernen werden, entspringt die 130 Kilometer lange **Zschopau** und bahnt sich ihren Weg idyllisch zwischen Felsen, Wäldern und romantischen Talauen bis zur Freiberger Mulde bei Döbeln. Bis dahin begleiten zahlreiche Burgen und Schlösser den Flusslauf, der sich vom **Zschopautalweg** genussvoll erwandern und vom **Zschopautalraweg** erradeln lässt *(www.erzgebirge-tourismus.de)*. Wenn die müden Wanderer oder Radfahrer von der Ursprünglichkeit und Vielfältigkeit der Landschaft genug haben, ist die **Erzgebirgsbahn** ein gutes Bindeglied, um wieder an den Start einer Wanderung zurückzukommen (www.erzgebirgsbahn.de).
Eine dieser abwechslungsreichen **Etappenwanderungen** kann zum Beispiel von **Wolkenstein** aus unternommen werden [N 50° 39'29.3" E 13°03'55.8"; Annaberger Straße].

Wolkenstein

Der schräge Parkplatz, der bei der Fahrt von der B101 über Serpentinen hinauf zur Stadt auf einem Gneisfelsen zu finden ist, ist der einzige

Ausgangspunkt für einen Spaziergang durch die anmutige, mittelalterliche Stadtanlage oder zum Einstieg in den beschilderten, als Rundweg ausgelegten **Alpinen Wandersteig**, der die Wolkensteiner Schweiz mit den gleichnamigen Felsengebieten verbindet
Wolkenstein selbst scheint, seinem Namen gehorchend, fast schwerelos am Himmel zu schweben und wer den Hof von **Schloss Wolkenstein** nicht betreten hat, so heißt es, war nicht wirklich in Wolkenstein. Also nichts wie hin, und wenn wir schon einmal hier sind, dann steht auch gleich das **Museum** mit einer Amethyst-Ausstellung und das schaurige Kapitel der mittelalterlichen Gerichtsbarkeit auf dem Programm *(Di - So/Feiertage 10 - 17 Uhr, sächsische Schulferien auch Mo, 24.12. geschlossen, www.stadt-wolkenstein.de).*
Das älteste Kurbad Sachsens mit der wärmsten Thermalheilquelle befindet sich im Ortsteil Warmbad. Die dortige **Silber-Therme** ist gut ausgeschildert und nicht zu verfehlen [N 50°39'47.1" E 13°05'03.9"; An der Silbertherme, www.warmbad.de].

Auf der B101 passieren wir Richtung Annaberg-Buchholz ein Zug-Hotel mit sächsischer Küche aus dem Großküchenwagen und peilen Ehrenfriedersdorf/Geyer an. Begleitet von wunderschönen Blicken über die Landschaft bis zum Fichtelberg erreichen wir einen Kreisverkehr und die B95, an der wir zunächst nach **Ehrenfriedersdorf** abbiegen. Direkt hinter dem Ortseingang liegt linksseitig das **Freibad** und nochmals links ein Wanderparkplatz mit Infotafel und Picknickbank [**264:** N 50°38'17.6" E 12°57'45.3"].

Zur rechten Hand zweigt die Zufahrt zum **Besucherbergwerk Heilstollen** ab [N 50°38'33.0" E 12°58'23.4"].

Besucherbergwerk und Mineralogisches Museum

Das Besucherbergwerk Zinngrube dokumentiert den erzgebirgischen Gangerzbau auf Zinn- und Silbererz vom Mittelalter bis ins 20. Jahrhundert. Besucher gelangen mit der Seilfahrtsanlage bis in 100 Meter Tiefe und erhalten Einblicke in die Erkundung, Gewinnung und Förderung von Erz. Wir erleben funktionstüchtige Bergbaugeräte und können uns mit den schweren Arbeitsbedingungen der Bergleute vertraut machen. Die Fahrt mit der Grubenbahn gehört sicher zu den Höhepunkten der Führungen.
Das besondere Klima unter Tage verhilft Patienten im einzigen Asthma-Heilstollen Sachsens bei der Linderung ihrer Atemwegserkrankungen und im Museum sind über 1.000 Mineralstufen, Funktionsmodelle und Fundstücke aus dem mittelalterlichen Bergbau zu sehen *(Erlebnisführung 2,5 Stunden Mi - So 10 Uhr – Mindestalter 10 Jahre, Touristikführung 1,5 Stunden Mi - So 13/15 Uhr – Mindestalter 6 Jahre, Eintritt. Museum Di - So/Feiertage 10 - 16 Uhr, geschlossen 24./25./31.12./1.1., Eintritt, Telefon 037341/2557, www.zinngrube.de).*

Im Ort halten uns wir Richtung Jahnsbach und erreichen die beliebte **Ferienregion Greifensteine**. Die Parksituation auf den gebührenpflichtigen Parkplätzen ist klar geregelt, beispielsweise [N 50°38'57.5" E 12°55'43.6" oder N 50°39'11.4" E 12°55'21.8"], sodass wir für einen längeren Aufenthalt den **Campingpark Greifensteine** am **Greifenbachstauweiher** ansteuern [**265:** N 50°38'34.0" E 12°54'53.0"; Thumer Straße 65, Telefon 037346/1303, www.campingpark-greifensteine.de, ganzjährig geöffnet, Okt. - April nur mit Voranmeldung, Preise € - €€].

Greifensteingebiet

Wer zu jeder Jahreszeit in der herrlichen Natur entspannen möchte, ist hier genau richtig: Vom Schwimmen, Segeln, Surfen, Tretbootfahren über Radfahren und Wandern sowie Skilanglauf reichen die **umfangreichen Freizeitmöglichkeiten**. Selbst ein Autokino darf nicht fehlen

und natürlich ein **Erlebnisschwimmbad**. Dazu gibt es einen **Bergbaulehrpfad**, einen **Kletterwald**, die Höhle des sächsischen Robin Hoods und gute Gastronomie. Eine aus sieben Granitfelsen bestehende, faszinierende Felsformation bietet die Kulisse für eine **Naturbühne**. Majestätisch recken sich die Steine in die Lüfte und dort wo einst eine Burg stand, befindet sich seit 150 Jahren die idyllisch gelegene Naturbühne. Das alles kann auf kürzeren oder ausgedehnten **Wanderwegen** erkundet werden und ist ein tagefüllendes Programm. Wer die traumhafte Aussicht genießen möchte, steigt die Treppenanlage nach dem Bezahlen eines geringen Obolus empor und wer sich länger in der Region aufhalten möchte, der findet in der **Tourist-Information** umfassende Anregungen *(April - Sept. Mo - Fr 10 - 16 Uhr, Sa/So/Feiertage 11 - 16 Uhr, Okt. - März Mo - Fr 10 - 16 Uhr, Sa/So/Feiertage 10 -15 Uhr, Greifensteinerstraße 44, Telefon 037346/6870, www.greifensteine.de).*

Vom Campingplatz aus sind wir rasch nach **Geyer** gekommen, dessen 42 Meter hoher **Wehr- und Wachtturm** aus den Anfängen der Ortsgeschichte stammt. Heute beherbergt er **eines der**

größten und schönsten Turmmuseen in Deutschland, das über sieben Etagen Wissenswertes zur Bergbau- und Stadtgeschichte präsentiert *(Di - Fr 10 - 15 Uhr, Sa 10 - 16 Uhr, Schließtage im Januar, Am Lotterhof 10, Telefon 037346/1244,*

Bergbau- und Naturdenkmal Binge

www.stadt-geyer.de). Das Wahrzeichen der Stadt, und unbedingt einen Besuch wert, ist das **Bergbau- und Naturdenkmal Binge** [N50°37'20.5" E 12°55'39.1"; Am Lotterhof]. Zwei Bingebrüche in den Jahren 1704 und 1803 schufen diesen riesigen Einbruchkrater. Durch den Krater führt ein Lehrpfad, der über die geologischen Gegebenheiten sowie seltene Pflanzen informiert und der mit festem Schuhwerk nur auf ausgeschilderten Wegen begangen werden kann *(Führungen Mai - Okt., Begehen auf eigene Gefahr!).*

Später fahren wir auf der B95 Richtung Annaberg-Buchholz und stoppen in **Schönfeld** am **Modellbahnland Erzgebirge** [N 50°37'07.8" E 12°58'55.4"]. Auf 770 Quadratmeter wird hier der Landkreis Annaberg um das Jahr 1980 wiedergegeben, in dem im Maßstab 1:32 digital und Computer gesteuerte Züge auf einer 3D-Landkarte auf etwa 660 Meter Gleisen fahren *(Di - So/Feiertage 10 - 17 Uhr, Eintritt, www.modellbahnland-erzgebirge.de).*

Kurz vor Annaberg kann das weiteres **Thermalbad** in **Wiesenbad** angefahren werden [N 50°37'11.9" E 13°02'43.9"; Freiberger Straße, www.thermalbad-wiesenbad.de].

Wir steuern jedoch direkt das am und auf dem Berg liegende **Annaberg-Buchholz** an. Auch hier sind die Parkplätze innerhalb der Stadt für WOMOs rar gesät. Deshalb bleiben wir vorerst auf der B95 Richtung Oberwiesenthal, um rechts an einer Ampelkreuzung dem WOMO-Piktogramm zum offiziellen **WOMO-Stellplatz** am städtischen Betriebshof zu folgen [**266:** N 50°34'46.5"E 13°00'44.0"; Parkstraße 19, V/E, Strom, gepflastert, schattenlos, etwa 15 Minuten Fußweg bergab zum Marktplatz].

Im Grünen, mit **Wanderwegen** vor der Nase, befinden sich gegenüber dem Zentralparkplatz und von der B95 links zum **Pöhlberg** abbiegend zwei weitere Parkplätze. Nach etwa 750 Meter ist der erste Wanderparkplatz mit Wiesenblick [**267:** N 50°34'30.5" E 13°01'16.6"; Ernst-Roch-Straße, sehr schräg] und rund 600 Meter später der nächste erreicht [**268:** N 50°34'22.1" E 13°01'37.1"; Ernst-Roch-Straße, schräg]. Über den Pöhlberg verläuft der sogenannte **Stoneman Miriquidi**, der auf 162 Kilometer ein grenzübergreifendes MTB-Abenteuer bietet *(www.stoneman-miriquidi.com)*.

Annaberg-Buchholz

Im Jahr 1496 wurde die Stadt gegründet und schon bald vom Bergbau geprägt. Große Silberfunde in zeitweise 600 Silbergruben brachten Wohlstand und machten Annaberg im 16. Jahrhundert zur reichsten Stadt des Erzgebirges.

Dies spiegelt sich auch in der hoch über der Stadt thronenden größten Hallenkirche Sachsens wider, die wir auf unserem etwa 15-minütigen Fußweg vom Stellplatz bergab in die Stadt besuchen. Bemerkenswert in der zwischen den Jahren 1499 bis 1525 errichteten und der reich ausgestatteten **St. Annenkirche** ist der Bergaltar unter einem kunstvollen Kreuzgewölbe *(10 - 16/17 Uhr, Führungen und Turmbesteigung mit toller Aussicht möglich, www.annenkirche.de)*.

Gegenüber befindet sich das **Erzgebirgsmuseum**, das über den Berg-

bau mit Silberbergwerk, die Stadtgeschichte und kunsthandwerkliche Erzeugnisse berichtet *(Di - So/Feiertage 10 - 17 Uhr, Bergwerksführungen möglich, Eintritt)*. Weiter bergab gelangen wir zum Markt, der von attraktiven Bürgerhäusern umschlossen ist und vom im Jahr 1751 erneuerten Rathaus dominiert wird.

Lohnenswert ist der Besuch im **Adam-Ries-Museum**. In der Glanzzeit Annabergs zog es den Rechenmeister (1492 - 1559) im Jahr 1523 in die Stadt, in der er als Bergschreiber und Leiter einer Rechenschule bis zu seinem Tod lebte. Sein ehemaliges Wohnhaus kann man auch mit wenig ausgeprägtem mathematischem Grundwissen betreten, denn Leben und Werk des Rechenkünstlers werden so anschaulich und interessant dargestellt, dass man meint, sich eher auf einer Zeitreise zu befinden *(Di - Fr 10 - 16 Uhr, Sa/Feiertage außer Mo 12 - 16 Uhr, Eintritt, www.adam-ries-museum.de)*.

Auf dem Weg zu Adam Ries, der sich tatsächlich ohne „e“ schreibt, fiel uns bereits ein imposantes Gebäude auf, in dem sich die **Tourist-Information** und die **Manufaktur der Träume** befinden *(Mo - So 10 - 18 Uhr, 24./31.12. 10 - 14 Uhr, 1.1. 12 - 18 Uhr, Buchholzer Straße 2, Telefon 03733/19433, Eintritt, www.annaberg-buchholz.de)*. Nie hätten wir angenommen, dass wir über zwei Stunden in diesem Haus verbringen werden. Eigentlich hatte sich bereits der Gedanke „Bitte nicht schon wieder Volkskunst“ in unseren Köpfen Platz verschafft, aber abgesehen von einer überraschenden Innenarchitektur sind wir besonders von der Präsentation der beachtlichen Privatsammlung mehr als angenehm überrascht. Über drei Etagen entführen uns etwa 1.000 Exponate in eine faszinierende Traumwelt mit wunderbaren Spielsachen, schwebenden Engeln, gestandenen und doch so grazil wirkenden Bergmännern und Miniaturwelten. Töne, Geräusche und Lichtakzente machen das Erzgebirge lebendig und von einem langweiligen Museumsrundgang keine Spur. Nach unseren Besuchen in Seiffen und auch hier wird uns nur allzu deutlich, dass die Erzgebirger mit einer großen, tief verwurzelten Leidenschaft die Advents- und Weihnachtszeit vorbereiten und zelebrieren.

In diesem Zusammenhang sei der **Annaberger Weihnachtsmarkt** erwähnt, der im Herzen der Altstadt zu den schönsten im Erzgebirge zählt. Dabei darf das traditionelle Weihnachtsessen nicht fehlen – das „Neinerlaa“ (Neunerlei). Neun symbolkräftige Zutaten gehören dazu: Bratwurst, die die Herzlichkeit und Kraft bewahren soll, Sauerkraut, damit das Leben nicht sauer wird, Linsen sollen für das nötige Kleingeld sorgen und Karpfen, Klöße oder Hering für das große Geld, Schweinebraten, Gans und Kaninchen lassen das Glück treu bleiben, Semmel- oder Buttermilch stehen für die Gesundheit, Nüsse oder Mandeln verheißen Lebensfreude und Pilze oder rote Rüben schließlich sollen Freude und Glück bringen. Von November bis Februar wird das Neinerlaa im **Ratskeller Zum Neinerlaa** serviert. Im übrigen Jahr gibt es weitere regionale Köstlichkeiten wie Griene Klitscher mit Äppelmus (Kartoffelpuffer mit Apfelmus) oder einen im Heubett gegarter Hirschbraten *(11.30 - 21 Uhr, www.zum-neinerlaa.de)*.

Bei einer **öffentlichen Stadtführung** ist noch viel mehr und viel Schönes zu entdecken *(Di 14 Uhr/Do 16 Uhr/Sa 11 Uhr, Treffpunkt Tourist-*

Info, Gebühr). Alljährlich am 4. Advent findet die **Große Bergparade** mit 1.200 Trachtenträgern aus Sachsen und dem gesamten Bundesgebiet in Annaberg statt. Die Veranstaltung ist damit das eindrucksvolle Gegenstück zur sommerlichen Bergparade in Freiberg und stets gut besucht.
Der Bergbaugeschichte kann aber auch am 300 Jahre alten, funktionstüchtigen **Frohnauer Hammer** *(Sehmatalstraße, Di - So/Feiertage 9 - 16 Uhr, an den Adventssonntagen geöffnet, Eintritt)* oder im Besucherbergwerk **Markus-Röhling-Stolln** *(Sehmatalstraße, 9 - 16 Uhr, Eintritt, www.roehling-stolln.de)* nachgespürt werden. Die Zufahrt mit dem WOMO erfolgt am Ortseingang von der B95 aus und ist ausgeschildert. Die beiden traditionellen Arbeitsstätten können auch über einen Teil des **Bergbaulehrpfads** auf dem 7 Kilometer langen Frohnauer Rundweg familienfreundlich erwandert oder mit dem Fahrrad erkundet werden.

Nach diesem ereignisreichen Tag steht uns der Sinn nach einem ruhigen Plätzchen für die Nacht, welches wir bei der Weiterfahrt auf der B101 in **Schlettau** tatsächlich erreichen. Im Ort überqueren wir die noch kleine Zschopau und finden etwa 200 Meter später zunächst rechts Richtung Freizeitanlage den ausgeschilderten Parkplatz zum Schloss/Park [N 50°33'41.9" E 12°56'57.1"; Naumannplatz]. Der Straße rund 500 Meter folgend schlagen wir an einem hübschen, kleinen Badeteich „unsere Zelte" auf einem einfachen, gebührenpflichtigen Parkplatz auf [**269**: N 50°33'58.0" E 12°56'51.9"; Hermannsdorfer Weg. Im Sommer mit Bewirtschaftung.].

Schloss Schlettau

Das auf einer Grenz- und Wasserburg aus dem 12. Jahrhundert basierende Schloss ist von einem schönen Park und vielen Bäumen umgeben. Im Inneren befinden sich eine **Posamentenschauwerkstatt** *(1. So im Monat/Juli/Aug. jeden So 14 - 16 Uhr, Vorführung)*, in der die

Herstellung von Quasten, Fransen, Tressen, Litzen und allerlei anderen wichtigen Textilutensilien des 19. Jahrhunderts gezeigt wird sowie eine Kräuterlikörwerkstatt, die sich natürlich auch heute noch großer Beliebtheit erfreut *(Di - So/Feiertage 10 - 17 Uhr, 24. - 26.12/31.12. geschlossen, Eintritt, www.schloss-schlettau.de).*

Nach diesem erfreulichen kleinen Zwischenspiel verbringen wir an der Freizeitanlage eine ruhige Nacht, die in den spätsommerlichen Abendstunden lediglich durch den Blutdurst etlicher Riesenmücken empfindlich gestört wird.

WOMO-Wandertipp: Von Schlettau zum Scheibenberg

Leichte bis mittelschwere Wanderung von etwa 12 Kilometer Länge mit einigen Anstiegen und herrlichen Aussichten.

Am nächsten Morgen gehen wir vom Markt in Schlettau rund 200 Meter die B101 bis kurz vor die Bahnstrecke. Hier zweigt der Kirchsteig links ab, unterquert die Bahnlinie und führt durch die Felder zum Friedhof nach Walthersdorf. Wir stoßen auf den Güterweg und folgen der Gelbstrich-Markierung erst bis zur Scheibenberger Straße, die wir überqueren und kurz danach rechts weiter durch den Wald.

Von nun geht es erst leicht, dann steiler werdend bergauf. Bei Erreichen des Wasserhauses schwenken wir links über einen Bach und gehen am Wald- und Wiesenrand zu einem Plattenweg. Dieser wird überquert und von der folgenden Schutzhütte (675 Meter) lassen wir den Blick bis zum Fichtelberg schweifen. Bald sind wir am Waldrand am Fuße des Scheibenbergs angelegt und es zieht uns weiter nach oben bis zu einem quer verlaufenden Waldweg. Die Markierung war zum Zeitpunkt unserer Wanderung unvollständig – eindeutig war lediglich, dass wir den Ringweg erreicht haben. Wir halten uns links, vorbei an einer Schutzhütte,

bis wir auf den „Bergrundgang“ treffen. Hier erst links und kurz darauf rechts den Berg hinauf bis fast zur Autostraße. Dort rechts auf dem „Oberen Bergrundgang“ weiter. Eine Menge Treppenstufen führen zum „Ottomar-Zahm-Steig“, der im Basaltmeer in den Jahren 1931 bis 1934 angelegt wurde. Wir streifen den Aussichtspunkt „Morgensonne“ mit erneutem Blick auf den Fichtelberg und erreichen bald die Straße, die uns rechts zum Scheibenberg (807 Meter) bringt. Der **Aussichtsturm** bietet einen super Ausblick und das **Berggasthaus Scheibenberg** eine erzgebirgisch geprägte, gute Küche *(ab 11 Uhr, Mi/Do Ruhetag, Telefon 0373/4913344, www.buerger-berggasthaus.de)*.
Vom Gipfel geht es nun mit der Rotstrich-Markierung links vor dem Turm bergab über Treppen und die Zufahrtsstraße, bis wir in der Nähe der Sprungschanze auf einen Fahrweg stoßen. Dieser führt rechts zu einem großen Rastplatz an den bis zu 40 Meter hohen Basaltsäulen, den sogenannten **Orgelpfeifen**. Zurück zur Teerstraße folgen wir dieser bergab nach Scheibenberg und halten uns links zur Kirche, in die man durch ein Gitter einen lohnenswerten Blick werfen sollte. Vorbei am Markt überqueren wir die B101 und marschieren geradeaus die Bahnhofstraße entlang bis zum Ende der Bebauung. Hier führt rechts ein Fußgänger- und Radweg bis zum alten Bahnhof und einer Landstraße, die wir queren. Durch den Stadtwald geht es auf ausgeschildertem Weg zurück nach Schlettau.

Bei der vorstehenden Wanderung sind uns zwei Parkplätze aufgefallen, die Ausgangspunkt für weitere Wanderungen sein könnten.
Im Nu haben wir über die B101 **Scheibenberg** und einen Kreisverkehr erreicht. Von hier können wir zu einem von 77 anerkannten Geotopen Deutschlands, dem Scheibenberg abbiegen oder einen schön gelegenen Stellplatz aufsuchen.

(270) WOMO-Wanderparkplatz: Scheibenberg, Orgelpfeifen

GPS: N 50°32'16.7" E 12°55'18.6" Bergstraße **Max. WOMOs:** 2
Beschreibung: Einfacher, geschotterter Waldparkplatz außerhalb des Ortes an dem Wander- und Radtouren begin-

nen können. Über den Scheibenberg verläuft der sogenannte **Stoneman Miriquidi**, der auf 162 Kilometer ein grenzübergreifendes MTB-Abenteuer bietet *(www.stoneman-miriquidi.com)*.
Zufahrt: Im Ort dem Hinweis „Scheibenberg" auf der Bergstraße links rund 900 Meter bis zum Parkplatz an der Sprungschanze folgen. Etwa 50 Meter weiter steht man etwas offener.

(271) WOMO-Wanderparkplatz: Scheibenberg, Berggasthaus

GPS: N 50°32'20.0" E 12°55'32.2" Auf dem Berg **Max. WOMOs:** 2
Beschreibung: Der einfache, geschotterte Parkplatz befindet sich außerhalb des Ortes und in unmittelbarer Nähe von Berggasthof sowie Aussichtsturm. Guter Ausgangspunkt für Wander- und Radtouren. Über den Scheibenberg verläuft der sogenannte **Stoneman Miriquidi**, der auf 162 Kilometer ein grenzübergreifendes MTB-Abenteuer bietet *(www.stoneman-miriquidi.com)*.
Zufahrt: Wie vor, jedoch der Straße weitere 600 Meter zum rechts vor der Gaststätte gelegenen Parkplatz folgen.

(272) Offizieller WOMO-Stellplatz Scheibenberg, Wiesner's Teichwirtschaft

GPS: N 50°33'25.8" E 12°54'17.2"; Elterleiner Straße 10 **Max. WOMOs:** 5
Kontakt: Telefon 037349/8326, www.wiesners-teichwirtschaft.de
Ausstattung: V/E, Strom, Dusche, WC, Brötchenservice, Grillmöglichkeit.

Beschreibung: Der idyllisch im Grünen gelegene Stellplatz auf befestigter Wiese liegt teils unter Bäumen an einem Teich. Prima Ausgangspunkt für Wanderungen sowie Radtouren und die Forellen als auch die Karpfen schmecken in der dazugehörigen **Teichwirtschaft** der freundlichen Betreiber besonders gut *(Mo/Fr 17 - 21 Uhr, Sa 17 - 22 Uhr, So/Feiertage 11.30 - 16 Uhr)*. Der Platz ist klappstuhlgeeignet. Über den etwa 3 Kilometer entfernten Scheibenberg verläuft der sogenannte **Stoneman Miriquidi**, der auf 162 Kilometer ein grenzübergreifendes MTB-Abenteuer bietet *(www.stoneman-miriquidi.com)*.
Preise: €€.
Zufahrt: Vom Kreisverkehr an der B1010 Richtung Elterlein abbiegen und zum etwa 2 Kilometer entfernten Gasthof fahren.
Hinweis: Die Einfahrt für WOMOs über 7,50 - 8 Meter Länge ist etwas tricky. Gegebenenfalls Geräuschbelästigung durch die nahe Straße.

In Scheibenberg verlassen wir die B101 Richtung Oberwiesenthal. Langsam, aber stetig gewinnen wir an Höhe und erblicken in **Crottendorf** bald die größte Räucherkerze der Welt, die besichtigt werden kann und zum **Crottendorfer Räucherkerzenland** gehört *(Mo - So 9 - 18 Uhr, Am Gewerbegebiet 11,*

Museumsbesuch und eigene Räucherkerzenherstellung nur nach vorheriger Anmeldung, Telefon 037344/7234, www.crottendorfer-raeucherkerzen.de). Im Ort vermerken wir etwas abseits unserer Routenführung das **Grenzwald-Destillation-Museum** *(Mo - Fr 10 - 17 Uhr, Sa 9 - 12 Uhr; Rathenaustraße 59c, www.grenzwald.de)* und das ausgeschilderte sowie im Wald gelegene **Campinggelände an der Pension und Gaststätte Kalkberg** [**273:** N 50°29'15.0" E 12°55'36.0"; Joachimsthaler Straße 294, Telefon 037344/13930, pension-kalkberg.de, V/E, Strom, ganzjährig geöffnet, Preise €€].

In **Neudorf** finden Suppenkasper das **Suppenmuseum**, in dem sich alles, wer hätte es gedacht, um die Suppe dreht *(Mo - So 11 - 15 Uhr, Eintritt, Karlsbader Straße 164, www.suppenmuseum-neudorf.de)*.

Bald haben wir die B95 erreicht, die uns direkt nach **Oberwiesenthal** bringt. Wir sind mehrere Male auf dem Weg in die höchstgelegene Stadt Deutschlands (914 Meter) gewesen und waren stets von der Anfahrt begeistert. Im Sommer wechseln sich grüne Wiesen mit kleinen Wäldchen ab, Kühe weiden auf den Hängen und im Winter verwandelt der Schnee die sanft geschwungenen Hügel in ein weißes Wunderland. Dann setzt Väterchen Frost den Häusern in der Sonne glitzernde Hauben auf, die Geräusche sind gedämpft und erleuchtete Schwibbögen verbreiten einen glänzenden Schimmer. Entlang der deutsch-tschechischen Grenze trudeln wir am Fuße des Fichtelbergs in einem ausgesprochenen **Wander- und Wintersportgebiet** ein. Die Großraumparkplätze haben meist einen extra WOMO-Tarif und die Übernachtung ist gestattet.

Fichtelbergbahn

(274) Offizieller WOMO-Stellplatz: Oberwiesenthal, Sportbaude Waldeck

GPS: N 50°26'09.8" E 12°58'03.7"; Emil-Riedel-Straße 52 **Max. WOMOs:** 8
Kontakt: Telefon 037348/8496, www.sportbaude-waldeck.de
Ausstattung: V/E, Strom, Dusche, WC, Trockenraum für Skibekleidung. Brötchenservice, Sauna gegen Gebühr, Gaststätte, Frühstück möglich.
Beschreibung: Der geschotterte Platz unter Bäumen liegt am Ortsrand, etwa 2 Kilometer vom Zentrum entfernt und einige Leser teilten uns mit, dass es für größere WOMOs eng werden könnte. Die Gaststätte sei jedoch top und die Betreiber freundlich. Perfekter Ort zum Loipeneinstieg, als Ausgangspunkt für Wander- und Radtouren. Der Skilift ist nicht weit entfernt. Über den Fichtelberg verläuft der sogenannte **Stoneman Miriquidi**, der auf 162 Kilometer ein grenzübergreifendes MTB-Abenteuer bietet *(www.stoneman-miriquidi.com).*
Preise: €€€.
Zufahrt: Von der B95 am nordöstlichen Ortseingang den Hinweisen zur Sportbaude etwa 2 Kilometer folgen.

(275) Offizieller WOMO-Stellplatz: Oberwiesenthal, Tennishalle

GPS: N 50°25'39.7" E 12°58'09.9"; Vierenstraße **Max. WOMOs:** 30
Kontakt: Telefon 037348/1200, www.oberwiesenthal-freizeitcenter.de
Ausstattung: V/E, Strom, Duschen, Toiletten, Brötchenservice.
Beschreibung: Der einfache, geschotterte, teils schattige Parkplatz liegt am Ortsrand etwa 1 Kilometer vom Zentrum entfernt und bietet eine schöne Aussicht. Die Toilettenanlagen und Entsorgungsmöglichkeiten sind ein wenig in die Jahre gekommen, aber dafür steht dem direkten Loipeneinstieg oder Wander- und Radtouren nichts im Weg. Der Skilift ist etwa 500 Meter entfernt. Über den Fichtelberg verläuft der sogenannte **Stoneman Miriquidi**, der auf 162 Kilometer ein grenzübergreifendes MTB-Abenteuer bietet *(www.stoneman-miriquidi.com).*

Preise: €€€.
Zufahrt: Im Ort dem WOMO-Piktogramm rund 2,5 Kilometer zum Stellplatz folgen.

(276) WOMO-Stellplatz: Oberwiesenthal, Zentrum

GPS: N 50°25'10.9" E 12°58'39.5"; Annaberger Straße **Max. WOMOs:** 5
Ausstattung: Infotafel, Wanderwege, WC.
Beschreibung: Der einfache, geschotterte und schattenlose Parkplatz liegt am Ortsrand am Wiesenhang und bietet sich als Ausgangspunkt für Rad- und Wandertouren an. In der Nähe befinden sich ein Supermarkt und diverse Restaurants. Über den Fichtelberg verläuft der sogenannte **Stoneman Miriquidi**, der auf 162 Kilometer ein grenzübergreifendes MTB-Abenteuer bietet *(www.stoneman-miriquidi.com).*
Preise: Tagsüber €€.
Zufahrt: Wie vor, jedoch gleich den ersten Parkplatz rechts anfahren.

Oberwiesenthal

In Oberwiesenthal nahm im 16. Jahrhundert wie in vielen anderen Bergstädten die Geschichte erst einmal mit den Silber-, Kupfer- und Erzfunden ihren bergbautechnischen Anfang. Als Ende des 19. Jahrhunderts der Eisenbahnbau begann, soll der norwegische Ingenieur Olsen die ersten Ski aus seiner Heimat mitgebracht haben und somit den Grundstein für die Entwicklung Oberwiesenthals zum Wintersportort gelegt haben. Im Jahr 1906 wurde der Skiclub gegründet und bereits fünf Jahre später fanden die Deutschen Skimeisterschaften statt. In den weiteren Jahrzehnten entwickelte sich der Ort zum Mekka für Wintersportler und das Leistungssportzentrum brachte zahlreiche Olympiasieger und Weltmeister hervor. Einer der bekanntesten ist wohl der Skispringer Jens Weisflog, der als Hotelier seinem Heimatort treu geblieben ist.
Im **Museum Wiesenthaler K3** können neben Skiern, Schlitten und kurios wirkendem Zubehör aus dem 19. Jahrhundert auch zahlreiche Olympische Medaillen und die Erfolgsski von Jens Weisflog angeschaut werden (Öffnungszeiten siehe Tourist-Info). An der Postmeilensäule aus dem Jahr 1730 am Markt, der ein hübsches Häuserensemble aufweist, fährt von Mai - Oktober immer mittwochs stilecht die Postkutsche ab, während im Winter die Pferdeschlittenfahrt angesagt ist. Eine unglaubliche Fülle von weiteren touristischen Angeboten hält die **Tourist-Information** parat *(Mo - Sa 9.30 - 16 Uhr, 24./31.12./1.1. 9.30 - 13 Uhr, Karlsbader Straße 3, Telefon 037348/15505, www.oberwiesenthal.de).*
Ob es nun die Tour mit dem Mountainbike sein soll oder die tollkühne Fahrt mit Monster-Rollern vom Fichtelberg – den Freizeitbeschäftigungen werden kaum Grenzen gesetzt. Außerdem gibt es noch die **Fichtelbergbahn**, die auf schmaler Spur sommers wie winters Nostalgie und Eisenbahnromantik auf rund 17 Kilometer vermittelt und zum Beispiel bei einer Wanderung nach Neudorf den Rückweg bergauf enorm erleichtert *(www.fichtelbergbahn.de).*

WOMO-Wandertipp: Vom Fichtelberg nach Oberwiesenthal

Leichte Wanderung von etwa 10 Kilometer Länge einschließlich einer Fahrt mit der Schwebebahn.
Als wir an einem klirrend kalten Wintermorgen aus dem WOMO-Fenster schauen und den strahlend blauen Himmel sehen, entscheiden wir uns für eine Fahrt mit Deutschlands dienstältester **Schwebebahn** auf

Sachsens höchsten Berg, den 1.215 Meter hohen Fichtelberg. Auf der 1.175 Meter langen Trasse überwinden wir sehr reizvoll den Höhenunterschied von 303 Meter in 3,5 Minuten zum Gipfel, der heute klar und ungetrübt das deutsch-tschechische Grenzgebiet überragt. Die Fernsicht, die leider nicht immer gegeben ist, ist überwältigend und die kalte Höhenluft macht die Atemwege frei und uns hungrig. Irgendeine Ausrede brauchen wir ja, um auf der Terrasse des **Fichtelberghauses** einen zünftigen Eintopf aus der Gulaschkanone zu futtern. Dabei schauen wir auf das rege Treiben der Abfahrts- und Langläufer, der Wanderer und der Tagestouristen, die einfach nur einmal auf dem höchsten Berg Mitteldeutschlands sein möchten. Gut gestärkt laufen wir parallel zur Fichtelbergstraße bis Höhe Hotel Sachsenbaude und von dort über die Wellenschaukel bis zur Kreuzung am Reitsteig, dem wir links bis zur Kreuzung Ausrücke folgen. Hier marschieren wir rechts bis zur **Sportbaude Waldeck** und über die Vierenstraße zu unserem Stellplatz an der Tennishalle. Der Winterwanderweg nach Oberwiesenthal ist ab der Sachsenbaude mit grünen Schildern und gelber Schrift gut ausgewiesen und gar nicht zu verfehlen.

Die B95 führt uns Richtung Tellerhäuser immer weiter in die Höhe und an den Hinweis zum Fichtelberg, dem wir folgen und nach etwa 400 Meter den Parkplatz an der **Skiarena** erreichen [N 50°24'58.8" E 12°56'10.6"; Fichtelbergstraße, tagsüber Gebühr und eigentlich nur für Pkw gestattet].
Am nächsten Parkplatz an der **Fichtelberghütte** entdecken wir ein WOMO-Piktogramm. Hier ist **Wintercamping** mit direktem Zugang zum Loipeneinstieg und zu den Pisten angesagt [**277:** N 50°25'32.2" E 12°57'07.7"; Fichtelbergstraße, Telefon 037348/23478, www.fichtelberghuette.de, Strom/Dusch- und Sanitäranlagen, Preise €€€.].
Der höchstgelegene und mit der schönsten Aussicht versehene, gebührenpflichtigen Parkplatz unserer Reise befindet sich auf dem Fichtelbergplateau. Dort, wo wir jahrelang in luftiger Höhe parken und mit dem WOMO sogar über Nacht stehen durften, gilt seit dem Jahr 2020 für WOMOs ein eingeschränktes Halteverbot.
Also einmal aussteigen, Foto machen und schon geht es wieder den Berg hinab und auf die Spur zur nächsten Tour.

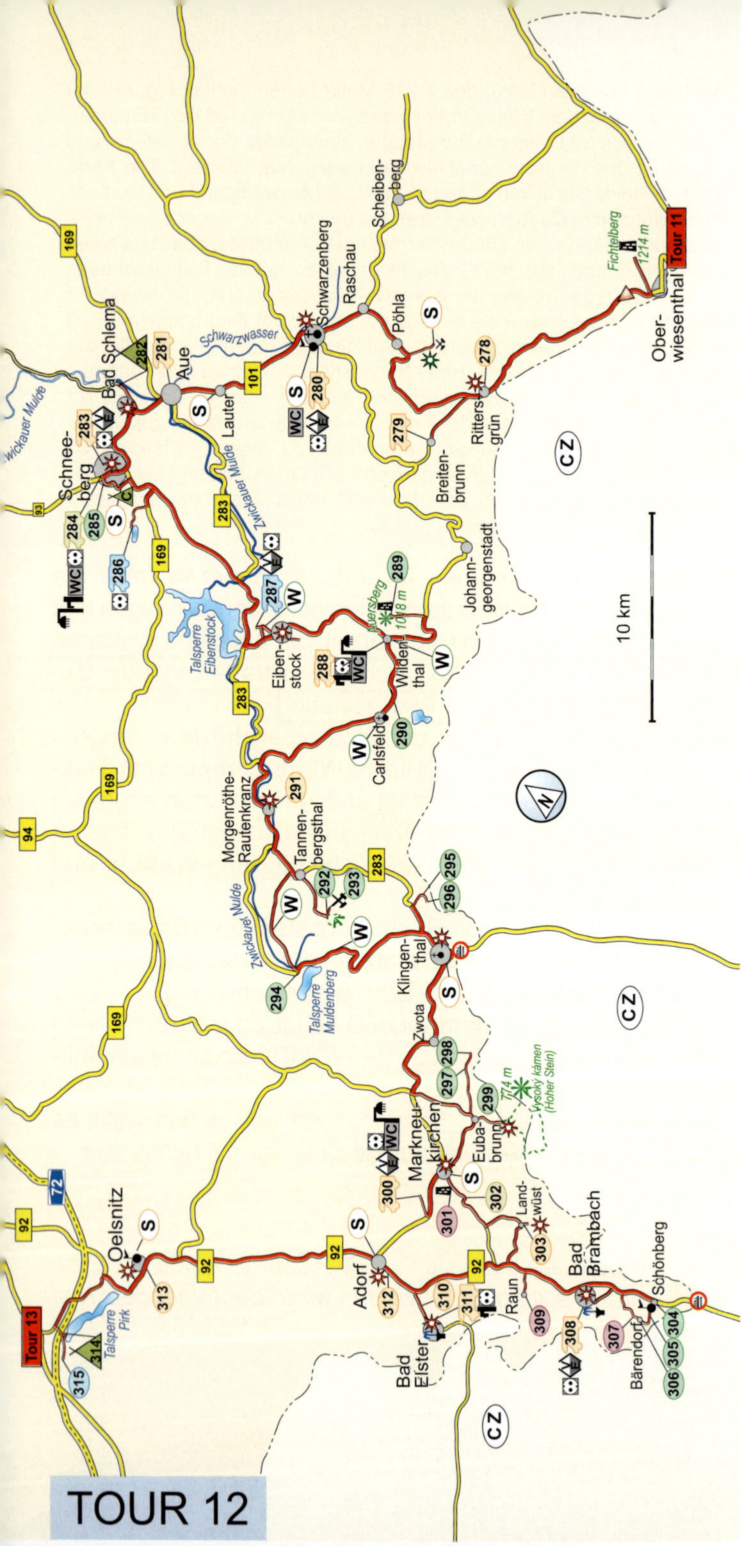
Tour 11
Tour 13
Fichtelberg 1214 m
Ober-wiesenthal
Scheiben-berg
Schwarzenberg
Raschau
Pöhla
Rittersgrün
Breiten-brunn
Johann-georgenstadt
Aue
Bad Schlema
Schwarzwasser
Lauter
Schnee-berg
Zwickauer Mulde
Talsperre Eibenstock
Eiben-stock
Auersberg 1018 m
Wilden-thal
Carlsfeld
Morgenröthe-Rautenkranz
Tannen-bergsthal
Talsperre Muldenberg
Klingen-thal
Zwota
Markneu-kirchen
Euba-brunn
Vysoký kámen (Hoher Stein) 774 m
Land-wüst
Bad Brambach
Schönberg
Bärendorf
Raun
Bad Elster
Adorf
Oelsnitz
Talsperre Pirk
CZ
10 km

TOUR 12

Tour 12 — 290 km

Rittersgrün – Schwarzenberg – Schneeberg – Eibenstock – Morgenröthe-Rautenkranz – Klingenthal – Markneukirchen – Bad Elster – Oelsnitz – Talsperre Pirk

Stellplätze:	Rittersgrün, Schwarzenberg, Aue, Schneeberg, Eibenstock, Wildenthal, Carlsfeld, Morgenröthe-Rautenkranz, Schneckenstein, Muldenberg, Klingenthal, Erlbach, Eubabrunn, Markneukirchen, Landwüst, Schönberg, Bärendorf, Bad Brambach, Raun, Bad Elster, Oelsnitz, Magwitz.
Campingplätze:	Breitenbrunn Camping am Sportpark Rabenberg, Bad Schlema Camping Silberbach, Talsperre Pirk Campingplatz Naherholungsgebiet.
Besichtigen:	Rittersgrün Eisenbahnmuseum; Lauter Alte Laborantenkunst; Pöhla Besucherbergwerk; Schwarzenberg Altstadt, Museum; Bad Schlema Museum Uranbergbau, Schneeberg Altstadt, Volkskunstmuseum, Pochwerk; Eibenstock Stickereimuseum Morgenröthe-Rautenkranz Raumfahrtausstellung; Schneckenstein Besucherbergwerk; Klingenthal Vogtland-Arena Museum; Markneukirchen Instrumentenmuseum, Framus-Museum; Eubabrunn und Landwüst Freilichtmuseen; Adorf Klein Vogtland, Perlmuttermuseum; Oelsnitz Teppichmuseum.
Wandern:	Schneckenstein, Eubabrunn.
Radfahren:	Breitenbrunn, Wildenthal.
Baden:	Schneeberg, Eibenstock, Muldenberg, Bad Brambach, Bad Elster, Pirk.-
Essen:	Schwarzenberg Degute Stub', Auersberg Berggasthof, Erlbach Brauhaus, Eubabrunn, Waldschänke, Markneukirchen Heiterer Blick, Schönberg Schlosscafé.

In dieser Tour verlassen wir das Erzgebirge und werden im grünen Herzen Europas ins Vogtland wechseln. Die Region im Dreiländereck Böhmen, Bayern und Sachsen bietet eine große landschaftliche Vielfalt zum Wandern und Radfahren, eine lange Tradition im Musikinstrumentenbau und anderer Handwerke. Der Wintersport spielt eine große Rolle und Kurbäder locken mit den ältesten Moorheilmethoden Deutschlands oder der stärksten Radonquelle weltweit. Nach dem wir uns in Plauen einen Einblick in die moderne Kunst der Spitzenstickerei erlaubt haben, werden wir in der folgenden Tour wieder ins Erzgebirge wechseln und uns dort noch einmal mit dem sächsischen Automobilbau in Zwickau beschäftigen. Die Stadt ist jedoch auch untrennbar mit dem Komponisten Robert Schumann verbunden (www.vogtland-tourismus.de).

Aus Richtung Oberwiesenthal oder vom Fichtelberg kommend rauschen wir Richtung Schwarzenberg mit 14 Prozent Gefälle ins Tal nach **Rittersgrün**.

(278) WOMO-Stellplatz: Rittersgrün, Eisenbahnmuseum

GPS: N 50°28'25.4" E 12°48'14.4"; Postberg **Max. WOMOs:** 2 - 3
Ausstattung: Spielplatz, Parkbahn unter Dampf.
Beschreibung: Der einfache, asphaltierte, meist schattenlose Parkplatz befindet sich im Ort mit Restaurant und Bäcker in der Nähe.
Zufahrt: Etwa 2 Kilometer hinter dem Ortseingang rechts den Hinweisen zum Museum folgen.

Sächsisches Schmalspurbahnmuseum

Das Museum im ehemaligen Endbahnhof einer Schmalspurbahnstrecke beherbergt restaurierte Dampf- und Dieselloks sowie eine ständige Ausstellung zum alten Fuhrwesen im Erzgebirge. So ganz nebenbei wird auch noch die Kopie des 183 Kilogramm schweren Rittersgrüner Meteoriten präsentiert, der im Jahr 1833 durch einen Waldarbeiter in der Nähe entdeckt wurde und dessen Original in der Freiberger Bergakademie zu sehen ist *(Di - So/Feiertage 10 - 16 Uhr, Eintritt, www.schmalspurmuseum.de).*
Auch hier beeindruckt uns wie so oft das meist ehrenamtliche Engagement der Ortsansässigen oder der Liebhaber der vorgestellten Exponate in den verschiedenen Museen und kleinen Ausstellungen entlang unserer Tourenstrecken. Mit viel Enthusiasmus, großem Zeitaufwand und liebevoller Hingabe wird uns ein Querschnitt durch ganz unterschiedliche Bereiche geboten, die wir hoffentlich so weitergeben können, dass weitere Besucher halt machen und sich in die spannende, teils faszinierende Vergangenheit Sachsens hineinziehen lassen.

In der vorherigen Tour schrieben wir bereits vom **Stoneman Miriquidi**, das abwechslungsreiche Trail-Angebot für Mountainbiker im Erzgebirge. Im nahen **Breitenbrunn** können nicht nur MTB-Enthusiasten, sondern alle Interessierten einen einfachen, einem Stellplatz ähnlichen **Campingplatz** am ersten deutschen **Trail-Center am Sportpark Rabenberg** beziehen und anschließend zusätzlich auf fünf Loops unterschiedlicher Schwierigkeitsgrade losfahren oder anderen Sportarten nachgehen [**279:** N 50°27'16.5" E 12°44'29.2"; Rabenberg 1, Telefon 037756/1710, www.sportpark-rabenberg.de, ganzjährig geöffnet, Preise €€€].
Im Pöhlwassertal geht es weiter abwärts nach **Pöhla** und zu einem weiteren Ziel für Bergbauinteressierte. Kurz hinter dem Ortseingang folgen wir dem Hinweis zum Besucherbergwerk ins Luchsbachtal und damit zu den wohl **größten Zinnkammern Europas** [N 50°29'36.3" E 12°49'13.4"; Luchsbachtal].

Zinnkammern im Besucherbergwerk Pöhla

Im Gegensatz zu der an der Zufahrt liegenden und verwaist wirkenden Fundgrube Morgenstern aus dem 15. Jahrhundert fahren wir nun in ein „junges" Bergwerk ein. Nach Ende des Zweiten Weltkriegs begann die Suche nach Uranpechblende und die reichen Funde sorgten für ein neues Berggeschrei im Erzgebirge. Unter sowjetischer Führung

trieb die Firma „SDAG Wismut“ im Jahr 1967 in Pöhla einen etwa acht Kilometer langen Hauptstollen bis zum Fuß des Fichtelbergs, in dem wir nach 3.000 Meter und 17-minütiger Fahrt mit der Grubenbahn die Lagerstätte „Hämmerlein“ erreichen. Unter sachkundiger Führung können wir unter anderem die Bohrarbeiten von Hand und mit Bohrwagen beim Uranabbau nachvollziehen. Wir steigen über Fahrten (Leitern) in übereinanderliegende Gänge, halten uns die Ohren bei der lauten Vorführung des Presslufthammers zu und lassen uns das Bohr- als auch das Zündschema der Vortriebe erklären. Das fachmännische Können der Bergleute ist für uns besonders in den riesigen Zinnkammern zu erkennen. Mit der politischen Wende im Jahr 1989 kam das Ende der Urangruben und die neu entstandene Wismut GmbH sorgt seit Anfang der 1990er Jahre für die Flutung der Lagerstätten und für umfangreiche Sanierungsarbeiten unter und über Tage. Kein Wunder also, wenn wir uns beim „Glück auf“ - Gruß vorbeieilender Bergleute teilweise wie in einem noch in Betrieb befindlichen Bergwerk vorkommen. Zum Abschluss der aufschlussreichen und launigen Führung können wir uns beim Abspielen des Steigerlieds von der hervorragenden Akustik der 12 Meter hohen, 45 Meter langen und 10 Meter breiten Kammern überzeugen, die heute als unterirdischer „Konzertsaal“ beeindrucken und genutzt werden *(Bergmännische Führung täglich 10 Uhr, Bergmännische Führung mit Lasershow täglich 14 Uhr, Dauer ca. 2,5 Stunden, Eintritt, www.zinnkammern.de)*.

Vom Stellplatz blicken wir über die umliegenden sanften Hügel und herrlichen Berge bevor wir die Weiterreise erst über die Landstraße und dann über die B101 nach **Schwarzenberg** antreten, das den Beinamen **Perle des Erzgebirges** nicht nur wegen seiner landschaftlich schönen Lage trägt. Der gebührenpflichtige Altstadtparkplatz bietet sich zur Stadtbesichtigung [N 50°32'12.5" E 12°47'12.7" Hammerweg].

(280) Offizieller WOMO-Stellplatz: Schwarzenberg, Uferstraße

GPS: N 50°32'07.1" E 12°46'59.2"; Uferstraße **Max. WOMOs:** 6
Ausstattung: V/E, Strom, Tisch und Bank.
Beschreibung: Der geschotterte, teils schattige Stellplatz liegt in einem

Wohngebiet und wird bis voraussichtlich Ende 2020/Anfang 2021 umgebaut. Der einfache, geschotterte Ausweichplatz ohne V/E/Strom befindet sich an der Durchgangsstraße schräg gegenüber der Zufahrt zum oben genannten Altstadtparkplatz [N 50°32'13.0" E 12°47'21.7"; Karlsbader Straße] .
Preise: €€, Parken bis zu 4 Stunden möglich €.
Zufahrt: Wie vor, jedoch an der Zufahrt zum vorherigen Parkplatz vorbei dem WOMO-Piktogramm ca. 700 m weiter folgen.
Hinweis: Maximaler Aufenthalt 3 Tage. Nur für WOMOs bis 7,50 m!

Schwarzenberg und die unbesetzte Zone

Gleich einer Perle in einer Muschel sind die Wahrzeichen der Stadt, Schloss und Kirche, aus allen Richtungen gut sichtbar auf dem schwarzen Felsen zu erkennen. Während die um sie angeordneten engen, romantischen Gassen und die liebevoll restaurierten Häuser den Flair und Charme der Kleinstadt noch steigern. **Öffentliche Stadtführungen** vertiefen den positiven Stadteindruck und können bei der **Tourist-Information** gebucht werden *(Mo - Fr 10 - 18 Uhr, Sa 10 - 13 Uhr, Oberes Tor 5, Telefon 03774/22540, www.schwarzenberg.de).* Vom Parkplatz Hammerweg führen Treppen auf den Felssporn über dem schnell dahinfließenden Schwarzwasser oder man lässt sich komfortabel mit dem Schrägaufzug die 30 Höhenmeter empor gleiten.
Seit 300 Jahren bildet das Ensemble von **St. Georgenkirche und Schwarzenberger Schloss** eine Einheit. Die im Jahr 1699 geweihte Kirche besticht besonders durch die freitragende Decke – keine Säule versperrt den Blick zum Altar und das Licht kann ungehindert durch die hellen Fenster in den Innenraum fluten. Nach diesem schönen Beispiel barocker Kirchenbaukunst wenden wir uns dem 800 Jahre alten Schloss zu. Im **Museum PERLA CASTRUM** werden wir unter anderem mit der größten Sammlung zur Klöppelspitze im Erzgebirge darauf hingewiesen, dass nach dem Bergbaurückgang das Klöppelhandwerk in der Region eine große Rolle spielte. Mitte des 19. Jahrhunderts arbeiteten immerhin über 3.500 Frauen und Mädchen in diesem Handwerk. Im Schlossturm wird neben der „normalen“ Stadthistorie besonders auf die Zeit der unbesetzten Zone eingegangen *(Di - So 10 - 17 Uhr, 24./31.12. geschlossen, Eintritt, www.perlacastrum.de).*
Nachdem am 8. Mai 1945 die Kapitulation Deutschlands in Kraft trat und der Zweite Weltkrieg auf deutschem Boden ein Ende hatte, wurde das Territorium zwischen den Siegermächten aufgeteilt und besetzt. In ganz Deutschland? Nein, nicht so im ehemaligen Landkreis Schwarzenberg! Den vergaßen die Großen dieser Welt für sechs Wochen und Bürger übernahmen bis zur endgültigen Übernahme durch die Sowjets die Verantwortung über die Stadt. Eigene Briefmarken wurden gefertigt, es gab Notgeld und neben dem Druck einer Zeitung wurde sich natürlich um die Versorgung der Bevölkerung gekümmert. Der Schriftsteller

St. Georgenkirche und Schwarzenberger Schloss

Stefan Heym nahm sich dieser ungewöhnlichen Begebenheit an und nutzte sie als Vorlage für seinen Roman „Schwarzenberg". Hieraus entstand später die Legende der **Freien Republik Schwarzenberg**, die es so nur im Kopf des Schriftstellers und später beim Künstler Jörg Beier gegeben hat.

Eine abwechslungsreiche **Rundwanderung** von etwa 11 Kilometern um die Stadt startet übrigens als Panoramaweg mit der Gelbstrich-Markierung vom Parkplatz Hammerweg, führt mit dem Schrägaufzug in die Straßen und anschließend über Waldwege zu schönen Aussichtspunkten.

Nach der Wanderung, dem Stadtspaziergang oder einfach nur mal so ist die **De gute Stub'** im Schwarzenberger Ratskeller am Marktplatz eine wahrlich gute Einkehrmöglichkeit *(ab 11.30 Uhr, Markt 1, Telefon 03774/1762130, www.ratskeller-schwarzenberg.de)*.

Im weiteren Verlauf der B101 erreichen wir **Lauter**, das auf eine lange Geschichte der Spirituosenherstellung zurückblicken kann.

Im Jahr 1734 wurden hier königlich-sächsische Laboranten sesshaft, die bereits in den Jahren zuvor im Auftrag August des Starken auf der Suche nach einem lebensverlängernden Elixier waren. Der Herstellung spüren wir in der **Alten Laborantenkunst** nach und können zwischen Kräuterkammer und Destillierapparat allerlei Wissenswertes über die trinkbare Kräuterkraft der Gebirgs- und Waldwiesen erfahren [N 50°33'37.1" E 12°44'23.8"; August-Bebel-Straße]. Gegen jedes Leiden scheint ein Kraut gewachsen zu sein und nach der Verkostung des einen oder anderen Likörchens ist man davon überzeugt, lediglich reine Medizin zu sich genommen zu haben *(Mo - Fr 10 - 17 Uhr, Eintritt, Telefon 03771/256391, www.lautergold.de)*.

Am Ortseingang von **Aue** beschert uns in einer Zeit, in der nichts groß und spektakulär genug sein kann, der **Zoo der Minis** eine ganz andere Superlative: Schweine, die kleiner als mancher Hund sind, Mäuschen von acht Gramm Leichtgewicht oder leuchtend grüne Minifröschlein, die mindestens genauso faszinieren wie ihre großen Artgenossen *(9 - 16 Uhr,*

Eintritt, www.zooderminis.de). Im Ortszentrum vermerken wir einen gebührenpflichtigen offiziellen **WOMO-Stellplatz** auf einem einfachen Parkplatz [**281:** N 50°35'13.0" E 12°41'45.5"; Anton-Günther-Platz].

Die B101 führt uns durch die Stadt und als B169 nach **Bad Schlema** mit dem ruhig und recht schön gelegenen **Campingplatz Silberbach**, von dem es einen direkten Zugang zum **Bergbaulehrpfad** gibt und das Kurgelände schnell zu erreichen ist [**282:** N 50°36'24.1" E 12°39'32.2"; Silberbachstraße 11, Feb. geschlossen, Tel. 03772/372032, www.camping-silberbach.de, geöffnet März bis Mitte Jan., Preise €€].

Bad Schlema

Im Kulturhaus Aktivist erwartet uns das gut ausgeschilderte **Museum Uranbergbau** in dem wir uns nochmals mit der Geschichte der Uranerzgewinnung näher beschäftigen können. Neben den Arbeitsgeräten sind es besonders die Grafiken und teils düsteren Gemälde, die uns

in den Gesichtern der Abgebildeten die harte Arbeit der Kumpel vermitteln. Interessant sind die Landschaftsmodelle anhand derer wir die gravierenden Veränderungen durch den Wismutbergbau und die Haldenaufschüttung verfolgen können und die Geschirrexponate, die Anfang des 20. Jahrhunderts mit Uranglasuren versehen wurden und grün fluoreszierend hinter Glas leuchten *(Mo - Do 9 - 17 Uhr, Sa/So/Feiertage 10 - 17 Uhr, ggf. Schließtage beachten, Eintritt, www.uranerzbergbau.de).* Weiterhin können wir uns mit der Geschichte des Radiumbades Oberschlema vertraut machen, die sich heute im **Kurort Bad Schlema** fortsetzt und uns in der **Tourist-Information** darüber weiter informieren *(Mo//Mi/Fr 10 - 16 Uhr, Di/Do 10 - 18 Uhr, Sa/So/Feiertage 11 - 15 Uhr, Telefon 03772/380450, www.kurort-schlema.de).*

Auf der B169 trudeln wir fast übergangslos in der Bergstadt **Schneeberg** ein.

(283) Offizieller WOMO-Stellplatz: Schneeberg, Unter den Linden

GPS: N 50°36'06.7" E 12°38'35.6"; Unter den Linden **Max. WOMOs:** 20

Ausstattung: V/E, Strom, Müllbehälter.
Beschreibung: Der einfache geschotterte, teils schattige Großparkplatz liegt im Ort etwa 600 Meter vom Zentrum entfernt. Das Parkticket berechtigt zum ermäßigten Eintritt im Jugendstilbad Dr.Curt-Geitner-Bad.
Preise: €.
Zufahrt: Im Ort dem Parkleitsystem zum Parkplatz „Unter den Linden“ folgen.
Hinweis: Gegebenenfalls bei Veranstaltungen eingeschränkt nutzbar.

(284) Offizieller WOMO-Stellplatz: Schneeberg, Berghotel Steiger

GPS: N 50°35'36.8" E 12°38'06.0"
Oberer Krankenhausweg 2a
Max. WOMOs: 10
Ausstattung: Wasser, Strom, Duschen und WC stehen im Hotel von 7 - 20 Uhr zur Verfügung. Brötchenservice, Frühstück möglich, Restaurant vorhanden.
Beschreibung: Der einfache, geschotterte Parkplatz liegt zwischen Bäumen am Hotel. Wer nicht so gut mit Hunden kann, ist hier eventuell fehl am Platz, da es sich beim Hotel um ein sogenanntes Pfötchenhotel handelt. Hunde sind im Hotel und natürlich auch auf dem Stellplatz ausdrücklich willkommen und erhalten auf Wunsch und gegen eine von Frauchen oder Herrchen gezahlte Gebühr das „Rundherumverwöhnprogramm" vom Hundemenü bis zur Wellnessmassage. Unsere beiden vierbeinigen Ladies bevorzugten allerdings eine Wanderung in die Umgebung und fühlten sich auch wohl. Der Fußweg ins Ortszentrum beträgt etwa einen Kilometer bergab.
Preise: €€.
Zufahrt: Von der B93 Richtung Zwickau den Hinweisen zum Berghotel folgen.

Schneeberg

Vom Mittelalter, über die Zeit des Barocks bis zur Gegenwart hat Schneeberg, das seine Entstehung im Jahr 1471 dem Bergbau zu verdanken hat, viel zu bieten. Nachdem der Silberrausch etwa Mitte des 16. Jahrhunderts verflogen war, füllten die Erlöse aus den Wismut- und Kobaltfunden den Stadtsäckel. Wichtigstes Denkmal und ergiebige Quelle, um sich mit dem Abbau der Kobalterze zu beschäftigen, ist das etwas außerhalb liegende **Siebenschlehener Pochwerk** *(Ostern - Okt. Do - Sa 10 - 17 Uhr, Eintritt)*. Bereits um das Jahr 1500 wurde das Pochwerk zur Aufbereitung des Kobalderzes genutzt, aus dem das berühmte Kobaltblau unter anderem für das Meißner Porzellan hergestellt wurde. An den Bergbau erinnert auch der **Bergstreittag**, der alljährlich am 22. Juli begangen wird. Nachdem der Ertrag der Silberfunde rückläufig und das Betreiben der Gruben teurer wurden, beschloss man Ende des 15. Jahrhunderts den Wochenlohn der Häuer und Knappen radikal zu kürzen. Schon damals gingen die Menschen gegen diesen Dumpinglohn auf die Straßen, pardon, Gassen muss man wohl sagen, und besetzten den Wolfsberg. Der Druck des Streiks zeigte Wirkung und die Lohnkürzungen wurden zurückgenommen. Von da an wurde dem „Streittag" zu besonderen Anlässen mit einem Berggottesdienst und einer Bergparade gedacht. Diese Tradition setzt sich über die Jahrhunderte bis heute fort. Zentraler Sammelort und großartige Kulisse ist der Markt mit seinen repräsentativen Bürgerhäusern und dem neugotischen Rathaus.

Joachimtsthaler Krippe als Stufwerk aus dem 19. Jahrhundert

Hier vermittelt die **Tourist-Information** alles Wissenswerte für einen gelungenen Aufenthalt *(Mo - Fr 9 - 17 Uhr, Sa 9 - 12 Uhr, Markt 6, Telefon 03772/20314, www.schneeberg.de)*. Die barocke Schönheit Schneebergs wirkt immer und ist im weihnachtlichen Lichterglanz besonders anziehend. Am 2. Adventswochenende findet zudem das **Lichtelfest** statt, das die zahlreichen Besucher mit erzgebirgischen Traditionen in vorweihnachtliche Stimmung versetzt.

Zur Attraktivität trägt sicher auch das **Museum für bergmännische Volkskunst** bei, das im wunderschönen barocken Bortenreuther-Haus untergebracht ist. Genau wie in Annaberg stellen wir auch hier fest, dass Volkskunst durchaus einem hohen schöpferischen und künstlerischen Anspruch entsprechen kann. Für seine praktische Arbeit musste der Bergmann Modelle von Bergwerksanlagen herstellen, die ihm gutes handwerkliches und technisches Können abverlangten. Hieraus entwickelte sich die Motivation in der Feierabendzeit Schnitzereien anzufertigen, die einen erzählenden Charakter aufwiesen und besonders in der Weihnachtszeit gepflegt wurden. Auf eine ganz andere Art als in den zu besichtigenden Bergwerken erleben wir die Welt der Bergleute, die ihren Arbeitsalltag aus Holz bauten oder den beruflichen Werdegang eines Obersteigers schnitzten.

Nachdem die Krippenschnitzerei um das Jahr 1820 auch bei den sächsischen Bergleuten bekannt wurde, dauerte es nicht lange bis sich daraus die Entstehung der **Weihnachtsberge** ableitete. Immer feiner wurde die Schnitzkunst, die sich unter anderem besonders beim „Orientalischen Weihnachtsberg“ aus dem Jahr 1930 in der Feingliedrigkeit der Figuren und der Detailgenauigkeit auszeichnet. Die logische Schlussfolgerung aus der bergmännischen Tradition zeichnet sich beim „Neustädtler Heimatberg“ (um 1920) ab, bei dem die Geburt Jesu in der heimatlichen Umgebung eines Huthauses dargestellt wird.

Kunstvolle Hängeleuchter, leuchtende Schwibbögen und grazile Pyramiden sowie eine über Jahrzehnte entstandene Dorfkirmes mit bunten Figuren und Karussellen lassen uns immer wieder staunend vor den Ausstellungsvitrinen stehen bleiben und die Fingerfertigkeit der Künstler bewundern. Wir meinen, dass wir durch die Sammlungen, die durch historische Klöppelarbeiten ergänzt werden, einen der interessantesten Einblicke in die erzgebirgische Volkskultur erhalten haben *(Di - So/Feiertage 10- 17 Uhr, 24./31.12. 10 - 15 Uhr, Eintritt, www.museum-schneeberg.de)*.

Auf der B93 Richtung Zwickau ächzen wir den Berg nach oben, verlassen die Bundesstraße wenig später nach Lindenau/Forstteich.

(285) WOMO-Wanderparkplatz: Schneeberg-Lindenau, Am Forstteich

GPS: N 50°35'43.7" E 12°36'11.2"
Max. WOMOs: 2 - 3
Ausstattung: Müllbehälter.
Beschreibung: Der einfache, geschotterte, teils schattige Parkplatz außerhalb des Ortes ist terrassenförmig angelegt und liegt an der Straße. In einem hinteren Eckchen ist er sicher klappstuhlgeeignet und ein guter Ausgangspunkt für Wanderungen und Radtouren ist der Parkplatz obendrein.
Zufahrt: Etwa 1,1 km nach dem Abbiegen liegt rechts der Parkplatz.

Der Straße folgend streifen wir zunächst einen **Campingplatz** und dann an einer T-Kreuzung links abknickend das bereits erwähnte **Siebenschlehener Pochwerk** [N 50°35'16.4" E 12°37'31.3"; Lindauer Straße].
Rasch sind wir anschließend auf der B169 Richtung Plauen gelandet, zweigen zum ausgeschilderten **Filzteich** ab und orientieren uns an den WOMO-Piktogrammen. Direkt am gepflegten **Strandbad** gelegen, bietet der mit Schranke gesicherte, offizielle **WOMO-Stellplatz** die Nutzung der sanitären Einrichtungen des Freibades *(Mai - Sept.)*, der Gastronomie und **Stromversorgung** an **[286:** N 50°34'25.8" E 12°36'42.9"; Am Filzteich, www.silberstrom.de, Preise €€]. Der Filzteich ist die älteste Talsperre Sachsens und sein Name resultiert aus den Torfvorkommen, die im Volksmund als „Filz“ bezeichnet werden.

Wieder auf der Bundesstraße fahren wir ein kurzes Stück zurück und biegen Richtung Klingenthal nach Eibenstock ab. Landschaftlich schön kurven wir durch dichte Wälder sowie grüne Täler dem zweithöchsten Berg Sachsens, den Auersberg (1018 Meter), entgegen. Wir befinden uns bereits eine ganze Weile im **Naturpark Erzgebirge/Vogtland**, der sich an der sächsisch-böhmischen Grenze etwa von Frauenstein bis ins vogtländische Bad Elster auf einer Länge von rund 120 Kilometer in Ost-West-Ausdehnung entlangzieht. Die größte Trinkwassertalsperre Sachsens, die Talsperre Eibenstock, lassen wir rechts liegen und schon bald erreichen wir **Eibenstock**.

(287) Offizieller WOMO-Stellplatz: Eibenstock Badegärten

GPS: N 50°30'16.8" E 12°35'59.1"
Ludwig-Jahn-Straße
Max. WOMOs: 16
Kontakt: Telefon 037752/5070, www.badegaerten.de

Ausstattung: V/E, Strom, Sanitärgebäude (Schlüssel gegen Pfand €€€), Waschmaschine, Trockner, Frühstück möglich.
Beschreibung: Die befestigten, parzellierten, meist schattenlosen Flächen befinden sich außerhalb des Ortes unterhalb des Pkw-Parkplatzes und direkt an den Wiesen sowie den angrenzenden Pferdekoppeln eines Reiterhofes. Uns erschien die Nutzung der womo-spezifischen Anlagen etwas umständlich, da hierfür besondere Wertmarken benötigt werden, die zuvor an der Kasse geholt werden müssen.
Der Platz ist ein guter Ausgangspunkt für Wanderungen und Radtouren. In den **Badegärten Eibenstock** wird die ganze Welt der Bade- und Schwitzrituale versprochen, die man beispielsweise in der Schwimmhalle und in türkischen Dampfbädern, im japanischen Saunagarten oder im indianischen Steinschwitzbad erleben kann *(10 - 22/23 Uhr, Eintritt, www.badegaerten.de).*
Preise: €€€.
Zufahrt: Im Ort der Beschilderung zu den Badegärten folgen.
Hinweis: Nach Möglichkeit vorherige Reservierung erwünscht, da man sonst gegebenenfalls länger an der Kasse anstehen muss.

Eibenstock

Da es in der Region um die herrlich zwischen Talsperre und Auersberg auf einer Hochfläche gelegene, vom Bergbau jahrhundertelang geprägte Stadt viel zu erkunden gibt, kann man sich vom nahen **Aussichtsturm** mit Gaststätte zunächst einen landschaftlichen Überblick verschaffen. Im Ort ist es dann die **Tourist-Information**, die Wissenswertes zu den vielen touristischen Angeboten vermittelt *(Mo 9 - 12/13 - 17 Uhr, Di - Fr bis 16 Uhr Sa 10 - 12 Uhr, Dr.-Leidholdt-Straße 2, Telefon 037752/2244, www.eibenstock.de).*
Neben Naturerlebnissen bei **Wanderungen** oder Einblicken in die Geheimnisse des Wassers auf dem **Wasserlehrpfad** wird weiterhin in **Wurzelrudis Erlebniswelt** beispielsweise mit einer Allwetterbobbahn und einer Reifenrutsche ein „abgefahrenes" Ziel für unternehmungsfreudige Familien geboten. Im Winter ist dann für Skihasen auf der Piste samt Schlepplift, im Snowboard-Funpark und beim Einstieg ins Loipennetz Gaudi angesagt *(Aktuelle Öffnungszeiten unter www.wurzelrudis-erlebniswelt.de, Telefon 037752/69492 oder 0173/7843279, Lohgasse)*

Pantographenstickmaschine

Nachdem der Bergbau zum Erliegen kam, hielt im Jahr 1775 eine neue Kunst, das Tambourieren, ihren Einzug in Eibenstock. Hierbei handelt es sich um eine mit Häkelnadeln gefertigte Stickerei, bei der eine Art Luftmaschenkette auf das Gewebe aufgestickt wird. Hieraus entwickelte sich ein blühender Industriezweig und bescherte der Stadt Weltruhm und imposante Gebäude wie das im Jahr 1907 im schönsten Jugendstil erbaute Rathaus. Im **Stickereimuseum** wird uns vom Entwurf bis zur fertigen Stickerei alles Wissenswerte über das filigrane Handwerk erklärt. An der historischen Handstickmaschine aus dem Jahr 1860 oder der Automatenstickmaschine von 1920 können wir mit Getöse die feinmaschigen Wunderwerke entstehen sehen *(Di - So 10 - 12/13 - 17 Uhr, Eintritt, Bürgermeister-Hesse-Straße 7/9, www.stickereimuseum.de)*.
Der knapp fünf Kilometer lange, ausgeschilderte **Märchenrundweg** bietet nicht nur für Kinder eine fantasievolle Möglichkeit, um Eibenstock zu entdecken.

Mit abwechslungsreichen Ausblicken auf Berge und Täler, gespickt mit etlichen **Wanderparkplätzen** düsen wir Richtung Johanngeorgenstadt/Carlsfeld nach **Wildenthal**. Eine schöne Gegend, in der die Wälder von Gebirgsbächen durchzogen sind und sich in der entsprechenden Jahreszeit die Blümchen auf bunten Bergwiesen im Wind wiegen.
Fehlt nur noch ein ruhiger Stellplatz, von dem aus dies alles erkundet werden kann und wo eine nette Betreiberin viele weitere Tipps parat hält.

(288) Offizieller WOMO-Stellplatz: Wildenthal, Ferienhaus Ott

GPS: N 50°27'05.5" E 12°37'55.1"; Alte Poststraße 29 **Max. WOMOs:** 6
Kontakt: Telefon 0377523518
Ausstattung: Wasser/Strom, Dusche/WC.
Beschreibung: Der einfache Wiesenplatz liegt im hinteren Teil des Grundstücks im Ort und ist wunderbar ruhig. Die freundlichen Betreiber informieren gern über die nähere Umgebung und der Platz ist ein perfekter Ausgangspunkt für Wanderungen und Radtouren. Nach der Bewegung in würziger Bergluft bietet sich die Einkehr in der nahen **Gaststätte Hammerschänke** an *(Telefon 037752/605024)*.

Radfahrer werden ihre Freude an der mit Nebenrouten insgesamt 160 Kilometer langen **Karlsroute** haben *(www.karlsroute.eu)*. Die Hauptstrecke (60 Kilometer) verläuft über den Erzgebirgskamm hinweg von Aue über Wildenthal nach Karlovy Vary und ist aufgrund der zu überwindenden Höhenmeter als schwer einzustufen. Von Wildenthal aus hat man nach „nur“ etwa 170 Höhenmetern den höchsten Punkt erreicht und kann bis auf einen weiteren Anstieg nach Karlsbad rollen und bei der Rückfahrt auf die bequeme Eisenbahnverbindung zurückgreifen *(www.erzgebirgsbahn.de oder www.cd.cz)*.
Preise: €.
Zufahrt: Im Ort dem WOMO-Piktogramm links in eine enge Zufahrt folgen. Der Stellplatz liegt rechts vom Haus an einer Bergwiese.

Wir folgen der Durchgangsstraße und notieren einen gebührenpflichtigen Parkplatz mit Infotafeln am **Skilift**, von dem die oben genannte **Radtour** und **Wanderungen** ebenfalls gestartet werden können [N 50°26'49.8" E 12°37'57.2"; Alte Poststraße]. Natürlich könnten wir jetzt zur höchsten Erhebung der Gegend wandern, aber das WOMO bringt uns bequemer und ohne

körperliche Anstrengung den Hinweisen zum **Auersberg** folgend aufwärts zu einem gebührenpflichtigen Parkplatz [**289:** N 50°27'17.4" E 12°38'50.3"]. Auf geradem Weg oder über einen **Waldlehrpfad** erklimmen wir jetzt locker die fehlenden Meter zum 1.018 Meter hohen Gipfel. Oben angekommen, besteigen wir den **Aussichtsturm**, von dem wir eine der umfassendsten Aussichten über das Erzgebirge vor uns haben. Über die erzgebirgischen und vogtländischen Höhen reicht der Blick bei klarer Sicht bis zum Ochsenkopf im Fichtelgebirge oder sogar bis zum 100 Kilometer entfernten Völkerschlachtdenkmal in Leipzig. Für das leibliche Wohl sorgt der **Berggasthof Auersberg** *(Di - So/Feiertage 11 - 21 Uhr, Telefon 037752/699258, www.auersberghaus.de)* und wer sich von An- und Abstiegen nicht abschrecken lässt, findet ein umfangreiches, gut markiertes **Wanderwegenetz**.

Zurück in Wildenthal biegen wir nach **Carlsfeld** ab und reiben uns kurz darauf die Augen, als wir die **Passhöhe Hefekloß** mit der Höhenangabe 1.788 erreichen. Was soll das denn? Wir sind doch im westlichen Erzgebirge und nicht in den Alpen unterwegs! Während wir noch rätseln, ob wir am Abend zuvor ein wenig zu viel vom Vogelbeer-Likör aus Lauter zu uns genommen haben, erkennen wir bei näherem Hinschauen des Rätsels Lösung. Die Höhenangabe erfolgt in halben Metern

Blick vom Auersberg

und somit befinden wir uns „lediglich“ in 894 Meter Höhe. Wenig später notieren wir einen einfachen Wanderparkplatz am Straßenrand, von dem der Einstieg in den 4,5 Kilometer langen Carlsfelder Rundweg möglich ist

[290: N 50°26'02.2" E 12°35'59.8"; Carlsfelder Hauptstraße].

Kammloipe, Kammweg und Bandoneons in Carlsfeld

Die **Kammloipe** zwischen Johanngeorgenstadt und Schöneck ist eine der längsten und auch eine der schönsten Mittelgebirgsloipen Deutschlands. Bekannt für ihre Schneesicherheit bietet sie auf etwa 36 Kilometern zuzüglich diverser Anschlussloipen auch ungeübten Sportfreunden super Langlaufmöglichkeiten *(www.kammloipe.de)*. In den übrigen Jahreszeiten wandert man auf dem **Kammweg** durch die herrliche Erzgebirgslandschaft und für Radfahrer mit robusten Rädern ist die Strecke je nach Fitness eine Herausforderung *(www.kammweg.de)*. Wer mehr auf **Abfahrtslauf** steht, der findet zwischen 860 und 950 Meter Höhe in Carlsfeld einen schneesicheren Skihang [N 50°25'56.8" E 12°35'06.1"; Neue Welt].

In dem im Jahr 1680 gegründeten Ort werden mit Unterbrechung seit dem Jahr 1847 **Bandoneons** gefertigt, die besonders in den 20er Jahren des vorigen Jahrhunderts zu 70 Prozent nach Südamerika geliefert wurden und noch heute als das Herz und die Seele des Tangos gelten. In der **Tourist-Information** befindet sich eine Ausstellung über die Geschichte des Bandoneons *(Mo/Mi 13 - 17 Uhr, Di/Do/Fr 9 - 13 Uhr, Carlsfelder Hauptstaße 58, Telefon 037752/2000)*. In der hübschen **Trinitatiskirche**, deren Innenraum von einer achteckigen Kuppel überwölbt wird, ist der wertvolle Altar mit Holzschnitzarbeiten sehenswert.

Trinitatiskirche in Carlsfeld

Durch den Wald bewegen wir uns Richtung Klingenthal weiter, überschreiten die unsichtbare Grenze vom Erzgebirge ins Vogtland und halten uns bei Erreichen der B283 nach **Morgenröthe-Rautenkranz**.

(291) WOMO-Stellplatz: Morgenröthe-Rautenkranz, Deutsche Raumfahrtausstellung

GPS: N 50°27'44.2" E 12°29'31.9"; Dr.-Sigmund-Jahn-Straße
Max. WOMOs: 2 - 3
Ausstattung: Bänke, Spielplatz, Müllbehälter.
Beschreibung: Der einfache, gepflasterte, schattenlose Parkplatz befindet sich am Ortsrand nahe an der Straße und in der Nähe einer Gaststätte.
Zufahrt: Der Parkplatz ist an der B 283 ausgeschildert.

Morgenröthe-Rautenkranz

Hinter diesem klangvollen Namen verbirgt sich ein von dichten Wäldern umgebener Ort mit typischen Gebirgshäuschen in den Talauen der Zwickauer Mulde und der Großen Pyra. Gut markierte **Wander- und Radwege** führen an munter dahinplätschernden Bächen vorbei oder über blühende Bergwiesen und durch den ältesten Fichtenbestand Sachsens bis zu den Hochmooren der Kammregion. Jede Menge weitere, hier nicht erwähnte Ideen zum Erleben der abwechslungsreichen Landschaft, der Naturschönheiten und der Sehenswürdigkeiten bietet die

MIG 21

Tourist-Information die sich im Ausstellungsgebäude unseres nächsten Ziels befindet *(10 - 17 Uhr, www.morgenröthe-rautenkranz.com).*
In Morgenröthe-Rautenkranz wurde **Dr. Sigmund Jähn** geboren und im Sonnenlicht glänzt die MIG 21, die vom **ersten deutschen Kosmonauten** in den 60er Jahren geflogen wurde, bevor er am 26.08.1978 ins All startete.
Die **Deutsche Raumfahrtausstellung** ist nicht nur für Raumfahrtfans ein Muss, denn die Exposition vermittelt den Nutzen der Weltraumforschung für die Menschheit. Was sich so hochtrabend allgemein anhört, wird uns in einem historischen Abriss über die Entwicklung der Astronomie und dem Wunsch der Menschen, die Erde in die Weiten des Universums zu verlassen, eindrücklich vorgestellt.
Wir schauen uns Modelle der internationalen Raumfahrt an, fühlen uns im Simulator der Raumstation MIR wie Kosmonauten und lernen etwas über die Erkenntnisse der Fernerkundungs- und Umweltüberwachungssatelliten sowie über deren Einsatz in den Forschungsbereichen Kommunikation, Meteorologie und Kartografie. Ein nettes Erlebnis haben wir auf der Waage, die unser Gewicht auf dem Mond ausrechnet: Nur ein Sechstel unserer irdischen Kilos würden wir dort mit uns rumschleppen. Originalraumanzüge und Forschungsgegenstände werden ebenso vorgestellt wie Exponate, die vom Leben in der Schwerelosigkeit berichten und erzählen, wie die Forschungsergebnisse in Medizin, Biologie, Industrie und im alltäglichen Leben verwendet werden. Eine sehr gut gemachte Ausstellung, die unbedingt ins Besuchsrepertoire gehören sollte *(10 - 17 Uhr, 24.12. geschlossen, Eintritt, www.deutsche-raumfahrtausstellung.de).*

Bei der Weiterfahrt auf der B283 erreichen wir **Tannenbergsthal**. Nach den unendlichen Weiten des Weltalls sind wir nun dem Zinnbergbau im Vogtland auf der Spur.

(292) WOMO-Wanderparkplatz: Schneckenstein, Mineralienmuseum

GPS: N 50°25'05.2" E 12°27'13.5" Schneckensteinerstraße
Max. WOMOs: 2 - 3
Beschreibung: Der einfache, geschotterte, fast schattenlose Parkplatz liegt außerhalb des Ortes mit Anschluss an Wander- und Radwege in einem Skigebiet.
Zufahrt: Von Tannenbergsthal der B283 Richtung Klingenthal folgen und in Gottesberg dem Hinweis nach Schneckenstein/Besucherbergwerk etwa 3 Kilometer folgen.

(293) WOMO-Wanderparkplatz: Schneckenstein, Bergwerk

GPS: N 50°24'57.4" E 12°27'35.7" Zum Schneckenstein **Max. WOMOs:** 2

Beschreibung: Der einfache, geschotterte Parkplatz liegt außerhalb des Ortes liegt am Bergwerk und hat Anschluss an Wander- und Radwege.
Zufahrt: Wie zum vorgenannten Parkplatz, jedoch der Straße etwa 600 Meter weiter folgen.

Das **Besucherbergwerk Grube Tannenberg** nebst dem **Vogtländisch-Böhmisches Mineralienzentrum** sind hierfür eine gute Anlaufadresse und dank guter Beschilderung nicht zu verfehlen. Seit dem 15. Jahrhundert wird in der Gegend Zinn abgebaut und in der Grube sowie dem Museum werden Kenntnisse aus Geologie, Mineralogie und Industrie vermittelt. Die Höhepunkte der einstündigen Führung sind ein handgemeißelter Stollen aus dem 16. Jahrhundert und ein gewaltiger Hohlraum mit einem See von 70 Meter Tiefe, der beim Abbau des sogenannten Greisenkörpers entstand *(Führungen/Bergwerk: Di - So/Feiertage jeweils 10/11.30/13/14.30 Uhr, Museum Di - So 10 - 17 Uhr, Mineralienzentrum: Di - So 10 - 17 Uhr, Eintritt, www.schneckenstein.de).*

WOMO-Wandertipp: Einmal um den Schneckenstein

Da wir uns hier in einem herrlichen **Wander- und Skigebiet** befinden, sollte eine kleinere Wanderung nicht fehlen. Auf dem überschaubaren Areal können wir uns nicht verlaufen und verzichten auf eine genaue

Wegbeschreibung, da wir an verschiedenen Stellen einfach den ausgeschilderten Pfaden folgen. Der Schneckenstein kann nur nach der Entrichtung eines geringen Obolus zur Erhaltung des Naturdenkmals bestiegen werden *(Di - So von 10 - 16.30 Uhr).*

Wo auch immer man das WOMO abstellt, ein Weg zum ausgeschilderten **Schneckenstein-Felsen** sollte drin sein. In den Jahren zwischen 1734 bis zum Ende des 18. Jahrhunderts wurden hier Topassteine abgebaut, die unter anderem im Schmuck August des Starken verarbeitet wurden. Hartnäckig hält sich das Gerücht, dass es sich bei dem Felsen um den einzigen Topasfelsen in Europa handeln würde. Unserer Recherche nach stimmt das jedoch nicht und lediglich der Gesteinsaufbau gilt als etwas Besonderes in europäischen Gefilden. Wie dem auch immer sei, der Ausblick vom Schneckenstein über Vogtland und Erzgebirge ist einfach schön und wird lediglich von der **Panoramaaussicht** überboten (Foto unten). Diese erreichen wir der Straße vom Mineralienzentrum bis ans Ende folgend und dann den Berg erklimmend mit garantiertem „Aaah-wie-schön-Effekt“: Uns eröffnet sich ein Blick über das später von uns besuchte Klingenthal mit seiner Sprungschanze bis weit ins Tschechische. Gigantisch!

Wegen der hochgewachsenen Bäume bleibt der Ausblick von der nahen **Schneckenstein-Aussicht** jedoch versperrt. Auch der Weg dorthin ist vom Parkplatz nicht schwer zu finden und führt erst etwa 300 Meter Richtung Wirtshaus „Zum Wildschütz“ und keine 100 Meter später rechts direkt über einen recht heftigen Anstieg zur Aussicht.

Nach diesem schönen Abstecher fahren wir nach Tannenbergsthal zurück und setzen uns Fahrt im Ort nach Hammerbrücke fort. Die schmucke Streusiedlung im Hochtal der Zwickauer Mulde ist sommers wie winters ein beliebter Urlaubsort und bietet für die Skifreunde einen Anschluss zur **Kammloipe**. Im Ort fahren wir Richtung Muldenberg und notieren 200 Meter später links einen Parkplatz mit Loipenanschluss [N 50°25'56.9" E 12°24'58.9"; Am Däumersbach].

Durch den Heroldswald gelangen wir nach **Muldenberg**, das Ende des 16. Jahrhunderts aus einer Flößer- und Holzfällersiedlung entstand und inmitten eines geschlossenen Waldgebietes liegt. Große und kleine Wasserflächen verleihen der herben Mittelgebirgslandschaft einen besonderen Reiz, die sich am besten bei einer **Wanderung** oder **Radtour** auf dem gut markierten Wegenetz erschließen lässt. Als Attraktion gilt der zum technischen Denkmal erklärte **Floßgraben**, der zusammen mit einem verzweigten Floßgrabennetz im 16./17. Jahrhundert dafür sorgte, dass die Brennholztransporte durch die Überwindung von zwei Wasserscheiden bis nach Leipzig oder Halle möglich waren. Beim Schauflößen anlässlich des **Flößerfestes** im Mai kann der traditionellen, harten Arbeit der Flößer zugeschaut werden *(www.floesser-verein.de)*. Sowohl im **Gasthof Flößerstube** als auch auf dem nahen Außengelände sind verschiedene Utensilien der historischen Flößerei zu sehen.

(294) WOMO-Badeplatz: Muldenberg

GPS: N 50°24'58.3" E 12°24'08.2" **Max. WOMOs:** 2 - 3

Ausstattung: Tisch und Bänke, Müllbehälter.

Beschreibung: Einfacher, geschotterter, teils schattiger, gebührenpflichtige Parkplatz liegt am Ortsrand. Wander- und Radwege bieten Abwechslung und die nahe Badestelle sorgt insbesondere im Sommer für Abkühlung. Im Winter ist dann der Loipeneinstieg garantiert und sommers wie winters empfiehlt sich die Einkehr im nahen **Gasthof Flößerstube** *(Di - Sa ab 11 Uhr, So 11 - 14 Uhr, Telefon 037465/6764, www.floesserstube.de)*.

Zufahrt: Etwa 450 m hinter dem Ortseingang an der Kreuzung links.

Hinweis: Im hinteren Bereich des Parkplatzes steht man geschützt.

Mit Aussicht auf die Trinkwassertalsperre setzen wir unseren Weg fort und erreichen den Wanderparkplatz „Am Kielfloßgraben“ mit einer Imbissbude [N 50°24'07.1" E 12°25'48.0"]. Bei Thüringer Roster (Bratwurst) mit Senf und Brötchen schauen wir im Winter den Langläufern beim Einstieg in die gut präparierte Loipe zu und rollen anschließend hinab nach Klingenthal und damit in den vogtländischen Musikwinkel.

Das Vogtland, der Musik- und der Bäderwinkel

Zwischen dem thüringischen Greiz im Norden, Bad Brambach und der tschechischen Grenze im Süden, dem Erzgebirge im Osten und dem Thüringer Wald im Westen liegt das von Nord nach Süd ansteigende **Vogtland**, das, nomen est omen, einst von kaiserlichen Vögten verwaltet wurde.

Durch Felder, Wiesen und bewaldete Hügelkuppen wirkt die Region sehr idyllisch, was aber nicht darüber hinwegtäuschen sollte, dass es das raue Klima des Oberen Vogtlandes den Bewohnern im täglichen Überlebenskampf schwer machte. Neben ihren kleinen Landwirtschaften mussten sie sich einen Nebenerwerb aufbauen, der meist aus einer Hausweberei bestand. Mitte des 19. Jahrhunderts sollen in einigen vogtländischen Regionen dreiviertel der Bevölkerung als Weber tätig gewesen sein, die mit Beginn der Industrialisierung und der Entwicklung mechanischer Webstühle ihrer Arbeit beraubt wurden. Was für ein Glück, dass sich bereits ab dem Jahr 1650 sogenannte „Fiedelmacher" in Markneukirchen niederließen, dort eine Geigenmacherinnung gründeten und ab Anfang des 19. Jahrhunderts ihren Ruf als hervorragende Geigen- und Bassgeigenmacher in der Welt gefestigt hatten. So konnten die ehemaligen Hausweber „umsatteln" und spezialisierten sich auf die Herstellung von Instrumentenzubehör wie beispielsweise die Bogen- und Saitenmacher.

Das Vogtland gehört aber auch zu den vulkanisch aktivsten Zonen Mitteleuropas und es wundert nicht, dass die dabei entstandenen heißen Quellen von cleveren Menschen genutzt wurden. In Bad Brambach erkannte man im Jahr 1920 die heilsame Wirkung einer der stärksten Radonquellen der Welt, die zum Aufblühen des Örtchens im südwestlichen Zipfel Sachsens beitrug. Auch in Bad Elster sprudeln heilsame Quellen aus der Erde, sodass es sich bereits seit dem Jahr 1849 Sächsisches Staatsbad nennen darf *(www.vogtlandtourist.de)*.

Doch zunächst sind wir erst einmal in **Klingenthal** eingetroffen, das seinen klangvollen Namen nicht etwa vom Instrumentenbau, sondern von den scharf eingeschnitten Tälern, den „Klingen" ableitet. Wer sich ein wenig im Ort umsehen möchte, findet einen großen Parkplatz im Zentrum [N 50°21'30.5" E 12°28'06.0"; Obere Marktstraße].

(295) WOMO-Wanderparkplatz: Klingenthal, Sonnenloipe I

GPS: N 50°22'23.4" E 12°29'18.3" **Max. WOMOs:** 1
Beschreibung: Der einfache, geschotterte Parkplatz liegt außerorts an einer Straße mit Anschluss an Wander- und Radwege sowie an die Loipen.
Zufahrt: Von der B283 Richtung Aussichten/Sonnenloipe auf dem Staffelweg knapp 2 Kilometer bergauf fahren, um dann rechts auf den Kammweg einzubiegen. Die Parkbucht befindet sich etwa 600 m hinter dem Abzweig an einem Schuppen.
Hinweis: Nichts für große WOMOs! Aus vergangenen Wintern wissen wir, dass die Straßen auch bei Schnee gut zu befahren sind

(296) WOMO-Wanderparkplatz: Klingenthal, Sonnenloipe II

GPS: N 50°22'14.9" E 12°29'10.5" **Max. WOMOs:** 1
Beschreibung: Im Winter befindet sich hier ein vom Schnee geräumter Parkplatz mit Anschluss an die Loipe außerhalb des Ortes. Im Sommer platzieren wir das WOMO am Wegesrand, halb auf der Wiese. Dann ist der Platz mit schöner Aussicht ein idealer Ausgangspunkt für Radtouren und Wanderungen. Hierbei ist der **Höhensteig** zu nennen, der als 32 Kilometer langer Rundweg um Klingenthal führt und der sich durch viele Aussichtspunkte sowie landschaftliche Schönheit auszeichnet.
Zufahrt: Etwa 300 m hinter dem vorherigen Stellplatz an der Zufahrt zu einem Hundeverein rechts gelegen (Foto).

Klingenthal

In einem dieser Täler, am Fuße des 936 Meter hohen Aschbergs, zieht sich die Stadt über zehn Kilometer entlang und ihre Hauptattraktion ist der Winter.

Im schneesicheren Gebiet warten Skihänge und über 100 Kilometer gespurte Loipen und vor allem die 2006 errichtete, unübersehbare **Vogtland-Arena** mit der Weltcup-Schanze. Zu Wettkampfzeiten trifft sich hier die Weltelite der Skispringer und Nordischen Kombinierer. Ansonsten finden musikalische Großveranstaltungen im Auslauf der Schanze statt und das ganze Jahr über kann der futuristische Aufwärmturm besichtigt werden *(Nov. - Jan.10 - 16 Uhr, Mai - Okt tägl. 10 - 17 Uhr, Eintritt, www.sparkasse-vogtland-arena.de)*.

Klingenthal hat aber auch den Beinamen „Musikstadt“ und blickt auf eine lange Tradition im Instrumentenbau zurück. Es ist darum nicht verwunderlich, dass auch der meisterhafte Umgang mit den Instrumenten gepflegt wird und im Mai der **Internationale Akkordeonwettbewerb** sowie im September das **Internationale Mundharmonikafestival** mit Musik aus allen Stilrichtungen stattfinden.

Die licht bebauten Hänge um Klingenthal glänzen im Sonnenlicht und gleichen einer Spielzeuglandschaft, während im Ort die mit einem achteckigen Grundriss versehene und im Jahr 1737 geweihte **Stadtkirche Zum Friedefürsten** auffällt. Von hier ist auch die **Tourist-Information** gut zu erreichen *(ab 9 Uhr, Mo bis 15 Uhr/Di - Do bis 17 Uhr, Fr bis 16 Uhr, Sa 13 - 16 Uhr, Schlossstraße 3, Telefon 037467/64832, www.klingenthal.de)*. Im gleichen Gebäude ist das **Musik- und Wintersportmuseum** untergebracht, in dem die Entwicklungen der beiden Ortsschwerpunkte ausführlich vorgestellt werden *(Di - Fr 10 - 16 Uhr, Sa/So/Feiertage 13 - 17 Uhr, Eintritt)*.

Kilometer um Kilometer zieht sich die B283 weiter durch Klingenthal, das fast übergangslos in Zwota übergeht.

Schon bald verlassen wir die Bundesstraße nach **Erlbach** und gelangen in das nächste **Wander- und Radlerparadies** mit ausgezeichnet markierten Wegenetz.

(297) WOMO-Wanderparkplatz: Erlbach, Kegelberg P1

GPS: N 50°19'23.8" E 12°23'39.6"; Klingenthaler Str. **Max. WOMOs:** 2 - 3

Beschreibung: Der einfache, geschotterte, schattenlose Parkplatz außerhalb des Ortes liegt in der Nähe von Rad- und Wanderwegen in einem Skigebiet mit Skilift. In der Nähe befinden sich eine Gaststätte und Häuser.

Zufahrt: Im Ort zum Skigebiet Kegelberg ins Tals des Schwarzbaches abbiegen und ca. 1,8 Kilometer bis zum Parkplatz links der Straße fahren.

Hinweis: Etwa 300 m dahinter befindet sich ein weiterer Parkplatz P2 unter Bäumen [**298:** N 50°19'31.3" E 12°23'51.7"; Klingenthaler Straße].

Natürlich bieten die Höhenlagen zwischen 550 bis 800 Meter auch ein **abwechslungsreiches Wintersportgelände** mit Liftanlagen und gespurten Loipen. Weiterführende Erkenntnisse vermittelt die **Tourist-Information** *(Mo - Fr 10 - 12 Uhr, Di/Do zusätzlich 13 - 18 Uhr, Mi geschlossen, Marktplatz 2, Telefon 037422/6125, www.erlbach-vogtland.de).*

Nach dem Skifahren oder Wandern bietet sich ein Besuch im **Erlbacher Brauhaus** an, das neben vogtländischer Hausmannskost das naturtrübe, untergärige Erlbräu im Ausschank hat. Der Duft von Hopfen und Malz verrät, dass gleich nebenan in der **Schaubrauerei** etwas über die Kunst der 440jährigen Brautradition zu erfahren ist (*Fr - Mo 12 - 21 Uhr, www.brauhaus-erlbach.de).*

Unser nächstes Ziel heißt **Eubabrunn** und wir folgen den Hinweisen zum dortigen Freilichtmuseum.

(299) WOMO-Wanderparkplatz: Eubabrunn, Freilichtmuseum

GPS: N 50°18'25.5" E 12°22'44.9"
Waldstraße 2a **Max. WOMOs:** 2 - 3
Ausstattung: Infotafel, Tisch und Bänke, Müllbehälter.
Beschreibung: Der einfache, teils schattige Wiesenparkplatz liegt außerhalb des Ortes nahe der Museumsgaststätte und mit Anschluss an ein ausgedehntes Rad-und Wanderwegenetz.
Zufahrt: Den Hinweisen zum Freilichtmuseum folgen.

Vogtländisches Freilichtmuseum

Allein schon die Lage des Freilichtmuseums in einer Talaue an einem Bachlauf wirkt beruhigend und erholsam. Der vier Hektar große Museumskomplex umfasst Gehöfte mit Nebengebäuden aus der Zeit der Jahre um 1720 bis 1830. Die Vier- und Dreiseithöfe sind in anderen Orten abgebaut und hier analog eines Waldhufendorfes weit auseinanderliegend wiederaufgebaut worden.

Bunte Blumen wiegen sich in den Bauerngärten im Wind und auf den Freiflächen sind kleine Felder mit historischen Pflanzen angelegt. Dazwischen laufen Hühner durchs Gras, ein barfüßiges Mädchen zerrt eine Ziege hinter sich her, das Pferd wird gerade vom Knecht zum Vogtländischen Rotvieh in den Stall geführt und vor dem Wohnstallhaus sitzen zwei mit einer Frau in Tracht schäkernde Männer in der Sonne ... Moment mal ... da ertönt auch schon eine Stimme: „Noch einmal bitte!" und die so beschaulich schön wirkende Szenerie aus der Vergangenheit wiederholt sich ... und wir merken, dass wir mitten in eine Fernsehproduktion gestolpert sind. Während einer Pause bei den Dreharbeiten erklärt uns eine der Protagonistinnen ihre vogtländische Tracht, die sich wie in anderen Regionen als eine besondere Kleidung der Landbevölkerung entwickelte. In der **Museumsgaststätte Grünes Tal** sitzen wir anschließend zwischen dem Mobiliar aus der ersten Hälfte des 20. Jahrhunderts und planen unsere Wanderung für den nächsten Tag, die uns nach Tschechien führen soll *(Museum: April - Nov. Di - So/Feiertage 10 - 17 Uhr, Dez.. - März 10 - 16 Uhr, Gaststätte: Mi - So 11 - 21 Uhr, Eintritt, www.freilichtmuseum-eubabrunn.de).*

WOMO-Wandertipp: Zum Hohen Stein

Mittelschwere Wanderung von etwa 13 Kilometer Länge mit einem heftigen Anstieg.

Vom Parkplatz begeben wir uns mit der Gelbstrich-Markierung auf der Fahrstraße zum ausgeschilderten Hohen Stein. Vorbei am Freilichtmuseum erreichen wir eine Weggabelung, an der wir uns links halten und am Wald- und Wiesenrand mit schönem Blick ins Tal in den Wald eintauchen.

Bisher stieg der Weg mäßig an, doch nun führt der Waldweg schnurgerade und steil durch lichten Mischwald immer weiter nach oben. An einer kleinen Lichtung ist die unsichtbare deutsch-tschechische Grenze erreicht und wir marschieren rechts bis zu einer Forststraße über die wir links nach etwa zehn Minuten zum Aussichtsfelsen **Vysoký kámen/ Hoher Stein** (773 Meter) gelangen.

Das Felsmassiv erstreckt sich auf 400 Meter Länge und besteht aus mehreren Formationen, deren bis zu 25 Meter hohe Felsentürme eine grandiose Aussicht in die deutsch-tschechische Region bieten. Wir verlassen das tschechische Naturdenkmal auf gleichem Weg und wandern leicht abwärts mit der Rotstrich-Markierung auf der Forststraße etwa 3 Kilometer durch den Wald Richtung Luby (Schönbach). Die Eintönigkeit des Waldweges wird durch schöne Blicke über Wiesen ins Tschechische unterbrochen und bei Erreichen der wenig befahrenen Landstraße zieht es uns rechts mit der Blaustrich-Markierung zum Grenzübergang und dann zu einer fast unbewohnten Siedlung in Wernitzgrün.

Schräg gegenüber einem Parkplatz treffen wir wieder auf die Rotstrich-Markierung, die uns rechts entlang des Wald- und Feldrandes zu einer

Schutzhütte bringt. Durch den Wald geht es bis zu einem Schotterweg weiter, dem wir links folgen. An einem Wegweiser führt uns der Erlbacher-Rundweg mit dem Grünen Punkt rechts erst zum Waldrand und dann über eine herrliche Bergwiese bergab zum idyllisch gelegenen **Gasthaus Waldschänke** *(Do - Mo ab 11 Uhr)*, das bei 28°C im Schatten verheißungsvoll wie eine Oase im Tal liegt. Nachdem wir uns mit hausgemachten Speisen und Hollerblütensaft gestärkt haben, gelangen wir vorbei am Riedelhof zum letzten von mehreren Teichen und folgen dem Grünen Punkt rechts bis zur Weggabelung, die wir vom Beginn dieser Wanderung schon kennen. Links abwärts haben wir nach etwa einem Kilometer und einem abwechslungsreichen Marsch durch das deutsch-tschechische Grenzgebiet das WOMO wieder erreicht.

Über Erlbach wenden wir uns **Markneukirchen** zu, das eingebettet zwischen Hängen und Tälern in einer grünen Landschaft liegt. Der Beiname „sächsisches Cremona“ kommt nicht von ungefähr, denn wie das oberitalienische Städtchen hat auch Markneukirchen seinen Weltruf als Musikstadt dem Geigenbau zu verdanken.

(300) Offizieller WOMO-Stellplatz: Markneukirchen, Gläserner Bauernhof

GPS: N 50°18'58.3" E 12°18'46.2"; Breitenfelder Straße 40 **Max. WOMOs:** 10
Kontakt: 037422/74859, www.glaeserner-bauernhof.de
Ausstattung: V/E, Strom, WC, Duschen, Waschmaschine, Brötchenservice, Angelmöglichkeit.

Beschreibung: Mitten im Grünen lernen kleine und große Entdecker viel über Wild- und Haustiere, die auf dem Tierlehrpfad mindestens einmal gestreichelt werden wollen. Außerdem gibt es auf dem weitläufigen Wald- und Wiesengelände mit Teich außerhalb der Ortschaft einige WOMO-Stellplätze. Wem das Unterhaltungsprogramm nicht reicht, der findet zusätzlich ein ausgezeichnetes Rad- und Wanderwege und einen freundlichen Betreiber, bei dem man Erzeugnisse vom Hof erwerben kann.
Preise: €€€.
Zufahrt: Von der B283 erst Richtung Adorf, dann Richtung Breitenfeld fahren und den Hinweisen zum Bauernhof folgen.

(301) WOMO-Picknickplatz: Markneukirchen Bismarcksäule

GPS: N 50°18'05.8" E 12°19'39.6"; Am Aussichtsturm **Max. WOMOs:** 2
Ausstattung: Tisch und Bänke, Müllbehälter.

Beschreibung: Einfacher, geschotterter, schattenloser und außerhalb des Ortes gelegener Parkplatz an der Straße. Wander-und Radtouren möglich und einen schönen Ausblick über Böhmen, Franken und das Vogtland gibt es zusätzlich. **Zufahrt:** Am Museum den steilen Kirchsteig mit 12-prozentiger Steigung erklimmen und an der nächsten Gabelung links Richtung Heiterer Blick fahren.

(302) WOMO-Stellplatz: Markneukirchen, Berggasthof Heiterer Blick

GPS: N 50°17'54.7" E 12°19'39.4"; Oberer Berg **Max. WOMOs:** 2 - 3
Ausstattung: Infotafel, Müllbehälter.
Beschreibung: Der einfache, geschotterte, schattenlose Parkplatz liegt mit schöner Aussicht zwischen der Straße und den Feldern gegenüber dem Gasthof. Die Atmosphäre ist angenehm, die vogtländische Küche gut und auf Nachfrage gibt es nicht nur einen ruhigen Parkplatz für die Nacht, sondern gleich noch die Semmeln vom üppigen Frühstücksbuffet dazu geliefert. Letzteres kann selbstverständlich auch im Restaurant eingenommen werden *(täglich ab 11 Uhr, www.heiterer-blick.de)*.
Zufahrt: Vom vorherigen Stellplatz der Straße der bereits im Ort den Hinweisen Heiterer Blick folgen.

Jetzt wird es aber Zeit, der Musikgeschichte auf den Grund zu gehen und so lassen wir uns im Ort zum gut ausgeschilderten **Musikinstrumenten-Museum** führen [N 50°18'34.3" E 12°19'42.3"; Bienengarten].
Da der ausgewiesene Parkplatz an der **Tourist-Information** *(Nov. - März Di - So/Feiertage 10 - 16 Uhr, April - Okt. bis 16.30 Uhr, Trobitzschen 14, Telefon 037422/40775, www.markneukirchen.de)* für unsereins etwas eng sein könnte, sollte auf den Parkstreifen vor dem Museum oder aber rund 500 Meter entfernt am Busbahnhof ein Platz für das WOMO gesucht werden.

Musikinstrumenten-Museum und Framus Museum in Markneukirchen

Das Museum befindet sich in einem spätbarocken Bürgerhaus, das dem Museum ein ganz besonderes Flair verleiht, und wurde im Jahr 1883 durch den Organisten Paul Apian-Bennewitz gegründet. In dieser Zeit blühte der Orchesterinstrumentenbau in Markneukirchen aufgrund des Handels in viele Länder Europas sowie in die USA auf. Der Museumsgründer beabsichtigte, eine Lehrstätte für die einheimischen Instrumentenbauer zu schaffen, die Musikinstrumente aus aller Welt aufnehmen sollte. Bei unserem Rundgang zwischen 3.200 Exponaten aus fünf Erdteilen stellen wir fest, dass ihm das wahrlich gut gelungen ist und bis heute einen Besuchsmagnet darstellt. Zahlreiche Unikate und

Kuriositäten, wie die Spazierstockgeige beleben die Sammlung und ein original erhaltenes Handelskontor sowie alte Instrumentenwerkstätten erzählen von der über 300-jährigen Tradition des vogtländischen Instrumentenbaus. Wer selbst musiziert wird hier auf seine Kosten kommen, aber auch die weniger Musikalischen werden über die Vielzahl und Vielfalt der Instrumente ins Staunen geraten. Am letzten Sonntag im August kann den Instrumentenbauern von 10 - 15 Uhr über die Schulter geschaut werden *(Di - So April - Okt. 10 - 17 Uhr, Nov. - März 10 -16 Uhr, Eintritt, www.museum-markneukirchen.de).*

Wie bedeutend Instrumente aus Markneukirchen sind, zeigt auch das wenige Hundert Meter entfernte FRAMUS Museum, in dem noch einmal 200 Instrumente präsentiert werden. Die Instrumente der deutschen Firma wurden unter anderem von den Rolling Stones sowie den Beatles gespielt und schrieben damit Musikgeschichte *(Mo - Fr 8.30 - 17 Uhr, Sa/So/Feiertage 14 - 17 Uhr, www.framus-vintage.de).*

Wir rollen durch ein liebliches Bachtal nach Schönlind und folgen dem Hinweis nach **Landwüst**.

(303) WOMO-Stellplatz: Landwüst, Parkplatz Wende

GPS: N 50°16'23.3" E 12°19'49.4"
Bergblick **Max. WOMOs:** 2 - 3
Ausstattung: Bank, Müllbehälter.
Beschreibung: Der einfache, asphaltierte, schattenlose Parkplatz befindet sich am Ortsrand an den Feldern und Wiesen. Der Fußweg zum Freilichtmuseum beträgt etwa 400 Meter.
Zufahrt: Von der Hauptdurchgangsstraße links etwa 100 Meter den Hinweisen zum Parkplatz folgen.

Vogtländische Freilichtmuseum Landwüst

In Deutschland gibt es eine ganze Reihe von Freilichtmuseen, doch das Freilichtmuseum in Landwüst ist eine Besonderheit. Nicht nur das Museum selbst, sondern der gesamte Ort und die unmittelbare Umgebung scheinen sich auf ursprüngliche Art und Weise wie „anno dazumal" zu zeigen. Hautnah wird die Geschichte der Bauern und ihrer schweren Arbeit erzählt – nicht spektakulär, eher still, aber dafür umso eindrücklicher *(April - Nov. Di - So 10 - 17 Uhr, Dez. - März Sa/So 10 - 16 Uhr, Eintritt, www.museum-landwuest.de).*

Wir verabschieden uns aus dem beschaulichen Ort Richtung Plauen, durchqueren das nächste idyllische Tal und schlagen an der B92 die Richtung Bad

Brambach ein. Im südlichsten Zipfel des Vogtlandes sind wir vor einigen Jahren schon einmal gewesen und hatten damals beschlossen, niemanden weiter als bis nach Bad Brambach zu locken. Vielleicht lag es am trüben Wetter, vielleicht aber auch am wenig einladenden Ambiente rund um ein langsam verfallendes Gemäuer in einer Gegend, in der man in unserer Heimat sagt, dass der „Hund verfroren" sei.
Einer Art Eingebung verdanken wir es wohl, dass wir die B92 Richtung Eger (Cheb) erst einen Kilometer vor der tschechischen Grenze nach **Schönberg** verlassen und dem Hinweis zum Schloss nachfahren. Wer mag, kann von hier den 2,5 Kilometer entfernten **Kapellenberg mit Aussichtsturm** erwandern [**304:** N 50°10'57.8" E 12°18'23.9"; Schlossplatz].

Schloss Schönberg

Die kleine Anlage, welche vom gleichnamigen, im Jahr 1261 erstmals erwähnten Ort weit ins Böhmische schaut und um die gleiche Zeit als

Wasserburg errichtet wurde, verzaubert uns immer wieder mit wertvollen Renaissance- und Barock-Decken sowie wertvollen Wandmalereien des historischen Vogtlandes. Dazwischen können in einer Ausstellung Schmuckstücke und Malereien bewundert werden.
Mit oder ohne Schlossrundgang kann man sich in historischer Kulisse im **Schlosscafé** von der Küche verwöhnen oder auf der Terrasse einfach nur die Seele baumeln lassen *(März - Dez. Fr - So/Feiertage Café ab 14 Uhr, Schlossführungen 16 Uhr, www.schloss-schoenberg.info).*

Von dort schaut man über weite Teile des Vogtlandes, das angrenzende Egerland, Oberfranken und die Oberpfalz. Auf schmalem, teils holprigem Sträßchen lassen wir uns vom WOMO den Berg hinaufschaukeln, halten uns links nach **Bärendorf** und notieren kurz danach einen Wanderparkplatz im

Wald, von dem der Kapellenberg (759 Meter) mit leichtem Anstieg zu Fuß nach etwa 500 Metern erreicht ist [**305:** N 50°11'31.6" E 12°18'06.3"].

Eine weitere kurze, mit dem Gelbstrich markierte **Wanderung** ist von Bärendorf zur **Elsterquelle** auf tschechischem Gebiet möglich. Begonnen wird diese am besten von einem Wanderparkplatz, der etwa 120 Meter links der im Ort abknickenden Vorfahrtsstraße liegt [**306:** N 50°11'31.8" E 12°17'22.4"; Oberdorf].

Wir folgen der Vorfahrtsstraße Richtung Hohendorf und finden buchstäblich am Wegesrand ein kleines Picknickplätzchen am **Vogtland-Panoramaweg**. Rund 250 Meter hinter dem Ortsausgang führt links ein Schotterweg zu einer Parkbucht, die Platz für ein kleines WOMO bietet [**307:** N 50°11'56.5" E 12°17'29.5"].

Die schmale Landstraße bringt uns mit Ausweichstellen und 14 Prozent Gefälle nach Hohendorf und zurück zur B92. Im Nachhinein sind wir über den Abstecher in den südlichsten Teil des Vogtlandes froh, denn die schöne Landschaft und die Abgeschiedenheit haben uns sehr gut gefallen. Die Radonquelle in **Bad Brambach** haben wir bereits erwähnt und statten dem Sächsischen Staatsbad mit einem 16 Hektar großen **historischen Kurpark** eine Stippvisite ab. Die **Tourist-**

Information gibt über sämtliche Freizeitangebote Auskunft *(Mo - Fr 9 - 12.30/13 - 16 Uhr, Badstraße 47, Telefon 037438/22422, www.badbrambach.de).*

(308) Offizieller WOMO-Stellplatz: Bad Brambach, Schwimmbad

GPS: N 50°13'12.4" E 12°18'40.3"; Forststraße **Max. WOMOs:** 10

Kontakt: 037438/20700
Öffnungszeit: April - Oktober.
Ausstattung: V/E, Strom, WC, Tisch und Bänke, Schwimmbad, Müllbehälter.
Beschreibung: Die ausgewiesenen, schattenlosen Stellplätze befinden sich am Rand des Schwimmbadgeländes am Ortsrand. Alles ist ein wenig in die Jahre gekommen, aber dennoch gepflegt und sauber. In der Nähe gibt es feines Eiscafé und weitere gastronomische Angebote.
Preise: €€€.
Zufahrt: Von der B92 in den Ort fahren und der Durchgangsstraße sowie den Hinweisen zum Freibad folgen.

Nach Verlassen des mit ländlichem Charme ausgestatteten Staatsbades tangieren wir kurzzeitig die B92 Richtung Plauen, um sie für einen Abstecher nach **Raun** schon wieder zu verlassen. Die Höhenbegrenzung von 3,20 Meter stört uns nicht, da wir das Örtchen vorher erreichen und am Dorfteich einen hübschen Picknickplatz vorfinden [**309:** N 50°15'18.4" E 12°17'15.6"; Dorfstraße. Bitte sehr dezent auftreten, da sich der Parkplatz mitten im Ort befindet, nicht klappstuhlgeeignet!]. Auch wenn der Begriff „malerisch" abgedroschen klingen mag, so ist er doch für den **denkmalgeschützte Ort** zutreffend. Das Kleinod ist für seine historische Hausbauweise mit Feldsteinen, Lehm sowie Holz bekannt und mit fast originalen Anwe-

sen im Egerländer Fachwerkbau als Einheit erhalten geblieben. Ein wohltuend ruhiger Spaziergang zwischen den Häusern zum kleinen Ortskapellchen vermittelt uns eine fast längst vergessene Dorfidylle.
Mit der ist es dann schlagartig vorbei, als wir über die B92 **Bad Elster** anfahren, dessen offizieller Stellplatz, wir müssen das jetzt loswerden, eines Staatsbades nicht würdig ist!

(310) WOMO-Stellplatz: Bad Elster, Naturtheater

GPS: N 50°17'25.5" E 12°14'39.8"; Elsterstraße **Max. WOMOs:** 5
Ausstattung: Infotafel, Müllbehälter.
Beschreibung: Der einfache, befestigte und teils schattige gebührenpflichtige Parkplatz liegt außerhalb des Ortes. Der Fußweg zum Kurzentrum beträgt etwa 10 - 15 Minuten.
Zufahrt: Von der B92 etwa 1,4 Kilometer Richtung Bad Elster fahren. Der Parkplatz liegt links der Straße.

(311) Offizieller WOMO-Stellplatz: Bad Elster, Albert Bad

GPS: N 50°17'05.9" E 12°14'22.1"; Bahnhofstraße **Max. WOMOs:** 5
Ausstattung: Wasser, Strom.
Beschreibung: Die ausgewiesenen Parkplätze für WOMOs sind meist schattenlos, liegen am Ortsrand und direkt an einer Parkhauseinfahrt. Kureinrichtungen, Geschäfte und Restaurants in der Nähe.
Preise: €€, Anmeldung und Schlüssel für die Poller gegen Pfand von 20€ im Albert-Bad.
Zufahrt: Etwa 600 Meter hinter dem vorherigen Stellplatz auf der linken Seite, direkt neben der Parkhauszufahrt.
Hinweis: Für WOMOs bis 8 m Länge!

Bad Elster

Die Naturschönheiten des Elstergebirges mit seinen sanften Hügeln, den schlängelnden Bachläufen und blühenden Wiesen zogen die Upperclass des 19. Jahrhunderts genau wie die natürlichen Moorvorkommen und Heilquellen in das im Jahr 1848 zum Königlichen Staatsbad berufene Bad Elster. Noch heute lassen sich die Kurenden von der kö-

niglich-nostalgischen Bäderarchitektur betören und kurbeln ihre Durchblutung in den Kohlensäure- und Mineralbädern an, entlasten ihren Bewegungsapparat durch die Heilkraft eines Moorbades oder erfrischen sich mit einem Schluck aus der Moritz- oder Marienquelle. Im 60 Hektar großen **historischen Kurpark** lässt es sich auf breiten Wegen zwischen Gartenplastiken, üppigen Blumenrabatten und alten Baumbeständen herrlich promenieren und erholen. Dort, wo sich einst die sächsischen Könige zwischen kunstvollen Bögen, Kacheln und Wänden in königlichem Ambiente verwöhnen ließen, können heute die Gäste im unter Denkmalschutz stehenden und den modernen Bedürfnissen angepassten **Albert Bad** stilvoll saunieren und baden. Das gesamte Heilbad ist vom Flair der Gründerzeit mit eleganten Hotelanlagen und gepflegten Pensionen geprägt und das mondäne **Königliche Kurhaus** sowie das renommierte **König Albert Theater** vervollkommnen das Bild eines schicken Kurbades. Das **Sächsische Bademuseum** zeigt in einer Dauerausstellung die Geschichte und Entwicklung des Staatsbades vom „Weberdorf zum Weltbad" und unterhält zusätzlich mit wechselnden Ausstellung in der KunstWandelhalle *(Mi - Fr 14 - 17.30 Uhr, Sa/So/Feiertage 9.30 - 12/14 - 17.30 Uhr)*. Rund um das gesamte Kur- und Freizeitangebot und über **Stadtführungen** informiert die **Tourist-Information** im Kurhaus *(Mo - Fr 10 - 12.30/13.30 - 18 Uhr, Badstraße 25, Telefon 037437/53900, www.bad-elster.de)*.

Wir schlendern durch die Straßen, nehmen einen Logenplatz in einem der Cafés ein und beobachten die belebte Szenerie der Kur- und Tagesgäste, bevor wir erneut auf der B92 Richtung Plauen und nach **Adorf** unterwegs sind.

(312) WOMO-Stellplatz: Adorf, Klein Vogtland

GPS: N 50°18'27.7" E 12°14'59.4"; Waldbadstraße **Max. WOMOs:** 3
Ausstattung: Schwimmbad (Mai - Sept.)/Ortsrand.
Beschreibung: Einfacher, befestigter, teils schattiger Parkplatz vor dem Waldbad und etwa 2 Kilometer außerhalb des Ortes gelegen. Zur Stadtbesichtigung haben wir das WOMO am oder in der Nähe des Marktplatzes geparkt [N 50°19'14.7" E 12°15'15.9"]
Zufahrt: Von der B92 hinter dem Ortseingang links den Hinweisen Waldbad/Kleines Vogtland folgen.

Adorf – Klein Vogtland
Perlmutter- und Heimatmuseum

Anfang der 1990er Jahre begann man mit dem Bau einer Miniaturschaulanlage, die sich nach 30 Jahren zu einer großen Besucherattraktion gemausert hat. Das Kleine Vogtland bildet zusammen mit dem Botanischen Garten einen Ausstellungskomplex, in dem wir eine Reise

zu vogtländischen Sehenswürdigkeiten en miniature sowie in die Welt der alpinen Flora antreten können. Wie Gulliver auf seiner Reise durch Liliput schauen wir auf die markanten, detailgetreuen Bauwerke des Vogtlandes herab und können uns ein kleines Bild von bereits bekannten Urlaubszielen machen, während die Neugier auf die noch unbekannten Originale wächst *(Ostern - Okt. 10 - 18 Uhr, Eintritt, Hunde an der Leine gestattet, www.klein-vogtland.de).*

Das im Jahr 1200 an der Weißen Elster gegründete Adorf ist die älteste Stadt im Oberen Vogtland und die Reste der alten Stadtmauer, die imposante Stadtkirche oder die typischen Ackerbürgerhäuser erzählen von der Vergangenheit. In der Nähe vom **historischen Markt**, der mit einer Ausdehnung von 231 Meter der längste vogtländische Marktplatz ist, finden wir das **Freiberger Tor**, das im Jahr 1778 in seiner jetzigen Gestalt fertig gestellt wurde und das einzig noch vollständig erhaltene Stadttor des Vogtlandes ist. Hier sind die **Tourist-Information** und das **Perlmutter- und Heimatmuseum** untergebracht, das uns einmal mehr über ein vergessenes Handwerk staunen lässt.

Nachdem wir eine knarrende Treppe überwunden haben, werfen wir einen Blick auf die Stadtgeschichte und ihr Gewerbeleben.

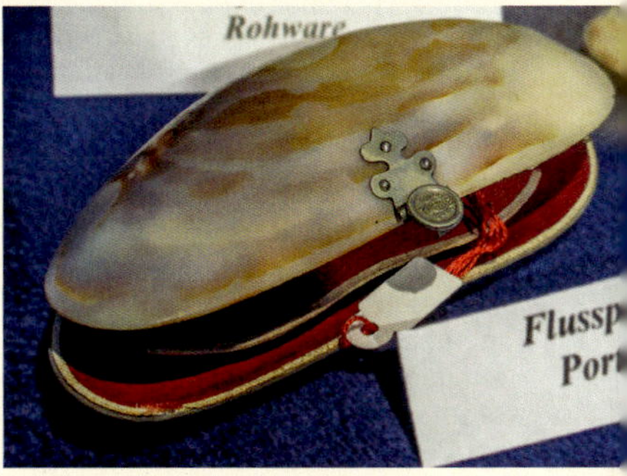

Die Geschichte der Perlenfischerei und der Perlmuttverarbeitung reicht bis ins 16. Jahrhundert zurück, als die ersten Flussperlmuscheln im klaren Wasser der Weißen Elster gefunden wurden. Perlenfischer wurden für die Hege und den Schutz eingesetzt und die Elsterperlen fanden unter anderem ihren Platz in Teilen des sächsischen Kronschatzes. Mitte des 19. Jahrhunderts war Adorf für seine Perlmutterwarenfabrikation bekannt. Aus den Muschelschalen wurden in großem Umfang Ohrringe, Broschen und Andenken geschliffen und gefertigt, bis die Rohware aus der Elster nicht mehr ausreichte und Zukäufe aus anderen deutschen Regionen und der Import der tropischen Seeperlmuschel nötig waren. Nachdem die ausländische Konkurrenz größer wurde und die Bestände der heimischen Perlmuschel dramatisch zurückgingen, lief die Herstellung von Perlmuttererzeugnissen im 20. Jahrhundert langsam aus. Heute ist die Flussperlmuschel streng geschützt und kommt nur noch vereinzelt in verschiedenen Nebenflüssen der Weißen Elster und in einigen oberfränkischen Bächen vor.

In einem kleinen Kabinett präsentiert sich uns glänzend und schillernd die größte museale Sammlung Deutschlands aus Perlmutter gefertigter

Exponate. Verwundert und begeistert betrachten wir Portemonnaies, Dosen, Uhren, kleine Schiffe und sogar ein Abbild vom Schloss Wilhelmshöhe aus unserer Heimatstadt Kassel. Ein kleines, feines Museum, das man in Adorf unbedingt besuchen sollte *(Februar - Nov. Di - Fr 9 - 12/13 - 17 Uhr, Sa 10 - 12/13 - 16 Uhr, So/Feiertage 13 - 16 Uhr, Eintritt, Telefon 037423/2247, www.adorf-vogtland.de)*.

Nach diesem außergewöhnlichen Museumsbesuch hat uns die B92 bald wieder und wir fahren durch die Mittelgebirgslandschaft und das Elstertal auf **Oelsnitz** zu.

(313) WOMO-Stellplatz: Oelsnitz, Elsterauen

GPS: N 50°24'45.4" E 12°10'24.4"; Fabrikstraße **Max. WOMOs:** 5
Beschreibung: Einfacher, gepflasterter, teils schattiger Parkplatz zwischen Straße und Freibad *(Mai - Sept.)* liegt am Ortsrand. In der Nähe befindet sich ein Bäcker und ins Ortszentrum sind es etwa 500 Meter.
Zufahrt: An der ersten Ampel links zum ausgeschilderten Parkplatz fahren.

Oelsnitz und Schloss Voigtsberg mit Teppichmuseum

Bei einem kleinen Rundgang durch die symmetrisch angelegten Straßen streifen wir die **Tourist-Information** *(Mo - Fr 9 - 16 Uhr, Sa 9 - 14 Uhr, Grabenstraße 31, Telefon 037421/20785, www.oelsnitz.de)* und landen schließlich auf dem Marktplatz.
Hier geben Brunnenskulpturen die Sperkensage wieder, in der ein Fremder wegen Zauberei zum Tode durch den Galgen verurteilt wurde, worauf er alle Oelsnitzer in Spatzen (Sperken) verwandelte. Nach seinem Verschwinden soll ein Rabe erschienen sein, der mit den Worten „Spatzen und Wind, ward's und seid's bis ins Kindeskind“ die Stadtbewohner krächzend verfluchte.
Die einem Teppichmuster nachempfundene Pflasterung des Platzes bezieht sich auf die Bedeutung Oelsnitz als Teppichstadt und wir beschließen diesem Erwerbszweig auf **Schloss Voigtsberg** nachzugehen. Die Zufahrt ist ausgeschildert und verläuft auf teils engen Sträßchen über Kopfsteinpflaster hinauf zum kleinen Parkplatz am Schloss [N 50°25'23.0" E 12°11'05.8"; Schlossstraße].
Errichtet wurde die Anlage, deren Name eng mit den Vögten von Strassberg verbunden ist, zwischen den Jahren 1232 und 1249. Der 20 Meter

Schloss Voigtsberg

hohe und mächtige Bergfried gilt als ältester Teil des Schlosses. Im Jahr 1880 kam Carl Wilhelm Koch ins Vogtland und wusste um die lange Tuchmacher-Tradition der Stadt und das handwerkliche Geschick der Bewohner. Zusammen mit den guten Eisenbahnverbindungen lag es nahe, hier ein Unternehmen zu gründen, das bis heute als Halbmond Teppichwerke weitergeführt wird und für die Stadt Oelsnitz die Bezeichnung Teppichstadt mit sich brachte. Anhand von Maschinen, Dokumenten und unzähligen Teppichen werden uns deren Geschichte, die unterschiedlichen Herstellungsarten und die abwegigsten Verwendungszwecke vorgestellt. Der Reiz der Ausstellung liegt auch in der Präsentation der Exponate, die sich beispielsweise als „fliegende Teppiche" aus einer ganz neuen Perspektive *zeigen (Di - So/Feiertage 11 - 17 Uhr, Eintritt. Der Schlosshof wird häufig als Schauplatz für Open-Air-Veranstaltungen genutzt).*

Sperkenbrunnen

Bei der Weiterfahrt auf der B92 folgen wir später den Hinweisen zur **Talsperre Pirk**.

Das **Naherholungsgebiet** um die Talsperre bietet neben **Rad- und Wanderwegen** am Ufer auch **Bademöglichkeiten** und einen **Campingplatz** in unmittelbarer Wassernähe, der jedoch auch nahe der Autobahn liegt [**314**: N 50°25'57.3" E 12°06'33.2"; Am Strand, Telefon 037421/23547, www.naherholung-talsperrepirk.de, geöffnet 15.4. - 15.10., Campingplatz Preise €€, WOMO-Stellplatz €€]. Separate WOMO-Stellplätze befinden sich auf einem einfachen Parkplatz vor der Schranke. Ein wenig gedämpfter erscheinen uns die Geräusche der Autobahn auf einem weiteren Parkplatz.

(315) WOMO-Badeplatz: Magwitz, Talsperre Pirk

GPS: N 50°25'52.3" E 12°06'11.9"
Am Strand **Max. WOMOs:** 3 - 5
Beschreibung: Der einfache, teils geschotterte, teils auf Schotterrasen liegende Parkplatz außerhalb des Ortes ist meist schattenlos. In der Nähe befinden sich einige Häuser.
Preise: €€€.
Zufahrt: Von der B92 ca. 3,5 km bis zur ausgeschilderten Talsperre, dann links unter der Autobahn ca. 300 m bis zum Parkplatz fahren.

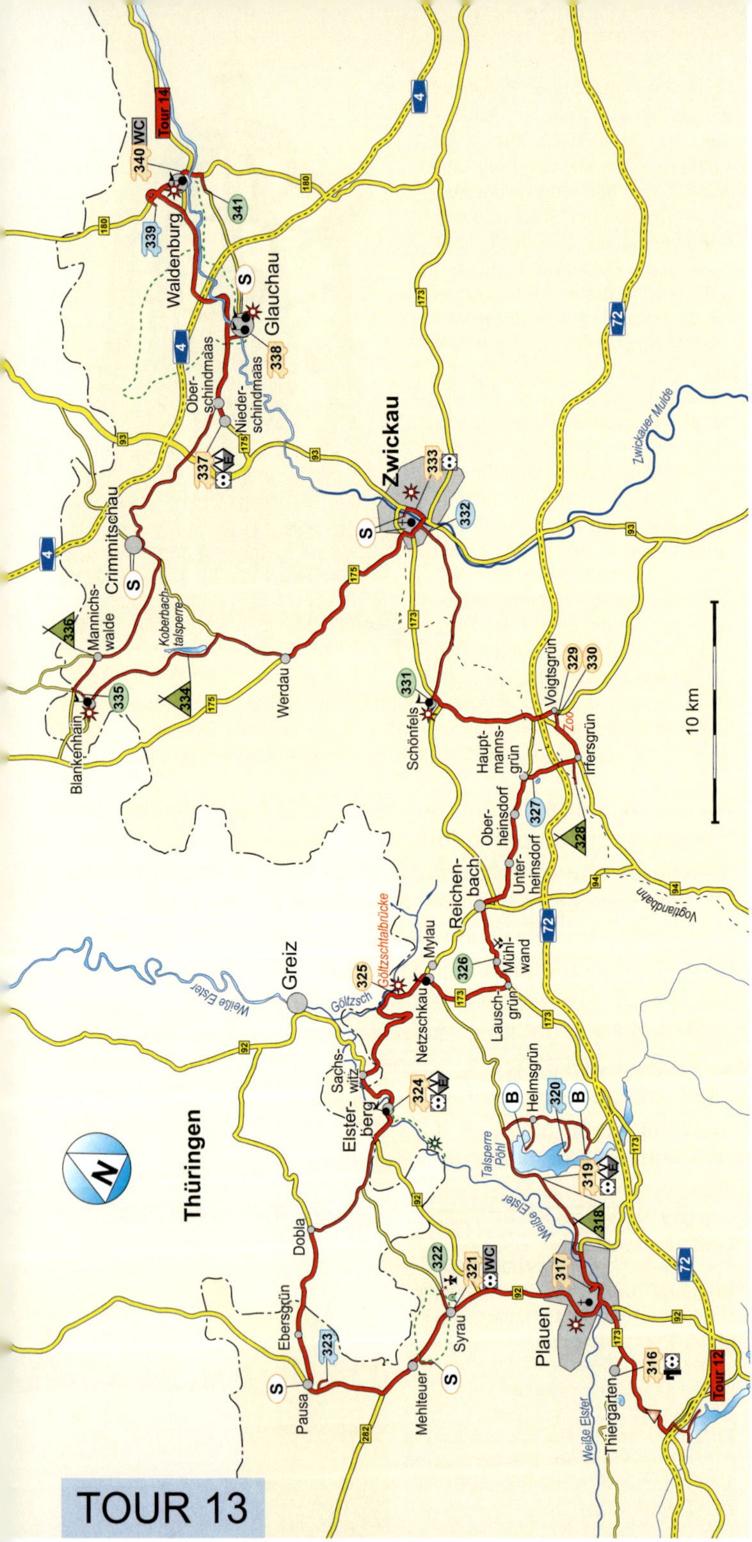
TOUR 13
Thüringen
Pausa
Ebersgrün
Dobla
Elsterberg
Sachswitz
Greiz
Weiße Elster
Göltzsch
Göltzschtalbrücke
Netzschkau
Mylau
Reichenbach
Lauschgrün
Mühlwand
Helmsgrün
Talsperre Pöhl
Mehltheuer
Syrau
Plauen
Thiergarten
Tour 12
Unterheinsdorf
Oberheinsdorf
Hauptmannsgrün
Irfersgrün
Voigtsgrün
Zoo
Schönfels
Vogtlandbahn
Zwickau
Zwickauer Mulde
Werdau
Blankenhain
Mannichswalde
Koberbachtalsperre
Crimmitschau
Oberschindmaas
Niederschindmaas
Glauchau
Waldenburg
Tour 14
WC
10 km

Tour 13 215 km

Plauen – Syrau – Netzschkau – Schönfels – Zwickau Crimmitschau – Glauchau – Waldenburg

Stellplätze:	Thiergarten, Plauen, Helmsgrün, Syrau, Pausa, Elsterberg, Netzschkau, Mühlwand, Hauptmannsgrün, Voigtsgrün, Schönfels, Zwickau, Blankenhain, Niederschindmaas, Glauchau, Waldenburg.
Campingplätze:	Möschwitz Camping Talsperre Pöhl, Irfersgrün Campingplatz „von Tailleur", Werdau Campingplatz Kobertalsperre, Crimmitschau Campingplatz Mannichswalde.
Besichtigen:	Plauen Stadtbild, diverse Museen; Syrau Drachenhöhle; Elsterberg Burgruine; Netzschkau Göltzschtalbrücke, Schloss; Schönfels Burg mit Museum; Zwickau Stadtbild, Robert-Schumann-Haus, Priesterhäuser, Horch-Museum; Blankenhain Dt. Landwirtschaftsmuseum; Crimmitschau Hist. Tuchfabrik; Glauchau Schloss Forder- und Hinterglauchau; Waldenburg Schloss, Naturalienkabinett.
Wandern:	Syrau, Elsterberg, Blankenhain.
Radfahren:	Syrau, Blankenhain, Waldenburg Muldental-Radweg.
Essen:	Mehltheuer Zum Holzfäller, Elsterberg Grüner Baum, Schönfels Burggaststätte, Waldenburg Café Sophie.
Baden:	Talsperre Pöhl, Pausa, Hauptmannsgrün, Zwickau, Mannichswalde, Waldenburg.

Auf dem Weg nach **Plauen** steuern wir im Ortsteil **Thiergarten** ein ländlich-schönen Stellplatz im Grünen an.

(316) Offizieller WOMO-Stellplatz: Thiergarten, Vogtland-Stellplatz

GPS: N 50°28'10.9" E 12°06'28.5"; Zum Burgteich 57 **Max.WOMOs:** 10
Kontakt: Telefon 0160/90669143 oder 03741/222974

Ausstattung: Wasser/Strom, Tische und Bänke, Grillmöglichkeit.
Beschreibung: Der schön und ruhig gelegene Privat-Stellplatz auf Rasen liegt am Ortsrand an Feldern und Wiesen. Die Gegend lädt zu Wanderungen oder Radtouren ein und die freundlichen Betreiber halten den einen oder anderen Tipp parat.
Preise: €.
Zufahrt: Von der B173 nach Thiergarten abbiegen und im Ort dem WOMO-Piktogramm folgen.

Zur Stadtbesichtigung Plauens eignet sich der einfache, offizielle **WOMO-Stellplatz**, den wir der B173 Richtung Zentrum folgend hinter der Elsterbrücke an einer großen Straßenkreuzung finden [**317:** N 50°29'36.6" E 12°08'27.5"; Syrastraße].

Plauen

Eingebettet im Tal der Weißen Elster und der Kuppenlandschaft liegt die unbestrittene Metropole des Vogtlandes, die ihre Wurzeln in der jahrhundertealten Tradition der Textilherstellung hat.

Nach dem Überqueren der Syrastraße sind wir schnell in der verkehrsberuhigten Altstadt rund um das schmucke Rathaus, in dem auch die **Tourist-Information** zu finden ist *(Mai - Okt. Mo - Do 10 - 18 Uhr, Fr/Sa 10 - 16 Uhr, Nov. - April Mo - Fr 10 - 17 Uhr, Sa 10 - 15 Uhr, Unterer Graben 1, Telefon 03741/2911027, www.plauen.com)*. Speziell für Kinder werden Entdeckertouren angeboten, man kann mit einem Audioguide die Stadt erkunden oder sich einer **öffentlichen Stadtführung** anschließen *(Mai - Okt. Di/Sa 11 Uhr, Treffpunkt Tourist-Info, Gebühr)*. Für den längeren Aufenthalt bietet sich der Erwerb der **PlauenCard** an, die für drei Tage die Nutzung der Straßenbahn und den Eintritt von fünf Museen sowie die Audioguide-Ausleihe inkludiert (1 Erwachsener + 2 Kinder 15,90€, Stand 2020).

Altes Rathaus

Das **Alte Rathaus** besticht mit einem Renaissancegiebel und der Kunstuhr aus dem Jahr 1548 sowie einer Sonnenuhr aus dem Jahr 1784. Leistungswillige können die 230 Stufen zur Aussichtsplattform emporsteigen oder aber gleich das **Spitzenmuseum** besuchen *(Di - So/Feiertage 11 - 17 Uhr, Eintritt)*. Ab Anfang des 19. Jahrhunderts entwickelte sich zunächst die Handplattstich-Stickerei, die von der im Jahr 1881 von Anton Falke erfundenen Tüllspitze abgelöst und auf Handstickmaschinen gefertigt wurde. Ab dem Jahr 1883 ermöglichte der Einzug der Schiffchenstickmaschine dann die Fertigung der Ätzspitze, die unter dem Namen **Plauener Spitze** einen Siegeszug um die Welt antrat.

Noch heute gilt die Stadt als Zentrum der deutschen Stickereiindustrie. Die etwas abseits gelegene **Schaustickerei** ist wegen der engen Straßen mit dem WOMO unter Umständen schwer zu erreichen, kann jedoch mit der Straßenbahn *(Linie 4 vom Neustadtplatz)* bequem angefahren werden *(Obstgartenweg1 , Mo - Sa 10 - 17 Uhr)*. Uns genügt der Blick im Museum auf die aus filigraner Spitze hergestellten Kleidungsstücke und Accessoires. Dreidimensionale Geflechte, die Eierkartons ähneln, finden im Akustikbereich ihren Einsatz und spiegeln ein ganz anderes Beispiel der „Spitzenarbeit" wider.

In der Bleichstraße sehen wir uns anschließend die **Weberhäuser** an (Foto oben). Die damals als unrein bezeichneten Gewerbe des Gerbens, Färbens und Walkens wurden vor 500 Jahren außerhalb der Stadtmauer errichtet und ein wenig scheint hier die Zeit still zu stehen. In den kleinen Häusern haben sich Werkstätten, Cafés und ein Museumshaus angesiedelt *(Mo - Fr 8 - 15 Uhr, Sa/So 10 - 15 Uhr, Sa nur von April - Sept.)*. Durch Gassen mit Straßencafés, Geschäften und hübschen Pilastergiebeln erreicht man **Vogtlandmuseum**, das in prachtvollen Räumen die vogtländische Geschichte lebendig werden lässt *(Di - So/Feiertage 11 - 17 Uhr, Nobelstraße 7 - 13, Eintritt)*. Erwähnenswert ist außerdem die im Jahr 1122 geweihte **St. Johanniskirche**, die mit ihren Doppeltürmen die Stadtsilhouette prägt und deren Sterngewölbe ein eindrucksvolles Beispiel hochgotischer Innenraumgestaltung ist. In der Nähe des Stellplatzes befindet sich die alte Elsterbrücke, die erstmals im Jahr 1244 erwähnt wurde und zu den ältesten Zeitzeugen der Stadt gehört.

Nicht umsonst nennt man den Landstrich das **Grüne Vogtland** – das Synonym steht für die vielen Wiesen und Wälder und über 60 Ortsnamen haben sich das „grün" angehängt: Voigtsgrün, Hartmansgrün, aber auch Gans- und Helmsgrün. Die beiden Letztgenannten liegen am **Vogtländischen Meer**, der **Talsperre Pöhl**, die sich inmitten von weiten Feldern, sanften Hügeln und Wäldern mit 425 Hektar Wasserfläche und 25 Kilometer frei zugänglichem Ufer ausbreitet. **Wassersportfreunde, Wanderer und Radfahrer** finden genau wie Besucher des **Kletterparks** genug Platz und Möglichkeiten zur vielfältigen Betätigung.

Wir folgen in Plauen der B173 Richtung Reichenbach, überqueren nochmals die Weiße Elster und halten uns nach **Möschwitz/Talsperre Pöhl**.

(318) WOMO-Campingplatz:
Möschwitz, Campingplatz Gunzenberg

GPS: N 50°32'20.4" E 12°11'07.3"; Hauptstraße 38
Kontakt: Telefon 037439/6778, www.poehl.de
Öffnungszeit: Ostern - Oktober.
Ausstattung: Gaststätte, Shop, Waschmaschine, Wäschetrockner, WLAN, Gasflaschenservice, Volleyball- und Fußballplatz, Abenteuerspielplatz, Badestrand, Hundestrand.
Beschreibung: Ordentliche, familienfreundliche Anlage mit durch Hecken geteilten, wenig schattigen Parzellen auf befestigtem Rasen direkt an der Talsperre, aber außerhalb des Ortes. Hier starten Rad- und Wanderwege (zum Beispiel Talsperren-Rundweg), es gibt diverse Wassersportmöglichkeiten und Bootstouren sind möglich.
Preise: €€.
Zufahrt: Etwa 800 m hinter dem Ortsausgang rechts.

Wer den Luxus eines Campingplatzes nicht nutzen möchte, findet gleich daneben die Zufahrt zu einem ausgewiesenen **WOMO-Stellplatz** [**319:** N 50°32'22.9" E 12°11'05.0"; Hauptstraße, Wasser/Strom, Entsorgung auf dem Campingplatz, Preis €€€].

Wir umrunden die Talsperre im Uhrzeigersinn und verzeichnen zwei tagsüber zu nutzende schöne **Badestellen** auf der **Schlosshalbinsel** [N 50°32'54.2" E 12°11'42.3"] und in **Gansgrün** [N 50°31'33.6" E 12°12'42.8"]. Im mittleren Ort **Helmsgrün** findet sich am **FKK-Strand** ein offizieller **WOMO-Stellplatz**, dessen Koordinaten wir an der Zufahrt genommen haben. Die Stellplätze sind im hinteren Teil des Parkplatzes zu finden [**320:** N 50°32'34.6" E 12°12'14.6"; V/E am Campingplatz, Preis €€].

Die Zufahrten zu den Parkplätzen sind bei der Umfahrung der Talsperre ausgeschildert und nicht zu verfehlen. Alle Plätze besitzen ausgewiesene **Hundestrände**.

Zurück in Plauen setzen wir uns auf die B92 und folgen dieser Richtung Elsterberg/Schleiz. Wenig später erreichen wir das an der alten Handelsstraße von Sachsen nach Thüringen, auf einer Hochfläche gelegene **Syrau** und folgen am Kreisel hinter dem Ortseingang dem Hin-

weis zur **Drachenhöhle** **[321:** N 50°32'34.0" E 12°04'57.9"; Paul-Seifert-Straße, Ostern - Okt. WC/Strom, Preis €€]. Der ausgewiesene Stellplatz liegt im Ort und bietet sich zur Besichtigung einer der schönsten Tropfsteinhöhlen Deutschlands an.

Drachenhöhle Syrau

Im Jahr 1928 wurden in und um Syrau mehrere Kalksandsteinbrüche betrieben, als dem Bruchmeister ein Meißel aus der Hand rutschte und in einer tiefen Spalte verschwand. Der Weg zur Karbonatkarsthöhle, die sich vor Jahrmillionen im Knoten- und Faserkalk des Jungoberdevons gebildet hatte, war gefunden.

15 Meter oder 81 Stufen geht es hinab in die faszinierende Unterwelt mit herrlichem Sinterschmuck, klaren Seen und bizarr geformten Tropfsteingebilden, die mit „Elefantenohr" oder „Tannenzapfen" bezeichnet werden. Beeindruckend ist der größte Raum der Höhle, die „Walhalla" und die Lasershow bietet den Besuchern zum Abschluss des 350 Meter gut ausgebauten Führungsweges ein letztes Highlight. Selbstverständlich ist da auch noch der Drache Justus zu erwähnen, dessen Vorfahren der Sage nach die Namensgeber der Höhle gewesen sind und der bei Kindern ganz hoch im Kurs steht. Im **Erlebnisgarten** am Höhlenausgang kann ausprobiert werden, wie es sich anfühlt, wenn die Erde wackelt und es wird Wissenswertes über Höhlen und die Erde vermittelt *(April - Okt. 9.30 - 17 Uhr, Nov./Jan. - Feb. 10 - 16 Uhr, Führung obligatorisch, Eintritt, www.syrau.de).*

Keinen Kilometer entfernt befindet sich die einzige noch erhaltene **Windmühle** des Vogtlandes, in der die ausgeklügelte Funktionsweise einer Mühle begreifbar gemacht wird *(Mai - Anfang Okt. Sa/So/Feiertage und Juli/August Di - So 11 - 16 Uhr, Karfreitag/Ostersamstag 13 - 16 Uhr, Ostersonntag/Mo 11 - 16 Uhr, Ostermontag Flügeldrehen, Dt. Mühlentag 10 - 17 Uhr, Eintritt).*

(322) WOMO-Wanderparkplatz:
Syrau, Historische Windmühle

GPS: N 50°33'01.5" E 12°05'19.5" **Max. WOMOs**: 2
Ausstattung: Infotafel.
Beschreibung: Einfacher, geschotterter, meist schattenloser Parkplatz

außerhalb des Ortes. Idealer Ausgangspunkt für die folgende Wanderung und für das Pendant als Fahrradweg. Im Ort gibt es einen Bäcker und Gaststätten. Direkt neben der Windmühle befindet sich die **Drachenburger Spirituosenmanufaktur**, in der diverse Destillate erworben werden können (ww w.drachenburger.com).
Zufahrt: Im Ort etwa 1,5 Kilometer Richtung Fröbersgrün oder vom vorgenannten Stellplatz der Beschilderung zur Windmühle folgen.

Das Wandern soll ja bekanntlich des Müllers Lust sein und so schnüren wir an einem schönen Oktobermorgen die Wanderschuhe, um einmal Syrau zu umrunden.

WOMO-Wander- oder Radwandertipp: Drachenrundweg
Leichte **Wanderung** auf Waldwegen und Landstraßen von ca. 11 km. Alternativ sind die kleine (20 Kilometer) und die große (45 Kilometer) **Radwanderwege** zu nennen. Beide Touren sind gut ausgeschildert.

Wir entscheiden uns für die Wanderung, überqueren vom Parkplatz aus die Landstraße und halten uns an die Markierung Drache Justus/ Grüner Punkt.
Entlang der Bahnlinie wandern wir durch die Birkenallee, erreichen einen Rastplatz mit herrlicher Aussicht und später die Verbindungsstraße von Syrau nach Frotschau. Hier schwenken wir über die Bahnbrücke links und danach rechts auf einen Feldweg, der uns entlang der Gärten bis zur ehemaligen Gaststätte Klein-Amerika führt. Vor dem Haus führt rechts der Grenzweg etwa 2 Kilometer bis zur B282, die wir überqueren. Gleich links genehmigen wir uns ein Päuschen in der **Gaststätte Zum Holzfäller** *(Mi - So ab 11 Uhr, Telefon 037431/3388, www.zumholzfaeller.de)* am Sportplatz und setzen dann unsere Wanderung auf der Waldstraße bis zur nächsten Kreuzung fort. Hier gehen wir links und wer mag, kann das **kleinste Musikinstrumentenmuseum** besuchen.
Hinter den letzten Häusern auf der rechten Seite wird die Straße zum Waldweg und wir wenden uns links wieder dem Wald zu. Geradeaus, vorbei an einem Rastplatz, erreichen wir eine größere Kreuzung, an der wir rechts weitergehen. Nach etwa 400 Metern zweigt ein Weg links nach Syrau ab und über die Schneckengrüner Straße erreichen wir den Ort. Der rechts abzweigende Kaffeesteig führt uns zur B282, über die wir schräg in die Bahnhofsstraße einbiegen. Wir lassen die Drachenhöhle rechts liegen und marschieren unter der Bahnbrücke, entlang der Landstraße eine kleine Anhöhe hinauf bis zu unserem Ausgangspunkt an der Windmühle.

Von Syrau geht es über die B282 weiter nach **Mehltheuer**, wo man natürlich auch ohne eine Wandereinlage das bereits erwähnte kleinste **Musikinstrumentenmuseum** besuchen kann

[N 50°32'28.7" E 12°02'36.8"; Hohestraße, täglich nach telefonischer Anmeldung 037431/4159, Eintritt]. In Oberpirk verlassen wir die Bundesstraße, um rechts **Pausa** anzuvisieren.

(323) Offizieller WOMO-Badeplatz: Pausa, Freibad

GPS: N 50°34'22.0" E 12°00'14.9"; Am Butterberg **Max. WOMOs**: 2 - 3

Ausstattung: Müllbehälter.

Beschreibung: Einfacher, asphaltierter, schattiger Parkplatz außerhalb des Ortes am Freibad mit Gaststätte *(Juni - Sept. ab 9 Uhr, Okt. - Mai Fr - So ab 11.30 Uhr)*. Ausgangspunkt für Rad- und Wandertouren.

Zufahrt: Etwa 3 Kilometer hinter dem Abzweig von der B282 rechts den Hinweisen zum Freibad etwa 500 Meter folgen.

Eigentlich sind wir in Pausa nur auf der Durchfahrt nach Ebersgrün ... wäre da nicht der Mittelpunkt der Erde! In Tour 7 hatten wir ja schon einmal das Vergnügen und hier in Pausa begegnet uns diese wunderliche Angelegenheit zum zweiten Mal. Was liegt näher, als ihr im Rathaus auf den Leim ... sorry, natürlich auf den Grund zu gehen. Wir stellen das WOMO in der Nähe am Markt ab und gehen die paar Meter zum Rathaus zu Fuß.

Mittelpunkt der Erde

In Pausa wurde von der Industrialisierung bis zur Wende gestickt, was das Zeug hielt und zwischenzeitlich gab es wohl auch einmal Ambitionen, mittels der Mineralquellen des Städtchens einen Kurbetrieb aufzuziehen. Irgendwie war das aber alles nicht von Dauer und so musste etwas anderes die Attraktivität des Ortes steigern.

Das Vogtland, in seinen alten Grenzen nicht nur in Sachsen, sondern auch in Thüringen, Böhmen und in Bayern gelegen, hatte danach seinen ungefähren Mittelpunkt in Pausa. Zusätzlich gab es auch noch die Geschichte von einem Wasserkasten, an dem man sich am Markt traf. Irgendwann wurde daraus der „Mittelpunkt" und für die Bewohner folgerichtig, der Mittelpunkt der Erde. Als dann auch noch im Jahr 1912 ein Zeppelin von Nürnberg nach Dresden genau über Pausa flog, war klar, dass man sich tatsächlich „mittendrin" befand. Im Jahr 1934 wird ein gläserner Globus auf dem Rathausdach aufgestellt und die Erdachse trat symbolisch in einem der Kellerräume zutage. In der Rathauswirtschaft führte der Wirt die Sehenswürdigkeit vor und die dafür einkassierten Geldbeträge kamen der Armenkasse zugute. Bald saß am Stammtisch der „Erdachsenschmierausschuss", der mit ordentlich „Erdachsenschmiermittel" die Achse am Laufen hielt. Noch heute wird diese kuriose Tradition aufrechterhalten und von der sogenannten **Erdachsendeckelscharnierschmiernippelkommission** überwacht. Die Geschichte hört sich recht verworren an und scheint es auch zu sein, aber dank ihrer Skurrilität findet sie natürlich Aufnahme in diesem Buch.

Nun wollen wir aber endlich die Rotation der „Erdachse" selbst beobachten und betreten an der rechten Rathausseite einen Kellerraum. Nach Einwurf eines halben Euro erhellt sich kurzzeitig ein Fenster und über eine Automatik wird mittels eines „Erdachsenschmiermittels" die Erdachse geölt. Ruckzuck ist es wieder dunkel und wir verlassen den Raum grinsend und mit dem erheiternden Eindruck, den Lauf der Welt für einen kurzen Moment mitbestimmt zu haben.

Pausa nur auf diese Geschichte zu reduzieren, wird der Stadt nicht gerecht und so möchten wir weiterhin auf die ausgezeichneten **Wander- und Radwege** in der schönen Mittelgebirgslandschaft hinweisen. Nachdem wir Ebersgrün hinter uns gelassen haben, befinden wir uns im Vogtländischen Oberland und damit in Thüringen, das im **WOMO-Band 9** ausführlich beschrieben wird und eine eigene Reise wert ist.

Hübsch ist es hier, nur die Straßenschilder sind ein wenig unübersichtlich aufgestellt und wir müssen in Dobia aufpassen, dass wir an der abknickenden Vorfahrtstraße den Abzweig rechts nach **Elsterberg** nicht verpassen. Bei Erreichen der B92 sind wir wieder auf sächsischem Gebiet angelangt und ziehen dort unserer Wege.

(324) Offizieller WOMO-Stellplatz:
Elsterberg, Sportstadion

GPS: N 50°36'33.9" E 12°10'31.4"; An der Elsteraue **Max. WOMOs**: 5
Ausstattung: V/E, Strom gegen Gebühr.
Beschreibung: Einfacher, geschotterter, schattenloser Parkplatz am Sportplatz mit Vereinsgaststätte. In der Nähe befinden sich Supermarkt sowie Bäcker und der Fußweg zur Ortsmitte beträgt etwa 500 Meter.

Zufahrt: Von der B92 den WOMO-Piktogrammen folgen.
Hinweis: Maximaler Aufenthalt zwei Tage. Gegebenenfalls Geräuschbelästigung durch die nahe Straße.

Die sächsische Kleinstadt liegt in einem landschaftlich schönen Talkessel und wird von einer der **weiträumigsten Burgruinen Sachsens** überragt, die zu Beginn des 13. Jahrhunderts von den Herren von Lobdeburg errichtet wurde. Das Gelände ist frei zugänglich und kann jederzeit besichtigt werden. Am Marktplatz empfiehlt sich die Einkehr im **Restaurant Grüner Baum**, das eine erstaunlich gute Küche zu moderaten Preisen bietet *(Di - So 11 - 21 Uhr, Marktplatz 18, Telefon 036621/20000, www.hotel-restaurant-gruenerbaum.de)*.

Als schönes Fleckchen Natur präsentiert sich das **Landschaftsschutzgebiet Steinicht**, das sich als bekanntes Klettergebiet und Wanderziel am Lauf der Weißen Elster bis nach Rentzschmühle erstreckt.

WOMO-Wandertipp: Entlang der Elster ins Steinicht
Leichte Wanderung von etwa 8 Kilometer Länge mit einem Anstieg.
Von der B92 biegen wir gegenüber der Fußgängerbrücke in die Thomas-Müntzer-Straße und folgen dem Hinweis zum ausgeschilderten Kriebelstein. Aus 407 Meter Höhe genehmigen wir uns einen herrlichen Panoramablick über Elsterberg und das weite Umland, bevor es auf dem **Vogtland Panorama Weg** in südwestliche Richtung durch den Wald hinab ins Tal der Weißen Elster geht. Das Steinicht ist für seine Ursprünglichkeit bekannt und zahlreiche Kletterfelsen liegen am selbst bei normalen Wasserstand rauschenden Fluss. Die schönste Zeit für einen Besuch ist das Frühjahr, wenn unzählige Buschwindröschen die Talauen weiß überziehen. Der Weg ist nicht zu verfehlen und wir wandern mit Genuss durch eine fast unberührte Natur. Lediglich die Bahnlinie

unterbricht ein wenig die schöne Szenerie. Die Vogtlandbahn hat jedoch auch einen Vorteil: Im Zwei-Stunden-Rhythmus (Linie VL4) bringt sie uns von Rentzschmühle nach Elsterberg zurück *(Fahrplan unter www.vogtlandbahn.de)*. Radfahrer kommen in dem für sie gesperrten Terrain leider nicht auf ihre Kosten und sollten alternativ den **Elster-Radweg** befahren.

Im Anschluss an diese kleine, aber feine Wanderung führt uns die B92 Richtung Greiz. Kurz vor der im Südosten Thüringens gelegenen Kreisstadt zweigen wir nach **Mylau/Göltzschtalbrücke** ab, um im Göltzschtal ein bei seiner Einweihung von Bauarbeitern als „Achtes Weltwunder" bezeichnetes Bauwerk von seiner sehenswertesten Seite zu erreichen [**325:** N 50°37'22.2" E 12°14'56.5"; Brückenstraße, P1 tagsüber Gebühr].

Göltzschtalbrücke

Um die Industrialisierung im nördlichen Vogtland zu sichern, war der Anschluss an das Eisenbahnnetz von großer Wichtigkeit und so beschloss man, dass der Bau einer großen Brücke über die Göltzsch für die Streckenführung der Sächsisch-Bayerischen Eisenbahn dringend erforderlich war. Für die gewaltige Aufgabe zeichnete Professor Johann Andreas Schubert verantwortlich, der im Jahr 1846 unter Berücksichtigung mehrerer Wettbewerbsvorschläge ein eigenes Projekt samt statischen Berechnungen begann. Da die Eisenbahngesellschaft knapp bei Kasse war, wurde überwiegend auf den Baustoff Ziegel zurückgegriffen, der aus einem nahen Lehmlager billig gewonnen und hergestellt werden konnte. Lediglich an den besonders beanspruchten Stellen der Fundamente, Pfeilerschäfte und Tragebögen konnte nicht auf Bruchsteine und Granitquader verzichtet werden. Aufgrund technischer Schwierigkeiten mussten die anfangs geplanten gleichmäßigen Bögen durch zwei mittige große Bögen ersetzt werden, die den Anblick der Brücke jedoch noch sehenswerter machen. Im Jahr 1851 wurde die damals höchste Eisenbahnbrücke der Welt fertiggestellt.

Das Wahrzeichen des Vogtlandes erreicht eine Länge von 574 Meter und überspannt in 78 Meter Höhe das Tal. In der fünfjährigen Bauzeit wurden mehr als 26 Millionen Ziegel und etwa 17.000 Kubikmeter Sand verbaut. Allein für den Gerüstbau und andere Zwecke wurden 23.000 Baumstämme benötigt und bis zu 1.736 Arbeiter an der Baustelle beschäftigt. Es darf aber nicht unerwähnt bleiben, dass sich bis zur Fertigstellung über 1.000 Arbeitsunfälle ereigneten und etliche Bauarbeiter dabei ihr Leben verloren. Am Ende betrug der finanzielle Aufwand für das Viadukt fast 7 Millionen Goldmark. Wenn man bedenkt, dass die Göltzschtalbrücke seit nunmehr 170 Jahren ohne Einschränkungen befahren werden kann, dann muss man sagen, dass sich der immense Geldeinsatz letztendlich gelohnt hat.

Fototipp: Von Schloss Netzschkau führt ein kleiner Spaziergang entlang der Schlossstraße/Siedlungsstraße und anschließend auf dem Reinsdorfer Weg bergauf an den Ortsrand und von dort rechts über eine Wiese – von hier hat man einen famosen Ausblick auf die Göltzschtalbrücke.

Im Nu sind wir anschließend in Mylau und folgen der B173 sogleich **Netzschkau**, um in einem Kreisverkehr dem Hinweis zum spätbarocken **Schloss** aus dem Jahr 1490 zu folgen. Wie gut, denn in einem der ersten Wohnschlösser im sächsischen Raum sind in den teils original möblierten Räumen herrliche Stuckdecken und Wandmalereien aus dem 17. Jahrhundert und ein prächtiger Kachelofen zu

bewundern *(April - Okt. Sa/So/Feiertage 13 - 17 Uhr, Eintritt, www.schloss-netzschkau.de)*. Weitere **Wander- und Radfahrtipps** sind bei der **Tourist-Information** zu erhalten *(Mo - Fr 9 - 12 Uhr, Di 13 - 18 Uhr, Do 13 - 17 Uhr, Mi geschlossen, Markt 12, Telefon 03765/390110,www.netzschkau.de)*.

Richtung Plauen erreichen wir Lauschgrün und richten uns hinter dem Ort nach dem Hinweis zum **Alaunwerk** in **Mühlwand**. Bald sind wir am letzten Bergwerk unserer Reise angelangt und stellen das WOMO gleich am ersten Parkplatz ab, denn beim zweiten erscheint uns die Zufahrt für größere Mobile etwas zu eng.

(326) WOMO-Wanderparkplatz: Mühlwand Altes Alaunwerk

GPS: N 50°35'57.4" E 12°17'08.7" Alaunwerk **Max. WOMOs**: 2
Beschreibung: Einfacher, geschotterter, meist schattenloser Parkplatz am Ortsrand nahe einer Gaststätte. Der Fußweg zum Alaunwerk beträgt etwa 300 Meter. Für Radfahrer verspricht der insgesamt rund 50 Kilometer lange **Göltzschtalradweg** viel Abwechslung. In nordwestliche Richtung geht es auf dem ehemaligen Bahndamm zur Mündung der Göltzsch in die Weiße Elster zwischen Elsterberg und Greiz, während in südöstlicher Richtung Klingenthal das Endziel ist.
Zufahrt: Der Parkplatzt liegt westlich der Göltzsch.

Alaunwerk Mühlwand

Vor etwa 490 Millionen Jahren bildete sich Kiesel- und Alaunschiefer, der in Mühlwand zwischen den Jahren 1690 bis 1827 über und unter Tage abgebaut wurde. Nachdem der gewonnene Alaunschiefer zu sogenannten Röstbühnen angehäuft und angezündet wurde, entstand Roter

Schiefer, der wiederum mit viel Wasser vermengt wurde. Die entstandene, mehrmals gesottene und eingedämpfte Lauge, das Alaun, wurde dann zum Gerben von Leder sowie als Beizmittel in Druckereien und Färbereien genutzt. Bekannt ist Alaun auch als blutstillendes Heil- und Papierbindemittel. Nach der Schließung des alten Alaunwerks passierte auf dem Gelände fast 120 Jahre erstmal gar nichts, bis infolge eines Unwetters im Jahr 1954 die alten Stollen wieder aufbrachen und in den Jahren darauf zahlreiche Grotten und farbenprächtige Tropfsteine hervorbrachte. Ein unterirdischer Rundgang macht den Besucher mit dem typischen Bergbau des 18. Jahrhunderts vertraut *(Sa/So 13 - 16 Uhr, Juli/Aug. Mo - So 13 - 16 Uhr, Eintritt, www.alaunwerk.de).*

Bergauf geht es nach Reichenbach und bis zur B94, die wir nach schräg rechts überqueren und uns dann rechts halten. Die Heinsdorfer Straße führt uns in das lang gestreckte Ortskunstprodukt Heinsdorfergrund, das durch die Zusammenlegung der Gemeinden Unter- und Oberheinsdorf entstand. Hierzu gehört auch das im Rambachtal liegende **Hauptmannsgrün**. Dort lassen wir uns an der abknickenden Vorfahrtsstraße rechts Richtung Kirchberg/Voigtsgrün und dann Irfersgrün leiten.

(327) WOMO-Badeplatz: Hauptmannsgrün, Mühlteich

GPS: N 50°37'28.2" E 12°23'55.0"; Irfersgrüner Straße **Max. WOMOs:** 2 - 3
Beschreibung: Der einfache, geschotterte, meist schattenlose, tagsüber gebührenpflichtige Parkplatz liegt außerhalb des Ortes an einem kleinen

Badesee mit Spielplatz. Am See sind Hunde nicht gestattet. Je nach Höhe der angebauten Feldfrüchte hat man eine schöne Aussicht über die Landschaft oder nicht. Hier starten Wander- und Radwege und etwa 500 Meter entfernt befindet sich eine Gaststätte. **Zufahrt:** Etwa 250 Meter hinter der abknickenden Vorfahrtsstraße rechts Richtung Irfersgrün und vor dem Wald rechts fahren.

Wir erinnern uns an die Bezeichnung „grün" in den Ortsnamen des Vogtlandes und können das Synonym auch bei diesem Stellplatz nur bestätigen. Wir befinden uns inmitten grüner Wiesen und Wälder, genießen die Aussicht über die leicht wellige Landschaft, die Ruhe und das Bad im nahen gepflegten Teich. Nach einem Kaffeepäuschen folgen wir der Straße durch den Wald, kreuzen die Autobahn und die Eisenbahnlinie, um den ausgeschilderten, ganzjährig geöffneten **Campingplatz „von Tailleur"** zu besuchen [**328:** N 50°36'28.8" E 12°24'33.4"; Irfersgrüner Bahnhofstraße, Telefon 037606/2787, www. camping-von-tailleur.de, Preis €€].

Für WOMOs über sieben Meter Länge könnte es hier eng werden. Ansonsten hat der kleine, einfache Campingplatz aber einen großen Vorteil für alle, die ihr Fahrzeug gern wohl aufgehoben wissen: Nur 100 Meter entfernt befindet sich die **Haltestelle der Vogtlandbahn** (hört man übrigens so gut wie nicht!), mit der man sich in 20 Minuten in die **Zwickauer Innenstadt** oder gar in zwei Stunden über **Klingenthal** bis ins tschechische **Karlsbad** bringen lassen kann *(Fahrplan unter www.vogtlandbahn.de).*

Alle Tierparkliebhaber folgen uns weiter durch Irfersgrün, dort Richtung Zwickau und wenig später rechts zum **Tierpark Hirschfeld**. Gleich hinter dem Ortseingang wartet rechts der erste weiträumige Parkplatz auf Wiese [**329:** N 50°37'38.3" E 12°26'10.7"; Tierparkstraße] und knapp 300 Meter dahinter links der zweite [**330:** N 50°37'46.5" E 12°26'21.7"; Tierparkstraße]. Der Tierpark selbst bietet vom Streichelgehege, über Stachelschweine und Affen bis zu großen Bären- und Wolfsfreigehegen so ziemlich alles, was das Zooherz begehrt *(9 - 18 Uhr/Sommerzeit bis 17 Uhr/Winterzeit, während der sächsischen Sommerferien bis 19 Uhr, Hunde an der Leine gestattet, Eintritt. www.tierpark-hirschfeld.de).*

Wir wenden uns nun **Schönfels** zu, sehen schon bald die gleichnamige Burg vor uns auf einem Bergkegel liegen und rollen im Ort auf einen gebührenpflichtigen, einfachen Parkplatz [**331:** N 50°40'39.3" E 12°24'23.4"; Burgstraße].

Burg Schönfels

Die Anfang des 13. Jahrhunderts erstmals urkundlich erwähnte **Burg Schönfels** bietet einen unverfälschten Blick in eine mittelalterliche Wehranlage. Vor-, Unter- und Hauptburg sowie der Bergfried und die Wall- und Grabenanlagen sind in ihrer Ursprünglichkeit bestens erhalten und haben ihre Geschlossenheit bewahrt. Das **Museum** dokumentiert die ständigen bauarchäologischen Untersuchungen und gewährt einen Blick in historische Räume *(10 - 17 Uhr, Mo/Fr Ruhetag, Eintritt. www.burg-schoenfels.de).* In der **Burggaststätte** kann man sich anschließend mit Bewährtem aus Topf und Pfanne in zünftiger Umgebung stärken *(Mo/Di Ruhetag, Telefon 037600/2719, www.gaststaette-burgschoenfels.de).*

Wir überqueren die B173 geradeaus nach Stenn und von dort geht es nach **Zwickau**, das wir in einem Talkessel bereits erspähen können. Warum dieser Umweg, wo uns doch die Bundesstraße direkt in die viertgrößte Stadt Sachsens gebracht hätte? Auf der jetzigen Strecke haben wir den einzigen halbwegs tauglichen Übernachtungsplatz vor der Stadt gefunden! Alternativ bleibt nochmals der **Campingplatz von Tailleur** zu nennen, der durch den ÖPNV eine gute Anbindung an die Stadt bietet.

(332) WOMO-Badeplatz: Zwickau-Oberplanitz, Strandbad Planitz

GPS: N 50°41'06.3" E 12°27'58.9"; Am Flugplatz **Max. WOMOs**: 3 - 5
Beschreibung: Einfacher, gepflasterter, meist schattenloser Parkplatz, der terrassenförmig angelegt ist und tagsüber gebührenpflichtig ist. Er liegt am Ortsrand und am Freibad *(Mai - Sept.).* Etwa 500 Meter entfernt befindet sich an der Inneren Zwickauer Straße die Bushaltestelle Strandbad (Linie

10 bis Georgenplatz, dort ca. 10 Minuten Fußweg in südöstliche Richtung bis zum Dom und zur Innenstadt).
Zufahrt: Von Stenn Richtung Zwickau fahren, die Bahngleise überqueren und an der folgenden Kreuzung rechts etwa 600 Meter bis zum Parkplatz fahren.

Von hier halten wir uns zunächst Richtung A72, dann Richtung Zentrum/B93 Richtung Altenburg und folgen von der Bundesstraße dem WOMO-Piktogramm zum **offiziellen WOMO-Stellplatz** am Ubineum [**333:** N 50°42'34.0" E 12°30'13.0"; Uhdestraße 25, Strom. Fußweg zur Altstadt etwa zwei Kilometer].

Zur Stadtbesichtigung eignet sich der hinter dem folgenden Straßentunnel liegende ausgeschilderte, gebührenpflichtige Parkplatz an der Mauritiusbrücke [N 50°43'18.7" E 12°30'01.0"; B93/Talstraße]. Über den Parkring Zentrum ist zusätzlich der gebührenpflichtige „Parkplatz der Völkerfreundschaft" zu erreichen, der uns zur Stadtbesichtigung ebenfalls geeignet erscheint [N 50°43'23.0" E 12°29'19.2"; Osterweihstraße]. Von beiden letztgenannten Parkplätzen ist es nicht weit zur wunderschön restaurierten Altstadt.

Zwickau

Als Tuchmacher- und Bergstadt erlebte Zwickau im 15. und 16. Jahrhundert eine ungeheuer große wirtschaftliche und kulturelle Blüte – „Zwickisch Tuch" wurde in ganz Deutschland sowie in Polen und Böhmen bestens verkauft und die Gewinnanteile aus den erzgebirgischen Silberminen füllten den Stadtsäckel. Nach dem Dreißigjährigen Krieg war es vorbei mit der Herrlichkeit und erst mit Beginn der Industrialisierung ging es wieder bergauf. Besonders der Steinkohleabbau trug dazu bei, der allerdings auch für ein schlechtes Image der Stadt als „Ruß-Zwicke" sorgte. Davon ist heute nichts mehr zu spüren, denn der gesamte Altstadtbereich wurde aufs Feinste saniert und lädt zum Bummeln und Flanieren ein.

Gewandhaus und Rathaus

Fangen wir also am **Hauptmarkt** mit unserer ganz persönlichen, keinen Anspruch auf Vollständigkeit erhebenden Besichtigungstour an. Von seinem Denkmal schaut der größte Sohn der Stadt, der Komponist **Robert Schumann** sinnierend auf das an ihm vorbeieilende Publikum herab. Ganz in der Nähe erblickte er am 8. Juni 1810 das Licht der Welt und im **Robert-Schumann-Haus** wird an ihn sowie seine Frau Clara Schumann-Wieck erinnert *(Di - Fr 10 - 17 Uhr, Sa/So/Feiertage 13 - 17 Uhr, Karfreitag, 24./31.12. geschlossen, Eintritt, www.schumannzwickau.de).*

Das **Gewandhaus**, ehemaliges Zunfthaus der Tuchmacherinnung, verleiht dem Hauptmarkt genauso einen unverwechselbaren Akzent wie das danebenliegende, im Jahr 1403 erbaute **Rathaus**, das mit 54 Meter Länge die südliche Platzfront für sich beansprucht. Gegenüber befindet sich der **Historische Saal**, der um die Jahre 1567/68 entstand und wieder in seiner alten Schönheit erstrahlt. Nebenan sollte die **Tourist-Information** als ergiebige Quelle für weiterführende Stadt-Informationen besucht werden *(Di - Fr 9 - 18 Uhr, Sa 9 - 15 Uhr, Hauptstraße 6, Telefon 0375/2713240, www.zwickau.de).* Hier startet unter anderem eine **öffentliche Stadtführung** durch die Altstadt *(Sa 10.30 Uhr, März - Okt. zusätzlich 14 Uhr, Gebühr).*

Wir schlendern unterdessen weiter zum Domhof und zum in schönster Spätgotik gehaltenen **Dom St. Marien**. Die ältesten Teile stammen aus dem Jahr 1336 und der wertvolle Marienaltar des Nürnbergers Michael Wolgemut aus dem Jahr 1479 ist besonders sehenswert. Im Kontrast zu dem mächtigen Gotteshaus stehen die fast winzigen **Priesterhäuser**, die zu den ältesten Wohnbauten Mitteldeutschlands zählen und in ihrer jetzigen Form um das Jahr 1500 errichtet wurden. Hier finden wir auch Exponate zur Stadt- und Kulturgeschichte aus einer längst vergangenen Zeit sowie aktuelle Ausstellungen *(Di - Fr 11 - 17 Uhr, Sa/So 13 - 17 Uhr, Domhof 5 - 8, www.priesterhaeuser.de).*

Dom St. Marien und Priesterhäuser

Wir schlendern zwischen den schönen Bürgerhäusern zurück zum WOMO und folgen vom Parkplatz an der Mauritiusbrücke über die B93 Richtung Altenburg, später Werdau den Hinweisen zum **August Horch Museum** [N 50°43'59.6" E 12°29'03.4"; Audistraße].

Spätestens jetzt werden wir auf die Geschichte der Autostadt Zwickau aufmerksam, denn bereits das **Trabant-Denkmal** auf dem Parkplatz erinnert an die Geburtsstadt des „Trabi".
Als einziges kraftfahrzeugtechnisches Museum Deutschlands hat das Horch-Museum seinen Sitz an einer seiner früheren Fertigungsstätten. Hier wurde im Jahr 1904 durch den Konstrukteur August Horch der Grundstein für einen Industriezweig gelegt, der über ein Jahrhundert den Ruf Zwickaus als Automobilstadt prägte. Auf 3.000 Quadratmeter begeben wir uns auf eine Zeitreise entlang chromblitzender und polierter „alter Schätzchen" – repräsentative Horchwagen, renommierte Audifahrzeuge und Modelle der Wandererwerke sowie der legendäre Silberpfeil der Auto Union lassen uns immer wieder über die Ideen der Erbauer und die Verarbeitung staunen. Der damals sensationelle DKW Kleinwagen, der maßgeblichen Anteil an der Breitenmotorisierung Deutschlands hatte, zeigt sich in einer zeittypischen Straßenszene und die Modelle des Trabant sind genauso sehenswert wie die Volkswagen-Modelle, die für die Fortsetzung der Automobiltradition in Zwickau stehen. Die Szenerien einer Tankstelle der 1920er-Jahre, die noble Eingangssituation eines Hotels oder der Einblick in eine typische DDR-Garage sind genauso unterhaltsam und faszinierend wie das Arbeitszimmer des Kraftfahrtpioniers Horch. In der Ausstellung werden außerdem Produktionsweisen aus der ersten Hälfte des 20. Jahrhunderts gezeigt, wir können in einem Oldtimer von der guten alten Zeit träumen oder im Fahrsimulator eine Rennstrecke abfahren oder die filmisch umgesetzte Automobilgeschichte im Rundkino verfolgen. Ein empfehlenswertes Erlebnis *(Mo - So 10 - 18 Uhr, 24./25./31.12. geschlossen, 1.1. 13 - 17 Uhr, Eintritt, www.horch-museum.de)!*

Draußen wartet unser doch eher behäbiger, aber geliebter „WOMO-Silberpfeil", der zielsicher die B175 aufs Korn nimmt und uns zuverlässig Richtung Werdau aus Zwickau hinausführt. In Werdau richten wir uns nach dem Hinweis Crimmitschau/ A4, verlassen die gut ausgebaute Straße Richtung Langenhessen und gelangen zur **Koberbachtalsperre**.
Die Talsperre, die auch Talsperre Crimmitschau genannt wird, bedeckt eine Fläche von 43 Hektar und bietet Erholung sowie Entspannung. Ein Autokino und besonders das **Strandbad** mit Sandstrand, Liegewiese, Wasserrutschen, Schwimminseln und kleiner Gastronomie sorgen für Freude und Gaudi bei den

Besuchern *(Mitte Mai - Mitte Sept., Eintritt. www.strandbad-kober.de)*. Neben den gebührenpflichtigen Tagesparkplätzen ist der **Campingplatz Koberbachtalsperre** zu nennen, der sich für einen längeren Aufenthalt empfiehlt. Idyllisch am Südufer der Talsperre gelegen, bietet er etwas abseits separate **WOMO-Stellplätze** [**334:** N 50°46'14.8" E 12°20'52.9"; Kleinbernsdorfer Straße, Telefon 03761/8895840, www.strandbad-kober.de, Mitte April - Mitte Okt., Preise €€].

In Niederalbertsdorf zweigen wir rechts ab und nähern uns durch von grünen Wiesen bewachsenen, sanften Hügeln dem lang gezogenen Örtchen **Blankenhain** und einem ausgeschilderten, einfachen Parkplatz [**335:** N 50°48'01.7" E 12°17'11.6"; An der Windmühle].

Deutsches Landwirtschaftsmuseum Schloss Blankenhain

Fast monumental liegt das Schloss, ein ehemaliges Rittergut, in der sanft geschwungenen Landschaft des Zwickauer Landes in einer grünen Talmulde.

Der deutschlandweit einmalige Museumskomplex präsentiert die ländliche Arbeits- und Lebenswelt im mitteldeutschen Raum vom 18. Jahrhundert bis zur Gegenwart. In den thematischen Ausstellungen des etwa elf Hektar großen Freilichtmuseums begeben wir uns auf eine höchst interessante Zeitreise, bei der unzählige Exponate vergangene Tage lebendig werden lassen. Wir informieren uns beispielsweise über die Landwirtschafts- und Landtechnikgeschichte, erfahren etwas über das Brauwesen, sehen eine funktionsfähige Dorfschmiede und schauen den kleinen Besuchern zu, wie sie auf Spielzeug-Treckern durch die Traktorenausstellung schnaufen. In der ehemaligen Dorfschule nehmen wir an Pulten Platz, befassen uns anschließend mit der Imkerei, inspizieren die Jagdausstellung und lernen etwas über die Teichwirtschaft.

Im Außenbereich laden der Bauern- oder Kräutergarten zum Spaziergang ein, bei dem ganz nebenbei etwas über historische Nutzpflanzen vermittelt wird.
Es ist an dieser Stelle unmöglich, die vielfältige und wirklich sehenswerte Anlage für kleine und große Gäste so zu beschreiben, als dass wir allen Aspekten gerecht werden könnten. Unser Tipp: Einfach hingehen, viel Zeit mitbringen, schauen, lernen und den Museumsbesuch genießen – es lohnt sich! Interessant ist auch der alljährlich im September stattfindende **Mitteldeutsche Käse- und Spezialitätenmarkt**, der eine große Besucherschar anzieht *(Mitte Feb. - April/Mitte Okt. - Mitte Nov. Di - So 9 - 17 Uhr, Mai - Mitte Okt. 9 - 18 Uhr, letzter Einlass eine Stunde vor Schließung, Eintritt. Hunde an der Leine gestattet. www.deutsches-landwirtschaftsmuseum.de).*
Rund um das Dorf lockt die abwechslungsreiche Landschaft zu **Fahrradtouren** und **Wanderungen**. Zu erwähnen ist hierbei die **Bauerngartenroute**, eine 44 Kilometer lange, mit einem Blumen-Piktogramm markierte Fahrradstrecke, an der sich 16 unterschiedliche Bauerngärten im sächsisch-thüringischen Grenzgebiet aneinanderreihen. Mit der grünen Markierung W1 führt ein als leicht zu bezeichnender, ungefähr sieben Kilometer langer **Rundwanderweg** vom Parkplatz am Landwirtschaftsmuseum über den Eichberg nach Mannichswalde zum dortigen **Erlebnisbad** *(Mai - Sept., gebührenpflichtige Parkplätze).*

Den außerhalb des Ortes gelegenen **Campingplatz Mannichswalde** erreichen wir, wenn wir der Straße am vorgenannten Parkplatz folgen und Richtung Crimmitschau nach **Mannichswalde** fahren [**336:** N 50°48'50.2" E 12°17'50.0"; Nischwitzer Straße 38, Telefon 036608/2514, www.crimmitschau.de, April-Oktober, Preis €€].
Bald sind wir in **Crimmitschau** und folgen dem Parkleitsystem Richtung Zentrum zu einem gebührenpflichtigen, zweckdienlichen Parkplatz, der uns als einziger für unser WOMO tauglich erscheint [N 50°48'54.3" E 12°23'20.2"].

Crimmitschau

Die im Vorerzgebirge in einem Talkessel der Pleiße gelegene Stadt blickt auf eine lange Tradition im Tuchmacherhandwerk zurück. Nett anzusehen sind das **Rathaus**, auf dessen Dach als Symbol des Marktrechts eine gusseiserne Rolandsfigur steht, das **Theatergebäude** und die **St. Laurentiuskirche**. Am Markt befindet sich die **Tourist-Information** *(Mo/Mi/Do 9 - 17 Uhr, Di 9 - 18 Uhr, Fr 9 - 14 Uhr, Markt 1, Telefon 03762/908004, www.crimmitschau.de)*, in der wir den Hinweis zum Besuch der **Historischen Tuchfabrik Gebr. Pfau** erhalten. Die unter Denkmalschutz gestellte Gesamtanlage ist wohl in ihrer Größe und Vollständigkeit von historischen Gebäude- und Maschinenbestand in Mitteleuropa einzigartig. Die Arbeits- und Lebensbedingungen der Beschäftigten werden vermittelt und an historischen Textilmaschinen ist die Entstehung von Wollstoffen zu verfolgen *(Mi - So 10 - 17 Uhr, Eintritt, www.saechsisches-industriemuseum.com)*. Das zu den Sächsischen Industriemuseen gehörende Gesamtensemble liegt etwas außerhalb des Zentrums und das WOMO kann am Straßenrand oder in der Sahntalstraße geparkt werden [N 50°49'44.0" E 12°23'25.1"; Leipziger Straße 125].

Rathaus mit Marktbrunnen

Wir verlassen Crimmitschau Richtung B93/A4, überqueren die Bundesstraße und fahren durch Dennheritz nach Oberschindmaas sowie **Niederschindmaas**.
Hier erreichen wir die B175 und notieren etwa ein Kilometer rechts beim **WOMO-Ausbauer Bresler** einen **WOMO-Stellplatz** nebst **Zubehörladen** [**337:** N 50°48'32.4" E 12°29'11.2"; Zwickauer Straße, V/E/Strom, €, www.caravan-bresler.de].
Wir wenden uns auf der B175 nun **Glauchau** zu. Richtung Zentrum/Wernsdorf und dann dem WOMO-Piktogramm zu den Tennisanlagen am Stausee folgend erreichen wir einen einfachen, gepflasterten offiziellen **WOMO-Stellplatz** [**338:** N 50°48'48.0" E 12°31'43.0"; Naundorfer Wiesenweg]. Das Zentrum ist etwa 1,5 Kilometer entfernt, das dortige Parken beengt und demzufolge schwierig. Wir haben gerade noch ein Plätzchen in der Nähe des historischen Marktplatzes bekommen [N 50°48'59.7" E 12°32'31.6"; Schlossstraße].

Glauchau
Vom Parkplatz am Stausee folgen wir ein Stückchen der Albertsthaler Straße, um zwischen der Plantagen- und Martinistraße durch das **Villenviertel** ins Zentrum zu gelangen. Die ehemaligen Fabrikantenvillen stammen meist in der 2. Hälfte des 19. Jahrhunderts und sind von den heutigen Besitzern liebevoll im Stil des Spätklassizismus sowie der Neorenaissance restauriert worden und ein echter Hingucker. Weitere Informationen sind in der **Tourist-Information** erhältlich *(Mo/Mi/Fr 9 - 12 Uhr, Di/Do 9 - 18 Uhr, 1. Sa im Monat 9 - 12 Uhr, Markt 1, Telefon 03763/2555, www.glauchau.de).*
Die Stadt hat gleich zwei Schlösser zu bieten, die nur durch einen Wall-

graben getrennt, eine architektonische Besonderheit darstellen. Von der Stadt kommend erreicht man zunächst das jüngere **Schloss Forderglauchau**, das in den Jahren 1527 bis 1534 erbaut wurde und als frühester Profanbau der Renaissance in Mitteldeutschland gilt. Hier findet man die Galerie für moderne Kunst **art gluchowe**. **Schloss Hinterglauchau**, aufbauend auf die im 12. Jahrhundert errichtete Burg, verdankt sein heutiges Aussehen weiteren Umbauten im 15./16. Jahrhundert und wird von den **städtischen Kunstsammlungen** und vom **Museum** belegt *(Di - Fr 11 - 17 Uhr, Sa/So/Feiertage 14 - 17 Uhr, Eintritt, www.artgluchowe.de).*

Zurück an der Zwickauer Mulde schlängeln wir uns auf der B175 durch das schöne Tal und haben bald die Türme von **Waldenburg** im Blick.

(339) WOMO-Badeplatz: Waldenburg, Freibad

GPS: N 50°52'43.7" E 12°35'06.9"
Badweg **Max. WOMOs**: 5
Beschreibung: Der einfache, befestigte, teils schattige Parkplatz liegt etwa 900 Meter außerhalb des Ortes und ist zum großen Teil sehr schräg. Das Freibad *(Mai - Sept.)* befindet sich in unmittelbarer Nähe und es gibt Rad- als auch Wanderwege.
Zufahrt: Im Ort den Hinweisen zum Freibad folgen.

Von dem an einer Wiese gelegenen Stellplatz erreichen wir am Marktplatz wieder die B175, der wir links folgen. Wenig später liegt linker Hand ein Parkplatz gegenüber des **Waldenburger Schlosses** [**340:** N 50°52'31.9" E 12°36'15.0"; Peniger Straße, WC].
In unmittelbarer Nähe befindet sich die **Tourist-Information** *(Okt. - April - Di - So/Feiertage 10 - 16 Uhr, Mai - Sept. Di - 16 Uhr, Sa/So/Feiertage 10 - 17 Uhr, Geschwister-Scholl-Platz 1 1, Telefon 037608/21000, www.waldenburg.de).*

Schloss Waldenburg
und Museum - Naturalienkabinett Waldenburg
Die Vorgängerbauten des Schlosses kann man bis ins 12. Jahrhundert zurückverfolgen, doch das heutige Gebäude entstand erst ab Mitte des 19. Jahrhunderts. Im Rahmen einer Besichtigung können eine Ausstellung zur 800-jährigen Baugeschichte, die historische Schlossküche sowie Sonderausstellungen im Souterrain besucht werden. Eine weitere

Ausstellung beschäftigt sich mit dem Schloss als Filmkulisse. In der Gartenhalle mit Blick in den Schlosspark werden im **Café Sweet Sophie** kleine Leckereien serviert *(Schloss: Di - Fr 10 - 16 Uhr, Sa/So/Feiertage 11/13 - 17 Uhr, Führungen möglich, Eintritt, Café: Mi/Do 13 - 17 Uhr, Fr 12 - 17 Uhr, Sa/So 11/9 - 17 Uhr, www.schloss-waldenburg.de).*

Einen unbedingten Besuch ist das neben dem Parkplatz gelegene **Museum mit einem der letzten Naturalienkabinette** Deutschlands wert. Kernstück des Museums ist die Linck-Sammlung, die im 17. und 18. Jahrhundert von der gleichnamigen Leipziger Apothekerfamilie zusammengetragen und mit anderen Sammlungen ergänzt wurde. In diese Zeit fällt eine völlig neue Art der Sammelleidenschaft, die nicht nur an den fürstlichen Höfen, sondern auch in den bürgerlichen Bereichen eingeführt wurde. Neue Kontinente sowie Gebiete in Übersee wurden entdeckt und es war schick, Pflanzen und fremdartige Tiere zu sammeln. Bis zu diesem Zeitpunkt wurde reines Buchwissen vermittelt, doch nun brachten Missionare und Kaufleute aus aller Herren Länder allerlei „Merkwürdigkeiten" mit und die aus der Antike oder aus kirchlichen Dogmen gewonnenen Feststellungen wichen dem Wunsch, neues Wissen naturnah überprüfen zu können. So entstanden Raritätenkabinette, in denen Versuche durchgeführt und genaue Beobachtungen gemacht wurden. Gleichzeitig verglich man die Studien und gewann daraus neue Erkenntnisse.

In so ein überliefertes und in seiner Geschlossenheit einmaliges Naturalienkabinett, das in seiner Bandbreite weit über die uns bekannten Naturkundemuseen hinausgeht, tauchen wir nun ein. Wissenschaftliche Instrumente gehören ebenso wie Mineralien und Fossilien dazu und natürlich darf in der Sammlung des

Apothekers ein Herbarium nicht fehlen. Exzellent gepresste Pflanzen stecken in kleinen Vasen und werden in großen, sorgfältig angefertigten Kästen aufbewahrt. Man weiß gar nicht, was schöner anzusehen ist: die Exponate oder die kunstvolle Aufbewahrung? Wir streifen durch die unglaubliche Vielfalt der Vogelwelt des 19. Jahrhunderts und bestaunen die über 2000-jährige ägyptische Mumie genau wie einen kleinen Buddha, der damals noch als „indianischer Geistlicher" bezeichnet wird. Gleichermaßen fasziniert als auch abgestoßen betrachten wir die Spirituspräparate und die anatomische Sammlung sowie das zweiköpfige Kälbchen oder sein Pendant mit den sieben Beinen. Die angegliederte stadtgeschichtliche Abteilung befasst sich vornehmlich mit dem Waldenburger Töpferhandwerk und bietet einen Streifzug durch die Waldenburger Geschichte *(Okt. - März Di - So/Feiertage 10 - 16 Uhr, April - Sept. Di - Fr 10 - 16 Uhr, Sa/So/Feiertage 10 - 17 Uhr, sächs. Schulferien auch Mo geöffnet, 24. - 26./31.12., 1.1. geschlossen, Eintritt, www.museum-waldenburg.de).*

Der Museumsrundgang beschäftigt uns eine ganze Weile und wir beschließen, die Nacht in Waldenburg zu verbringen. Ein Übernachtungsplätzchen muss also her und wir folgen der Hauptstraße bis zum Hinweis zum ab dem Jahr 1780 angelegten **Grünfelder Park**. Der Parkplatz ist nicht sehr groß, aber der Abendspaziergang unter den mächtigen, alten Bäumen des wunderschönen Landschaftsparks und um den Gondelteich ist ein schöner Abschluss des Tages.

(341) WOMO-Wanderparkplatz: Waldenburg, Grünfelder Park

GPS: N 50°51'45.5" E 12°36'12.0"; Grünfelder Straße **Max. WOMOs**: 2

Beschreibung: Der einfache, geschotterte, teils schattige, tagsüber gebührenpflichtige Parkplatz liegt am Ortsrand an den Wiesen. Die gegenüberliegende Gastronomie ist momentan geschlossen, doch im Umkreis von etwa 1 Kilometer gibt ausgeschilderte Alternativen, die zum Beispiel bei einer Wanderung oder einer Radrunde angefahren werden können. Zu erwähnen ist der **Muldetal-Radweg**, dem wir am nächsten Morgen folgen werden.

Zufahrt: Von der B175 auf die B180 Richtung Stollberg wechseln und dann nach Oberwinkel abbiegen. Etwa 1 Kilometer später liegt der Parkplatz auf der rechten Straßenseite.

Hinweis: Gegebenenfalls ist insbesondere zur Zeit des Berufsverkehrs mit Geräuschbelästigung zu rechnen.

Am nächsten Morgen lacht die Sonne vom Himmel, es ist nicht zu warm und ein bisschen körperliche Bewegung kann uns nicht schaden. Zum einen könnten wir nach telefonischer Anmeldung ein zweistündiges **Paddel-Abenteuer** im gemieteten Doppelkajak zwischen Waldenburg und Wolkenburg auf der Mulde erleben *(April - Okt., Gebühr, Telefon 0172/5729017 (Mo - Fr 15.30 - 20 Uhr, Sa/So 9 - 20 Uhr), www.kajakvermietung-waldenburg.de).*

Zum anderen wird es aber auch mal wieder Zeit, die Fahrräder aus der Garage zu holen und so entscheiden wir uns heute für die Zweirad-Variante.

WOMO-Radwandertipp:
Durch das Reich des Schönburger Adels

Radtour mit einigen Anstiegen über Straßen und Naturwege von knapp 40 Kilometer Länge.

Vom Parkplatz am Grünfelder Park radeln wir 150 Meter zurück Richtung Waldenburg und schwenken auf die Zuwegung zur Mulde, um dort auf den Muldetal-Radwanderweg zu stoßen. Flussaufwärts fahren wir nach Remse, überqueren dort rechts die Muldebrücke und halten uns danach links bergauf über Pfaffroda und Schönberg nach **Meerane**.

Am Friedhof endet der Radweg und wir rollen über die Schönbergerstraße in die Stadt, die einen Zwischenstopp wert ist. In der Nähe der St. Martin Kirche befindet sich am Teichplatz der Eingang zum **Höhler**. Ab dem 14. Jahrhundert wurden hier Lebensmittel gelagert und wir können zur Abwechslung mal nicht durch Bergwerksstollen, sondern nur drei bis acht Meter unter dem Burgberg den Zufluchtsort der Bevölkerung bei Stadtbränden oder feindlichen Belagerungen inspizieren *(Führungen Do 10, 11, 13 Uhr, Eintritt)*. Über mehrere Kreuzungen geht es nun übergangslos von der Post- in die Zwickauer Straße über. An einer der Kreuzungen macht die Straße „An der Steilen Wand" ihrem Namen alle Ehre: Auf 248 Meter und einer durchschnittlichen Steigung von 13 Prozent geht es nach oben. Wären wir mal etwas anders gefahren, dann hätten wir die Straße, die mit Häusern aus der Gründerzeit zum Flächendenkmal erklärt wurde, hinuntersausen können. So begucken wir uns die Strecke der internationalen Radprofis von unten und setzen den Weg zum Kreisverkehr fort. Dort biegen wir links (Wanderwegweiser Richtung Niklasbusch) nach Glauchau ab, unterqueren die Autobahn und folgen rechts dem Wanderweg Richtung Stausee. Am Wasserturm in Glauchau-Schönbörnchen lenken wir erst rechts und gleich wieder links in die Straße Am Südhang bis zu deren Ende. Dort rechts, dann links durch die Bahnunterführung fahren. Dahinter links und wenig später rechts auf der Albert-Köhler-Straße bis zur B175. Diese queren wir rechts und strampeln durch das Gewerbegebiet auf dem Muldendamm entlang des Muldetal-Radwegs bis zum Bahnhof Glauchau. Auf dem Radweg geht es anschließend über Reinholdshain ins bereits bekannte Remse und von dort zurück zum Parkplatz am Grünfelder Park.

Zwickauer Mulde bei Waldenburg

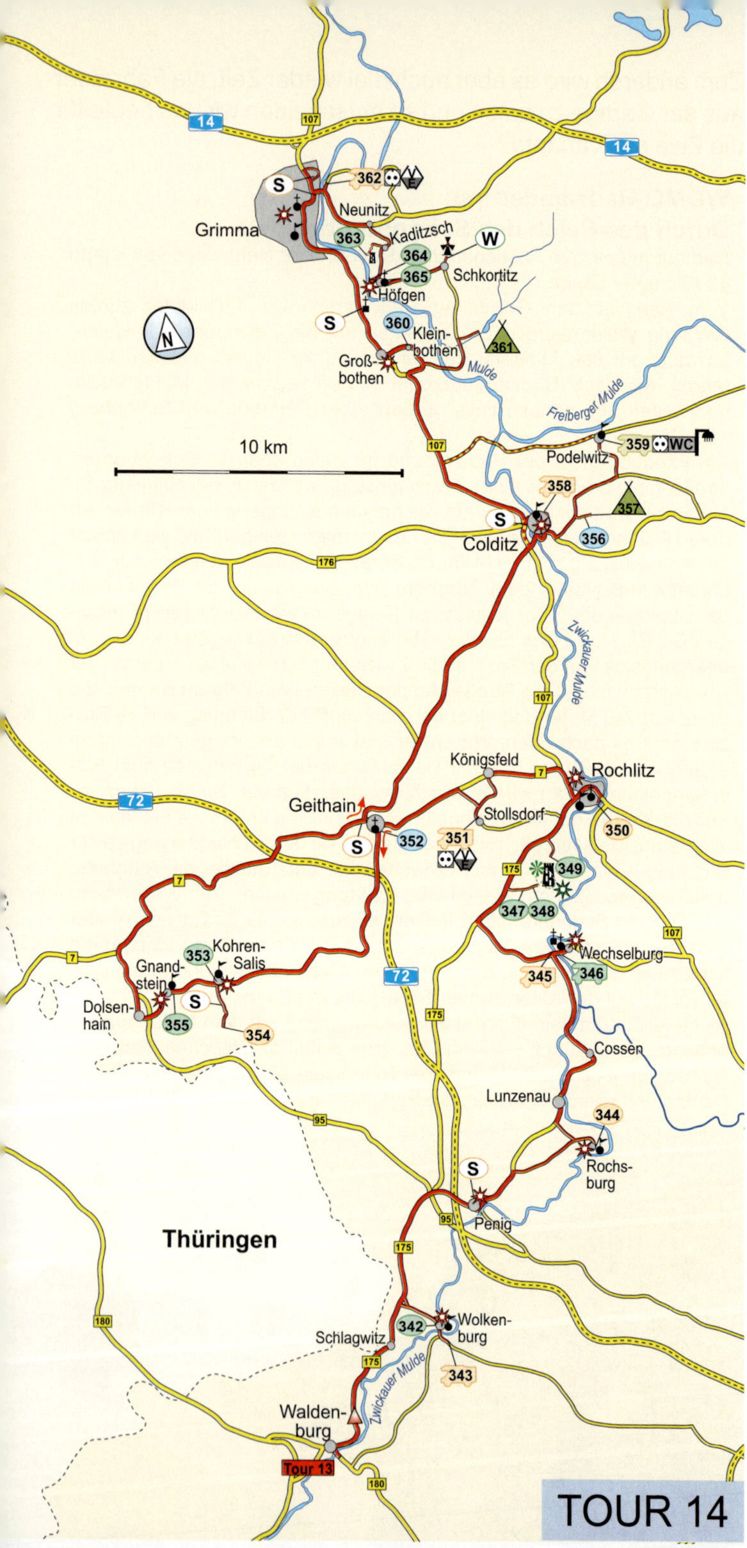

14
107
362
Grimma
Neunitz
Kaditzsch
363
364
365
W
Schkortitz
Höfgen
S
360
Klein-
bothen
361
Groß-
bothen
Mulde
Freiberger Mulde
10 km
107
359
WC
Podelwitz
358
357
S
Colditz
356
176
Zwickauer Mulde
107
Königsfeld
7
Rochlitz
72
Geithain
Stollsdorf
351
350
352
175
349
7
347
348
Kohren-
Salis
353
107
Wechselburg
Gnand-
stein
345
346
7
S
Dolsen-
hain
355
354
72
175
Cossen
95
Lunzenau
344
S
Rochs-
burg
Penig
95
Thüringen
175
180
342
Wolken-
burg
Schlagwitz
175
343
Zwickauer Mulde
Walden-
burg
Tour 13
180

TOUR 14

Tour 14 — 160 km

Wolkenburg – Wechselburg – Rochlitz – Kohren-Sahlis Colditz – Grimma

Stellplätze:	Wolkenburg, Limbach-Oberfrohna, Rochsburg, Wechselburg, Rochlitz, Stollsdorf, Geithain, Kohren-Salis, Gnandstein, Colditz, Kleinbothen, Grimma, Kaditzsch, Höfgen.
Campingplätze:	Colditz Campingplatz Colditz, Förstgen Ferienpark Thümmlitzsee.
Besichtigen:	Wolkenburg Schloss; Penig Hist. Kellerberge; Rochsburg Schloss; Wechselburg Basilika; Rochlitz Altstadt, Schloss; Geithain Unterirdische Gänge; Kohren-Salis Töpfermuseum; Gnandstein Burg; Colditz Schloss; Großbothen Ostwald-Gedenkstätte; Grimma Kloster Nimbschen, Altstadt, Göschenhaus, Museum; Kaditzsch Juttapark, Schkortitz Paltrockwindmühle.
Wandern:	Wechselburg Walderlebnispfad, Rochlitz Porphyrwanderweg, Höfgen/Grimma Weg der Steine.
Radfahren:	Muldetal-Radweg.
Essen:	Wolkenburg Brücken-Café, Rochlitz Bergrestaurant Kohren-Salis Lindenvorwerk, Kleinbothen Gasthof Kleinbothen, Colditz Restaurant Schlossgewölbe Höfgen Zur Schiffsmühle und Zur Wassermühle.
Baden:	Geithain, Colditz, Kleinbothen, Thümmlitzsee.

*Auf unserer Radtour haben wir nur einen winzigen Ausschnitt des **Muldetal-Radwegs** erlebt, der durch ein Flusstal führt, das die Sachsen zu Recht das **Tal der Burgen** nennen. Es geht durch geschützte Landschaften und an vielen Schlössern, Burgen sowie Herrenhäusern vorbei. Start und Ziel einer entsprechenden Radtour können von diversen unserer genannten Stellplätze selbst bestimmt werden (www.mulderadweg.de). Auf der letzten Etappe unserer Reise durch Sachsen begleiten wir den schnellsten Fluss Mitteleuropas ein Stück seines Laufs, an dem sich typische Auenlandschaften und Feuchtgebiete mit einer abwechslungsreichen Flora und Fauna erhalten haben (www.leipzig.travel).*

Blick über die Mulde auf Schloss Rochlitz

Allerdings treten wir nun nicht mehr in die Pedale, sondern benutzen das Gaspedal des WOMOs, um auf der B175 Richtung Rochlitz weiter zu rollen. Bald grüßt schon **Schloss Wolkenburg** von seinem Felsen über der Mulde, bevor wir es kurzfristig aus den Augen verlieren, um wenig später vor seinen Toren stehen.

(342) WOMO-Wanderparkplatz: Wolkenburg, Schloss

GPS: N 50°54'10.4" E 12°40'29.3"; Am Schloss **Max. WOMOs**: 2

Ausstattung: Infotafel.
Beschreibung: Der einfache, geschotterte, schattenlose Parkplatz liegt am Ortsrand und ist Ausgangspunkt für Wander- und Radtouren. Etwa 400 Meter entfernt gibt es im Tal das **Brücken-Café** mit kleineren Snacks und leckerem Kuchen *(Mi - So 11.30 - 16/17 Uhr, Telefon 037609/58984)*. An der Brücke verläuft der Muldetalradweg.
Zufahrt: Von der B175 den Hinweisen zum Schloss folgen.

Das Schloss ging im 12 Jahrhundert aus einer Burganlage hervor und gelangte im 17. Jahrhundert in den Besitz der Grafen von Einsiedel. Zusammen mit der klassizistischen **St.-Mauritius-Kirche**, dem kleinen **Landschaftspark** und zahlreichen Eisenkunstgussplastiken bildet es ein kulturhistorisch einzigartiges Ensemble *(Di - So/Feiertage 14 - 17 Uhr, Anfang Jan. - Mitte/Ende März geschlossen, Eintritt, www.schloss-wolkenburg-ev.de)*.

Schloss Wolkenburg

Folgt man der Straße hinab ins Tal und zweigt hinter der Brücke links ab, bietet sich von einem einfachen, aber offiziellen **WOMO-Stellplatz** ein schöner Blick Richtung Schloss [**343:** N 50°53'57.5" E 12°40'17.1"; Kaufunger Straße].

Nach der Schlossbesichtigung düsen wir nach **Penig** und verlassen die B175 an der Ausfahrt Penig-Nord. Bei der Fahrt in die Stadt ist der Hinweis zum Gangsystem **Peniger Kellerberge** nicht zu übersehen [N 50°56'13.2" E 12°41'55.9"; Leipziger Straße]. Hinter dem Tor wurde in uralten Gängen unter der Erdoberfläche im Mittelalter das städtische Bier gelagert *(jedes 2. und 4. Wochenende im Monat/Feiertage 14 - 17 Uhr, Eintritt, www.penig.de).* Im Ort halten wir uns vor der Muldebrücke links und gelangen wenig später nach **Rochsburg**.

(344) WOMO-Stellplatz: Rochsburg, Schloss

GPS: N 50°56'41.3" E 12°46'00.6"
Schlossstraße **Max. WOMOs**: 2-3
Ausstattung: Infotafel, Bänke, Spielplatz.
Beschreibung: Einfacher, asphaltierter, schattenloser, tagsüber gebührenpflichtiger Parkplatz im Ort und nahe des Schlosses. Der **Muldetal-Radweg** verläuft hier im oberen Dorfteil am westlichen Ortsausgang an der Schlossstraße.
Zufahrt: Der Durchgangsstraße bis zum beschilderten Parkplatz folgen.

Schloss Rochsburg

Die um das Jahr 1200 erstmals urkundlich erwähnte Rochsburg liegt hoch über der rauschenden Mulde auf einem Felssporn. Der Name lässt sich von der Bezeichnung „roch" ableiten, die mit den Worten Berg oder Vorsprung gleichzusetzen ist.

Nachdem die Burg mehrfach umgebaut wurde, erhielt sie von den Schönburgern im 16. Jahrhundert ihr jetziges Aussehen als Renaissanceschloss. Die Außenanlagen behielten jedoch ihren wehrhaften Charakter, wie wir beim Durchschreiten der Toranlagen in den Innenhof deutlich spüren.

Im **Museum** können wir in verschiedenen Räumen aus der Zeit des Barock, des Rokoko, des Empire und des Biedermeier erleben, wie einst in den Gemäuern gelebt wurde. In der Schlosskapelle St. Anna ist der sandsteinerne Altar zu sehen und vom Bergfried eröffnet sich ein einzigartiger Blick ins Muldetal.

Die Dauerausstellung „Leute machen Kleider" beeindruckt uns besonders. Für die 52 Exponate wurden insgesamt 10.000 Kilometer Nähfaden und drei Kilometer Stoff originalgetreu in Handarbeit nachgenäht und mit 800 Knöpfen besetzt. Die Kleidung ermöglicht uns einen Einblick in 1.000 Jahre Bekleidung des Bürgertums, der Handwerker und Bauern. Vom „Untendrunter" bis zum festlichen Gewand ist alles vertreten und fast meint man, das Rascheln von Seide oder das Klappern von Holzschuhen zu hören. Abwechslung bringen zudem Sonderausstellung zu Kunst, Kunsthandwerk und Geschichte *(April - Okt. Di - So/Feiertage 10 - 17 Uhr, Nov./Dez./Feb./März Di - So/Feiertage 10 - 16 Uhr, 25.12. 13 - 16 Uhr, 26.12. 10 - 16 Uhr, Eintritt, www.schloss-rochsburg.de).*

Durch Rochsburg geht es zurück und in Kurven nach Lunzenau. Im Ort halten wir uns Richtung Mittweida, queren die Mulde und folgen in Cossen der Straße nach Wechselburg. Von der nächsten Muldebrücke können wir den Blick auf das **Göhrener Viadukt** werfen. In der ursprünglichen Länge von 512 Meter, die jedoch aus statischen Gründen durch Betonverfüllungen auf 381 Meter „schrumpfte", und einer Höhe von 68 Meter ist sie die drittgrößte Eisenbahnbrücke Sachsens.

Durch das **Landschaftsschutzgebiet Mulde- und Chemnitztal** sind wir rasch an der nächsten Flussbrücke angekommen und parken das WOMO am linken Muldeufer auf einem der zwei ausgewiesenen Parkbuchten [**345:** N 51°00'12.5" E 12°46'03.5", Altzschillen]. Schöner steht es sich jedoch auf der rechten Flussseite.

Göhrener Viadukt

(346) Offizieller WOMO-Wanderparkplatz: Wechselburg, Muldebrücke

GPS: N 51°00'10.0" E 12°46'12.5"; Brückenstraße **Max. WOMOs**: 8

Ausstattung: Tische und Bänke.

Beschreibung: Der einfache, schattenlose Wiesenparkplatz liegt am Ortsausgang an der Mulde. Während der Saison gibt es eine Imbissbude und ein mobile Toiletten-Kabine. An der Muldebrücke verläuft der **Muldetal-Radweg** und eine Infotafel am gegenüberliegenden Ufer-Parkplatz weist auf Wanderwege hin. Hier ist der 9,5 Kilometer lange **Walderlebnispfad** zu erwähnen, der durch die idyllische Landschaft des Rochlitzer Muldentals führt und anhand von Informationstafeln und zehn anschaulichen Stationen auf die Tier- und Pflanzenwelt aufmerksam macht. Im Ort gibt es mehrere Gaststätten sowie Cafés und der Marktplatz als auch das Kloster sind etwa 350 - 400 Meter entfernt auf dem Berg zu finden.

Zufahrt: Aus westlicher Richtung kommend nach Überqueren der Muldebrücke rechts zum ausgeschilderten Parkplatz fahren.

Basilika, Kloster und Schloss Wechselburg

Durch die kleinen Straßen Wechselburgs erreichen wir den Marktplatz und gelangen als Erstes zur evangelischen **St. Ottokirche**, die mit ihrer Silhouette Wechselburg beherrscht und mit einer wunderschönen Barockausstattung überrascht. Sie steht ein wenig im Schatten der romanischen **Basilika**, deren Gelände sich hinter der Kirche befindet.

Die Geschichte des Ortes geht auf das Kloster Zschillen zurück, das vom Wettiner Dedo von Rochlitz-Groitzsch im Jahr 1168 als Augustiner-Chorherrnstift gegründet wurde und dessen Grabmal in der Kirche erhalten ist. Der Grundriss der Basilika bildet eine Kreuzform, in der um die Jahre 1230/35 nachträglich ein Lettner, eine Trennwand zwischen Gemeinde- und Chorraum, eingezogen wurde. Die Augustiner konnten sich jedoch nur etwa 100 Jahre halten und das Kloster wurde dem Deutschen Ritterorden übergeben, der es zu seiner Blüte führte, ehe es in den Wirren der Reformation aufgelöst wurde.

Im Jahr 1543 tauschte Moritz von Sachsen das Kloster und den Ort Zschillen mit den Herren von Schönburg gegen deren Besitzungen in der Sächsischen Schweiz – von diesem Tausch soll sich der Name Wechsel-Burg ableiten. Das seitdem als Schloss bezeichnete Kloster wurde ab dem Jahr 1665 zum ständigen Wohnort der Schönburgs umgebaut und die Kirche aufwendig restauriert. Dabei blieb der Lettner allerdings auf der Strecke und wurde in Teilen in der Altarschauwand

oder der Kanzel verbaut. Nach dem Zweiten Weltkrieg wurde die Familie enteignet, die Basilika vom Bistum Dresden-Meißen zur Wallfahrtskirche erhoben und in den 1950er-Jahren erfolgten umfassende Restaurationsarbeiten, denen auch die Wiederherstellung des beeindruckenden Lettners zu verdanken ist.
Ebenso wechselhaft war auch die Geschichte des Schlosses, das durch die Bodenreform ebenfalls in staatliche Hände geriet und bis nach der Wende von verschiedenen Krankenhäusern belegt wurde. Bis heute warten die Räumlichkeiten auf einen tatkräftigen Besitzer, sodass wir uns auf die Besichtigung der alten romanischen Kreuzbasilika konzentrieren. Das Gebäude daneben, auch als kleines Schloss bezeichnet, beherbergt seit dem Jahr 1993 ein Benediktinerkloster, das vom bayerischen Kloster Ettal gegründet wurde. Nach 450 Jahren Unterbrechung herrscht nun wieder ein reges Klosterleben in Wechselburg und im Jahr 2018 wurde die Klosterkirche von Papst Franziskus zur Basilica minor erhoben *(www.kloster-wechselburg.de)*.

Wir verabschieden uns von den überlebensgroßen **Porphyr-Ratsherren** an der Brücke, die zum einen den erwähnten Gebietstausch zwischen Sachsen und Schönberg symbolisieren und zum anderen auf das in dieser Gegend vorkommende Gestein aufmerksam machen.
Die Landstraße bringt uns in ihrem Verlauf zur B175, auf die wir nach **Rochlitz** einschwenken.

(347) WOMO-Wanderparkplatz: Rochlitz, Friedrich-August-Turm I

GPS: N 51°01'26.6" E 12°45'28.4"; Rochlitzer Berg **Max. WOMOs**: 2
Ausstattung: Infotafel, Tisch und Bank, Müllbehälter.

Beschreibung: Einfacher, geschotterter, teils schattiger Parkplatz am Waldrand außerhalb der Ortschaft. Der Aussichtsturm und das **Bergrestaurant Türmerhaus** sind etwa 1,3 Kilometer der Straße folgend entfernt *(11 - 17 Uhr, Sa 11 - 20 Uhr, Nov. - April Mo/Di Ruhetag, www.rochlitzerberg.com)*.
Zufahrt: Von der B175 etwa 500 Meter dem Hinweis Rochlitzer Berg folgen.

(348) WOMO-Wanderparkplatz: Rochlitz, Friedrich-August-Turm II

GPS: N 51°01'27.7" E 12°46'03.5"; Rochlitzer Berg **Max. WOMOs**: 2

Ausstattung: Infotafel.
Beschreibung: Einfacher, geschotterter, teils schattiger Parkplatz im Waldrand außerhalb der Ortschaft. Der Aussichtsturm und das **Bergrestaurant Türmerhaus** sind etwa 700 Meter der Straße folgend entfernt *(11 - 17 Uhr, Sa 11 - 20 Uhr, Nov. - April Mo/Di Ruhetag, www.rochlitzerberg.com)*. Von hier starten genau wie vom zuvor genannten Parkplatz Rad- und Wanderwege.
Zufahrt: Der Parkplatz liegt etwa 600 Meter hinter dem vorherigen Stellplatz.

WOMO-Wandertipp: Porphyrlehrpfad Rochlitzer Berg

Leichte Wanderung von etwa 3 Kilometer Länge auf Asphalt, Forst- und Feldwegen.

Das Bergmassiv um den Rochlitzer Berg (353 Meter) ist 280 Millionen Jahre alt und damals spuckte der Vulkankegel gewaltige Lavamassen aus, die als Porphyrtuff erstarrten. Noch heute wird der als Sächsischer Marmor bekannte rote Rochlitzer Porphyr auf dem Berg gebrochen und dann veredelt. In mehreren Burgen, Kirchen, Bürgerhäusern und Schlössern ist er uns in seiner weltweit einmaligen Ausprägung bereits begegnet. Jetzt machen wir uns auf den Weg, um seine Entstehungsgeschichte und die Abbaumethoden genauer unter die Lupe zu nehmen.

Vom zweiten genannten Wanderparkplatz gehen wir ein Stück die Straße aufwärts und wenden uns links, um an einigen verfallenen Gebäuden, die von der ehemaligen Besiedlung erzählen, vorbei zum Haberkornschen Bruch mit der einzigartigen farblichen Maserung zu marschieren. Zurück zur Bergstraße geht es vorbei am Böhmestein und schon wandern wir zur nächsten Station, der sogenannten Einsiedelei am Seidelbruch, die einst als Unterkunft für Wanderer und Steinmetze diente. Nach rund 80 Meter haben wir eine kleine Anhöhe, die Königshöhe erreicht. Danach führt die Straße weiter zum Eingang des Gleisbergbruchs. Die alten Werkstätten, Unterstände und eine Schmiede sind noch erhalten und dahinter schauen wir in die gähnende Tiefe der rund 70 Meter senkrecht abfallenden Porphyrwände mit den eingehauenen Jahreszahlen der Steinmetze. Es ist gut ablesbar, wie viele Meter Porphyr in welcher Zeit mühsam abgebaut wurde. Von hier führt ein Waldweg zu einer Aussichtsplattform oberhalb des Bruchs, die einen Blick in die Tiefen des Steinbruchs ermöglicht.

Letzte Station des Lehrpfades ist der 27 Meter hohe Aussichtsturm, der zum Gedenken an den sächsischen König Friedrich August II. errichtet wurde. Bei klarer Sicht sind das Völkerschlachtdenkmal in Leipzig oder der Collmberg bei Oschatz zu erkennen, die wir bereits vor unendlich langer Zeit, so kommt es uns nach all den vielen bisherigen Reiseeindrücken jedenfalls vor, schon besucht haben. Im Jahr 1860 beschloss man, eine Turmwärterwohnung neben dem Aussichtsturm zu errichten. Der Türmer betreute den Turm, kassierte Eintritt und verkaufte neben Andenken auch kleine Erfrischungen. Mittlerweile hat sich daraus die beliebte Ausflugsgaststätte **Bergrestaurant Türmerhaus** entwickelt, die wir zum Abschluss unseres informativen Rundwegs gern aufsuchen (Öffnungszeiten siehe oben).

Der Rochlitzer Berg kann auch von der nördlichen Seite aus angefahren oder erwandert werden. Dort ist ein weiterer Parkplatz zu finden.

(349) WOMO-Wanderparkplatz: Rochlitz, Friedrich-August-Turm III

GPS: N 51°02'09.4" E 12°46'48.2" **Max. WOMOs**: 2
Ausstattung: Tisch und Bank, Müllbehälter.

Beschreibung: Einfacher, geschotterter, teils schattiger Parkplatz am Waldrand außerhalb der Ortschaft. Der Aussichtsturm und das **Bergrestaurant Türmerhaus** sind etwa 1,5 Kilometer der Straße folgend entfernt *(11 - 17 Uhr, Sa 11 - 20 Uhr, Nov. - April Mo/Di Ruhetag, www.rochlitzer-berg.com)*. Von hier starten genau wie von den zuvor genannten Parkplätzen Rad- und Wanderwege.
Zufahrt: Der B175 hinter der Zufahrt zu den vorherigen beiden Stellplätzen knapp 3 Kilometer folgen, dann etwa 500 Meter Richtung Sörnzig bis zum rechts gelegenen Parkplatz fahren.

Am Fuße des Rochlitzer Bergs erreichen wir am Verlauf der Bundesstraße nach wenigen Minuten **Rochlitz**. Kurz hinter dem Ortseingang befindet sich das im ersten Moment mit seinen zwei Türmen an eine Kirche erinnernde Schloss. Der Parkplatz davor ist winzig und das WOMO steht am besten an der Mulde.

(350) WOMO-Stellplatz: Rochlitz, Festplatz

GPS: N 51°02'37.4" E 12°48'11.6"; Uferstraße **Max. WOMOs**: 5
Beschreibung: Der einfache, geschotterte, schattenlose Parkplatz liegt am Ortsrand an der Mulde und ist zur Stadt- und Schlossbesichtigung ideal. Der Fußweg zum Markt beträgt etwa 200 Meter und zum Schloss ungefähr 700 Meter. Im Ort gibt es diverse gastronomische Angebote sowie Geschäfte und der Muldetal-Radweg liegt direkt vor der WOMO-Tür.

Zufahrt: Entweder der B175 durch den Ort folgen. Direkt vor der Muldebrücke rechts etwa 300 Meter am Fluss bis zum Parkplatz oder vom Markt geradeaus an der Kirche vorbei bis zur B175, dort rechts und vor der Brücke nochmals rechts fahren.
Hinweis: Gegebenenfalls bei Veranstaltungen nicht zu nutzen. Da der Parkplatz auch von Lkw genutzt wird, kann es zu Geräuschbelästigungen kommen.

Stadt und Schloss Rochlitz

Rochlitz ist mit seiner über 1.000-jährigen Geschichte eine der ältesten Städte Sachsens. An den schön restaurierten Bürgerhäusern und in den sanierten Gassen um den einstmals größten Marktplatz Europas können wir zahlreiche Porphyrdetails entdecken. Das **Rathaus** aus dem Jahr 1828 weist rein klassizistische Züge auf und die vier wuchtigen Säulen am Eingangsportal sind aus je einem Porphyrblock gehauen. Am westlichen Ende des Marktes befindet sich die **Tourist-Information** *(Mo - Fr 9 - 17 Uhr, Burgstraße 6, Telefon 03737/7863620, www.rochlitzer-muldental.de)*.

Geht man zum östlichen Ende des Marktes, befindet sich vor dem ehemaligen Untertor die **St. Kunigundenkirche**, über deren Ursprung nicht viel bekannt ist. Der heutige Gebäudeteil stammt aus dem 15. Jahrhundert und auch hier finden wir die so typischen Porphyrelemente. Besonders das reiche Maßwerk am Chor und an der Südseite ist beeindruckend. Des Weiteren fallen der riesige Hochaltar mit dreifachen Flügeln aus dem Jahr 1523 und ein weiterer Flügelaltar, der um das Jahr 1521 von einem Cranach-Schüler gefertigt worden ist, ins Auge.

Der Weg zum stolzen und auch mitunter düster wirkenden **Schloss Rochlitz** ist gar nicht zu verfehlen. Zu markant sind seine beiden 50 Meter hohen Türme, die im Volksmund „Lichte und Finstre Jupe" genannt werden. Bei einem Rundgang durch die mittelalterliche Schlossanlage, deren Blütezeit im 14. und 15. Jahrhundert lag, erleben wir eine kleine Reise von der Romantik bis zur Renaissance. Licht und Finsternis begleiteten die Jahre von der erstmaligen Erwähnung im Jahr 1009, über die Aufenthalte von Kaisern und Königen und die Regentschaft des Fürstenhauses Wettin, das untrennbar mit der sächsischen Landesgeschichte verbunden ist. Die kleine und die große Geschichte begleitet uns auf allen Wegen durch das Schloss: Ob in der großen Schlossküche, in der man das Gefühl hat, dass die Mägde gleich von den Köchen angemault werden und es nach Holzfeuer riecht oder in den Verliesen und Folterkammern, in denen uns ein Schaudern überläuft. Die Räume geben Auskunft über die Jahrhunderte lange Nutzung als Reichsburg, kurfürstlicher Wohn- und Amtssitz, Jagdschloss, Staatsgefängnis oder Witwensitz. Wechselnde, erlebnisreiche und fesselnde Ausstellungen beleben die 1.000-jährige Geschichte der ehemaligen Residenz und gehören zu den kulturellen Höhepunkten im Muldetal. Das **Schlosscafé** und ein **Museumsshop** runden den für uns gelungenen Besuch des Schlosses ab *(Anfang - Mitte Feb. Mo - So 12 - 17 Uhr, April - Mitte Juli/ Anfang Sept. - Mitte Okt. Di - So 10 - 17 Uhr, Mitte Juli - Anfang Sept./ Mitte - Ende Okt. Mo - So 10 - 17 Uhr, Anfang - Ende Dez. Sa/So 13 - 18 Uhr, Feiertage 10 - 18 Uhr, Führungen möglich, Eintritt, Kombiticket mit Burg Gnandstein möglich, www.schloss-rochlitz.de).*

Schloss Rochlitz

Auf der B107 Richtung Colditz/Geithain lassen wir uns aus Rochlitz herausführen, um von dieser schon kurz danach auf die B7 nach Geithain zu wechseln.
Aus dem Tal der Burgen machen wir eine kleine Rundreise durch das **Kohrener Land.** Bereits Anfang des 20. Jahrhunderts pilgerten Leipziger und Chemnitzer aufgrund der großen Waldflächen, der reinen Luft und der vielen **Wanderwege** zur Sommerfrische hierher. Mittlerweile sind gut markierte **Radwege** hinzugekommen und damals wie heute sind es die regional typischen Töpferwaren, die die Urlauber anziehen.
In Königsfeld wenden wir uns nach Köttwitzsch, ignorieren dort das Schild mit der Höhenbegrenzung von 2,60 Meter und sind auch schon in **Stollsdorf**. An der Eisenbahnbrücke wird uns die Sache mit der Höhenbegrenzung klar. Die eigentlich 4 Meter hohe Brücke wird den Spuren nach zu urteilen, an den Seiten immer mal gern von diversen Fahrzeugen „mitgenommen". Für WOMOs ist also Entwarnung angesagt, denn wer ramponiert sein Lieblingsstück schon freiwillig?!

(351) Offizieller WOMO-Stellplatz: Stollsdorf, Spreer's Ferienhaus

GPS: N 51°02'56.0" E12°44'44.6"; Hauptstraße **Max. WOMOs**: 5
Kontakt: Telefon 03737/42890, www.ferienhaus-spreer.de
Ausstattung: V/E, Strom, Fahrradverleih, Badeteich.
Beschreibung: Der auf Wiese gelegene Stellplatz liegt im Ort in einem Privatgarten. Bei Familie Spreer genießt man eine ganz persönliche Betreuung. Abgesehen von den Tipps für das Kohrener Land aus erster Hand, erhalten wir als kleines Begrüßungsgeschenk ein Gläschen Quittengelee fürs Frühstück. Aber es kommt noch überraschender: Bevor wir wieder unserer Wege ziehen, werden wir vor unserem WOMO abgelichtet – das Foto liegt dann samt Weihnachtsgrüßen Monate später im heimischen Briefkasten und erinnert uns an einen schönen Stellplatz und seine freundlichen Betreiber.
Preise: €€€.
Zufahrt: Direkt hinter der Brücke links. Die Zufahrt ist eng, aber gut zu bewältigen!

Zurück in Köttwitzsch schlagen wir das Ruder nach **Geithain** und rollen über die B7 in die Stadt ein.

(352) WOMO-Badeplatz: Geithain, Schwimmbad

GPS: N 51°03'03.2" E 12°41'54.1" Bruchheimer Straße **Max. WOMOs**: 2
Beschreibung: Der einfache, geschotterte, schattenlose Parkplatz liegt am Ortsrand am Freibad und am Sportplatz. Der Fußweg ins Zentrum mit Geschäften und Gaststätten beträgt etwa 800 Meter.
Zufahrt: Im Ort Richtung Bruchheim fahren und den Hinweisen zum Freibad folgen.

Ein weiterer einfacher Parkplatz ist westlich des Stadtzentrums zu verzeichnen [N 51°03'17.3" E 12°41'14.0"; Altenburger Straße]. Er liegt nahe der **St. Nikolaikirche**, die eine Felderdecke aus dem späten 16. Jahrhundert aufzuweisen hat. Östlich des Marktplatzes befindet sich in zwei unter Denkmalschutz stehenden Häusern das **Heimatmuseum**, in dem eine Führung durch die mittelalterlichen unterirdischen Gänge vermittelt wird *(Museum Di/Do 10 - 17 Uhr, Mi 9 - 15 Uhr, Sa 14 - 17 Uhr, Gängeführung Sa 14 - 17 Uhr, www.geithain.net).* Mit einem Spaziergang entlang der Stadtmauer und durch den Stadtpark schließt unseren Besuch in Geithain ab.

Bei der Weiterfahrt Richtung Bruchheim stellen wir fest, dass sich die Landschaft verändert und zunehmend flacher wird, da wir uns im Übergang des mittelsächsischen Hügellands zur Leipziger Tieflandsbucht befinden. Mischwälder, Wiesen und Teiche bestimmen das Bild. Die Namensgebung der Bäche „Ratte, Katze und Maus“ beweist, dass die Bewohner der Region eine besondere Art von Humor besaßen: Die Maus wird von der Ratte „gefressen“, in welche sie fließt und diese wird Opfer der Katze. Gemeinsam enden (münden) sie dann in der Wyhra.

Wir lassen das nasse „Getier“ hinter uns und rollen der Töpferstadt **Kohren-Sahlis** entgegen. Die Stadt wurde 974 erstmals erwähnt und unterhalb der romanischen Rundtürme auf dem Burgberg finden wir unseren Platz.

(353) WOMO-Wanderparkplatz: Kohren-Salis, Montottoner Platz

GPS: N 51°01'03.4" E 12°36'02.0" Montottoner Platz **Max. WOMOs**: 2 - 3

Ausstattung: Tische und Bänke, WC, Spielplatz.

Beschreibung: Der einfache, asphaltierte, meist schattenlose, tagsüber gebührenpflichtige Parkplatz

befindet sich am Ortsrand an der Straße. Das Zentrum mit Gaststätten ist etwa 500 Meter entfernt. Von hier kann man in Wanderungen und Radtouren einsteigen.
Zufahrt: Im Ort Richtung Gnandstein orientieren. Der Parkplatz liegt rund 350 Meter hinter der Zufahrt zum Markt.

Kohren-Sahlis

Neben dem Weberhandwerk hat sich das Töpferhandwerks etabliert und die Stadt gilt als dessen regionales Zentrum. Das Wahrzeichen ist der im Jahr 1928 geschaffene **Töpferbrunnen** auf dem Markt, den eine dralle „Toppfrau" krönt. Von den ehemals 14 Töpfereien überlebten bis heute zwei. Im **Töpferhaus Arnold** *(Jan. - Ostern Mo - Fr 9 - 17 Uhr, Ostern bis Jan. Mo - Fr 9 - 18 Uhr, Sa/So/Feiertage 10 - 12/13 - 16 Uhr, Burggasse 9, www.toepferhaus-arnold.de)* oder in der **Töpferei Müller** *(Mo - Fr 8 - 18 Uhr, Sa/So 9 - 17 Uhr, Steingasse 120, www.toepferei-mueller-kohren-sahlis.de)* kann die gelbbraune Kohrener Irdenware mit Löffelmuster oder das Kohrener Blau-Weiß erworben werden. Manchmal kann man in den Werkstätten auch beim Drehen und Bemalen der Produkte zusehen. Wir müssen den Geldbeutel schon ziemlich festzurren und uns in Enthaltsamkeit üben – zu schön sind die Schüsseln und Kannen. Im **Töpfermuseum** ist dann Entwarnung angesagt und wir belassen es bei den Informationen über die Geschichte und die Tradition des Handwerks. Am Wochenende kann zusätzlich dem Töpfermeister bei der Arbeit über die Schulter geschaut werden *(Feb./März. Di - Fr 10 - 12/13 - 16 Uhr, Sa/So 13 - 16 Uhr, April - Okt. Di - So 13 - 17 Uhr, Eintritt)*. Jedes Jahr zwischen Himmelfahrt und Pfingsten findet der traditionelle **Töpfermarkt** statt, der viele Tausende Besucher anlockt *(www.kohrener-toepfermarkt.de)*.

Ein sehenswertes Ausflugsziel in der Nähe ist der **Schwind-Pavillon** im Ortsteil Rüdigsdorf. Gleich hinter dem Ortseingang befindet sich ein kleiner Parkplatz, von dem wir die wenigen Meter durch den Rokokogarten des ehemaligen Gutshauses zu einem besonderen Kleinod gehen können [N 51°00'37.5" E 12°35'56.3"]. Im Pavillon befindet sich der Freskenzyklus „Amor und Psyche", der von Moritz von Schwind 1838 geschaffen wurde und zu seinen wichtigsten Frühwerken gehört *(Mai - Okt. Mi/Do/Sa/So 13 - 17 Uhr, eingeschränkte Öffnungszeiten durch Eheschließungen oder Konzerte möglich, Eintritt)*. Kinder werden den altertümlichen Comics wohl nicht viel ab-

Gondelteich am Lindenvorwerk

gewinnen können, aber ihre große Stunde naht im nicht weit entfernten Lindenvorwerk. Im **Irrgarten der Sinne** dürfen sie durch ein Heckenlabyrinth huschen oder der Kräutermärchenstunde lauschen *(April - Okt. 10 - 18 Uhr, Eintritt, irrgarten-der-sinne.de)*. Anschließend lockt die **Ausflugsgaststätte Lindenvorwerk** mit einem **Abenteuerspielplatz** und einer großen Portion Eis *(Mo/Mi/Do 11 - 17 Uhr, Fr - So 11 - 20 Uhr, Linda Nr. 33, Telefon 034344/61285, www.lindenvorwerk.de)*. Die zum Lindenvorwerk gehörende **Lindigtmühle** ist die einzige noch erhaltene Wassermühle im Kohrener Land und als technisches Denkmal voll funktionstüchtig *(April - Okt. Sa 13 - 17 Uhr, So 11 - 17 Uhr, Eintritt)*.

(354) WOMO-Stellplatz: Kohren-Salis, Lindenvorwerk

GPS: N 51°00'09.3" E 12°36'25.1"; Neuhof **Max. WOMOs**: 2

Ausstattung: Museum, Irrgarten der Sinne, Minigolf, Müllbehälter.

Beschreibung: Der einfache, geschotterte, meist schattenlose, tagsüber gebührenpflichtige Parkplatz liegt am Ortsrand nahe des Gondelteichs. Insbesondere bei gutem Wetter, am Wochenende und bei Veranstaltungen ist es hier sehr unruhig und der Parkplatz schnell belegt. Von hier können der Irrgarten und das Lindenvorwerk fußläufig erreicht werden, es gibt die Möglichkeit zum Minigolf spielen und zu bestimmten Zeiten werden Kutschfahrten angeboten. Rad- und Wandertouren können von hier begonnen werden.

Zufahrt: Von Kohren-Sahlis etwa 2 Kilometer Richtung Rüdigshof den Hinweisen zum Lindenvorwerk folgen.

Auf gleichem Weg düsen wir zurück nach Kohren-Sahlis und steuern von hier in **Gnandstein** die **Burg Gnandstein** an, die schon seit der Romantik ein beliebtes Ausflugsziel gewesen sein soll. Nachdem wir den dichten Wald hinter uns gelassen haben, meinen wir, den Blick in ein altes Märchenbuch zu werfen: In der Sonne funkeln die Zinnen und steilen Dächer der Burg und es würde nicht wundern, wenn unser Erscheinen von Herolden angekündigt würde.

(355) WOMO-Wanderparkplatz: Gnandstein, Burg

GPS: N 51°01'03.4" E 12°34'35.2"
Gnandsteiner Hauptstraße
Max. WOMOs: 2

Ausstattung: Infotafel, Tisch und Bank.
Beschreibung: Der einfache, asphaltierte, teils schattige, tagsüber gebührenpflichtige Parkplatz befindet sich im Ort an der Straße. Auch von hier kann man prima zu Wanderungen und Radtouren aufbrechen.
Zufahrt: Direkt unterhalb der gut ausschilderten Burg an der Straße.

Burg Gnandstein

Die älteste erhaltene romanische Burganlage östlich der Saale erhebt sich über der Wyhra und geht in ihren Ursprüngen auf die Jahre um 1200 zurück, als sie von Gefolgsleuten des Wettiners Dietrich des Bedrängten gegründet wurde. Im 13. Jahrhundert wurde sie massiv ausgebaut und galt als stärkste Burg im westlichen Sachsen und östlichen Thüringen. Im 15. Jahrhundert kommt die Burg in den Besitz derer von Einsiedel, denen wir unter anderem schon in Schloss Wolkenburg begegnet sind und die bis 1945 in ununterbrochener Generationenfolge die Geschicke der Burg lenkten. Dazu gehörten zahlreiche Um- und Anbauten sowie die Errichtung einer Burgkapelle, deren spätmittelalterliche Ausstattung während einer Führung bewundert werden kann. Hier beeindrucken besonders drei Flügelaltäre, die um das Jahr 1500 unter Mitwirkung eines Riemenschneiderschülers entstanden. Der Museumsrundgang ermöglicht unter anderem einen Besuch des Kaisersaals sowie der Schlossgalerie und in der „Sammlung Groß“ sind weitere wertvolle Kunstgegenstände aus mehreren Jahrhunderten zu sehen.
Ansonsten macht es einfach Laune durch die Burg vom Brunnenhaus oder über den Palas mit dem Rittersaal zu streifen und vom 33 Meter hohen Bergfried den besten Blick über das Kohrener Land zu genießen. Für eine kulinarische Verlängerung des Besuchs kann die Burggastronomie sorgen *(Gastronomie: außer Jan. Mi - So ab 11 Uhr, Burg: April - Mitte Juli/Anfang Sept. - Mitte Okt. Di - So 10 - 17 Uhr, Mitte Juli - Anfang Sept./Mitte Okt. - Ende Okt. Mo - So 10 - 17 Uhr, Christi Himmelfahrt geschlossen, Eintritt, Kombiticket mit Schloss Rochlitz möglich, www.burg-museum-gnandstein.de).*

Wir folgen der Hauptstraße bis Dolsenhain und fahren weiter Richtung Leipzig/Borna. Bald haben wir wieder die B7 unter den Rädern und schnurren zum zweiten Mal Geithain entgegen. Hier beschließen wir unsere Reise durch das Kohrener Land und setzen uns auf die B7 Richtung Rochlitz, um wenig später nach Colditz abzuzweigen. Der Colditzer Forst liegt nun vor uns, rechts öffnet sich zunächst ein weiter Blick über das Muldetal und schon bald haben wir die mächtige Anlage des Schlosses in **Colditz** vor Augen.
Doch zunächst müssen wir eine **3,20 Meter hohe Unterführung** durchfahren – alle höheren WOMOs halten sich hier bitte links und erreichen den Kreisverkehr über die B107/B176 – und überqueren die Mulde. An den zwei folgenden Kreisverkehren schlagen wir die Richtung Döbeln/Rochlitz ein.

(356) WOMO-Badeplatz: Colditz, Waldbad

GPS: N 51°07'49.5" E 12°49'45.2"
Im Tiergarten **Max. WOMOs**: 2
Beschreibung: Einfacher, gepflasterter Waldparkplatz außerhalb des Ortes am Schwimmbad *(Mai - Sept.)*.
Zufahrt: Den Hinweisen zum Waldbad folgen.

(357) WOMO-Campingplatz: Campingplatz Colditz

GPS: N 51°07'51.7" E 12°49'57.0"; Im Tiergarten,
Kontakt: Telefon 034381/43122, www.campingplatz-colditz.de
Öffnungszeit: Ganzjährig
Ausstattung: Gaststätte, Lagerfeuerplatz, Sauna, Spielplatz, Angelteich, Kleintiergehege, Camperclause.
Beschreibung: Der kleine, ordentliche Campingplatz liegt außerhalb des Ortes auf einer Waldlichtung nahe des Schwimmbades.
Preise: €€€.
Zufahrt: Im Ort den Hinweisen zum Campingplatz folgen.

(358) Offizieller WOMO-Stellplatz: Colditz, Parkplatz

GPS: N 51°07'40.4" E 12°48'47.9"; Wettiner Ring **Max. WOMOs**: 3
Beschreibung: Einfacher, geschotterter, schattenloser Parkplatz am Ortsrand. Zum Schloss und zum Ortszentrum sind es jeweils etwa 600 Meter. Dort befinden sich diverse Gaststätten und ein Bäcker am Marktplatz.
Zufahrt: Am 2. Kreisel links Richtung Schloss abbiegen, ca. 150 m später links und dem Wettiner Ring geradeaus bis zum Ende und zum Parkplatz folgen.

(359) Offizieller WOMO-Stellplatz: Colditz, Wasserschloss Podelwitz

GPS: N 51°09'10.0" E 12°50'01.0"; Am Schloss 4 **Max. WOMOs**: 4
Kontakt: Telefon 034381/124600, www.wasserschloss-podelwitz.de

Ausstattung: Strom, Wasser, WC, Brötchenservice, Lunchpaket, Grillbereitstellung oder Frühstück möglich.
Beschreibung: Einfacher, befestigte, teils schattiger Parkplatz befindet sich direkt vor dem Schloss im Ort. Im Schloss lädt das **Restaurant Schlossgewölbe** zur Einkehr ein *(Mi - So ab 11 Uhr)* und am Ufer der Mulde ist das **Parkbistro** Anlaufpunkt für Wanderer, Radfahrer/**Mulderadweg** und Wassersportler *(April - Sept. Sa/So 10 - 18 Uhr)*.
Preise: Übernachtung kostenfrei, Strom und Wasser gegen Gebühr. Anmeldung im Restaurant (Mo/Di Ruhetag).
Zufahrt: 1. In Colditz den Hinweisen zum Campingplatz folgen und weiter nach Zschadraß, dann nach Podelwitz fahren. Im Ort den Hinweisen zum Wasserschloss folgen.
2. Auf der Strecke zwischen Colditz und Großbothen die B107 in Schönbach Richtung Sermuth verlassen und nach Podelwitz fahren.

Wir haben festgestellt, dass Colditz für uns eher unbekannt ist. Das trifft für die Menschen aus Übersee jedoch nicht zu und entsprechend groß ist die Nachfrage nach Parkplätzen. Deswegen hier eine weitere Parkmöglichkeit, die an der B176 gelegen ist und von der man nach einem etwa 10-minütigen Spaziergang das Schloss erreichen kann [N 51°07'48.2" E 12°48'16.3"; Wassergasse, maximaler Aufenthalt zwei Stunden].

Colditz mit Schloss Colditz

Obwohl sich zwei Bundesstraßen in dem im 13. Jahrhundert entstandenen Colditz kreuzen, wird die Stadt eher als „Geheimtipp" neben den sächsischen Touristen-Hochburgen gehandelt. Den Marktplatz zieren Häuser im Renaissance-Stil, das Rathaus aus dem 16./17. Jahrhundert glänzt an seinen Giebeln mit Frührenaissanceschmuck und das Eiscafé **Schlosscafé Venezia** ist sehr zu empfehlen. Hier informiert auch die **Tourist-Information** über weiterführende Freizeitangebote *(April - Okt. Mo - Fr 10 - 17 Uhr, Sa/So/Feiertage 13 - 17 Uhr, Nov. - März Mo - Fr 10 - 16 Uhr, Markt, 11, Telefon 034381/4 3519, www.colditz.de)*.
Das wäre es dann auch schon mit der Stadtbeschreibung, wenn da nicht die englischen Wortfetzen wären, die uns aufhorchen lassen und für die wir auf dem Schlossberg die Erklärung finden.

In seiner fast 1000-jährigen Geschichte diente das Schloss als Reichsburg des Staufferkaisers Friedrich Barbarossa, später als Jagdschloss, Witwensitz, Armenhaus und Krankenhaus. In diesen Zeiten wurde es erweitert, von Kriegen und Zerstörungen heimgesucht und wiederaufgebaut. Mit seinen weißen Giebeln ist Schloss Colditz heute eines der schönsten mitteldeutschen Baudenkmäler der Renaissance.

Das alles scheint die Reisegruppen, die den Innenhof bevölkern, jedoch wenig zu interessieren. Sie und auch wir sind auf den Spuren der jüngeren Geschichte, denn der weitläufige Schlossbau war während des Zweiten Weltkriegs ein bedeutendes Internierungslager für hochrangige Offiziere der westlichen Alliierten. Die Deutsche Wehrmacht hielt die baulichen Gegebenheiten des Schlosses für besonders ausbruchsicher und so fanden vorwiegend die Militärs, die in anderen Lagern durch mehrere Ausbruchsversuche auf sich aufmerksam machten, hier ein herrschaftliches Gefangenenlager. Mit Intelligenz und noch viel größerem Erfindungsreichtum wurden jedoch trotzdem über 300, davon immerhin 30 erfolgreiche Fluchtversuche gewagt. Zu den spektakulärsten Unternehmungen gehören ein 44 Meter langer, in den Felsen gegrabener Fluchttunnel, vor dessen geheimen, dunklen Einstieg wir in der Schlosskapelle stehen oder die Flucht in gefälschten deutschen Uniformen. Diese werden mittels aufgestellter Fotografien sehr realistisch dokumentiert. Nach dem Krieg sorgten Publikationen, Dokumentationen und Spielfilme wie die „Colditz-Story" in den meist englischsprachigen Heimatländern der ehemaligen Gefangenen für Furore und ein bis heute ungebrochener Colditz-Mythos entstand. Jetzt erklären sich für uns die zweisprachigen Beschilderungen und die vielen anglo-amerikanischen Besucher, die Jahr für Jahr in die Stadt an der Mulde pilgern und sich über die abenteuerlichen Fluchtversuche vom „Colditz Castle" ein Bild machen.

Im März 2012 ging eine der tollkühnsten geplanten Fluchtaktionen durch die Medien: 1945 wurde in einer engen Dachkammer des Schlosses unter strengster Geheimhaltung von den britischen Offizieren Jack Best und Bill Goldfinch aus Möbelstücken, Bettlaken und anderen Textilien ein Segelflugzeug „zusammengebastelt". Da der Zweite Weltkrieg endete, wurde der Flug(cht)plan jedoch nie in die Tat umgesetzt. 67 Jahre später baute eine englische Filmcrew den Segler nach und dieser konnte tatsächlich vom Schlossdach bis über die Mulde gleiten. Auch wenn der „Pilot", eine Testpuppe, beim Aufprall geköpft wurde, war der Beweis erbracht worden, dass die Flucht im Gleitflugzeug hätte gelingen können. In den Vorjahren entstand in England bereits eine weitere Kopie des legendären Gleiters, der für so bedeutend gehalten wird, dass er seinen Platz im Imperial War Museum in London erhalten hat.

In Colditz stehen wir lediglich vor einem Modell des Seglers, aber zusammen mit den übrigen ausgestellten Fluchtutensilien wird uns klar, wie sehr sich die Gefangenen nach Freiheit sehnten und sogar den eigenen Tod in Kauf nahmen, um ihrem Gefängnis entfliehen zu können (April - Okt. 10 - 17 Uhr, Nov. - März Mo - Fr 10 - 14 Uhr, Sa/So 10 - 16 Uhr, 23. - 26./31.12./1.1. geschlossen, Führungen möglich, Eintritt, www.schloss-colditz.com).

Auf der B107 geht es weiter Richtung Grimma und wir wollen nicht unerwähnt lassen, dass hinter Colditz die Zwickauer und die Freiberger Mulde zusammenfließen und den auch als Vereinigte Mulde bezeichneten Fluss bilden, der die Landschaft prägt und an dessen Ufern die Menschen mit deren Schönheiten, aber auch mit deren Gefahren seit Jahrhunderten leben. Wie bei unseren Fahrten entlang der Neiße und der Müglitz treffen wir auch hier wieder auf Bewohner, die sich an die gigantischen Hochwasserschäden in den Jahren 2002 und 2013 erinnern, als der Landstrich nach sintflutartigen Regenfällen von meterhohen Flutwellen heimgesucht wurde. Längst sind die Schäden repariert und wir erleben die Städte und Gemeinden entlang der Mulde in ihrem ursprünglichen, teils besseren Zustand. Die Gespräche mit einst Betroffenen flößen uns jedoch einen großen Respekt vor dem jetzt so schön im Sonnenlicht glitzernden Gewässer ein.
Wir nähern uns Grossbothen und wem nach einem Bad zumute ist, für den bietet sich ein Abstecher nach **Kleinbothen** an.

(360) WOMO-Badeplatz: Kleinbothen, Muldentalbad

GPS: N 51°11'27.1" E 12°45'40.7"; Badstraße 29 **Max. WOMOs**: 2

Beschreibung: Der einfache, geschotterte, meist schattenlose Parkplatz liegt am Ortsrand direkt am Freibad *(Mai - Sept.)* und an Wander- und Radwegen/**Mulderadweg**. Direkt gegenüber befindet sich der **Gasthof Kleinbothen** *(Mo/Di/Fr - So ab 11 Uhr, Mi 11 - 16 Uhr, Telefon 034384/71500, www.gasthof-kleinbothen.de).*
Zufahrt: In Großbothen ca. 1,5 km Richtung Kössern fahren und dann den Hinweisen zum Freibad folgen.
Hinweis: Da der Parkplatz an der weiter unten beschriebenen Ostwald-Gedenkstätte sehr beengt ist, kann man diese von hier beispielsweise mit dem Fahrrad nach 1,5 Kilometern Fahrt erreichen.

Nicht weit entfernt liegt der **Thümmlitzsee**, der durch das Stauen des Thümmlitzbaches auf dem Weg zur Mulde entstand und eine Wasserfläche von 3 Hektar bietet. Dass das Naturerlebnis im Vordergrund steht, haben sich wohl auch Biber, die hier gesehen wurden, zu Eigen gemacht und genießen ihr beschauliches Landleben.

(361) WOMO-Campingplatz: Förstgen, Ferienpark Thümmlitzsee

GPS: N 51°11'27.1" E 12°47'50.8"; Zum Thümmlitzsee 10 - 12
Kontakt: 034384/71232 oder 0178/5335350 (bis 19 Uhr), www.ferienpark-thuemmlitzsee.de
Öffnungszeit: Ganzjährig.
Ausstattung: Gaststätte, Seeterrasse, Angelmöglichkeit.

Beschreibung: Die einfache, ruhige Anlage liegt direkt am See und bietet ideale Voraussetzungen zum Baden, Angeln, Entspannen, Wandern und Radfahren.
Preise: €€.
Zufahrt: In Großbothen Richtung Kössern fahren und den Hinweisen ca. 4 km zum Ferienpark folgen.

Sachsen hat eine Menge berühmter Töchter und Söhne hervorgebracht, so auch den Wissenschaftler **Wilhelm Ostwald** (1853 - 1932), der im Jahr 1906 den Nobelpreis für Chemie für seine Forschungen auf dem Gebiet der Katalyse sowie für seine grundlegenden Untersuchungen über chemische Gleichgewichtsverhältnisse und Reaktionsgeschwindigkeiten verliehen bekam. Bevor wir **Großbothen** auf der B107 verlassen, streifen wir seinen ehemaligen Landsitz mit der heutigen **Ostwald-Gedenkstätte** *(täglich außer Do 10 - 17 Uhr, Grimmaer Straße, Eintritt, www.wilhelm-ostwald-park.de).*
Durch das Klosterholz erreichen wir alsbald das von Wiesen und Auen umgebene **Kloster Nimbschen** [N 51°12'55.0" E 12°44'31.7"; Nimbschener Landstraße, Parken am Straßenrand].

Kloster Nimbschen

Auf dem Areal des ehemaligen Zisterzienserinnenklosters „Marienthron" wird heute eine Hotelanlage betrieben, deren **Klosterschänke** eine Einkehr wert ist *(11.30 - 22 Uhr, Telefon 03437/995187, www.kloster-nimbschen.de).*
Die Reste der Umfassungsmauern der romantischen Klosterruine inmitten von herrlichen alten Buchen- und Eichenbeständen lassen noch gut die Größe des Nimbschener Konvent erkennen, dessen Entstehung in das Jahr 1250 zurückgeht. Eine der Novizinnen und spätere Nonne war **Katharina von Bora** (1499 - 1552), die wir bereits in Torgau kurz „getroffen" haben (vgl. Tour 2). Das reformatorische Gedankengut hielt im Kloster Einzug und im Jahr 1523 gelang 12 Nonnen die Flucht nach Wittenberg. Zu ihnen gehörte Katharina, die dort Martin Luther begegnete und ihn zwei Jahre später heiratete. Das Kloster wurde nach dem Tod der letzten Äbtissin im Jahr 1536 aufgelöst und verfiel langsam.

Schon sind wir auf dem Weg zu einem weiteren Juwel Sachsens unterwegs. Diesmal ist es die Stadt **Grimma**, die sich als **Perle des Muldentals** bezeichnet.
Zur Stadtbesichtigung eignet sich der Großparkplatz Volkshausplatz an der Muldenbrücke [N 51°14'22.0" E 12°43' 53.0"].

(362) Offizieller WOMO-Stellplatz: Grimma

GPS: N 51°14'30.7" E 12°44'16.5"; Nerchauer Straße **Max. WOMOs**: 40
Kontakt: Telefon 0176/97343391, www.caravanplatz-grimma.de

Ausstattung: V/E, Strom, Tische und Bänke.
Beschreibung: Der befestigte Stellplatz liegt außerhalb des Ortes nahe der Straße und in direkter Nähe zu einem Pkw-Parkplatz. Der **Mulderadweg** verläuft am Platz und der Fußweg zum Stadtzentrum beträgt etwa 1 Kilometer. In der Nähe befinden sich ein Basketballplatz und eine Skater-Anlage, sodass unter Umständen Unruhe entstehen kann.
Preise: €.
Zufahrt: Der B107 durch den Ort Richtung Wurzen folgen und dann Richtung Mutzschen/Nerchau rechts abbiegen. Nach Überquerung der Mulde zweimal links zum Stellplatz fahren.
Hinweis: Die Entsorgung ist durch ein Schloss gesichert und wird nach einem Anruf beim Betreiber von diesem geöffnet!

Grimma

Die vor über 800 Jahren gegründete Stadt liegt in einer lauschigen Talaue der Mulde und ist von sanften Höhenzügen umgeben. Einen ersten Eindruck erhalten wir, als wir vom Stellplatz Richtung Muldeufer gehen und dem dortigen Fußweg flussaufwärts folgen. Hier treffen wir auf die

Blick über die Pöppelmannbrücke zum Alten Schloss

Pöppelmannbrücke, die ursprünglich zwischen den Jahren 1716 und 1719 unter der Federführung von M. D. Pöppelmann errichtet wurde und während der Jahrhundertflut im Jahr 2002 durch die zerstörende Kraft des Wassers zum Großenteil weggerissen wurde. Mittlerweile sind die alten Fragmente durch neue Teile verbunden und die Brücke kann wieder begangen werden. Wir folgen dem Fluss entgegen seinem Lauf unterhalb des Stadtwaldes und schauen hinüber auf die von der 400 Meter langen, mit zierlichen Mauerhäuschen versehenen **Stadtmauer** Grimmas. Nach etwa 1,5 Kilometern erreichen wir die **Hängebrücke** und überqueren sie unterhalb von Schloss Gattersburg, in dem sich ein Hotel befindet. Vom nahen Schiffsanleger kann man zum Beispiel einen Ausflug auf der Mulde bis nach Nimbschen-Höfgen unternehmen oder sich durch die Muldenschifffahrt natürlich auch von dort nach Grimma bringen lassen *(Ostern - Okt., Fahrplan bei der Tourist-Info)*.
Flussabwärts erinnert am Floßplatz eine bronzene Plastik an die verheerende Flut und nur wenige Meter Richtung Innenstadt können wir an den Pegelmessungen erkennen, wie hoch das Muldenwasser im Jahr 2002 in den Stadtkern eingedrungen ist.
Die inzwischen wiederhergestellte **Altstadt** zeigt sich mit sehenswerten Gebäuden, wie beispielsweise dem historischen **Rathaus** mit einer schönen Renaissancefassade und der charakteristischen Freitreppe sowie den denkmalgerecht restaurierten Bürgerhäusern am **Markt**. Hier ist auch die **Tourist-Information** zu finden *(Mo/Di/Do/Fr 10 - 17 Uhr, Sa 10 - 14 Uhr, Markt 23, Telefon 03437/9779011, www.grimma.de)*.
Im Haus Nr. 11 mit einem hübschen gotischen Erker war in den Jahren 1797 bis 1828 die Druckerei des Leipziger Verlegers Georg Joachim Göschen untergebracht. Ein schöner Spaziergang entlang der Mulde und dann aufwärts in den Ortsteil Hohnstädt führt zum **Göschenhaus**, das der Verleger als Sommerrefugium nutzte. Hier empfing er unter anderem Friedrich Schiller und Johann Gottfried Seume, ehe dieser im Jahr 1801 zu seinem berühmten „Spaziergang nach Syrakus" aufbrach. Das im Haus integrierte Museum spiegelt die großbürgerliche Wohnkultur der Biedermeierzeit wider *(Mi - So 11 - 16 Uhr Führungen zur jeweils vollen Stunde, Eintritt, www.goeschenhaus.de)*.

Göschenhaus

Es macht einfach Laune durch die schön hergerichtete Innenstadt mit kleinen Geschäften sowie Gaststätten zu bummeln. Erwähnung sollte die doppeltürmige **Frauenkirche,** aber auch das **Kreismuseum** finden *(Di - Fr/So 10 - 17 Uhr, Eintritt, www.museum-grimma.de)*. Letztgenanntes befindet sich auf dem Gelände des Augustinerhofs, dessen ehemalige Klosterkirche der Augustiner-Eremiten noch heute das Stadtbild prägt.

Es freut uns, dass wir am Ende unserer Reise durch Sachsen mit einem solchen Stadt-Schmuckkästchen aufwarten können. Auf dem Weg über die B107 zur Autobahn A14 kann man rechts auf beschildertem Pfad direkt zum **Göschenhaus** fahren. Ein womo-tauglicher Parkplatz befindet sich etwa 200 Meter entfernt [N 51°15'04.7" E 12°43'44.8"; Hohle].
Noch ist das Ende der Reise jedoch nicht ganz erreicht, denn wir biegen von der B107 erst einmal Richtung Mutzschen ab, überqueren die Mulde und schwenken in Neunitz rechts nach **Kaditzsch**/Höfgen.

(363) WOMO-Wanderparkplatz: Kaditzsch, Juttapark

GPS: N 51°13'00.8" E 12°45'12.0"; Turmweg **Max. WOMOs**: 1 -2
Ausstattung: Bänke, Müllbehälter.
Beschreibung: Einfacher, sehr kleiner geschotterter Parkplatz unter Bäumen außerhalb des Ortes.
Zufahrt: Etwa 150 Meter hinter dem nördlichen Ortseingang rechts, nach weiteren 450 m links bis zum Bismarckturm fahren. Zum Ende verläuft der Weg über Schotter und ist sehr uneben.

Juttapark

Zu Beginn des 20. Jahrhunderts ließ Jutta Ida Gleisberg, eine kunstsinnige und vermögende Frau, den Landschaftspark nach englischen und italienischen Vorbildern oberhalb der Mulde anlegen. Die Hauptsichtachse richtet sich vom Aussichtsturm über eine Allee und ein Rondell bis zum Kloster Nimbschen. Nach einem ausgeklügelten Plan gestaltete die Baumeisterin den kreisrunden Platz so, dass wir, als wir den Mittelpunkt durchlaufen und in Richtung Bismarckturm sprechen, ein merkwürdiges Echo hören. Bereits um die Jahrhundertwende wurde durch eine Turbine der Wasserkreislauf im Park mit dem Flusswasser gespeist. Als Zisterne diente der Keller des Aussichtsturms, aus der das Wasser in den Parkspringbrunnen floss. In den Jahren 1991/92 wurde das gesamte Wassersystem restauriert und wird seitdem von der an der Mulde liegenden Schiffsmühle versorgt.

Die Schiffsmühle wollen wir uns doch einmal aus der Nähe anschauen und setzen die Fahrt nach **Höfgen** fort.

(364) WOMO-Wanderparkplatz: Höfgen, Zentralparkplatz

GPS: N 51°12'39.1" E 12°45'12.3"; Fährweg **Max. WOMOs**: 3 - 5

Ausstattung: Bänke, Müllbehälter.

Beschreibung: Einfacher, befestigter, teils schattiger Parkplatz am Ortsrand. In der Nähe befinden sich zwei Gaststätten und wer mit der nahen **Seilfähre** *(Mi - Fr 11 - 18 Uhr, Sa/So/Feiertage 11 - 19 Uhr, Gebühr)* Nimbschen-Höfgen ans andere Muldeufer übersetzt, kann auf dem **Mulderadweg** sein Fahrrad bewegen oder zum Kloster Nimbschen spazieren.

Zufahrt: Nicht zu verfehlen, da sich im kleinen Ort nur dieser Parkplatz befindet.

(365) WOMO-Wanderparkplatz: Höfgen, Alte Fähre

GPS: N 51°12'43.7" E 12°44'52.6"; Fährweg **Max. WOMOs**: 1 - 2

Beschreibung: Einfacher, asphaltierter, schattenloser Parkplatz am alten Fähranleger an der Mulde. In der Nähe befinden sich zwei Gaststätten und wer mit der nahen **Seilfähre** *(Mi - Fr 11 - 18 Uhr, Sa/So/Feiertage 11 - 19 Uhr, Gebühr)* Nimbschen-Höfgen ans andere Muldeufer übersetzt, kann auf dem **Mulderadweg** sein Fahrrad bewegen oder zum Kloster Nimbschen spazieren.

Zufahrt: Vom vorherigen Stellplatz etwa 450 m geradeaus bis zum Ufer der Mulde fahren

Rund um Höfgen

Zu Fuß hätten wir Höfgen übrigens auch von Grimma über den **Wanderweg Weg der Steine** erreichen können. Die etwa acht Kilometer lange Strecke führt von der Pöppelmannbrücke in Grimma über Höfgen bis ins Mulde aufwärts gelegene Förstgen. Er ist mit steinernen Wegweisern, Skulpturen, Sitz- und Erlebnissteinen verschiedener Künstler ausgestattet und vermittelt interessante sowie wissenswerte Details zu den geologischen Besonderheiten. Zudem ist die Landschaft einfach schön und wer von einem unserer nächsten Parkplätze nur eine Strecke

Richtung Grimma wandert, kann sich von den Schiffen der **Muldenschifffahrt** bequem zurückbringen lassen *(Ostern - Okt.)*. Der Anleger befindet sich dann nahe der oben erwähnten **Schiffsmühle**, die eine Sonderform der bis Ende des 19. Jahrhundert betriebenen wassergetriebenen Mühlen darstellt *(Apr. - Okt. Mo - Fr 10 - 17 Uhr, Eintritt)*. Im nur wenige Meter entfernten gleichnamigen **Restaurant Zur Schiffsmühle** ist man nach einer ausgiebigen **Wander- oder Radtour** prima aufgehoben *(ab 11 Uhr, www.schiffsmuehle.de)*.

Unterhalb der kleinen **Wehrkirche** (Foto vorherige Seite) bummeln wir durch den hübschen historischen Ortskern von Höfgen und landen im **Gasthaus Zur Wassermühle** *(Di - Sa ab 11.30 Uhr, So/Feiertage ab 11 Uhr, www.wassermuehle-hoefgen.de)*. Neben gutem Essen bietet sich der Besuch der angegliederten **Wassermühle** an. Die technische Schauanlage vermittelt einen Eindruck aus der Zeit um 1800 *(Do - So 12 - 17 Uhr, Eintritt)*.

Im etwa drei Kilometer entfernten Nachbarort **Schkortitz**, den man zum Beispiel mit dem Fahrrad von Höfgen über den Messeweg in östlicher Richtung erreichen kann, schaut die **Paltrockwindmühle** von einem Hügel [N 51°12'54.0" E 12°47'18.0"]. Die erstmals um das Jahr 1836 erwähnte und nach umfangreichen Sanierungsmaßnahmen wieder funktionstüchtige Mühle kann nach telefonischer Anmeldung besichtigt werden *(Telefon 03437/9996337, 03437/910212 oder 0177/6786063, www.paltrockwindmuehle.de)*.

Und nun ist es wirklich so weit – das Ende unserer Touren ist erreicht. Wir schlendern zum WOMO, das uns so getreulich durch Täler als über Berge gefahren hat und nun am Ufer der Mulde auf uns wartet. Wir holen die Stühle raus, setzen uns an den im Mondlicht schimmernden Fluss und blicken auf eine interessante, abwechslungsreiche und mit unglaublich vielen anregenden Begegnungen angefüllte Reise durch Sachsen zurück!

Schön, dass Sie uns ein Stück dieses Weges begleitet haben! Kommen Sie gut heim und bis zum nächsten Mal oder wie es im Sächsischen heißt:

Kimmt gut haam und bis zem nächsten Mol!

Tipps und Infos

Allgemeines

Die Straßenverhältnisse sind im Allgemeinen als gut zu bezeichnen. Allerdings begegnet uns manchmal unvorhergesehen Kopfsteinpflaster, das die Tassen in den Schränken ordentlich klappern lässt und den Stoßdämpfern allerhand abverlangt. Falls es in den Ortsdurchfahrten oder auf einigen Seitenstraßen für größere WOMOs eng werden sollte, dann weisen wir im Text gezielt darauf hin. Manchmal sind die Straßen so eng, dass noch nicht einmal zwei Autos aneinander vorbeikommen. Meist gibt es dann ähnlich wie bei den britischen Singletrack-Roads Ausweichstellen und uns wurde schon von Weitem durch Anblinken die Vorfahrt gewährt. Städte und Dörfer liegen oft sehr lang gezogen an den Straßen und das Durchfahren erfordert etwas Geduld.

In vielen Städten Deutschlands sind wegen der häufigen und regelmäßigen Überschreitungen der EU-Luftqualitätsgrenzwerte für Feinstaub und Stickstoffdioxide **Umweltzonen** eingerichtet. In Sachsen gibt es derzeit eine Umweltzone in **Leipzig**. Die Zone ist durch Verkehrs- und Zusatzzeichen gekennzeichnet und darf gemäß dem jeweiligen Schadstoffausstoß von Wohnmobilen befahren oder nicht befahren werden.

Der *Campingplatz Kulkwitzer See, die Stellplätze am Leipziger Stadthafen und in der Querstraße sowie alle genannten Parkplätze innerhalb der Stadt sind nur von Fahrzeugen mit einer grünen Umweltplakette anzufahren.* Alle anderen von uns genannten Stell- und Campingplätze außerhalb Leipzigs sind bisher auf den von uns beschriebenen Strecken ohne Feinstaubplakette zu erreichen. Nähere Informationen sind auf der Homepage der Stadt Leipzig unter der Rubrik „Umwelt und Verkehr" zu finden *(www.leipzig.de).*

Bei einigen von uns erwähnten Gaststätten bzw. Restaurants haben wir auf Wunsch der Betreiber darauf verzichtet, GPS-Daten anzugeben. Sofern es die Parkplatzbedingungen zulassen, sicherte man uns aber bei obligatorischer Einkehr und auf Nachfrage einen Übernachtungsplatz zu.

Baden und Wassersport

Auf unseren Touren bieten sich viele und abwechslungsreiche Möglichkeiten, um ins kühle Nass zu springen. Ob kleine Naturseen oder die großen Erholungs- und Freizeitanlagen sowie die zahlreichen Frei- und Hallenbäder, Badestellen an den Flüssen oder an den gefluteten Seen des Tagebaus – fast überall kann man im Wasser nach Herzenslust planschen. Das Leipziger

Neuseenland sowie das Lausitzer Seenland bieten in jeglicher Richtung ein schier unerschöpfliches Betätigungsfeld. In den Thermal- und Heilbädern können müde und angeschlagene Knochen wieder in Schwung gebracht werden.
Wer sich lieber auf dem Wasser bewegt, wird auf kleinen Gondelteichen oder auf der Elbe und ihren Seitenflüssen bei Boots- und Kanutouren oder beim Stand-up-Paddling dazu Gelegenheit haben.

Bergwerke

Der Bergbau in Sachsen hat eine lange Tradition. Vor vielen Jahrhunderten begannen die Menschen in der Erde nach Erzen zu schürfen und die reichen Funde prägten die ganze Region. An unserer Streckenführung haben wir eine Reihe der Bergwerke besucht, in denen über das schwere Leben der Bergleute berichtet wird.
Nachstehend möchten wir weitere Besucherbergwerke nennen, die etwas abseits unserer Routen liegen, aber dennoch einen Besuch wert sind:
Annaberg-Buchholz: Erzgebirgsmuseum mit Besucherbergwerk „Im Gößner", 10 - 17 Uhr, Eintritt, *www.annaberg-buchholz.de/erzgebirgsmuseum* Erlebnisbergwerk „Dorothea-Stolln", Mo - Fr 9 - 14 Uhr, Sa 10 u. 14 Uhr, Eintritt, *www.dorotheastollen.de*
Schneeberg: Besucherbergwerk „Fundgrube Weißer Hirsch", 22.7./2. So im Sept./2.Advent 9 - 15.30 Uhr, Eintritt, *www.bergbauverein-weisser-hirsch.de*
Johanngeorgenstadt: Lehr- u. Schaubergwerk Frisch Glück „Glöckl", Di - Fr Führungen: 9/10.30/12/13.30/15 Uhr, Sa/So/Feiertage 10.30/12/13.30/15 Uhr, Eintritt, *www.frisch-glueck.de*
Bad Schlema: Besucherbergwerk Schacht 15 „Markus Semmler", Sa/So/Feiertage 10 und 13 Uhr, Eintritt, *www.besucherbergwerke-westerzgebirge.de*
Miltitz: Besucherbergwerk „Altes Kalkbergwerk Miltitz", April - Dez. So/Feiertage13.30 Uhr, Eintritt, *www.kalkbergwerk.de*

Besichtigungen

Dieser WOMO-Reiseführer bringt Sie zu einer Vielzahl von Sehenswürdigkeiten. Damit bei einer intensiven Besichtigungstour der Geldbeutel nicht zu sehr belastet wird, bieten verschiedene Städte mehrtägig gültige Touristen-Karten an. Diese berechtigen zum freien oder ermäßigten Eintritt der verschiedensten Attraktionen beziehungsweise zur Nutzung des ÖPNV und anderer Vergünstigungen zu einem Pauschalpreis. Erwähnenswert erscheint uns die **Schlösserland-Karte**, die 10 Tage beziehungsweise ein Jahr gültig ist und zahlreiche Vergünstigungen bietet *(www.schloesserland-sachsen.de).*

Campingplätze und offizielle Wohnmobil-Stellplätze

Wir haben zahlreiche **Campingplätze** beschrieben und weisen in den Tourenkarten auf weitere hin. Die in ihrer Qualität sehr unterschiedlichen Plätze eignen sich für einen längeren Aufenthalt und bieten teilweise viele Freizeitangebote an. Oft verfügen sie über separate Stellplätze für Reisemobile, immer aber über eine Ver- und Entsorgungsmöglichkeit. Da wir an den Strecken jedoch ausreichend Stationen zum Ver- und Entsorgen aufführen, dürfte es in diesem Punkt ohnehin keine Defizite geben.
Wer häufig Campingplätze anfährt, kann sich einen der im Handel erhält-

lichen aktuellen Campingführer zulegen. Einige Plätze beteiligen sich an Sparprogrammen, die zum Beispiel nach Vorlage der ADAC Camp Card, der ASCI Card, der Camping Card International oder der Camping Key Europe Card, meist außerhalb der Hauptsaison, Nachlässe gewähren.
Mit einem Reisemobil schätzen wir wohl alle unsere Flexibilität, doch während der Hauptsaison empfehlen wir Ihnen mittlerweile, den gewünschten Campingplatz vorab zu reservieren. Für diesen Fall geben wir im Text die Telefonnummern sowie teils die Webseite an, auf der Sie einen Platz per E-Mail vorbestellen können.
Je früher am Tag Sie den Campingplatz anfahren, umso größer sind die Chancen auf Einlass. Die beste Zeit ist vormittags zwischen 11 und 12 Uhr, wenn andere Leute gerade aufgebrochen sind. Während der Mittagszeit ist vielerorts eine Anmeldung auf dem Campingplatz nicht möglich und Sie müssen warten, bis die Rezeption wieder geöffnet ist. Da die Ruhezeiten variieren, haben wir auf diese Angabe verzichtet. Die aktuellen Öffnungszeiten haben wir jedoch für Sie notiert, können aber nicht dafür garantieren, ob diese sich nicht verändern.
Hunde sind im Allgemeinen an der Leine erlaubt, doch in diesem Fall hat der Platzbetreiber das letzte Wort und kann unter Umständen in der Hauptsaison ein Hundeverbot beschließen. Manche Campingplätze akzeptieren nur einen Hund pro Fahrzeug, auf anderen Campingplätzen sind zwei und mehr Hunde gestattet. Im Zweifelsfall sollte man vor der Anreise immer telefonisch nachfragen oder sich auf der Internetseite informieren.
Offizielle Wohnmobil-Stellplätze: Sachsen ist auf Wohnmobilisten eingerichtet und heißt Sie willkommen!
Allerdings werden die Park- und Übernachtungsmöglichkeiten nach der überproportionalen Zunahme von Reisefahrzeugen unterschiedlichster Größen und Ausstattungen mittlerweile öfter als uns lieb ist reglementiert. Dies bedeutet nicht, dass Wohnmobile generell verboten sind, sondern dass diese an den dafür vorgesehenen Stellen abgestellt werden müssen. Im Interesse aller Reisemobilisten möchten wir Sie herzlichst bitten, sich an die diesbezüglichen örtlichen Vorgaben zu halten!
Die offiziellen Wohnmobil-Stellplätze reichen vom separaten WOMO-Bereich auf einem profanen, wir bezeichnen diesen als „einfachen", Parkplatz bis zum voll ausgestatteten Stellplatz mit Ver- und Entsorgung, Strom, Sanitärbereich, Abfallbehälter und meist Platz für Tisch und Stühle (klappstuhlgeeignet) vor oder neben dem Wohnmobil.
Es gibt **private und kommunal betriebene Stellplätze** deren Gesamtkosten in der Höhe sehr unterschiedlich ausfallen können. Wenige Ausnahmen werden sogar kostenlos angeboten. Für die Ver- und Entsorgung sowie Strom müssen Sie jedoch in den meisten Fällen bezahlen. Die Gebühren hierfür (1 - 5 €) sind genauso unterschiedlich wie die Art der Bezahlung und können sich zum Beispiel nach Umbauten wieder verändern.

Sonnenuntergang in Mühlberg

Manche Stellplätze setzen auf Jetons, die man zum Beispiel in nahen Geschäften, Tankstellen sowie der Tourist-Info erwerben kann oder favorisieren den Einwurf von Euromünzen, andere sind nur per Kreditkarte zahlbar. Auf einigen, mittlerweile sehr wenigen Plätzen erscheint der Platzwart zum Kassieren, bei den nächsten gibt es einen schlichten Parkscheinautomat, der entweder mit Münzen gefüttert werden möchte oder nur die Kreditkartenzahlung akzeptiert.
Es gibt Schranken, freie Zufahrten, Ketten zum Ab- und wieder Einhängen und Poller, die nach Bezahlung und Einfahrt im Boden versinken und wieder hochfahren.
Letztendlich können wir Ihnen nur empfehlen, immer 1 und 2 Euro-Münzen und gegebenenfalls etwas Bargeld in Form von Scheinen sowie unbedingt eine Kredit- und EC/Maestrokarte dabei zu haben.

Zusätzlich gilt, wie bei den Campingplätzen in der Hauptsaison, den gewünschten Stellplatz nie zu spät anzufahren, damit tatsächlich noch ein Plätzchen für Sie frei ist. Doch keine bisherige Regel ohne Ausnahme! In Corona-Zeiten hat sich nämlich gezeigt, dass Reisende unter Umständen ihren Stellplatz oft erst sehr spät verlassen, um die wertvolle Urlaubszeit bis zur letzten Minute auskosten zu können.
Während der Nebensaison, aber auch in den Wintermonaten kann die Ver- und Entsorgung schwierig werden, da V/E-Anlagen möglicherweise geschlossen sind. Zusätzlich möchten wir darauf hinweisen, dass einige der beschriebenen Stell- und Parkplätze bei Veranstaltungen und Festen gesperrt sein können, ohne dass wir dafür einen Hinweis an Sie weitergeben können.

Essen und Trinken

Die vier „K" der sächsischen Küche – Kartoffeln, Klöße, Kaffee und Kuchen – haben eine lange Tradition, die wir in diversen Gasthöfen im Dienste der Leser testen „mussten". Nie sind wir reingefallen und konnten uns im überschaubaren finanziellen Rahmen an ehrlicher Hausmannskost in einfachen Dorfgaststätten und Bergbauden gütlich tun oder in exquisiten Restaurants hochpreisiger verwöhnen lassen.
Bei den Bauden handelt es sich ursprünglich um Schutzhütten/Bergbauden für Viehhirten, die in den Sudeten typisch waren. Später wurden sie für Wanderer interessant und zu Herbergen umgebaut oder durch neue Gebäude ersetzt.
Sächsischer Sauerbraten mit viel Soße für das „Offdiddschn" (Auftunken) mit Klößen oder Kartoffeln ist etwas ganz Feines.
Sächsische Quarkkeulchen mit Apfelkompott oder Vanillesauce gehörten oft zum Abschluss unserer „Probe-Essereien". Im Gegensatz zum Namen

beinhalten sie nur eine Spur von Quark und Mehl, der Großteil besteht aus gekochten und gepressten Kartoffeln (Foto links).
Zum Nachmittagskaffee mussten dann die verschiedenen Varianten der **Eierschecke** herhalten, die, abgesehen vom **Dresdner Stollen**, der Inbegriff sächsischer Backkunst sind. Die Blechkuchenspezialität besteht aus mehreren Schichten: Auf den Hefeteigboden kommt ein Quark-Pudding-Gemisch und als

Namensgeber fungiert die oberste Schicht, die aus cremig gerührtem Eigelb, Butter, Zucker und geschlagenem Eiweiß besteht.

Die **Leipziger Lerchen** tirilieren nicht etwa, sondern sind ein mit Mandeln, Nüssen und Erdbeerkonfitüre gefülltes Mürbteiggebäck. Nachdem der sächsische König die Jagd auf die als Delikatesse geltenden Singvögel verboten hatte, sollen die Kalorienbomben als Entschädigung von den Bäckern der Stadt um 1880 erfunden worden sein.

Eine weitere bekannte Spezialität Leipzigs ist das **Leipziger Allerlei**, das ursprünglich nicht viel mit der uns bekannten Gemüsebeilage gemein hat. Nach klassischem überlieferten Rezept gehören außer den verschiedenen jungen Gemüsen wie Möhren, Kohlrabi, Spargel und Blumenkohl auch Morcheln, Krebsschwänze sowie Semmelklößchen dazu. Das in der Herstellung kostspielige Original wird im Juni in der Spargelzeit und nach der Schonzeit der Flusskrebse in guten Restaurants Leipzigs serviert (zum Beispiel Auerbachs Keller).

Zu einem guten Essen gehört natürlich auch ein gutes Getränk. Zum sächsischen Wein haben wir Ihnen im vorliegenden Tourentext bereits etwas erzählt und auch das Bierbrauen hat in Sachsen eine lange Tradition. Weniger bekannt ist die obergärige **Gose**, die ursprünglich aus dem Harzer Ort Goslar stammt, aber seit Jahrhunderten bis in die Gegenwart von den Leipzigern getrunken wird. Das prickelnde, etwas säuerliche Gebräu erinnert an Berliner Weiße und kann pur, mit Sirup, Kirsch- oder Kümmellikör genossen werden. Der Geschmack ist ungewohnt, aber an einem heißen Sommerabend köstlich erfrischend.

Für den kleinen Hunger zwischendurch empfehlen sich die oft an den Straßen anzutreffenden Imbissbuden und -wagen. Regional unterschiedlich treffen wir auf Bratwurstbuden, die ihre Thüringer (!) Roster anpreisen oder auf Feldküchen mit Eintöpfen oder Gulaschsuppen.

Fest- und Feiertage

Banken, Behörden und die meisten Geschäfte, aber auch viele Sehenswürdigkeiten und Museen sind an folgenden neun bundeseinheitlich geschützten Feiertagen geschlossen:

1. Januar Neujahr, Karfreitag, Ostermontag, 1. Mai Tag der Arbeit, Christi Himmelfahrt, Pfingstmontag, 3. Oktober Tag der Deutschen Einheit, Erster und Zweiter Weihnachtstag.

Alle anderen Feiertage werden von den Bundesländern festgelegt. In Sachsen sind dies zusätzlich Fronleichnam (meist in den sorbischen Gemeinden), 31.10. Reformationstag sowie Buß- und Bettag.

Freies Übernachten und Parken

Das einmalige Zwischenübernachten im Wohnmobil an Straßen und auf Parkplätzen ist in Deutschland zur Wiederherstellung der Fahrtüchtigkeit, diese sollte in der Regel nach zehn Stunden erreicht sein, erlaubt. Selbstverständlich nur dort, wo es nicht durch die Straßenverkehrsordnung oder deren Zeichen ausdrücklich verboten ist. Es sind demnach örtliche Einschränkungen zu beachten und ein campingähnliches Verhalten, wie zum Beispiel Markise ausfahren, Tisch und Stühle aufstellen, Grillen und Wäsche aufhängen, zu unterlassen, da es als verkehrsfremd gilt. Die Campingausstattung im Fahrzeug darf benutzt werden. Nicht zulässig ist dagegen mehrmaliges Übernachten am gleichen Ort, da die Straße oder der Parkplatz dann nicht mehr vorwiegend zu Verkehrszwecken genutzt werden. Sollte man auf privaten Grundstücken, wie beispielsweise an Gaststätten, parken oder übernachten wollen, dann darf das nur mit der Erlaubnis des Grundstücksbesitzers geschehen.

Soweit die Theorie – in der Praxis stellt sich eher die Frage, ob Sie von der örtlichen Obrigkeit behelligt oder gar zur Kasse gebeten werden. Uns ist das allerdings nicht ein einziges Mal passiert! Nach unseren Erfahrungen kann man mit etwas Sensibilität dort stehen, wo es nicht ausdrücklich verboten ist, oder wo man wegen einer Höhenbegrenzung oder Verbotszeichen erst gar nicht hinkommt. Sollte es doch einmal vorgekommen, dass es an der Wohnmobiltür klopft und uns Ordnungshüter oder Gemeindevertreter zum Verlassen des Platzes auffordern, dann würden wir dieser Bitte ohne Diskussion und umgehend nachkommen.

Die Thematik der klassischen **freien (kostenfreien) Stellplätze** wird in Zeiten zunehmender Wohnmobilkolonnen ohnehin immer schwieriger und man sollte bei der Auswahl „seines" Platzes unbedingt ein gewisses Maß an Fingerspitzengefühl an den Tag legen! Es kann vorkommen, dass einige der von uns genannten Parkplätze je nach aktueller Situation nicht nur zum Parken, sondern gegebenenfalls durchaus auch einmal zum Übernachten geeignet sind. Sollten Sie unsicher sein oder sich der Parkplatz zum Beispiel auf privatem oder kommunalem Grund befinden, dann sorgt eine kurze Nachfrage vor Ort meist für Klarheit.

Wir haben bei der Angabe von **Max. WOMOs** bei den freien Plätzen stets die Anzahl angegeben, die wir für verträglich halten, um niemanden durch eine zu große Ansammlung von Reisemobilen zu verärgern oder zu stören. Nichtsdestotrotz werden sie auf Örtlichkeiten treffen, wo gerade in der Hauptsaison sehr viel mehr Wohnmobile anzutreffen sind, weil die Aussicht, das Städtchen und das übrige Drumherum einfach zu schön sind.

Aber mal ganz ehrlich, wenn wir uns jetzt einfach dazustellen, womöglich auch noch in zweiter Reihe oder dicht am Nachbarn, dann ist der Sinn und vor allem der Reiz des freien Stellplatzes nun wirklich verschwunden und noch schlimmer, die favorisierte Stellplatzmöglichkeit wird über kurz oder lang von offizieller Stelle verboten werden, da wir die Einheimischen mächtig stören! In solchen Fällen fahren wir weiter und suchen den nächsten Stell- oder Campingplatz auf.

Für längere Aufenthalte empfehlen wir ohnehin die offiziellen Stell- und Campingplätze.

Fahren Sie nach einer oder mehrerer der inzwischen fast obligatorischen Stellplatz-Apps? Wir tun das selbstverständlich ebenfalls und orientieren uns an dem schier unerschöpflich erscheinenden Angebot. Wir studieren Fotos, Koordinaten und die Kommentare der Nutzer – vermutlich genau wie Sie. Aber wir wählen zusätzlich für Sie aus! Wir trennen die Spreu vom Weizen, schauen nach, ob es nicht vielleicht doch eine Höhenbarriere gibt, die Zufahrt zu eng, zu lang, zu schlecht und schlammig sein könnte oder ob schlicht vergessen wurde, ein Verbotsschild zu erwähnen. Passt das Umfeld, wie ist der Untergrund oder gibt es vielleicht doch eine unerwähnte Einschränkung? Soweit es um anderweitig veröffentliche Plätze geht, haben wir nur diejenigen in diesem Buch aufgenommen, die wir tatsächlich für geeignet halten und warnen Sie gegebenenfalls auch einmal vor einem bestimmten Platz. Trotz all unser Bemühungen können auch diese Angaben bei der nächsten Reise schon wieder überholt sein. Zudem gibt es, zumindest vorübergehend, noch Plätze, die Sie nur bei uns finden und hoffentlich auch in Zukunft finden werden.

Parkplatz 105

Wir stellen leider zunehmend fest, dass Parkplätze, die in den vergangenen Jahren in diesem Buch und anderen unserer WOMO-Bücher unbeschadet zu nutzen waren, seit der Zunahme von Reisefahrzeugen und insbesondere in Corona-Zeiten vermehrt durch die Städte oder Gemeinden rigoros geschlossen werden. Von der ehedem freundlichen Toleranz unserer Mobilisten-Zunft gegenüber ist seit dem Auftauchen des sogenannten Trend-Campers und seinem, bezeichnen wir es wohlwollend, unbedarften Auftreten immer weniger zu spüren. Es darf aber auch nicht unerwähnt bleiben, dass sich in Sachsen einzelne Gemeinden bemühen, Plätze für die Reisemobil-Flotte, hierzu zählen wir alle Fahrzeuge mit Übernachtungspotential, zu finden. Mehr oder weniger schön gelegen, nicht immer kostenfrei, oft nur ein einfacher Parkplatz ohne weitere womo-spezifische Infrastruktur und meist aus der Not geboren, um die Ströme der WOMO-Karawane zu kanalisieren.
Im Allgemeinen haben wir die Plätze sauber und ordentlich vorgefunden und diese auch so wieder verlassen. Es wäre schön, wenn das so bleiben würde und wir bitten deshalb alle Leserinnen als auch Leser und vor allen Dingen die Nutzer der freien Stellplätze ganz herzlich, sich so zu verhalten, dass niemand uns Wohnmobilisten zürnen kann! Dazu gehört auch, dass die Entsorgung der Kassette und des Abwassers niemals in der freien Natur oder im Straßengully erfolgen soll! Es wäre schade, wenn WOMOs in Zukunft in Sachsen nicht mehr gern gesehen würden.
Manchmal sind wir auf Schilder mit der Aufschrift „Lagern und Zelten verboten" gestoßen und sind uns nicht sicher, ob damit auch Wohnmobile gemeint sind. Manch einer ignoriert dieses Verbot, von dem er meint, dass es nur Zelte betrifft, und scheint manchmal damit auch Erfolg zu haben. Wir haben es ihm von Zeit zu Zeit in der Nebensaison und mit einem kleinen schlechten Gewissen nachgemacht, müssen aber auch eindeutig sagen, dass wir ein Verbot für Wohnmobile oder die Durchfahrt für Fahrzeuge über 1,8 oder 2,8 Tonnen Gesamtgewicht immer akzeptiert haben!
Bei einigen der genannten Parkplätze werden Sie bemerken, dass das Parken für Pkw erlaubt und für Lkw verboten ist. Hier verhält es sich nach unseren Erfahrungen genau wie bei den Straßen, die für Fahrzeuge mit einem **Gesamtgewicht von mehr als 3,5 Tonnen** gesperrt sind. Auf Nachfrage erhielten wir bei den Fremdenverkehrsbüros regelmäßig die Auskunft, dass wir mit unserem über 3,5 Tonnen schweren Wohnmobil selbstverständlich die Parkplätze als auch die Straßen nutzen dürfen und die Verbotsschilder gegen Lkw im Transitverkehr gerichtet sind. Wir beschreiben hier allerdings keine juristisch fundierte Aussage, für die wir haftbar sind. Sie müssen sich auf jeden Fall darüber im Klaren sein, dass Sie sich, wenn es hart auf hart kommt, beim Parken mit dem Wohnmobil auf solchen Plätzen im Unrecht befinden und mit einer (Geld)Strafe rechnen müssen. Wem das also alles zu wage erscheint, möge diese Strecken und Parkplätze meiden oder selbst bei den entsprechenden Stellen nachfragen.
Sollte die Anzahl der Wohnmobile und ausgebauten Kastenwagen weiter so ansteigen, befürchten wir ohnehin, dass es sich mit den Zugeständnissen der Gemeinden gegenüber Reisemobilen bald erübrigt hat.
Wenn wir eine Durchfahrt im Hinblick auf die Unversehrtheit des Wohnmobils und seiner Insassen tatsächlich für bedenklich halten, dann raten wir Ihnen im Tourentext vom Befahren der Strecke ab.
Generell sollten Sie so einparken, dass Sie nicht zugeparkt werden und den Parkplatz vorwärts verlassen können. Beachten Sie bitte, dass Wohnmobile mit einem langen Radstand oder mit langem Hecküberhang beim Ausparken dicht an einer Mauer, an einem Verkehrsschild oder zwischen anderen Fahrzeugen unter Umständen mehr Platz zum Rangieren benötigen. Alte Reisemobil-Hasen werden über diesen Tipp vermutlich schmunzeln, WOMO-Neulinge werden sich vielleicht mit Freude daran erinnern.
Es kann sein, dass sich ein Stellplatz im Sommer anders darstellt als in den übrigen Jahreszeiten. Da wir uns in der freien Natur aufhalten, **sollten**

Unterlegkeile zum Ausgleich von Bodenunebenheiten immer dabei sein!
Lassen Sie sich nicht von der Nähe einiger unserer Plätze zu den Straßen abschrecken! Meist ruht der Straßenverkehr nachts völlig und wir haben dort störungsfreie Nächte verbringen können. Sollte eine Geräusch- oder Geruchsbelästigung soweit uns bekannt nicht auszuschließen sein, weisen wir im Text gesondert darauf hin.

Gas

Gastankstellen sind mittlerweile in Deutschland fast flächendeckend vorhanden, sodass Sie Ihre Gastankflasche befüllen können. Für den Gasflaschentausch bieten sich unter anderem die angegebenen Wohnmobil-Händler mit Zubehörläden an.

GPS und Navigation

Navigation im 18. Jahrhundert
Postsäule in Wolkenstein

Inzwischen gehört die Navigation per GPS-Gerät zum Alltag und wird nahezu in jedem WOMO genutzt. Auf unseren Recherchetouren haben uns zum einen die Garmin-Navigationsgeräte, aber auch das im Wohnmobil festverbaute Radio-Navigationsgerät sicher zu unseren Zielen geführt, zum anderen nutzen wir vermehrt ein Tablet und navigieren zum Beispiel mit **Google-Maps** online. Dies hat den Vorteil, dass bei entsprechender Einstellung aktuelle Straßen- und Verkehrsverhältnisse sofort sichtbar sind oder wir beispielsweise auf Sehenswürdigkeiten hingewiesen werden können.
Wenn wir unterwegs nicht online sein können oder sein möchten, dann leistet uns die App von **OsmAnd** im Offline-Modus gute Dienste. Mit dem für alle gängigen und GPS-fähigen Smartphones und Tablets kostenlosen Programm **maps.me**, für das Sie kostenfreie Karten downloaden können, besteht die Möglichkeit nach Eingabe von Koordinaten beziehungsweise Adressen offline zu navigieren. Die vom WOMO-Verlag bezogenen Koordinaten können in die Geräte eingelesen werden. In der App klickt man in der Rubrik „Lesezeichen" auf das gewünschte Ziel und startet die Navigation. Die Kartendarstellung ist etwas verzögert, und die Navigation funktioniert ohne Ton, aber nach unseren bisherigen Erfahrungen recht zuverlässig *(www.maps.me/de).*
Wir empfehlen trotz aller Technik, bei der gelegentliche Ungenauigkeiten einkalkuliert werden müssen, die Mitnahme einer guten Straßenkarte oder bei Bedarf einer Wanderkarte.
Die GPS-Koordinaten aller Plätze haben wir in der Schreibweise Grad° Minuten' und Sekunden", z. B. N 50°36'38.2" E 10°07'55.6" angegeben und Sie können sie manuell in jedwede Art von Navigationsgerät und -möglichkeit eingeben. Gegebenenfalls muss das Eingabeformat in den Grundeinstellungen Ihres Gerätes verändert werden, sonst weicht die anvisierte Örtlichkeit deutlich vom eigentlichen Ziel ab.

Haustiere

Mitreisende Haustiere aus dem europäischen Ausland benötigen für alle Reisen innerhalb der EU einen EU-Heimtierausweis und eine gültige Tollwutimpfung. Örtliche Verordnungen sind zu beachten und wir verweisen für weitere Informationen auf die Internetseite des Bundesministeriums für Ernährung und Landwirtschaft *www.bmel.de.*

Hochwasser

Wir möchten Sie darauf aufmerksam machen, dass Sie unsere Stellplätze in der Nähe von Flüssen bitte nur dann aufsuchen, wenn eine stabile Wetterlage vorhanden ist.
Nehmen Sie jetzt nicht an, dass Sachsen ständig von Jahrhundertfluten heimgesucht wird! In den letzten Jahren wurde viel Geld in den Hochwasserschutz investiert. Dennoch können unter ungünstigen Umständen auch kleinere Unwetter die Flüsse relativ schnell über die Ufer treten lassen und für erhebliche Schäden sorgen.
Wir möchten Sie daher darauf hinweisen, dass bei unseren freien Stellplätzen in Ufernähe, insbesondere wenn Sie alleine stehen, bei einer entsprechenden Wetterlage Vorsicht angeraten ist. Aus den zahlreichen Schilderungen von Betroffenen und Augenzeugen haben wir gelernt, dass das Wasser binnen kurzer Zeit schnell ansteigen und zur Gefahr werden kann. Bitte berücksichtigen Sie diesen Hinweis bei Ihrer Stellplatzwahl!

Kartenmaterial und Literatur

Unsere, den Touren vorangestellten Karten ersetzen keine Straßen- oder Wanderkarten und sollen Ihnen lediglich bei der Orientierung helfen!
Dieser WOMO-Band kann zudem keinen umfassenden Reiseführer für die gesamte Region ersetzen, zu verschieden sind die Interessen und Ambitionen hinsichtlich Kultur, Architektur, Freizeitaktivitäten sowie vieles andere mehr eines jeden Einzelnen.
Für die detaillierte Planung Ihrer Reise empfehlen wir Ihnen folgende Karten und Lektüren:

- Bergverlag Rother: Wanderführer Elbsandsteingebirge, Erzgebirge, Mittel sachsen, Oberlausitz und Vogtland
- Verlag Karl Baedecker: Dresden und Sachsen
- Verlag Dr. A. Barthel: Radwander- und Wanderkarten für Sachsen.

In den **Tourist-Informationen** vor Ort und den entsprechenden Internetseiten gibt es zusätzlich eine Fülle von Broschüren, Prospekten und Vorschlägen für die Freizeitgestaltung.
Liebhaber/-innen **historischer Romane** finden in der „Hebammen-Saga“ von Sandra Ebert einen spannenden und authentischen Einstieg in die Zeit der ersten Besiedlung und der ersten Silberfunde im Erzgebirge bei Freiberg.
Es ist uns unmöglich, im Rahmen dieses Buches auf die ungeheure Fülle von Freizeitmöglichkeiten oder auf alle Sehenswürdigkeiten, Museen und vieles andere mehr einzugehen.
Einen sehr guten Überblick mitweiterführenden Informationen erhält man bei:
Staatliche Schlösser, Burgen und Gärten Sachsen,
Stauffenbergallee 2a, 01099 Dresden Tel: 0351/563911001
www.schloesserland-sachsen.de
Tourismus Marketing Gesellschaft Sachsen mbH
Bautzener Straße 45/47 01099 Dresden Tel: 0351/49 17 00
www.sachsen-tourismus.de
Für **Smartphone-Nutzer** werden für verschiedene Regionen bzw. Aktivitäten nützliche Apps im Apple- bzw. Android-Store angeboten.

Notruf und Pannenhilfe

Für alle Staaten in der EU gilt die einheitliche Notrufnummer 112.

Öffnungszeiten

Bei den von uns genannten Museen und Sehenswürdigkeiten haben wir die jeweiligen Öffnungszeiten notiert. Trotzdem kann es sein, dass sich die Zeiten verändern oder einzelne Abteilungen der Museen vorübergehend wegen Sanierungs- oder Renovierungsarbeiten geschlossen sind.
Zusätzlich möchten wir darauf hinweisen, dass einige offizielle als auch freie, mit den Begriffen WOMO-Stellplatz, WOMO-Picknickplatz, WOMO-Badeplatz oder WOMO-Wanderparkplatz beschriebene, Stellplätze und Parkplätze bei Veranstaltungen und Festen gesperrt sein können.

Reisezeit und Klima

Zu allen Jahreszeiten üben die beschriebenen Regionen und Städte ihren Reiz aus. Trockene, heiße Sommer sind möglich, genauso wie niederschlagsreiche Monate im Frühjahr oder Herbst und schneereiche Winter. Im Reisegepäck sollten Bade- und Regenbekleidung, aber auch ein warmer Pullover nie fehlen.
In Sachsen treffen kontinentales und ozeanisches Wetter zusammen, es herrscht ein mildes Klima und die durchschnittlichen Sommertemperaturen sind höher als im übrigen Deutschland. Es kann jedoch auch äußerst ergiebige Regenfälle geben. Im Gegensatz zum Fichtelberg-Gebiet, das wegen seiner vielen Frosttage auch Sächsisches Sibirien genannt wird, ist das Elbtal überaus mild. Zu den wärmsten Gebieten im Osten Deutschlands zählt die Oberlausitz, während die Temperaturen in den Schluchten der Sächsischen Schweiz immer ein wenig kühler sind.
Vorwiegend in den Sommer- und Herbstmonaten herrscht in der Sächsischen Schweiz Hochbetrieb. Dresden ist besonders an den verlängerten Wochenenden überlaufen und Leipzig hat während der großen Messen seine Stoßzeiten. Wer hier die Museen in Ruhe genießen möchte, sollte diese im Januar, Februar oder im Hochsommer besuchen. Beschauliche Weihnachtsatmosphäre findet sich im Advent in nahezu allen Orten des Erzgebirges – außer im Spielzeugdorf Seiffen oder überall dort, wo es größere und bekannte Weihnachtsmärkte gibt. Dort ist vor allen Dingen am Wochenende mit viel Trubel zu rechnen.

Säggssch - Der Sächsische Dialekt

Auf unseren Reisen durch Sachsen haben wir gelernt, dass es DAS Sächsische nicht gibt!
Bereits im Mittelalter brachten fränkische, hessische und thüringische Siedler ihre Sprachgewohnheiten mit und in der Oberlausitz ist noch heute das prägnante, rollende *R* nicht zu überhören. Im 17./18. Jahrhundert gingen sogar

Johann Wolfgang Goethe und Friedrich Schiller nach Sachsen, um ein gutes Deutsch zu erlernen. Mit der Aufklärung und dem politischen Niedergang Sachsens war es allerdings mit der Sprachherrlichkeit vorbei und der Dialekt wurde zunehmend verpönt. Mittlerweile ist das Ur-Säggssch fast verloren gegangen beziehungsweise das, was davon übriggeblieben ist, wird von regionalen Färbungen geprägt.
Die Besonderheit, die harten Konsonanten meist weich auszusprechen (*p* = *b*, *t* = *d*, *k* = *g*), scheint uns jedoch überall gleich. Schwieriger wird es beim *e*: Das wird zum einen als *ä* ausgesprochen, kann aber auch „normal" ausgesprochen für ein *ö* stehen. Die Silbe *ei* wird in eins, zwei, drei zu *eens*, *zwee*, aber – aufgepasst – es bleibt bei *drei*. Das *au* wandelt sich zum *oo*: *loofen* für laufen oder *goofen* statt kaufen. Eine weitere sprachliche Besonderheit ist das Dresdner *nu* (ja, klar, doch, ok), das aber in anderen Regionen auch schon mal als *na* oder *no* ausgesprochen werden kann. Ist Ihnen jetzt alles klar? *Ni* (Nicht)? Dann machen Sie es wie wir: Quälen Sie Ihre Zunge nicht weiter und versuchen Sie es erst gar nicht mit dem Sächseln! Es ist nicht erlernbar – der Sachse scheint es mit der Muttermilch aufzusaugen!

Schmalspurbahnen

Seit über 130 Jahren haben die Schmalspurbahnen einen besonderen Anteil an der Erschließung des Landes. Was heute idyllisch und mit unbestrittener Eisenbahnromantik an uns vorbeidampft, war im 19. und 20. Jahrhundert bahnbrechend für die wirtschaftliche Entwicklung. Im Gegensatz zu Normalspurbahnen mit 1435 Millimeter Spurweite bewähren sich die schmalen 750 Millimeter der Schmalspurbahn bei schwierigen Geländebedingungen und in engen Tälern. Schmalspurbahnen sind kürzer und passen daher besser in Bahnhöfe. Auch sind die Weichen und Gleise der Anlagen einfacher verbaut,

Schlossvorwerk Fürst-Pückler-Park Bad Muskau

Signale und Oberleitung gibt es fast gar nicht und die Material- und Baukosten fallen geringer aus. Auch wenn die Laufruhe der Schmalspurbahn gegenüber der Normalspurbahn arg zu wünschen übrig lässt, nehmen die zahlreichen Eisenbahnfreunde die Erschütterungen und Schwankungen gern auf sich, um mit einer der fünf verkehrenden Schmalspurbahnen und den drei dampfbetriebenen schmalspurigen Museumsbahnen durch die Landschaft zu fahren.
An mehreren Punkten unserer Touren können Sie zusteigen und das nostalgische Eisenbahnerlebnis genießen. Wer den „eisernen Rössern" näherkommen oder gar der Dampfbahn-Route länger folgen möchte, kann sich der gleichnamigen Ferienstraße anvertrauen. Viele Wohnmobilstellplätze entlang der Strecke liefert unser Reiseführer und weitergehende Informationen zu den Dampfbahnen finden Sie unter *www.dampfbahn-route.de* oder in der Geschäftsstelle: Dampfbahn-Route, Am Alten Güterboden 4, 01445 Radebeul, Tel. 0351/2134440, Mo - Fr 7 - 15.45 Uhr.

Sicherheit

Wir haben uns in unserem Reisegebiet immer sicher gefühlt. Aber wie überall auf der Welt, ist man besonders in Großstädten nie vor bösen Buben gefeit, die es auf Geld, Kreditkarten, Handys oder anderes abgesehen haben. Bewahren Sie diese Dinge so am Körper oder in einer Tasche auf, dass sie vor einem schnellen, unbefugten Zugriff sicher verwahrt sind.
Grundsätzlich gilt, dass man sein Wohnmobil niemals nur mit dem Autoschlüssel in der Hand für längere Zeit oder auch nur für einen kurzen Einkauf, verlassen sollte. Womöglich beobachtet gerade das der potenzielle Dieb und vermutet fette Beute im Wohnmobil.
Das Wohnmobil kann mit einer Alarmanlage gesichert werden, die einen Höllenlärm macht und den Einbrecher beim Eindringen zumindest erst einmal stört und im besten Fall verscheucht. Einfache Wohnmobilschlösser knackt jeder Einbruchwillige in Sekunden – zusätzliche Aufbauzylinderschlösser, Zusatzbügel über den Türen oder andere mechanische Hürden sind eine Hemmschwelle und erschweren den Zugriff. Der WOMO-Verlag bietet beispielsweise den WOMO-Knackerschreck an, der in die Vordertüren eingehakt wird und diese zusätzlich verriegelt (funktioniert jedoch nicht bei vollintegrierten Mobilen und soweit wir wissen auch nicht bei Ford-Modellen).

Pause auf dem Fichtelberg mit Ausblick

Ver- und Entsorgung

Das **Ver- und Entsorgen** gestaltet sich grundsätzlich problemlos. Anlagen finden sich an den ausgewiesenen Wohnmobilstellplätzen und sind in den meisten Fällen frei zugänglich. Wenn nicht, weisen wir im Tourentext darauf hin (zum Beispiel „durch Schranke gesichert") beziehungsweise nennen Alternativen an anderen Plätzen. Auch Campingplätze verfügen im Allgemeinen über Ver- und Entsorgungseinrichtungen und wenn nicht sowieso in der Beschreibung von uns erwähnt, lohnt sich eine entsprechende Nachfrage an der Rezeption, inwiefern eine gebührenpflichtige Nutzung ohne Übernachtung möglich ist. Im Winter kann es schwieriger werden, da V/E-Stationen wegen Frostgefahr möglicherweise geschlossen sind.

Wenn Sie in entlegene Regionen aufbrechen und sich dabei Zeit lassen wollen, sollten Sie besser mit leerem Abwasser- und vollem Frischwassertank starten.

Wenn wir **öffentliche Toiletten** nennen, geschieht das nicht, um Ihnen einen Tipp zu Entleerung der Bordkassette zu geben, sondern es dient vielmehr als Hinweis an die Leser, die ihren Bedürfnissen nicht in den eigenen vier Wohnmobil-Wänden nachgehen.

An dieser Stelle möchten wir Sie nochmals eindringlich bitten, den Inhalt der Bordkassette, das Abwasser oder den anfallenden Müll niemals in der freien Natur oder im Straßengully zu entsorgen! Sie werden sehen, es gibt genug Möglichkeiten, um die Chemietoilette als auch das Grauwasser und den Abfall an den dafür vorgesehenen Stellen zu hinterlassen.

Wandern, Radfahren und Wintersport

Wandern: Sachsen ist ein ausgesprochenes Wanderland!

Im Nationalpark Sächsische Schweiz lockt unter anderem der berühmte Malerweg und an der Elbe der Weinwanderweg. Auch Erzgebirge, Vogtland und Zittauer Gebirge bieten sich sowohl für gemütliche Touren als auch für Klettererlebnisse an. Ob es nun eine Kammtour entlang der tschechischen Grenze sein soll oder der Ökumenische Pilgerweg auf der historischen Via Regia beschritten wird – die Möglichkeiten reichen für viele Wanderurlaube. Von vielen unserer Stellplätze können Sie zu kurzen oder längeren Wanderungen aufbrechen und die nicht erwähnten Wanderparkplätze an unserer Streckenführung eröffnen weitere attraktive Wanderreviere auf meist sehr gut beschilderten Wegen.

Sollten wir Wanderkarten benötigen, bestellen wir diese portofrei und immer zuverlässig innerhalb Deutschlands beim **Reisebuchladen Heidelberg/ Karlsruhe** *(www.reisebuchladen-heidelberg.de).* Übrigens ist diese Adresse auch für uns die erste Wahl, wenn wir neue Reiseliteratur benötigen.

Es gibt mittlerweile eine große Anzahl von **Wanderapps** für den mobilen Gebrauch. Nicht jede hat sich für uns persönlich als nutzerfreundlich erwiesen und da wir annehmen, dass es Ihnen ähnlich ergehen kann, möchten wir Sie in diesem Fall auf die jeweiligen Angebote in den Shops Ihrer Smartphone-Systeme verweisen. So benutzen wir zum Beispiel die recht zuverlässigen Apps von Outdooractive oder Komoot.

Für unsere Wandertipps haben wir vorwiegend Rundwanderungen ausgewählt, die am Wohnmobil starten und nach einem erlebnisreichen Marsch dort enden. Der gut ausgebaute ÖPNV oder aber auch eine Fahrt mit der Schmalspurbahn ermöglichen jedoch auch ausgedehnte Streckenwanderungen oder -radtouren und sorgen für einen problemlosen Transport zum Start- oder Endpunkt.

Radfahren: Auch wenn wir bedingt durch unsere vierbeinigen Begleiterinnen meist ohne Zweiräder auskommen, können Fahrräder gute Dienste leisten, da sie den Weg von Camping- und Stellplätze in die Ortschaften erleichtern können.

Zusätzlich durchziehen hunderte Kilometer Radwege die 1000-jährige Kulturlandschaft und bieten auf ebenen Strecken an Neiße, Elbe, Mulde sowie an der Spree oder in den neu entstehenden Seenlandschaften um Leipzig als auch in der Lausitz ein herrliches und entspanntes Radfahrerlebnis.

Auch MTB-Freunde finden im Erzgebirge und im Vogtland sowie der Oberlausitz herausfordernde Trails auf schmalen Pfaden oder in Bikeparks.

Wer kein eigenes Fahrrad dabei hat, dem kann an etlichen Verleihstationen geholfen werden. Entlang unserer Touren finden sich viele beschilderte Radwege und weiterführende Auskünfte sind bei den örtlichen Fremdenverkehrsbüros erhältlich.

Radfahren an der Elbe

Winterurlaub: Auch der Wintersport hat in Sachsen eine lange Tradition. Kilometerlange Loipen und gut präparierte Pisten laden zum Rodeln, Langlauf oder Snowboarden ein. Während eine geruhsame Pferdeschlittenfahrt durch eine verschneite Traumwelt eher etwas für die Romantiker ist.
Über andere Sportarten wie zum Beispiel **Klettern**, **Surfen**, **Kanu fahren**, Schwimmen und weitere Freizeitaktivitäten informieren die Fremdenverkehrsbüros.
Sie werden viel unterwegs sein und reichlich Programm haben, bis Sie alle Sport- und Freizeitvorschläge „abgearbeitet“ haben. Viel Vergnügen!

Bildnachweise

S. 20 - ©Belantis
S. 68 - ©Norbert Kuschinski/Traditionsverein Döbelner Pferdebahn
S. 75 - ©LianeM - stock.adobe.com
S. 100/101 - ©Lupus in Saxonia/wikimedia commons/CC BY-SA 4.0
S. 102 - ©Ole Jensen - stock.adobe.com
S. 117 unten - ©Saurierpark/Tobias Ritz
S. 126 unten - ©PaulT/wikimedia commons/CC BY-SA 4.0
S. 155 oben - ©Stiftung Sächsische Gedenkstätten/Gedenkstätte Bautzen
S. 162 unten - ©Stiftung Haus Schminke/Ralf Ganter
S. 213 - ©Geoprofi Lars/wikimedia commons/CC BY-SA 4.0
S. 221 unten - ©Marko Borrmann/Welterbe Montanregion Erzgebirge
S. 234 oben - ©Ralf Menzel/Welterbe Montanregion Erzgebirge
S. 287 - © Angelika Ott
S. 329 - © Animaflora PicsStock - stock.adobe.com
S.335 unten - ©Kora27/wikimedia commons/CC BY-SA 4.0
S.339 unten - ©LianeM - stock.adobe.com

Bei den vorstehenden Fotos wurde der Bildinhalt nicht verändert.
Alle anderen Fotos von den Autoren.

Ein Teil des von uns erstellten und veröffentlichten Bildmaterials entstand mit Genehmigung des **Schlösserlandes Sachsen.**
Unser Dank gilt den verantwortlichen Personen der von uns besuchten Sehenswürdigkeiten und den Mitarbeitern der Touristinformationen sowie der **Tourismus Marketing Gesellschaft Sachsen mbH** für die freundliche Unterstützung.

Sonnenuntergang am Betzdorfer See

Stichwortverzeichnis

Der WOMO-Knackerschreck

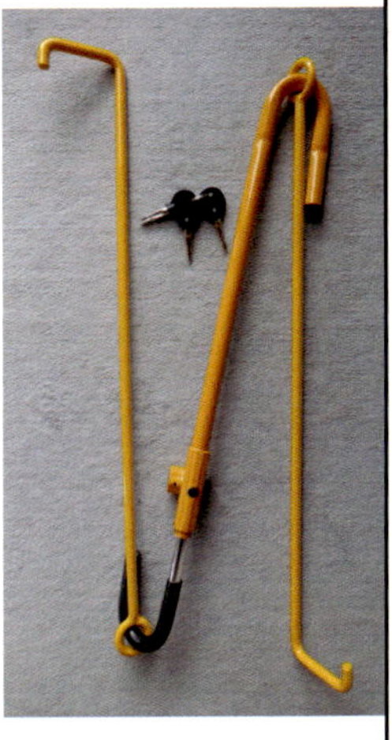

* ist die universelle und **sofort sichtbare Einbruchssperre**.
* Wird einfach in die beiden Türarmlehnen eingehängt, zusammengeschoben und abgeschlossen.
* Passend für Ducato, Peugeot, Renault Master, MB Sprinter und VW (alle Typen).
* Krallen aus 10 mm massivem, einbrennlackiertem Stahl, d. h. nahezu unverwüstlich.

Nur 59,90 € – und nur bei WOMO!

Der WOMO-Aufkleber

* passt mit 14 cm Breite auch auf Ihr Wohnmobil.
* ist das weit sichtbare Symbol für alle WOMO-Freunde.

0,00 € – und nur bei WOMO!

Der WOMO-Leserservice

Passend zu unseren Reiseführern bieten wir in unserem Online-Buchshop unter **www.womo.de** an:

* Die besten **Autokarten** von Michelin, Freytag & Berndt, Reise-know-how, die garantiert die komplette Reiseroute abdecken.
* Die Kauderwelsch-**Wörterbücher** für jede Sprache unserer Reiseländer.
* Von jedem Reiseland mindestens einen Rother-**Wanderführer** über die schönsten Wanderregionen.

* Die **GPS-Daten** aller Bücher in den Versionen (.gpx und .kml) zum Download für die schnelle Übertragung auf Ihr Navi.

Info-Blatt aus dem WOMO-Buch: Sachsen '21

Lokalität: Seite: Datum:
(Stellplatz, Campingplatz, Wandertour, Gaststätte, usw.)

unverändert gesperrt/geschlossen folgende Änderungen:

Lokalität: Seite: Datum:
(Stellplatz, Campingplatz, Wandertour, Gaststätte, usw.)

unverändert gesperrt/geschlossen folgende Änderungen:

Lokalität: Seite: Datum:
(Stellplatz, Campingplatz, Wandertour, Gaststätte, usw.)

unverändert gesperrt/geschlossen folgende Änderungen:

Lokalität: Seite: Datum:
(Stellplatz, Campingplatz, Wandertour, Gaststätte, usw.)

unverändert gesperrt/geschlossen folgende Änderungen:

Lokalität: Seite: Datum:
(Stellplatz, Campingplatz, Wandertour, Gaststätte, usw.)

unverändert gesperrt/geschlossen folgende Änderungen:

Lokalität: Seite: Datum:
(Stellplatz, Campingplatz, Wandertour, Gaststätte, usw.)

unverändert gesperrt/geschlossen folgende Änderungen:

Meine Adresse und Tel.-Nummer:

Wir bestellen: (Preisänderungen vorbehalten)

- ☐ Wohnmobil Handbuch .... 12,00 €
- ☐ Wohnmobil Kochbuch .... 12,90 €
- ☐ Heitere Geschichten .... 6,90 €
- ☐ Albanien .... 19,90 €
- ☐ Allgäu .... 19,00 €
- ☐ Andalusien (Spanien Süd) .... 22,00 €
- ☐ Auvergne .... 22,00 €
- ☐ Baden-Württemberg .... 22,00 €
- ☐ Baltikum .... 23,00 €
- ☐ Bayern (Nordost) .... 20,90 €
- ☐ Bayern (Nordwest) .... 20,90 €
- ☐ Bayern (Südost/Oberbayern) 22,00 €
- ☐ Belgien & Luxemburg .... 19,90 €
- ☐ Bretagne .... 20,90 €
- ☐ Burgund .... 19,90 €
- ☐ Dänemark .... 21,00 €
- ☐ Elsass .... 21,00 €
- ☐ England (Nord) .... 19,90 €
- ☐ England (Süd) .... 19,90 €
- ☐ Finnland .... 19,90 €
- ☐ Frankreich Südwest .... 22,00 €
- ☐ Französische Alpen .... 20,90 €
- ☐ Franz. Atlantikküste (Nord) .... 19,90 €
- ☐ Französisches Jura .... 21,00 €
- ☐ Griechenland .... 19,90 €
- ☐ Harz .... 22,00 €
- ☐ Hessen (Nord) .... 22,00 €
- ☐ Hessen (Süd) .... 19,90 €
- ☐ Hunsrück/Mosel/Eifel .... 22,00 €
- ☐ Irland .... 22,00 €
- ☐ Island .... 18,90 €
- ☐ Korsika .... 18,90 €
- ☐ Kroatien / Montenegro .... 19,90 €
- ☐ Languedoc / Roussillon .... 20,90 €
- ☐ Ligurien .... 18,90 €
- ☐ Loire-Tal/Paris .... 17,90 €
- ☐ Lothringen .... 17,90 €
- ☐ Lüneburger Heide .... 22,00 €
- ☐ Marokko .... 22,00 €
- ☐ Meckl. Vorpommern (West) .... 20,00 €
- ☐ Meckl. Vorpommern (Ost) .... 20,00 €
- ☐ Mittel-Italien .... 19,90 €
- ☐ Namibia .... 20,90 €
- ☐ Neuseeland (Nord + Süd). je 19,90 €
- ☐ Niederlande .... 21,00 €
- ☐ Nord-Frankreich .... 19,90 €
- ☐ Normandie .... 22,00 €
- ☐ Norwegen (Nord) .... 21,00 €
- ☐ Norwegen (Süd) .... 21,00 €
- ☐ Österreich (Ost) .... 22,00 €
- ☐ Österreich (West) .... 17,90 €
- ☐ Ostfriesland .... 20,90 €
- ☐ Peloponnes .... 19,90 €
- ☐ Pfalz .... 21,00 €
- ☐ Piemont/Aosta-Tal .... 22,00 €
- ☐ Polen (Nord/Masuren) .... 21,00 €
- ☐ Polen (Süd/Schlesien) .... 17,90 €
- ☐ Portugal (Nord) .... 21,00 €
- ☐ Portugal (Süd) .... 20,00 €
- ☐ Provence & C. d'Azur (Ost) .... 19,90 €
- ☐ Provence & C. d'Azur (West) 19,90 €
- ☐ Pyrenäen .... 19,90 €
- ☐ Rumänien .... 19,90 €
- ☐ Sachsen .... 22,00 €
- ☐ Sardinien .... 19,90 €
- ☐ Schleswig-Holstein .... 22,00 €
- ☐ Schottland .... 19,90 €
- ☐ Schwarzwald .... 21,00 €
- ☐ Schweden (Nord) .... 19,90 €
- ☐ Schweden (Süd) .... 19,90 €
- ☐ Schweiz (Ost + West) .... je 22,00 €
- ☐ Sizilien .... 19,90 €
- ☐ Slowakei .... 21,00 €
- ☐ Slowenien .... 21,00 €
- ☐ Spanien (Nord/Atlantik) .... 19,90 €
- ☐ Spanien (Ost/Katalonien) .... 18,90 €
- ☐ Südafrika (Krüger NP) .... 24,90 €
- ☐ Süditalien (Ost/Apulien) .... 21,00 €
- ☐ Süditalien (West/Kalabrien) .... 19,90 €
- ☐ Süd-Tirol .... 20,00 €
- ☐ Thüringen .... 22,00 €
- ☐ Toskana & Elba .... 22,00 €
- ☐ Trentino/Gardasee .... 21,00 €
- ☐ Tschechien .... 20,00 €
- ☐ Umbrien & Marken mit Adria. 19,90 €
- ☐ Ungarn .... 18,90 €
- ☐ Venetien/Friaul .... 19,90 €
- ☐ Wales .... 18,90 €

* WOMO * * WOMO * * WOMO * * WOMO *

Absender:

Datum Unterschrift

WOMO-VERLAG

Versandabteilung

OT Mittelsdorf

An der Liethe 4-6

36452 Kaltennordheim

DIE REISE- UND ERLEBNISFÜHRER

- Bequeme Touren durchs ganze Urlaubsland.
- Viele Plätzchen für freie Übernachtungen mit GPS.
- Genaue Hinweise auf viele Trinkwasserstellen.
- Die schönsten Badeplätze, die nicht jeder kennt.
- Bergtouren und Spaziergänge für groß und klein.
- Die besten Anreiserouten, Fähren, usw.
- 300 Tipps und Tricks – für Ausrüstung, Reisevorbereitung und Urlaub.
- Ausgefeilte Profipackliste.
- Spezialkarten mit präzisen Einträgen der freien Stellplätze, Trinkwasser- und Entsorgungsstellen.

DAS KOCHBUCH

- Einrichtung der WOMO-Küche.
- Lebensmittel-Grundausstattung.
- Konserven selbst gemacht.
- Backen in der Bratpfanne – Kuchen, Pizza, Brote.
- Viele, viele WOMO-Rezepte für zwei Gasflammen – einfach, schnell und lecker!
- Einkochen im Urlaub.
- Spezialrezepte für den Dampftopf.
- Der WOMO-Pfannenknecht.

DAS HANDBUCH

- Beratung bei Kauf und Miete.
- Gas-, Wasser-, Elektroinstallation.
- Einrichten des Wohnmobils.
- Tipps & Tricks fürs Wochenende.
- 3200 freie deutsche Stellplätze.
- 700 deutsche Entsorgungsstationen.
- Urlaubsvorbereitung, Profipackliste.
- .Stellplatz-Infos für ganz Europa.
- Wohnmobil und Wintersport.
- Der WOMO-Urlaubspartner-Service.
- Gastankstellen in ganz Europa.

Unsere Bücher erhalten Sie in jeder Buchhandlung oder auf Rechnung direkt vom Verlag. Hier gibt's auch die aktuellen Infos über unsere ständigen Neuerscheinungen. (Versandkosten 1,20€, ab 10€ portofrei/Ausland 7,50€, Preisänderungen vorbehalten).

Bestell-Telefon: 036946-20691 * Fax: 036946-20692**
Internet: www.womo.de * eMail: verlag@womo.de**